D1943269

Kohlhammer

Judentum und Christentum

Herausgegeben von

Ekkehard W. Stegemann
Soham Al-Suadi
Kathy Ehrensperger

Band 26

Ekkehard W. Stegemann
Wolfgang Stegemann

Vom Anti-Judaismus zum Anti-Israelismus

Der Wandel der Judenfeindschaft in theologisch-kirchlichen Diskursen

Herausgegeben von Soham Al-Suadi

Verlag W. Kohlhammer

1. Auflage 2021

Gesamtherstellung: W. Kohlhammer GmbH, Stuttgart

Print:
ISBN 978-3-17-037480-5

E-Book-Format:
pdf: ISBN 978-3-17-037481-2

Inhalt

Vorwort

Soham Al-Suadi

Ekkehard W. Stegemann hat 1965 angefangen, in Heidelberg Theologie zu studieren. Wolfgang Stegemann hat 1968 dort angefangen und an dieser Theologischen Fakultät nur einen einzigen Professor vorgefunden, der sensibel war für die Beziehungen zum Judentum. Das war der Alttestamentler Rolf Rendtorff. Er war in Heidelberg die große Ausnahme und hat den beiden Brüdern die Augen geöffnet für den Antijudaismus der Christenheit. Die überwiegende Mehrheit der Professoren war antijüdisch eingestellt. Zusammen mit Luise Schottroff begann 1976 die Entwicklung der Sozialgeschichte des frühen Christentums, die sich einerseits mit den sozialen Hintergründen der biblischen Texte beschäftigt und auf der anderen Seite eine Kritik am exegetischen Antijudaismus darstellt. Die Aufarbeitung des Antijudaismus in christlicher Theologie und in den Kirchen war im Grunde die andere Seite der Medaille. Ekkehard und Wolfgang Stegemann hatten immer die Hoffnung, dass der Antijudaismus aus christlicher Exegese und Theologie und aus den Kirchen verschwinden könnte. Dieser Sammelband trägt den Titel „Vom Anti-Judaismus zum Anti-Israelismus. Der Wandel der Judenfeindschaft in theologisch-kirchlichen Diskursen", weil Antijudaismus nicht verschwunden ist, sondern vermehrt in Form des Antiisraelismus auftritt. Damit ist gemeint, dass vor allem das Existenzrecht des Staates Israel infrage gestellt wird. Auch in theologisch-kirchlichen Diskursen wird Kritik an der Politik Israels geübt, indem an Israel doppelte Standards angelegt werden und der Staat Israel dämonisiert und delegetimiert wird. Die hier gesammelten Aufsätze machen deutlich, dass allein das Benennen nicht ausreicht, sondern miteinander diskutiert werden muss. Wolfgang Stegemann und Ekkehard W. Stegemann haben sich als Gelehrte, Lehrer, Freunde und Mentoren diesen Diskussionen gestellt und vielen Mut gemacht, in der Verteidigung des Judentums und der Kritik des Antijudaismus nicht nachzulassen. Kathy Ehrensperger widmet sich in einer affirmativen Einleitung dem Lebenswerk der beiden Brüder. Danken möchte ich meinem Mitarbeiter, Dr. Klaus-Michael Bull, der die Druckvorlage erstellt hat. Vom Verlag haben Sebastian Weigert und sein Team das Projekt gefördert und das Erscheinen des Bandes möglich gemacht.

Rostock, Juli 2020

Einleitung

Kathy Ehrensperger

Es gab Zeiten, da Antisemitismus aufs Schärfste verurteilt werden konnte und Erinnerungsveranstaltungen mit Nachdruck ein „Nie wieder“ bekräftigen konnten, während gleichzeitig Antijudaismus in Hörsälen und von Kanzeln und in wissenschaftlichen Analysen weiterverbreitet wurde, ohne das Bewusstsein, dass da eine unauflösbare Beziehung bestand. Ich bin theologisch in einem solchen Kontext aufgewachsen, wie wohl viele meiner Generation. Erst nach meinem Studium, als ich Theologien nach Auschwitz und sozialgeschichtliche Zugänge kennenlernte, nicht zuletzt durch Ekkehard W. und Wolfgang Stegemann, begann ich langsam zu verstehen, wie tief christliche Tradition von dieser strukturell eingebauten Diffamierung jüdischer Mitmenschen und ihrer Traditionen durchdrungen war. Ekkehard und Wolfgang Stegemann waren unter den Pionieren in den späten 70er und 80er Jahren des letzten Jahrhunderts, die auf eine lange Reise aufgebrochen waren, um entschlossen den Antijudaismus und seine inhärente Verbindung zum Antisemitismus in der Geschichte und Gegenwart christlicher Theologie und neutestamentlicher Wissenschaft im Besonderen aufzudecken. Es war und ist eine mühsame Reise, auf der ihnen oft Unverständnis, wenn nicht sogar Widerstand begegneten. Aber es gab und gibt da auch Momente, in denen diese Forschungen auf fruchtbaren Boden fielen und neue Forschungsansätze und junge Wissenschaftlerinnen und Wissenschaftler inspirierten, nicht zuletzt auch in internationalen wissenschaftlichen Netzwerken. Es entstand der Eindruck, dass die Erkenntnis, dass das Christentum im Judentum verwurzelt oder in besonderer Weise mit ihm verbunden ist, sich durchzusetzen begann und damit eine Barriere gegen Antisemitismus errichtet worden sei, da er immer weniger durch die Vermittlung antijüdischer Stereotypen in Hörsälen und von Kanzeln genährt wurde. Diese Hoffnung hat sich leider nicht bestätigt, wie die unverkennbare Zunahme des Antisemitismus in Wort und Tat der letzten Jahre erschütternd aufweist. Jüdische Nachbarinnen und Nachbarn fühlen sich nicht mehr sicher auf den Straßen in europäischen und amerikanischen Städten, und es ist beschämend zu sehen, dass eine Kippah zu tragen zu einer Gefährdung an Leib und Leben wird in deutschen Städten.

Die Forschung und die mahnenden Stimmen von Ekkehard und Wolfgang Stegemann sind von einer brennenden Aktualität, wie sie noch vor ein paar Jahren nicht erahnt werden konnte. Die Hoffnung und Illusion, dass der Antisemitismus sich nie wieder öffentlich als diskursfähig erweisen werde, hat sich zerschlagen. Dass Kirchen und christliche Theologie nichts damit zu tun hätten, da sie sich ja nun in aller Form von jeglicher Ausprägung des Antisemitismus distanziert hätten, wie das in vielen kirchlichen Verlautbarungen zu lesen und in offiziellen Stellungnahmen zu hören ist, ist leider Ausdruck einer Illusion. Alle Verlautbarungen, die nach antisemitischen Angriffen Solidarität mit jüdischen Mitmenschen ausdrücken, können nicht über die Tatsache hinwegtäuschen, dass zwischen dem sich wieder öffentlich zeigenden Antisemitismus und Antijudaismus ein inhärenter Zusammenhang besteht. Dass mit der nun allgemein anerkannten Tatsache, dass Jesus Jude war und auch Paulus sich Zeit seines Lebens als Jude verstanden hat, auch der Antijudaismus aus christlicher Exegese und Theologie und aus den Kirchen verschwunden seien, erweist sich trotz bester Absichten als kurzsichtig. Und die Ansicht, dass Antijudaismus in christlicher Theologie und insbesondere in neutestamentlicher Wissenschaft und Antisemitismus nichts miteinander zu tun hätten, ist wieder oder immer noch verbreitet. Dabei wird vielfach übersehen, dass Antisemitismus durchzogen ist und genährt wird von jahrhundertealten Stereotypen, die im Christentum entstanden oder gefördert wurden.

Aber es ist kaum überraschend, dass bei Versuchen, Unsicherheiten im Bezug auf Zugehörigkeit und Identität mithilfe von Stereotypen zu kompensieren, auf solche zurückgegriffen wird, die direkt im Zuge der Etablierung einer sich selbst nicht sicheren Identität des Christentums gebildet wurden. Die Forschung und die Publikationen von Ekkehard und Wolfgang Stegemann sind, obschon einige der Aufsätze vor mehr als 30 Jahren erstmals publiziert wurden, von einer leider nun doch nicht überraschenden Aktualität; und dass hier nun ein Sammelband einer Auswahl dieser Aufsätze vorliegt, bedeutet nicht so sehr, dass hier auf das Wirken zweier Theologen und Neutestamentler zurückgeblickt und ihr Beitrag gewürdigt wird (das natürlich auch). Diese Aufsätze sprechen direkt und unmittelbar mahnend und klärend in die Gegenwart.

So nimmt uns die Lektüre der hier gesammelten Aufsätze zum einen mit auf eine Zeitreise von den Anfängen der Versuche einer Überwindung des Antijudaismus in christlicher Theologie bis in die Gegenwart; und sie bieten zum anderen hermeneutische Ansätze und exegetische Detailuntersuchungen, die als Grundlagen für weitere Schritte in Richtung auf ein christliches Selbstverständnis ohne Herabwürdigung des Judentums dienen werden. Die Aufsätze stehen exemplarisch für die Grundanliegen des wissenschaftlichen Arbeitens der Stegemann-Brüder. Exegetische Detailstudien, wissenschaftstheoretische Analysen, forschungsgeschichtliche Überblicke ebenso wie Stellungnahmen zu konkreten kirchenpolitischen Entwicklungen sind geprägt von der Suche nach Wegen der Überwindung antijüdischer Dimensionen im christlichen Selbstverständnis. Sie haben diese hermeneutische Voraussetzung oder Klammer vor ihren Arbeiten immer klar und deutlich thematisiert und sind damit nicht der wissenschaftstheoretischen Illusion sogenannter abstrakter Objektivität, dem *point of nowhere*, verfallen. Sie sind damit frühe Wegbereiter dessen, was zeitgleich, d. h. in den 70er und frühen 80er Jahren des letzten Jahrhunderts, feministische Theologinnen eingefordert hatten: die hermeneutischen Voraussetzungen jeglicher Interpretation und Analyse sind zeitlich und lokal bedingt und in wissenschaftlicher Arbeit offen und kritisch zu reflektieren. Was in gegenwärtigen Diskursen mehr oder weniger als Selbstverständlichkeit gilt, wurde als ideologisch beeinflusste und damit sogenannt objektiven Ansätzen gegenüber als unwissenschaftlich eingestufte Auslegung betrachtet. Wenn im Einzelnen über bestimmte Ergebnisse diskutiert werden kann und in kritischer Reflexion logische Schlussfolgerungen auch in den Arbeiten der Stegemanns hinterfragt werden können, so mit Sicherheit nicht, weil sie hermeneutische Voraussetzungen und Interessen deklarieren. Das sollte denn auch von Kritikern, wenn sie denn ernst zu nehmen sind, zu erwarten sein. Der Einbezug hermeneutischer Voraussetzungen dispensiert ja nicht von der Anwendung gängiger und neuer methodischer Zugänge zum Forschungsgegenstand. Hier ist die Breite der kulturhistorischen Einbettung und Interdisziplinarität der Forschung der Stegemanns zu erwähnen, die von der Tiefe und Breite ihrer Gelehrtheit Zeugnis geben. Sie sind in dem Sinn neutestamentliche Theologen im wahrsten Sinn des Wortes, da sie diese Schriften und ihre Rezeption immer kontextuell verorten und analysieren und gleichzeitig die Forschungsergebnisse im Hinblick auf ihre Relevanz in gegenwärtigen Diskursen in Kirche und Gesellschaft im Blick behalten. In dem Sinn ist ihr Ansatz der einer neutestamentlich kontextuellen Theologie, im doppelten Sinn des Wortes.

Auch der Fokus der hier gesammelten Arbeiten liegt selbstverständlich beim Neuen Testament und seiner Auslegung, da sich in diesen Schriften historisch bedingte Polemiken finden, die in der Rezeptionsgeschichte zu antijüdischen und damit auch antisemitischen Stereotypisierungen und Feindbildern aufgebaut wurden. So beginnt diese Sammlung nicht nur chronologisch, sondern auch sachlich bedingt mit einem Aufsatz von Wolfgang Stegmann, der sich mit der Frage auseinandersetzt, ob Antijudaismus dem Christentum essenziell inhärent sei. In einer Zeit, in der das Kriterium der doppelten Unterscheidung Jesu von seinem jüdischen Kontext und von frühchristlichen Traditionen als Kennzeichen authentischer Jesus-Worte galt, verweist Wolfgang Stegemann auf die bemerkenswerte Tatsache, dass jüdische Gelehrte des 19. und des 20. Jahrhunderts Jesus als einen sahen, der im Judentum beheimatet war. So wird denn diese Frage nach einem essenziellen Antijudaismus im Christentum auch mit Verweisen auf Helmut Gollwitzer, Friedrich-Wilhelm Marquardt und Johann Baptist Metz verneint. Dies nun nicht, indem die im Neuen Testament auch zu findende antijüdische Polemik ausgeblendet, sondern als Aufgabe der Exegese postuliert wird, diese in ihrer historischen Bedingtheit zu verstehen, im Kontext von Abgrenzungs- und Unterscheidungsdebatten und Bewegungen unter den Bedingungen römischer Dominanz nach 70 u. Z. Insofern sind entsprechende Polemiken in den Evangelien als Versuche, jüdische Traditionen für sich zu beanspruchen, Teil der Identitätsbildungsprozesse von Gruppen, die sich als mehrheitlich nicht-jüdische Messiasanhänger/innen verstehen, die sich nun aber vom entstehenden rabbinischen Judentum zu unterscheiden suchen. Wenn damit in Jesus Christus Heil außerhalb des Judentums als durch den designierten Messias ermöglicht angesehen wird, bedeutet das nicht zwingend, so Wolfgang Stegemann, dass Heil gegen Israel beansprucht wird. Auch bedeutet die entsprechende soziale Unterscheidung von Juden und Christusgläubigen nicht, dass das Verhältnis Israels zu seinem Gott damit negiert wird. Hier finden wir einen Ansatz, der in nuce grundlegende Analogien zur *Third Quest* der historischen Jesus-Forschung der 90er Jahre des letzten Jahrhunderts aufweist, in der die Anerkennung Jesu als Jude nicht mehr grundlegend infrage gestellt wurde, und ebenso zum *Paul within Judaism* Ansatz, der sich im letzten Jahrzehnt von marginalen Anfängen in den 80er und 90er Jahren des letzten Jahrhunderts als eine nun auch signifikant rezipierte Forschungsrichtung etabliert hat. Es zeigt sich bereits in diesem Eröffnungsaufsatz, inwiefern die Forschungsarbeit der Stegemanns Pioniercharakter hatte.

Diesem programmatischen Aufsatz folgen drei Aufsätze (zwei von Wolfgang Stegemann, einer von Ekkehard W. Stegemann), die sich mit Aspekten der Rezeptionsgeschichte befassen. Eine Übersicht über die Stellungnahmen der evangelischen Kirchen zum Judentum seit 1945 zeigt auf, wie lange es denn doch gedauert hat, bis die Kirchen sich spezifisch ihre Mitschuld an der Entstehung des rassistischen Antisemitismus des 19. Jahrhunderts und der Shoah, nicht nur durch ihr Schweigen und Nicht-Handeln, sondern insbesondere durch die jahrhundertlange Verbreitung anti-jüdischer Stereotypen eingestanden, und in der Folge zu theologischen Stellungnahmen fanden, die die unverbrüchliche Erwählung Israels bejahten. Entsprechende Stellungnahmen konnten nur nach grundlegenden selbstkritischen theologischen Reflexionen wie denjenigen von z. B. Peter von der Osten-Sacken und Johann Baptist Metz zustande kommen. Diese benannten als grundlegend die Notwendigkeit, eine Christologie aufzugeben, die die Gegenwart einer messianischen Erlösung triumphalistisch verabsolutiert, da eine solche alles, was dem widerspreche, insbesondere das jüdische Volk, abgewehrt und verdrängt werden muss. Notwendig sei, wie von der Osten-Sacken es formuliert hat, ein „theologischer Besitzverzicht". Es gehe darum, eine offene Christologie, d. h. eine Israel bejahende Christologie zu suchen, bei der einerseits die dem Christentum inhärente Verbundenheit mit dem jüdischen Volk trotz und mit der damit verbundenen Differenz ausgedrückt wird, damit aber nicht Israel zu vereinnahmen oder ihm vorzuschreiben, wer denn dieser Jesus als Messias für Israel sei. Das Bekenntnis zu Jesus als Messias Israels hat Gültigkeit nach innen, im christlichen Selbstverständnis, nicht aber für das historisch existierende jüdische Volk. Es ist der Absolutheitsanspruch des Christentums, nicht das Messias-Bekenntnis, das die Wurzel des christlichen Antijudaismus bildet. Dieses Übersichtskapitel benennt eine Aufgabe, die wiederum in Anfängen bereits im letzten Jahrhundert aufgenommen wurde, unter den gegenwärtigen Voraussetzungen aber einer Verbreiterung und Vertiefung bedarf. Jüdische neutestamentliche Wissenschaftler/innen und Religionsphilosophen stellen gegenwärtig entsprechende Fragen erneut; und es stehen Versuche christlicher systematischer Theologinnen und Theologen an, diese Frage aufzunehmen, wie z. B. im kürzlich veröffentlichten Sammelband „Christologie zwischen Christentum und Judentum – Jesus, der Jude aus Galiläa und der christliche Erlöser".[1]

Diese kritische Selbstreflexion ist in einem internationalen kirchlichen Gremium noch nicht angekommen, wie der spätere Beitrag zur Haltung des ökumenischen Rates zum Nahostkonflikt und dem Existenzrecht des Staates Israel darlegt. Wolfgang und Ekkehard Stegemann beschreiben, wieweit sich der Ökumenische Rat von seinen eigenen Grundsatzerklärungen zum Antisemitismus, die seit seiner Gründung 1948 verabschiedet wurden, entfernt hat, und zeichnen scharf dessen Einseitigkeit in den seither erfolgten Stellungnahmen nach. Es verdeutlicht sich hier die Dringlichkeit der Aufgabe einer informierten und reflektierten Auseinandersetzung mit auch in diesen Kontexten nicht überwundenen Antisemitismen.

Dass traditionelle christliche Theologie durchgehend von Antijudaismus durchdrungen ist, zeigt Wolfgang Stegemann exemplarisch in einer Detailanalyse der Theologie Rudolf Bultmanns auf. Dabei arbeitet er sorgfältig den Unterschied zwischen Bultmanns persönlicher Integrität im Bezug auf jüdische Mitbürgerinnen und Mitbürger und seinem theologischen Denken heraus, das in auffälliger Diskrepanz zu seinem Verhalten steht. So hält er am für die neutestamentliche Wissenschaft der Zeit prägenden Zerrbild der Gesetzlichkeit des Judentums fest und präsentiert einen Entwurf, in dem Juden zum exemplarischen, sich selbst zu erlösen suchenden Menschen werden, damit zum Symbol des in der Uneigentlichkeit verharrenden und damit sein Leben verfehlenden Menschen an sich. Jesus und Paulus sind demgegenüber die Überwinder einerseits von jüdischer Gesetzlichkeit durch Liebe und von jüdischem Leistungsgedanken durch Gnade. Judentum wird dargestellt als das „historisch-empirisch wahrnehmbare Missverständnis der menschlichen Existenz in ihrer Uneigentlichkeit" (76). Hier zeigt sich ein strukturell-theologischer Antijudaismus, in dem christliches Selbstverständnis in grundlegendem Gegenüber zum Judentum gesehen wird, womit sich christliche Theologie negativ an ihren eigenen Antijudaismus bindet. Ekkehard Stegemanns Beitrag zeichnet den inhärenten Antijudaismus in Martin Luthers Schriften und deren Weiterführung in Theologien der Aufklärung und des 19. Jahrhunderts nach, womit der Ansatz Bultmanns in seiner theologiegeschichtlichen Kontinuität verortet wird. Dabei zeigt Ekkehard Stegemann auf, dass zwischen der scheinbaren Milde, die in den Frühschriften Luthers zu finden ist, und den heftigen Polemiken der Spät-

---

[1] Danz, Christian / Ehrensperger, Kathy / Homolka, Walter, Christologie zwischen Judentum und Christentum. Jesus, der Jude aus Galiläa, und der christliche Erlöser, Tübingen 2020.

schriften kein Bruch, sondern eine grundlegende Verbindung besteht. So sind auch in den Frühschriften Juden nicht „wahrheitsfähige Partner" in der Interpretation der Schrift. Die Milde ist nur im Zusammenhang mit Luthers Erwartung der Bekehrung von Juden angesichts der reformatorischen Rückkehr zum Urtext zu verstehen. So besehen ist die spätere Polemik ebenso Ausdruck dieser Erwartung wie die frühe scheinbare Milde. Jüdische Schriftauslegung als eine Auslegung, die sich auf dieselben Texte bezieht wie die christliche (die für Luther natürlich allein Gültigkeit besaß), bedeutete ja eine Infragestellung ebendieser Auslegung und hatte das Potenzial alternativer Interpretation, womit der christliche Absolutheitsanspruch unmittelbar infrage gestellt werden konnte. Obschon also in der Reformationszeit Gespräche zwischen Juden und Christen stattfanden, Christen von Juden Hebräisch lernten und auch etwas von jüdischer Auslegung erfuhren, nährte die dadurch möglicherweise unbewusst erfahrene Infragestellung weiterhin Antijudaismus in schärfster Form. Ekkehard Stegemann zeichnet im Folgenden die Weiterentwicklung des theologischen Antijudaismus in der Aufklärung und darüber hinaus nach. Hier wird, im Kontext der Vorstellung eines aufgeklärten Christentums als universale Religion, zum einen erwartet, dass Juden als Bürger, aber nicht als gleichwertig anerkannt werden. Demgegenüber wird das Judentum zum Inbegriff der Partikularität und damit erneut zum antithetischen Gegenüber, d. h. zur Negativfolie dieser idealen universalistischen Religion. Jesus habe diese Religion aber noch im Kleid der Partikularität vertreten müssen, da seine Adressaten Juden waren. Demgegenüber befreite Paulus durch den Bruch, den er mit der Synagoge vollzog, das Christentum zum Bewusstsein seiner selbst. Diese von Semler so formulierte Sicht fand in ihrer Historisierung durch F. C. Baur Eingang in die durch die historisch-kritische Methode geprägte Bibelwissenschaft und damit in die wissenschaftlichen Forschungen des 19. Jahrhunderts und wirkte, wie an den Beispielen Wellhausen, von Harnack und Bultmann gezeigt wurde, weit ins 20., ja bis ins 21. Jahrhundert. Weder die Reformation noch die Aufbruchsbewegungen des 18. und 19. Jahrhunderts haben den Antijudaismus überwunden, sondern in historisierenden Zugängen neu verstetigt.

Ekkehard Stegemanns Aufsatz „Israel in Barths Erwählungslehre" ist ein weiteres Beispiel einer tiefgehenden strukturellen Analyse eines der großen Theologen des 20. Jahrhunderts. Wie im Aufsatz zu Bultmann wird die persönliche Haltung und Integrität Barths betont, auch finden sich Ansätze in Barths Interpretation von Römer 9–11, die Israels ungebrochene Erwählung betonen. So ist bemerkenswert, dass Barth zwar Paulus an verschiedensten Stellen nicht angemessen interpretiert, die Erwählung der Gemeinde Gottes aber dahingehend versteht, dass sie in einer Doppelgestalt als Israel und Kirche unter dem einen Bund steht. Die Hierarchie bleibt zwar bestehen, insofern Barth in der Kirche die vollkommene Gestalt der Gemeinde sieht, mit Paulus sieht er aber trotzdem keine judenmissionarische Aufgabe der Kirche; die Erlösung ist Sache des Eingreifens Christi am Ende der Geschichte. Ganz Israel hat Teil an diesem

Geschehen, das aber ganz in der Hand Gottes gesehen wird, also nicht durch die Kirche vermittelt, noch in sie integriert. Trotz dieser bemerkenswerten Ansätze bleibt bei Barth die Stereotypisierung des Judentums bestehen, da er in seiner theologischen Voraussetzung der Vorrangigkeit des Christus-Geschehens behaftet bleibt. Die Nähe, die Barth herzustellen versucht, braucht ein Judentum, das nicht in dieses Schema passt; denn es gilt doch immer noch als Negativfolie. Es geht Ekkehard Stegemann hier darum aufzuzeigen, dass Geschichte und Geschichtlichkeit und damit auch das konkret existierende Hier und Jetzt nicht theologisch übersprungen werden können. Es muss versucht werden, Paulus in seinem kulturellen und sozialhistorischen Kontext, in seiner apokalyptisch geprägten Weltsicht zu sehen, d. h. auch in einer Fremdheit, die nicht immer verständlich sein mag in Anbetracht der Tatsache, dass aus diesen Anfängen zwei voneinander unterschiedene Größen entstanden sind. Damit einher geht christlicherseits die Anerkennung der Nicht-Erlöstheit der Welt, d. h. das Aufgeben einer Illusion. Das ist nicht ein jüdisches Problem, sondern ein christliches, und kann auch nur als solches und von Christen angegangen werden.

Diese exemplarischen forschungsgeschichtlichen Analysen werden komplementiert durch die sorgfältige exegetische Arbeit der beiden Neutestamentler. Hier werden in zwei Aufsätzen Fragen das Ausdrucks messianischer Vorstellungen im Johannes- (W. S. und E. W. S.) respektive Lukasevangelium und der Apostelgeschichte (W. S.) diskutiert. Ekkehard Stegemann widmet sich dann der Frage, in welchem Verhältnis das Judesein Jesu zur Überzeugung der Christen steht. Dabei setzen sich die dem Johannesevangelium und dem Lukanischen Doppelwerk gewidmeten Aufsätze mit dem in den jeweiligen Evangelien unterschiedlichen Messiasverständnis auseinander. Beide werden als im Kontext der Katastrophe nach 70 u. Z. verortet gesehen. Beide werden als Versuche verstanden, die dadurch bedingten oder verschärften Konflikte mit dem Judentum zu verarbeiten. Im Johannesevangelium wird das gemäß der Meinung der beiden Autoren durch eine Distanzierung vom Judentum erreicht, wobei die Messianität Jesu im Sinne weisheitlicher Tradition verstanden wird. Das Lukanische Doppelwerk versucht demgegenüber, trotz aller Unterschiede Nähe zum Judentum zu formulieren und die Messianität Jesu auch politisch zu verstehen, jedoch dahingehend, dass für Lukas die Erfüllung der Königsherrschaft mit Jesu Leiden, Tod und Auferweckung noch nicht gekommen ist, Jesus in dem Sinn als Messias designatus zu verstehen sei. Mit der proleptischen Wirksamkeit dieses Messias Israels ist Heilszeit angebrochen, aber nicht erfüllt, womit das vom Heil schon betroffene Israel zum Licht für die Völker werden kann, d. h. Israels messianisches Heil kann nun auch den Heiden leuchten. Die Nachfolgerinnen und Nachfolger Jesu und letztlich auch Paulus sind entsprechend Zeugen unter den Völkern für dieses Heil Israels. Diese Interpretation des lukanischen Doppelwerks eröffnet nach Wolfgang Stegemann demnach Möglichkeiten eines christlichen Selbstverständnisses, das sich vom Judentum unterscheidet, ohne damit antijüdisch zu sein oder das Judentum zu vereinnahmen – wenn denn auf jegliche Absolutheitsansprüche verzichtet wird. Ekkehard Stegemann setzt sich mit der Tatsache auseinander, dass jüdische Forscher Jesus als Jude heimgeholt haben und fragt, inwiefern Analoges sich auch in christlicher Forschung etabliert habe, oder sich etablieren könnte, und was denn entsprechende Folgen davon sein könnten. Dies knüpft an die von Wolfgang Stegemann im zweiten Aufsatz erörterte Frage nach den Implikationen entsprechender Forschung für die Christologie an. Selbstverständlich, so die Stegemanns, besteht der nicht aufzuhebende Grundunterschied im christlichen Bekenntnis zu Jesus als dem Messias. So verweist Ekkehard Stegemann auf die Tatsache, dass christliche Wissenschaftler durchaus das Judesein Jesu anerkennen konnten, wenn es um die historische Dimension ging, diese dann aber für theologisch irrelevant oder zur äußeren Schale erklärt wurde, von der sich die Eigentlichkeit Jesu aber grundlegend unterscheide. Diese grundlegende Verschiedenheit werde auch in Ansätzen postuliert, die das Messiasverständnis Jesus als nicht-jüdisch in die Innerlichkeit verlegen. Da ja äußerlich keine politische Veränderung stattgefunden habe, könne Jesus auch nicht als Messias Israels bezeichnet werden. Das trifft sich mit jüdischen Anfragen an das christliche Messiasverständnis, da tatsächlich die Unerlöstheit der Welt offensichtlich ist. Hier ist christlicherseits weiterzudenken. Das Verständnis der Messianität Jesu als Messias designatus, damit verbunden der Heilszeit als angebrochener, aber nicht erfüllter, erweist sich diesbezüglich, wie ich meine, als äußerst hilfreich, da hier nicht eine Erlösung postuliert wird, die die Wirklichkeit ausblendet oder sich enthusiastisch in Illusionen flüchtet, noch die Unerlöstheit negativ auf andere projiziert. Damit wird es möglich, ein *trotzdem* der Hoffnung zu formulieren, ohne absolutistisch Erlösung zu postulieren in einer unerlösten Welt. Hier eröffnen Ekkehard und Wolfgang Stegemann, basierend auf sorgfältiger Exegese, Ansätze für eine christliche Theologie, die die Schreckensgeschichte der christlichen Tradition nicht ausblendet, die Differenz zum Judentum nicht verwischt, diese aber in positivem Bezug einbettet, ohne christliche Identität zu verlieren – im Gegenteil.

Im Aufsatz „Theologie zwischen Antisemitismuskritik und alten Vorurteilen" entwirft Ekkehard Stegemann eine Art von Prolegomena zu einer christlichen Theologie ohne Antijudaismus, wie er die Ausführungen selbst charakterisiert. Dieser Aufsatz präsentiert in dem Sinn das, worum es in diesem Band geht. Und obschon er vor 20 Jahren geschrieben wurde, harrt die Aufgabe, die nicht die Aufgabe eines einzelnen sein kann, sondern diejenige der christlichen Theologie insgesamt ist, darauf, bearbeitet zu werden. Wie sich schon in den forschungsgeschichtlichen Aufsätzen deutlich gezeigt hat, geht es ja darum, christliche Theologie grundlegend und in allen Bereichen im Blick auf diese Anforderung, die meiner Meinung nach unhinterfragbar ist, neu zu denken und auszudrücken. Die Aufgabe umfasst nicht nur neutestamentliche Exegese und systematische Theologie, sie umfasst Liturgien und Bibelübersetzungen ebenso wie Schulbücher und die Ausbildung an theologischen Fakultäten und religionspädagogischen Instituten. Denn, so Ekkehard Stegemann hier, so wenig Antijudaismus von Antisemitismus getrennt werden kann, und Kultur und Gesellschaft ebenso betrifft wie das Christentum, sowenig handelt es sich nur um einen Aspekt, der das Verhältnis zum Judentum – also ein nach außen gerichtetes Verhältnis – betrifft. So wesentlich die Achtung und Unantastbarkeit der Würde des Anderen als Voraussetzung wahrer Begegnung auf Augenhöhe ist, hört der Anspruch, den das Christentum an sich selbst haben muss, hier nicht auf. Es geht um die Beziehung zu den Anderen. Es geht aber auch und unabdingbar um das christliche Selbstverständnis. Judenfeindschaft ist dem Christentum inhärent und ein von innen her entstehender Angriff auf seine Identität. Entsprechend geht es um eine grundsätzliche und nicht nur teilweise Neubestimmung des Verhältnisses zur biblischen Matrix, auf der das Christentum gewachsen ist. Obschon Antijudaismus für Kirchen heute weitestgehend als illegitim erachtet wird, werden weiterhin entsprechende Bilder, Stereotypen und Denkmuster weiterverbreitet – oft mit dem besten Willen, es anders zu machen. Eine der Komplexitäten sei hier besonders erwähnt. Da beide heute bestehenden, sich voneinander sozial und religiös unterscheidenden Größen, Judentum und Christentum, sich aus dem Pluralismus der Zeit des zweiten Tempels unter römischer Herrschaft gebildet hatten und sich auf dieselben biblischen Traditionen beziehen, wird eine Gemeinsamkeit angenommen, die in Versuchen, Antijudaismus im Christentum zu überwinden, oft überdehnt wird. Demgegenüber weist Ekkehard Stegemann zu Recht, wie ich meine, darauf hin, dass es das Gemeinsame immer nur in der Differenz gibt. Der christliche Bezug und Deutungshorizont der Schriften, die geteilt werden, ist ein anderer als der jüdische, was ja schon die jeweils unterschiedliche Version ihres Kanons verdeutlicht. Beide, Judentum und Christentum, sind unterschiedliche Adaptionen und Transformationen der Deutungen der gemeinsamen biblischen Traditionen im Kontext sich unterschiedlich ausprägender kollektiver Identitäten. Das Gemeinsame erweist sich immer nur im Besonderen. Damit ist eine Anerkennung der Differenz als grundlegend gegeben, da das Menschliche nur in der Besonderheit vorkommt. Die eigene Deutung hat in der Anerkennung der Verschiedenheit ihre Berechtigung – als eine unter anderen.

Diese Betonung der Notwendigkeit der Anerkennung der Differenz wird von Wolfgang Stegemann im Folgenden weitergeführt, indem er in einer historischen Analyse darlegt, dass das Gemeinsame immer schon das Unterschiedene war. Paulus wird als Apostel der Heiden verstanden, und entsprechend seine Gemeinden als Gruppen aus den Völkern. Diese gehörten ja nie zum jüdischen Volk und sollten nach Paulus ja auch eben gerade nicht ihm zugehörig werden. Sie waren also am Anfang Gruppen, die, soziologisch betrachtet, außerhalb des Judentums standen und sich auf die jüdische Tradition bezogen, und diese in Bezug auf ihr eigenes messianisches Selbstverständnis transformierten. Es kann also nicht von einer Trennung von etwas gesprochen werden, das so nie zusammengehörte, argumentiert Wolfgang Stegemann. Die Unterscheidung von Juden und messiasgläubigen Menschen aus den Völkern ist den Anfängen demnach inhärent. Am Anfang war die Unterscheidung, so könnte man diese Perspektive zusammenfassen, was aber nicht bedeutet, dass der Anfang von einem antagonistischen Verhältnis bestimmt war.

Ob denn, angesichts all der unübersehbaren Probleme am Anfang etwas falsch gelaufen sei, fragen die Stegemanns dann in Auseinandersetzung mit einer Aussage von Krister Stendahl. Wenn die Frage bejaht würde, wäre damit wenig gewonnen, kann die Geschichte ja nicht rückgängig gemacht werden, um eine möglicherweise verlorengegangene Alternative wiederzugewinnen. Die Stegemanns plädieren dafür, die Anfänge anhand des Diskursmodells zu analysieren und nachzuzeichnen, wie sich diese Geschichte so entfaltet hat, wie sie es getan hat. Es werden dabei die Interaktionen zwischen verschiedenen gesellschaftlichen, politischen, sozialen, religiösen und ökonomischen Prozessen, die sich unterschiedlich und mit unterschiedlichen Folgen aufeinander beziehen und beeinflussen, in Betracht gezogen. Dabei wird in Kürze in Betracht gezogen, dass v. a. Paulus sich an nicht-jüdische Menschen aus den Völkern wandte, ihnen Implikationen ihrer Christusüberzeugung darlegte und dadurch sich von jüdischen und paganen Gruppen unterscheidende Kollektive bildeten. Wie schon im vorhergehenden Aufsatz dargelegt, wird diese Unterscheidung als im Anfang angelegt gesehen, womit auch gesagt ist, dass am Anfang also eigentlich alles ziemlich normal verlaufen sei, was da geschehen ist. Auf diese Unterscheidung aufbauenden und sie instrumentalisierenden Rezeptionen hingegen führten zu einer negativen Essentialisierung des Judentums. Sie waren es, die dazu führten, dass in der Folge etwas falsch gelaufen ist. Die Unterscheidung an sich ist nicht problematisch.

Einer weiteren Problematik, die zu antijüdischen Konstruktionen in christlicher Theologie und darüber hinaus führen, wendet sich Wolfgang Stegemann zu, wenn er darauf verweist, dass der in der Aufklärung verorteten Definition des Judentums als Religion ein Modell des Christentums Pate stand, wie das übrigens auch in Bezug auf andere Traditionen geschah, und nicht jüdisches Selbstverständnis ist. In Bezug auf das Judentum bestand die Gegenüberstellung im schon erwähnten postulierten Universalismus des Christentums als der wahren Vernunftreligion. Demgegenüber konnte das Judentum in seiner Partikularität immer nur eine Negativform des Wahren sein. Entsprechend kam es zu einer Gleichung, die postulierte, dass das Christentum das Wahre ohne Judentum sei. Auf diesem Hintergrund kritisiert Wolfgang Stegemann dann Jan Assmanns These, der sogenannte mosaische Monotheismus sei die Grundlage von Gewalt, da absolutistischer Exklusivismus ihm inhärent sei. Wolfgang Stegemann weist darauf hin, dass Assmann damit eine antijüdische Interpretation postuliert, basierend auf dem Konstrukt des Judentums als einer Religion analog zum Christentum, ergänzt durch Aspekte von Christentum und Islam. Dieses Konstrukt basiert auf einer Reihe von Verkennungen. Da ist zunächst die Antike. Assmann, so Wolfgang Stegemann, verwechselt das Diskursfeld der Antike mit demjenigen des modernen Religionsdiskurses, das Religionen als Überzeugungssysteme deutet. Damit wird das Judentum sowohl der Antike und also auch in seinem gegenwärtigen Selbstverständnis verzeichnet – im Namen eines modernen, für die Antike nicht anwendbaren Konstrukts und scheinbar objektiver wissenschaftlicher Analyse. Entsprechende hermeneutische Vorbedingungen sind aber nicht neutral, sondern spezifisch und sie beanspruchen Deutungsmacht. Sowohl die Vorbedingungen als auch die Deutungsmacht sind kritisch zu hinterfragen. Diese kritische Analyse des Religionskonzepts wird in jüngerer Zeit weiter vertieft und v. a. in der englischsprachigen Antikenforschung interdisziplinär breit vertreten. Dies zeigt sich in der neueren Diskussion um das Verständnis neutestamentlicher Schriften als gänzlich in jüdischer Tradition ihrer Zeit zu verortende. Wolfgang Stegemann legt in kritischer Diskussion der Ansätze von Daniel Boyarin, Peter Schäfer und Klaus Wengst dar, inwiefern hier nicht nur die jüdische Identität Jesu, sondern auch das Messias-Verständnis und weitere theologische Implikationen nicht über jüdische Tradition hinausführen, sondern als Teil dieser Tradition in ihrer Vielfalt zu verstehen sind. Daraus, so Stegemann, ergeben sich Ansätze zu Interpretationen der neutestamentlichen Schriften, die hoffnungsvolle Wege zu einer Überwindung von deren anti-jüdischer Deutung aufzeigen.

Zwei biblische Reflexionen bilden den Abschluss dieses wichtigen Sammelbandes. Wolfgang Stegemann fragt, inwiefern bei der Verortung des Paulus innerhalb des Judentums des zweiten Tempels die mancherorts postulierte rabbinische Ausbildung historisch wahrscheinlich sei. Die Analyse fokussiert auf die Erzählung der Apostelgeschichte. Das Bild erscheint nicht eindeutig, doch scheint der Autor eine Situation vorzustellen, die die Annahme zulässt, dass Paulus im Umkreis eines der großen pharisäischen Lehrer gebildet wurde, ein Bild, das theologisch in der Apostelgeschichte von Relevanz ist, da es damit den Heidenapostel als fest in jüdischer Tradition seiner Zeit verankert zeichnet.

Der Band schließt mit einer Art Gespräch – im Geiste zwischen Ekkehard Stegemann und einem Freund Aron – zur Menschlichkeit des Sterbens. Es ist ein Aspekt, der in modernen Gesellschaften verloren gegangen ist und ausgeklammert wird. Ekkehard Stegemann geht Spuren von Erzählungen in Traditionen der Antike nach – im Tanach / Alten Testament, in philosophischen Schriften und im Neuen Testament. Diese Anmahnung zur Wahrnehmung des Sterbens in Geschichten und Worten von Sterbenden zeugen vom Hinschauen und Wahrnehmen der letztlich geteilten Sterblichkeit.

Die Aufsätze sind was sie sind: Fragmente tiefen und umfassenden Nachdenkens. Sie sind nicht letzte Worte. Sie sind nicht das einzige Geschriebene. Zum einen haben die beiden ja viel mehr als diese Aufsätze geschrieben und schreiben weiter. Zum anderen sind sie Zeugnis einer Klarheit, eines Durchdenkens großer Fragen, die für die Glaubwürdigkeit christlichen Selbstverständnisses von entscheidender Relevanz sind, im Angesicht jüdischer Mitmenschen, und im Angesicht unserer selbst. Sie sind Zeugnis sorgfältiger Gelehrtheit im wahrsten Sinne des Wortes, wo es um Detailanalysen geht. Aber sie sind Fragmente. Sie erheben nicht den Anspruch, alles gesagt zu haben. Aber sie zeugen von ihren vorausgehenden Einsichten, die heute so wesentlich sind wie damals. Und sie laden in ihrer Offenheit ein zum Weiter-denken, zum Weiter-suchen und dazu, im christlich notwendigen Besitzverzicht eine Chance zu sehen, die Chance der Umkehr von einem Weg, der in die Abgründe geführt hat, die Chance der Umkehr auf einen Weg, der zum Respekt vor der Würde der Anderen führt, die Chance der Umkehr auf einen Weg, der auch Selbstachtung möglich macht und damit Offenheit für Gemeinsamkeit in Verschiedenheit. Es sei den beiden Weggefährten gedankt für ihr Vorausgehen, ihr Mitgehen und die Ermutigung zum Weitergehen.

Aspekte des Antijudaismus im Neuen Testament

Wolfgang Stegemann

Gastvorlesung an der Evangelisch-Theologischen Fakultät Wien,
im Dezember 1983

Es herrscht ein breiter Konsens darüber, dass der theologische Antijudaismus so alt ist wie der christliche Glaube selbst. In ihrer viel beachteten Studie: „Nächstenliebe und Brudermord"[1] hat R. Ruether den christlichen Antijudaismus als ein Ursprungsphänomen der christlichen Religion aufgezeigt. D. h., schon während der Entstehung der christlichen Religion bekam der Antijudaismus die Funktion eines „negativen Mythos". Und noch in der gegenwärtigen Auslegung des NT nimmt er häufig genug diesen Platz ein. Wer einmal die Jesus-Bücher so unterschiedlicher Exegeten wie Günther Bornkamm und Herbert Braun daraufhin liest, wird sehr schnell eine seltsame Übereinstimmung in deren antijüdischer bzw. antipharisäischer Profilierung Jesu feststellen. Der jüdischen „Leistungs"-Religion und inhumanen pharisäischen Kasuistik stellt man die befreiende und humane Religion Jesu gegenüber. Aber nicht nur in der exegetischen Fachliteratur, sondern auch auf der Kanzel und im Unterricht gewinnt Jesus seine Konturen häufig genug dadurch, dass seine Logien und sein Verhalten vor dem dunklen Hintergrund des Judentums abgehoben werden. Dass Jesus selbst ein Jude war, wird dabei entweder als quantité négligeable gewertet oder dadurch verdeckt, dass man zwischen seiner Lehre und seiner Herkunft aus dem Judentum Palästinas allenfalls negative Relationen herstellt. Dies zeigt sich zum Beispiel darin, dass noch heute als Kriterium authentischer Jesusworte jenes Modell diskutiert wird, wonach all das, was in der synoptischen Tradition weder aus dem Judentum noch aus dem Hellenismus hergeleitet werden kann, als Indiz für „ipsissima vox" Jesu gelten könne. Umso mehr muss es darum verunsichern – oder aber auch faszinieren — wenn jüdische Gelehrte Jesus von Nazareth wieder in die kulturelle und religiöse Tradition Israels zurückholen. Ein Prozess, dem der historisch redliche Theologe grundsätzlich nur zustimmen kann.

Nun wäre die Frage eines christlichen Antijudaismus im NT kein gravierendes Problem, sofern dieser nicht auch heute noch für christlich notwendig gehalten würde.

---

1 R. Ruether, Nächstenliebe und Brudermord. Die theologischen Wurzeln des Antisemitismus, München 1978.

Etwa in der Auseinandersetzung zwischen dem Hamburger Neutestamentler Wilckens[2] und dem jüdischen Gelehrten David Flusser[3] spielte dieses Problem eine zentrale Rolle. Wilckens bemühte sich darum, jene antijüdischen Passagen seiner kommentierten Übersetzung des NT gegenüber den Einwänden von Flusser folgendermaßen zu begründen: Da antijüdische Aussagen die Entstehung der christlichen Religion von Anfang an bestimmt haben, seien diese auch theologisch-essenziell. R. Ruether scheint mit ihrer Studie Wilckens recht zu geben, wenn sie den christlichen Antijudaismus als Ursprungsphänomen unseres Glaubens aufweist, auch wenn sie dies im Unterschied zu Wilckens deprimiert feststellt. Die Frage ist im Raum: Gehört der christliche Antijudaismus wesenhaft zur christlichen Religion hinzu – oder markiert er ein nur historisches Durchgangsstadium, dem wir jedenfalls heute getrost den Abschied geben können und müssen? Diese Frage wird dadurch noch auf eine qualitativ andere Ebene gehoben, weil sie angesichts des Genozids an den europäischen Juden gestellt werden muss. Müssen wir also – um Christen zu bleiben – auch nach Auschwitz theologisch am Antijudaismus festhalten?

Diese Frage zu stellen heißt auch schon, sie zu verneinen. Die theologischen Gründe dafür haben etwa F. W. Marquardt, J. B. Metz und H. Gollwitzer genügend deutlich ausgesprochen.[4] Darüber hinaus bin ich aber der Meinung, dass man dieses Nein auch exegetisch begründen kann. Denn so wenig die antijüdische Polemik vieler neutestamentlicher Schriften geleugnet werden kann, so wenig darf sie aber auch von ihren realen Gründen im Dasein der damaligen christlichen Gemeinden isoliert werden. Und um einmal pauschal zu fragen: War die im NT erkennbare antijüdische Polemik überhaupt im strikten Sinne ein theologisch essenzieller Antijudaismus? Ich meine nein. Darauf wird noch einzugehen sein.

Eine theologische Rezeption des NT, die ihren eigenen Antijudaismus in ihm begründet sieht, verwechselt historische Erfahrungen mit christlichen Grundüberzeugungen. Genau hierin sehe ich eine Ideologisierung von Theologie und Exegese.

Der Erinnerung des historischen Ursprungs auch des gegenwärtigen Antijudaismus der Exegese und Theologie kommt paradigmatisch ein Rang zu, den die sogenannte Entmythologisierungsdebatte in den Fünfziger- und Sechzigerjahren gehabt hat. Paradigmatisch insofern, als sie das sprechendste Beispiel für die Notwendigkeit einer Entideologisierung der Exegese bzw. der Theologie überhaupt ist. Denn gerade die antijüdische Ausrichtung auch der gegenwärtigen Theologie und Exegese weist nach meiner Überzeugung auf

---

2 U. Wilckens, Das Neue Testament und die Juden, EvTh 34 (1974), 602f.

3 D. Flusser, Ulrich Wilckens und die Juden, EvTh 34 (1974), 236ff.

4 Z. B. F. W. Marquardt, Verwegenheiten. Berliner theologische Stücke, München 1981; J. B. Metz, Ökumene nach Auschwitz, Freiburger Rundbrief XXX (1978), 7ff.; H. Gollwitzer, Das Judentum als Problem der christlichen Theologie, in: Treue zur Tora. Beiträge zur Mitte des christlich-jüdischen Gesprächs. Veröffentlichungen des Instituts Kirche und Judentum, Berlin 1979.

eine Ideologisierung der theologischen Reflexion, sofern sie ihre Aussagen jenseits konkreter Erfahrung formuliert und sich ihres „affirmativen" Charakters nicht mehr bewusst ist. Mit einer ungewöhnlichen „Verblüffungsfestigkeit" gegenüber dem Grauen des Holocaust an den Juden hält sie an einem abstrakten Gegensatz zum Judentum fest — wie sie gleichzeitig oberhalb der realen gesellschaftlichen Probleme Positionen besetzt, deren abstrakter Gehalt die wirklichen Erfahrungen der Menschen letztlich „transzendental" begreift. Von daher scheint mir auch die Kritik des christlichen Antijudaismus auf derselben ideologischen Ebene weder grundsätzlich noch fruchtbar genug zu sein. D. h., genauso wie die gegenwärtigen Interessen am Festhalten eines essenziellen Antijudaismus aufgedeckt werden müssen, indem dieser in dem Zusammenhang realer Praxis und Geschichtserfahrung (d. h. aus der Konkretion des gesellschaftlichen Interesses seiner Verfechter) verstanden werden muss, genauso muss die Exegese nach den Gründen der im NT erkennbaren antijüdischen Polemik in der realen Auseinandersetzung zwischen Christen und Juden dieser Zeit fragen. Und darin wird die angesprochene Aufgabe selbstkritischer Erinnerung antijüdischer Polemik jener der Entmythologisierung noch näher vergleichbar. Wollte Bultmann doch diese Aufgabe positiv verstanden wissen, durch die historische Kritik am Mythos hindurch diesen dem christlich-gegenwärtigen Selbstverständnis entgegenbringen. Er fragte nach den Gründen im Dasein (der menschlichen Existenz), aus denen dessen mythische Objektivationen hervorgekommen sind. Ebenso ist – nun aber in bestimmter Erweiterung der existenzialen Engführung Bultmanns – nach den Gründen im Dasein der frühen christlichen Gemeinden zu fragen, aus denen antijüdische Äußerungen der Christen entsprungen sind. Natürlich auch danach, aus welchen Gründen im realen Lebenszusammenhang jüdische Kritik an den christlichen Gemeinden erwachsen konnte. Von daher gesehen verwechselt eine theologische Rezeption des NT, die ihren eigenen Antijudaismus in ihm begründet sieht, historische Erfahrungen mit christlichen Grundüberzeugungen. Genau hierin sehe ich eine Ideologisierung von Theologie und Exegese. Denn das historisch Konkrete wird zum „Wesen" hypostasiert, der aktuelle Gegner zum Erzfeind. Eine entideologisierende Auslegung des NT wird die religiösen Aussagen des NT nicht von den konkreten Lebenserfahrungen ihrer Adressaten und Autoren trennen, d. h., sie gewinnt den wesentlichen Gehalt der neutestamentlichen Texte nicht in theologischer Abstraktion, sondern gerade durch deren Beziehung auf die konkrete und spezifische Situation ihrer Autoren und Adressaten. Um mit J. Schniewind[5] zu sprechen: Das Kerygma der neutestamentlichen Tradition ist immer „Kerygma einer bestimmten Lage und Aufgabe" gewesen. Daraus will es auch verstanden werden.

---

[5] J. Schniewind, Zur Synoptiker-Exegese, ThR 2 (1930), 129ff.

Ich komme noch einmal auf den gegenwärtigen Antijudaismus in der Theologie zurück und frage: Worin besteht eigentlich das aktuelle Interesse an einer christlich-theologischen Dämonisierung des Judentums?

Die Theologie käme doch unschwer ohne ihre antijüdische Selbstdarstellung aus, hat im heutigen Judentum nicht einmal einen Konkurrenten, der – wie zur Zeit der frühen Gemeinden – ihre eigene Identität gefährdet. Ich kann mir dieses Interesse am theologisch-essenziellen Antijudaismus darum nur so erklären, dass wir uns die „messianische Schwäche“[6] unseres eigenen Glaubens in ihm verbergen. D. h., der theologische Antijudaismus weist für mich darauf hin, dass „die“ Juden bzw. „die“ jüdische Religion zum Repräsentanten des eigenen christlichen Glaubensdefizits geworden sind. Ich will dies an einem Beispiel verdeutlichen: In einem mittelalterlichen Religionsgespräch fragt ein Rabbi einen christlichen Theologen, warum die Christen den Juden feindlich gegenüberstehen. Der Theologe weist darauf hin, dass die Juden nicht an Jesus als Messias glauben. Daraufhin bemerkt der Rabbi: Wenn ihr Christen an den Messias Jesus glaubt, warum müsst ihr uns dann noch verbrennen?

Die Juden als Repräsentanten eines dezidierten Unglaubens an den Messias Jesus wurden verbrannt, weil sie durch ihre Existenz die Schwäche des christlichen Glaubens an ihn augenfällig bloßlegten. Christliche Theologie, die den Antijudaismus als theologisch essenziell versteht, bedarf offensichtlich dieses „negativen Mythos“ dann, wenn sie sich ihre eigene messianische Schwäche verbergen muss. So wie Juden oft genug zu Repräsentanten des Negativen in Geschichte und Gesellschaft gemacht worden sind, d. h. die gesellschaftlichen Defizite und negativen Entwicklungen der Geschichte ihnen angelastet worden sind, so müssen sie auch in der christlichen Theologie für deren eigene Zweifel herhalten. Diese werden damit als eigene verdeckt und isoliert und jedermann beeilt sich zu rufen: Haltet den Dieb!

Eine entideologisierende Auslegung des NT wird die religiösen Aussagen des NT nicht von den konkreten Lebenserfahrungen ihrer Adressaten und Autoren trennen.

1 Antijüdische Äußerungen begegnen im NT als *negative Identifizierung* eines Verhaltens, das in Wahrheit an den christlichen Adressaten der neutestamentlichen Schrift selbst kritisiert wird

Ich beginne mit einem vergleichsweise harmlosen Aspekt antijüdischer Äußerungen im NT, bei dem Juden bzw. jüdische Gruppen für die negative Identifizierung eines Verhaltens herhalten müssen, das in Wahrheit an den christli-

6 J. B. Metz, Ökumene nach Auschwitz, a. a. O.

chen Adressaten der ntl. Schrift selbst kritisiert wird. Indem dieses Verhalten allerdings auf Juden überhaupt bzw. bestimmte jüdische Gruppen übertragen wird, kann es personifiziert werden und dazu dienen, seine weitere Nachahmung in der christlichen Gemeinde selbst gründlich zu diskreditieren.

In diesem Sinne können etwa im Lukasevangelium die „Pharisäer" zu negativen Beispielen eines christlich unerwünschten Verhaltens verzerrt werden. In dem berühmten Gleichnis vom „Pharisäer und Zöllner" (Lk 18,9–14) wird der „Pharisäer" nahezu zu einer Karikatur eines selbstgerechten Verhaltens, das mit seinem Beispiel exemplarisch desavouiert werden soll. Die programmatische Einleitung dieses Gleichnisses macht darauf aufmerksam, dass Lukas in dem dann geschilderten Verhalten des „Pharisäers" eine selbstgerechte, andere Menschen verachtende Haltung anprangern will, die er unter seinen christlichen Zeitgenossen vermieden wissen will. Tatsächlich wird gar nicht die eifrige Einhaltung religiöser Vorschriften selbst kritisiert (V. 12), sondern die selbstgerechte Überhebung dieses Pharisäers über Gesetzesbrecher und gesellschaftlich Verachtete (Räuber / Unrechte / Ehebrecher / Zöllner: V. 11). Demgemäß wird diesem Selbstgerechten im „Zöllner" exemplarisch ein reuiger Sünder gegenübergestellt, der sich vorbildlich verhält und als von Gott gerechtfertigt dargestellt wird (V. 13f.). Dass das christliche Vorurteil über den Pharisäismus sich gerade aus dieser ganz und gar ungerechten Karikatur begründet hat, ist fast schon als ein tragisches Missverständnis zu bezeichnen. Tragisch insofern, als es gerade auch im Sinne des Lukas einer religiösen Strömung des Judentums gilt, deren theologische Überzeugungen jenseits einer strengen Lebensweise nach der Tora eine hohe Affinität zu denen der Christen selbst aufweisen (Auferstehung / Geist / Engel: Ac (sic!) 23,8). Tragisch aber auch insofern, als das von Lukas hier attackierte Verhalten gleichsam hinter der Karikatur verschwunden blieb und damit die kritische Intention des Lukas verlorenging. Denn in Wahrheit repräsentieren bei Lukas die „Pharisäer" das Sozialverhalten der gesellschaftlich Angesehenen, während die „Zöllner" die gesellschaftlich Verachteten repräsentieren. Dies zeigt schon der Schlussvers unseres Gleichnisses: Denn jeder, der sich selbst erhöht, wird erniedrigt werden: wer sich aber selbst erniedrigt, wird erhöht werden (V. 14b). Im unmittelbar anschließenden „Kinderevangelium" (18,15–17) dient dann ein Säugling als extremes Beispiel für den untersten sozialen Rang in der Gesellschaft. Aus der Verwendung des Logions von Erniedrigung und Erhöhung in Lk 14,11 geht darüber hinaus deutlich hervor, dass es in ihm tatsächlich um gesellschaftliche Achtung und Verachtung geht. Schließlich ist überhaupt aus dem 14. Kapitel des Lukasevangeliums, freilich auch aus Lk 7,36ff. (Große Sünderin) evident, dass Lukas die „Pharisäer" als Beispiel der gesellschaftlich Angesehenen darstellt, deren Verhalten nun gerade nicht für die wirklichen Mitglieder der pharisäischen Gemeinschaften typisch ist, sondern seine Konturen aus dem unter sozial Angesehenen üblichen Sozialverkehr des hellenistischen Kulturraumes gewinnt. Um es ganz deutlich zu sagen! Nicht immer, aber an vielen Stellen dienen die „Pharisäer" im Lukasevangelium dazu, das Verhalten christlicher Zeitgenossen des Lukas – und zwar der gesellschaftlich geachteten Christen – negativ zu identifizieren. Ihnen soll in den „Pharisäern" ein Spiegel vorgehalten werden, in dem sie ihr eigenes Verhalten negativ wiedererkennen können. Mehr noch: Sie sollen gewarnt werden davor. Dass das, was unter den Menschen als etwas Hohes gilt, ein Greuel vor Gott ist (vgl. 16,15) bzw. dass Gott die von ihnen verachteten Menschen, die umkehren und von ihren bösen Taten ablassen, erhöhen – d. h. rechtfertigen – wird (vor ihnen!).

Es geht in diesem Zusammenhang also um innerchristliche Probleme und dabei sollte es auch bleiben. Die negative Identifizierung mit den „Pharisäern" ist insofern antijüdisch, als eine religiöse Richtung des Judentums ungerechtfertigt und unbarmherzig karikiert wird. Dieser Vorgang setzt natürlich schon einen ziemlichen Abstand zu dieser Gruppierung innerhalb des Judentums voraus und spekuliert auf die Wirksamkeit eines eingefleischten Vorurteils. Freilich muss man dem Evangelisten Lukas zugutehalten, dass er letztlich nicht die Pharisäer in ihrer religiösen, jüdischen Identität treffen wollte. D. h., diese negative Identifizierung ist zwar antijüdisch, doch sie richtet sich nicht gegen die Pharisäer als Repräsentanten *des* Judentums und damit nicht gegen die jüdische Religion als solche. Es ist im Übrigen zu erwägen, ob die Pharisäer im Lukasevangelium gerade auch darum zu dieser Unehre kommen, weil von ihrer halachischen Lebensweise her, durch die sich das Judentum nach der Katastrophe von 70 seine religiöse und nationale Identität bewahren konnte, ein Heidenchristentum irritiert sehen musste, das im Liebesgebot und in der Verehrung des einen Gottes die durch Jesus Christus eröffnete Möglichkeit sah, gerettet zu werden. Freilich kommen wir damit schon zu einem zweiten Aspekt des Antijudaismus im Neuen Testament.

2 Antijudaismus als Ausdruck eines christlichen Legitimationsinteresses

Ich bleibe noch beim lukanischen Doppelwerk und skizziere kurz — ohne ausführliche Argumentation — meine Sicht der lukanischen Christenheit.

Die lukanische Christenheit war eine judaisierende Gemeinschaft ohne Juden und ohne jüdische Lebenspraxis. D. h., sie lebte als eine Gemeinschaft, deren Identität durch den jüdischen Messianismus vermittelt war, außerhalb des Judentums. Ihre Mitglieder waren überwiegend ehemalige Heiden, denen die Synagogen endgültig verschlossen waren und denen von jüdischer Seite aus überall widersprochen wurde (Apg 28,22). Mehr noch - sie wurden offenkundig auch gerade wegen ihres messianischen Heilsglaubens von den Synagogen abgelehnt und feindselig behandelt, manchmal sogar bei den obrigkeitlichen Instanzen angezeigt. Dieses ablehnende Verhalten hat unzweifelhaft einen ernsten, aus der Gefährdung der Synagogen etwa resultierenden Hintergrund. Doch darauf kann ich hier nicht näher eingehen. Wichtiger ist mir in diesem Zusammenhang, dass durch die Ablehnungserfahrung der Heidenkirche für diese ein erhöhter Legitimationsdruck entstand. Gerade das lukanische Doppelwerk zeigt, dass seine christlichen Adressaten durchaus um ihren jüdischen Ursprung wussten, insofern ihr messianischer Heilsglaube aus der Tradition und der Geschichte des Volkes Israel stammte, das heißt also dem Volke Israel ursprünglich galt, zu dem sie als Heidenchristen nicht gehörten. Sie praktizierten weder die Beschneidung, noch hielten sie etwa den Sabbat oder orientierten sich überhaupt an den kultischen Vorschriften der Tora.

Der aus der Ablehnung durch das empirische Judentum und in Ansehung der eigenen heidenchristlichen Existenz resultierende Legitimationsdruck ist der Apostelgeschichte noch deutlich abzuspüren. Sie will die Darstellung der Geschichte von der Ausbreitung des Evangeliums in Jerusalem, ganz Judäa und Samaria, ja, bis ans Ende der Welt sein. Ihr theologisch leitendes Interesse ist die Legitimierung der Heidenkirche als judaisierende messianische Gemeinschaft außerhalb des Judentums. D. h., Lukas schreibt es dem jüdischen Fehlverhalten selbst zu, wenn die Botschaft vom Reiche Gottes und dem Herrn Jesus Christus (Apg 28,31) außerhalb des jüdischen Landes selbst vor allem bei Heiden auf fruchtbaren Boden fiel und sich die „ekklesia" außerhalb des Judentums der Diaspora etablierte. Durch die normative Kraft des Faktischen – Heiden haben gehört, Juden haben die Botschaft abgelehnt – und aufgrund ausdrücklicher und schon prophetisch vorausgesagter Willenskundgebung Gottes selbst (Cornelius / Apg 15,16; 17,18) ist aus der ursprünglich jüdischen Bewegung in Palästina schließlich in der Diaspora die Heidenkirche entstanden. Lukas ermöglicht mit dieser apologetischen Geschichtsschreibung, dass seine christlichen Zeitgenossen ihre Existenz in der Heidenkirche als Ergebnis eines jüdischen Fehlverhaltens und der göttlichen Führung durchschauen können. Sie müssen sich dieselbe also nicht als Schwäche ihres messianischen Glaubens selbst einwenden.

Die lukanische Apologie versteht darüber hinaus die Heidenkirche selbst als Erbin der besseren Tradition Israels, während das Judentum dessen schlechte Tradition fortsetzt, die schon den Befreier Mose ablehnen ließ, alle Propheten verfolgte und tötete, die das Kommen des Gerechten vorausgesagt haben (Apg 7,35.51ff.). Für Lukas bewahrt die Heidenkirche die „Hoffnung Israels" (Apg 28,20 u. ö.).

Ich formuliere pointiert: Die Apostelgeschichte insgesamt ist der Versuch, für die Heidenkirche die jüdische (!) Legitimität des messianischen Glaubens zu sichern, da diese messianische Gemeinschaft außerhalb des empirischen Judentums, von diesem abgelehnt und ohne wirklich jüdische Lebensweise existiert.

Dieses Legitimationsinteresse wird einerseits dadurch zum Ausdruck gebracht, dass Lukas die Heidenkirche in der besseren Tradition Israels stehen sieht. Anderseits wird das faktische Ablehnungsverhalten Israels gegenüber dem Messias Jesus und seiner Gemeinschaft in die Tradition der Ablehnung der Propheten, der immerwährenden Widerborstigkeit Israels gegenüber Gott, ja, sogar der Nachfolge der Prophetenmörder gestellt. Weil die „Mutter“ sie nicht anerkennt, verwirft nun die illegitime „Tochter“ die Mutter selbst und sieht sich als wahre Erbin an. Gleichwohl ist zu beachten, dass Lukas nie die Heidenkirche als das „wahre Israel“ bezeichnet, sich durchaus des Unterschiedes zum Judentum bewusst bleibt. Mehr noch: Trotz des deutlich gegen das empirische Judentum gerichteten geschichtstheologischen Konzeptes kritisiert Lukas nicht das Festhalten an der Tora überhaupt. Im Gegenteil bemüht er sich mit viel Aufwand darum, die Teilnahme der Heiden als Heiden am eschatologischen Heil, das zunächst und vor allem Israel galt, zu rechtfertigen. D. h., er versteht Jesu eigene irdische Mission, wie schließlich auch die in seinem Namen angebotene „Umkehr zum Leben“ (Apg 11,18), als heilvolle Intervention Gottes zugunsten jener, die wie Israel unter der Tora stehen, freilich auch zugunsten jener, die in der Hinwendung zu dem einen Gott im Namen Jesu eine Generalamnestie von Sünden erfahren, die ihnen die Möglichkeit gibt, als Heiden zum Heile Israels hinzuzukommen. Wer in Israel von dieser heilvollen Intervention nichts wissen will, der wird an der Tora beurteilt werden und nur dann Rettung erfahren, wenn er vor ihrem Maßstab besteht.

Dieser antijüdische Aspekt der lukanischen Theologie resultiert also aus einem Legitimationsdefizit der Heidenkirche, die zweifellos auf Kosten Israels ihre eigene Identität zu wahren versucht. Doch versteht Lukas das ablehnende Verhalten Israels nicht als Schwäche der jüdischen Religion überhaupt, sondern als Verfehlung ihrer gegenwärtigen Vertreter. Nur anfangsweise – jedenfalls auch nicht ihrer Intention nach – bezeichnen die theologischen Aussagen des Lukas einen theologischen Antijudaismus, in dem sich die christliche Kirche an die Stelle Israels setzt. Für Lukas ist offensichtlich Israel noch nicht endgültig verworfen, wenngleich verstockt, sondern steht noch in einer Situation, die seine Teilhabe am eschatologischen Heil wenigstens nicht ausschließt. Denn Lukas hält ja die Herrschaft der Heiden über Israel für eine zeitlich begrenzte Epoche, die letztlich mit der Wiederkunft des im Himmel bereitstehenden Messias zu Ende gehen und mit der Königsherrschaft Gottes, dem Gericht der zwölf Apostel über die zwölf Stämme Israels, wenn nicht für ganz Israel, so doch für einen Teil von ihm, glücklich ausgehen wird.

3 In der geschichtstheologischen Konzeption des Matthäusevangeliums wird das ablehnende Verhalten Israels gegen Jesus Christus zu einem *negativen Mythos*

Von Lukas ist nun aber die geschichtstheologische Konzeption des Matthäusevangeliums zu unterscheiden. In diesem Evangelium wird das ablehnende Verhalten Israels gegenüber Jesus Christus geradezu zu einem „negativen Mythos“. Ich gehe auf diesen Aspekt neutestamentlichen Antijudaismus in Kürze ein.

Einen Höhepunkt antijüdischer Theologie im NT haben wir zweifellos in der berühmt-berüchtigten Formulierung von Mt 27,25 vor uns: kai apokritheis pas ᶜo laos eipen to ᶜaima autou eph ᶜemas kai epi ta tekna ᶜemon. Dieser Vers hält in der geschichtstheologischen Konzeption des Matthäus eine Schlüsselposition. Nach einem weiten, das gesamte Evangelium übergreifenden Spannungsbogen, drückt er schließlich und endlich aus: Ganz Israel entscheidet in diesem Moment über Sein oder Nichtsein als Volk Gottes. In dieser Selbstverfluchung, mit der Israel die Freigabe des Barrabas und die Auslieferung Jesu ans Kreuz besiegelt, ist für Matthäus das Ende Israels als Gottes Eigentumsvolk zum Ausdruck gebracht.

Damit hat Israel sein Privileg als Bundesvolk selbst vertan. Fortan nennt es der Verfasser des ersten Evangeliums konsequenterweise auch nicht mehr „Israel“, sondern spricht – wie sonst nur die Heiden in dem Evangelium – von den „Juden“ (Mt 28,15). Mit dieser – im Blick auf Dtn 27 – sakralrechtlichen Selbstverfluchung, mit der sich Israel um sein einzigartiges Bundesverhältnis bringt, wird für Matthäus umgekehrt auch der Weg frei für ein neues „Bundesvolk“ aus den Völkern, das durch seine Beziehung auf Jesus definiert ist. Darauf hatte der Evangelist schon zu Anfang seines Werkes, freilich mehr verhüllend, hingewiesen. Ich meine Mt 1,21 im Kontext des Traumgesichtes des Josef. Der Engel, der Josef erscheint, macht darauf aufmerksam, dass der Name Jesus folgenden Sinn hat: autos gar sosei ton laon autou apo ton ᶜamartion auton. In welchem Maße Jesus hier im Verhältnis zu seinem Volke die Stelle Gottes im Verhältnis zu Israel einnimmt, lassen wir hier einmal außer Acht. Im Augenblick ist wichtiger, dass wir erkennen: Mit dieser Deutung des Jesus-Namens weist der Evangelist voraus auf die soteriologische Bedeutung des Todes Jesu. Schon Günther Bornkamm[7] hat m. E. zu Recht darauf hingewiesen, dass der sonst nur für Israel reservierte Terminus „laos“ (Volk) an dieser Stelle nicht

---

[7] G. Bornkamm, Der Auferstandene und der Irdische, in: G. Bornkamm / G. Barth / H. J. Held, Überlieferung und Auslegung im Matthäus-Evangelium, Neukirchen-Vluyn 1970, 289ff.

Israel meint, sondern das Volk aus den Völkern, das neue Eigentumsvolk, das durch seine Beziehung auf den Sohn Gottes definiert ist. Diese Deutung ist auch darum jener auf Israel vorzuziehen, die in der Exegese etwa von G. Strecker[8] vertreten wurde, weil hier betont auf die Rettung von den Sünden abgestellt wird. Bekanntlich hat gerade Matthäus seine markinische Vorlage dadurch entscheidend geändert, dass er einerseits der Taufe des Johannes, die nach Mk 1,4 ein „baptisma metanoias eis aphesin ᶜamartion" ist, ihren sündenvergebenden Charakter nimmt (Mt 3,1ff.). Umgekehrt fügt Matthäus nun aber im Abendmahlsbericht dem Deutewort zum Kelch diesen sündenvergebenden Charakter hinzu (Mt 26,28 diff Mk 14,14): Jesu Bundesblut wird für viele „eis aphesin ᶜamartion" vergossen. Jesu Tod konstruiert also das neue „Bundesvolk" durch die Vergebung der Sünden. Ebendieser soteriologische Deutungsansatz hat sein Gegenstück in Bezug auf Israel. Der soteriologischen, sündenvergebenden und ein neues Bundesvolk konstituierenden Bedeutung des Todes Jesu korrespondiert – wohl vorbereitet im Übrigen – die Unheilsaussage über Israel, die das ganze Volk nach Matthäus durch seine Selbstverfluchung herbeibeschwört: Der Vergießung des Bundesblutes Jesu zur Vergebung der Sünden entspricht die Selbstverfluchung des für Jesu Tod verantwortlichen Israel: Sein Blut komme über uns und unsere Kinder.

Matthäus versteht Israels Schuld am Tode des Gerechten nicht nur als Ursache für die Zerstörung des Tempels, überhaupt Israels Katastrophe im jüdisch-römischen Krieg – wie man aus Mt 23,37ff. leicht ersehen kann. Für ihn hat Israels Schuld am Tode Jesu auch eine theologisch grundsätzliche Bedeutung: Israel verliert durch seine Auslieferung Jesu an den Tod und die dafür übernommene Verantwortung in der Selbstverfluchung (27,25) seinen Status als Gottes Eigentumsvolk. Ihm wird darüber hinaus die basileia tou theou genommen werden, die einem Volk gegeben werden wird, das deren Früchte erbringt (Mt 21,43). Schließlich geht Matthäus davon aus, dass Israels zurückweisendes Verhalten gegenüber dem irdischen Jesus, das in der Auslieferung des Gottessohnes an das Kreuz seinen negativen Höhepunkt findet, die Folge nach sich zieht, dass das Evangelium vom Reich nicht länger Israel gepredigt wird, sondern den Völkern gilt (vgl. nur Mt 28,18–20).

Es kann überhaupt keinem Zweifel unterliegen, dass diese negative Qualifizierung Israels im Matthäusevangelium als Kontrastgröße für die „Kirche" auf die literarische, theologische Konzeption des Matthäus selbst zurückgeht. Das alttestamentliche „Konzept von der Manifestation des ständigen Ungehorsams Israels gegen alle Boten Jahwes – einschließlich Jesu und seiner Jünger – wird von Mt zur tragenden Vorstellung seiner Geschichtsdeutung entwickelt, womit er die Ablösung Israels durch die Völkerkirche begründet, die nationale Katastrophe des Jahres 70 theologisch interpretiert und im gleichen Zuge ein Kir-

8 G. Strecker, Der Weg der Gerechtigkeit, Göttingen 1962, 99.115f.

chenverständnis entwickelt, das von Grund auf in der atl. Bundestheologie verankert ist" (Frankemölle[9]).

Israels Verhalten wird so zu einem „negativen Mythos", zur dunklen Folie, zum negativen Komplement der Kirche. Das Alte Testament wird mit dem Evangelium vom Reiche versöhnt, indem Israel aus dem Bundesverhältnis zu Gott getrennt und durch Jesu Tod die Kirche zum neuen „Bundesvolk" – Jesu! – erwählt wird.

Und warum dies alles? Es wird viele Gründe geben, doch ist m. E. einer von ausschlaggebender Bedeutung: Die Ablehnung Jesu Christi in Israel, der bis in die Gegenwart des Matthäus reichende Unglaube Israels, dem auch bei Matthäus die Existenz der „ekklesia" außerhalb des Judentums entspricht. Die Frage, wie Gott seine Verheißungen in dem Wirken Jesu und schließlich der Existenz der Kirche unter den Völkern erfüllt haben kann, wenn das auserwählte Volk, dem diese ja galten, die Botschaft Jesu und der Kirche nicht angenommen hat, wird also mit einer negativen Theologie in Bezug auf Israel beantwortet. Die geschichtstheologische Konzeption des Matthäus leistet so etwas wie eine negative Legitimation der Kirche-aus-den-Völkern außerhalb von Israel. Matthäus ist geradezu schon fixiert auf die Ablehnung des Gottessohnes im Eigentumsvolk, so dass Israel bei ihm in ekklesialer Retrospektive gleichsam zu einer einheitlichen Größe des Ungehorsams und der Verstockung, ja fast zu einer Einheit des Bösen werden kann. Der erste Evangelist geht darin – auch in seiner Wortwahl – noch über Lukas hinaus, vollzieht den Schritt hin zu einer heilsgeschichtlichen Verwerfung Israels, das noch in seinen toratreuesten Repräsentanten (den Pharisäern) deren ursprüngliche Intention verkehrt. Die Pharisäer sind bei ihm „Heuchler, deren Lehre das Himmelsreich verschließt" (Mt 23), ihre Frömmigkeit ist äußerlich, Lippendienst, ja, in den Synagogen scheint es überhaupt nur so von frommen Heuchlern zu wimmeln, denen jeder Ernst fehlt (Mt 6,1ff.). Allein das Johannesevangelium übertrifft hierin noch den ersten Evangelisten.

Es kommt im Übrigen nicht von ungefähr, dass Johannes wie auch Matthäus in einem übersteigenden Maße die Göttlichkeit Jesu hervorheben. Im Matthäusevangelium wird Jesus auf wunderbare Weise durch den Heiligen Geist aus der Jungfrau gezeugt und ist somit schon kraft Abstammung Sohn Gottes. Matthäus wird nicht müde, Jesu Göttlichkeit hervorzuheben, indem er viele der ursprünglich Gott allein geltenden Aussagen und Verehrungsbeweise auf Jesus überträgt. Jesus ist der „Immanuel", der „Gott mit uns", der bis an das Ende der Geschichte wie die „Schekina" bei den Seinen gegenwärtig sein wird (18,20 / 28,20). Ihm gebührt die sonst nur Gott vorbehaltene Verehrung durch Proskynese, ihm ist gegeben alle Gewalt im Himmel und auf Erden, er wandelt wie Jahwe über den Wassern, ist im Verhältnis zu seinem „Bundesvolk" ein Bundespartner, wie Gott es im Verhältnis zu Israel war. Er rettet sein Volk von

[9] H. Frankemölle, Jahwebund und Kirche Christi, Münster 1974.

seinen Sünden, wie dies von Gott etwa in Ps 130,8 ausgesagt wird. Überspitzt gesagt: Das Matthäusevangelium ist ein einziges Dokument der Selbstentmachtung Gottes zugunsten seines Sohnes, über den der Weg zum Vater führt: Niemand erkennt den Sohn als nur der Vater, und den Vater erkennt niemand als nur der Sohn und wem es der Sohn offenbaren will (11,27). Und noch darin vollendet sich im Evangelium nach Matthäus der „negative Mythos" vom Judentum, dass Matthäus die eigenen innerchristlichen Zweifel an der wahren Hoheit Jesu als der Sohn Gottes am Verhalten Israels gegenüber Jesus negativ festmacht. Israel ist die wahre Würde Jesu verborgen geblieben, da es seinem Messias nicht geglaubt hat, ja noch seine Auferstehung bis zum heutigen Tage leugnet.

Es stellt sich natürlich gerade an der antijüdischen Theologie des Matthäus die Frage: Ist nicht in der Tat der Antijudaismus christlicher Theologie ein „Geburtsfehler" des Christentums oder, mit R. Ruether[10] *zu sprechen, die „linke Hand der Christologie"?*

Denn in Bezug auf das Matthäusevangelium müssen ja alle Versuche scheitern, dessen antijüdische Äußerungen als marginal wegzuerklären. Tatsächlich wird in diesem Evangelium das Judentum zu einer negativen Kontrastgröße des christlichen Glaubens an den Gottessohn, ist die Theologie des Evangelisten geradezu dadurch konstituiert. So hätten also jene recht, die, wie U. Wilckens[11] etwa, wenn auch bedauernd, oder wie G. Klein[12], mit einer staunenswerten „Verblüffungsfestigkeit" gegenüber dem unsagbaren Grauen des Holocaust. darauf verweisen: Er – der Antijudaismus – steht nun einmal geschrieben?

Tatsächlich sind es zwei verschiedene Dinge, ob man den christlichen Antijudaismus für theologisch essenziell hält oder ob man ihn im Neuen Testament ehrlicherweise wahrnimmt. Allein aus dem stereotypen Hinweis darauf, dass auch das Neue Testament antijüdische Bemerkungen enthält, ja, dass sie teilweise den Charakter einer negativen Theologie annehmen können, resultiert noch keineswegs das Urteil, diese antijüdische Theologie sei christlich-theologisch essenziell.

Zunächst und vor allem sind auch die antijüdischen Aussagen im Neuen Testament ein historisches Phänomen, d. h. das literarische Produkt christlicher Theologen bzw. Schriftsteller. Und selbst wenn diese nur auf den Begriff bringen, was ihre Gemeinden denken und sagen, so bleiben die Antijudaismen der frühen Christenheit, wie sie sich im NT niedergeschlagen haben, immer auch situationsbedingt. Die Formulierung „theologisch essenziell" erweckt den fatalen Eindruck, als sei der Antijudaismus geradezu ein metaphysisches Phänomen. Davon kann überhaupt nicht die Rede sein.

Allerdings gebe ich zu, dass man durch den Hinweis auf die historische Bedingtheit das Problem des Antijudaismus im Neuen Testament noch nicht

---

10 Ruether, Nächstenliebe und Brudermord.

11 Wilckens, Das Neue Testament und die Juden.

12 G. Klein, Erbarmen mit den Juden, EvTh 34 (1974), 201ff.

geklärt hat. So weist ja W. Schrage[13] uns darauf hin, dass man mit dem Stichwort „situationsbedingt" schließlich alles vom Tisch bekommt, „nicht nur die Differenz zwischen Kirche und Synagoge". Man darf natürlich auch hier nicht das Kind mit dem Bade ausschütten. Schrage möchte darum lieber von einer „Sachbedingtheit" des christlichen Antijudaismus sprechen. Zwar ist auch Schrage der Meinung, dass der Antijudaismus keineswegs „die linke Hand der Christologie" sei, geschweige denn die Kehrseite des „Antisemitismus", allerdings impliziere das Bekenntnis zum Gekreuzigten immer auch ein bestimmtes Nein zum Judentum. Es wird gleich noch zu fragen sein, was sich denn hinter dem Ausdruck „sachbedingt" verbergen kann. Ob man mit ihm den weniger appetitlichen Ausdruck vom theologisch essenziellen Antijudaismus ersetzen kann, muss noch geklärt werden. Zunächst werde ich einmal den m. E. hilfreichen Hinweis auf das Bekenntnis zu Jesus Christus aufnehmen, um an diesem Vorgang die Frage nach der theologischen Essentia des christlichen Antijudaismus kurz zu erörtern.

Wer wollte bestreiten, dass ein Bekenntnis immer schon trennt und ausgrenzt, abgrenzend verfährt und ausgesprochen oder unausgesprochen andere Bekenntnisse verwirft. Diese Struktur prägt natürlich auch das christliche Bekenntnis zum Gekreuzigten, wie immer es sich im Einzelnen formuliert und abgrenzt. Doch ist das negative Bekenntnis – oder genauer: ist die Negation selbst schon das Bekenntnis, kann also der bestimmte Nicht-Glaube zum Inhalt des Bekenntnisses werden? Jedes Bekenntnis bekennt ja zunächst und vor allem, was es glaubt, und grenzt sich damit schon – oder ausdrücklich – von anderslautenden Bekenntnissen ab. In diesem Sinne verfahren etwa die Apostel vor dem Synedrion in Jerusalem, wenn sie – Apg 4, 12 u. a. – manifestieren: Und es ist in keinem anderen das Heil, denn es ist auch kein anderer Name unter den Himmeln den Menschen gegeben, durch den wir gerettet werden. Zuvor haben sie ausdrücklich auf die Verwerfung des Messias durch die Oberen Jerusalems hingewiesen: Das ist der von euch Bauleuten missachtete Stein, der zum Eckstein geworden ist. Ich meine, es ist schon an diesem Bekenntnis klar, dass die in ihm enthaltenen antijüdischen Äußerungen keineswegs christologisch essenziell sind. Als ob wir heute es für unser Bekenntnis zu Jesus Christus als dem, in dessen Namen allein es Heil gibt, für unablässig erachten müssten, dass es für dieses Heil auch notwendig ist, zu bekennen: Israel – oder wenigstens die Oberen in Jerusalem – haben den Messias verworfen. In seiner Rede auf dem Areopag (Apg 17) erwähnt ja etwa der Apostel Paulus selbst nichts dergleichen.

Gehen wir aber noch einen Schritt weiter. Ich frage: Schließen denn Jesus und seine christlichen Nachfolger jemals aus, dass Juden nicht gerettet werden, weil sie Juden sind? Ist denn das Gesetz Israels, die Tora, Sünde? Ist denn im

---

13 W. Schrage, Ja und Nein – Bemerkungen eines Neutestamentlers zur Diskussion von Christen und Juden, EvTh 42 (1982), 126ff.

Lichte des Bekenntnisses zu dem Gekreuzigten irgendein zentrales Identitätsmerkmal des Judentums „Sünde“? Diese Fragen zu stellen heißt auch schon, sie zu verneinen. Anders gesagt: Im Neuen Testament ist das Christentum, wenn man es denn einmal so formulieren will, nirgendwo das Nein zum Judentum, geschweige denn die Negation des jüdischen Glaubens. *Das Bekenntnis zu Jesus Christus, dem Gekreuzigten, den Gott zum Herrn über alle erhöht hat, ist im Neuen Testament – wie dessen theologische Ausarbeitung – weder in dem Sinne essenziell antijüdisch, dass es ohne seine antijüdischen Aspekte nicht wäre, was es an ihm selbst ist.* Noch ist es aber auch in dem Sinne antijüdisch, dass es seinerseits gegen die Essentials des jüdischen Glaubens gerichtet ist. Gegenüber Schrage würde ich also präzisierend festhalten: Das Bekenntnis zum Gekreuzigten enthält kein Nein zum Judentum – auch nicht im Sinne einer bestimmten Negation. Dies sei ganz knapp am Problem Gesetz und Evangelium aufgezeigt.

Tatsächlich wird im Neuen Testament die Frage unterschiedlich beantwortet, ob ein toratreuer Jude auch außerhalb des Glaubens an Jesus Christus gerettet werden kann. Paulus und Lukas jedenfalls halten dies theoretisch durchaus für möglich, dass der, der die Tora erfüllt, auch gerecht ist vor Gott. Sie halten es allein für praktisch unmöglich, dass jemand im Lichte der Tora für gerecht erklärt werden kann, da deren Erfüllung vollständig nicht gelingen kann. Freilich ist nun zu beachten, dass dieses letztlich nicht das Problem unserer Väter im Glauben war. Ihr Problem war es vielmehr, ob jemand auch außerhalb des Judentums – also ein Heide – an dem originär Israel geltenden messianischen Heil teilhaben kann. D. h., die Frage, die Lukas etwa in Apg 10f. und 15 ausführlich erörtert, ist: Ob die Glaubenden aus den Heiden – ohne dass sie zuvor Juden waren, sich beschneiden lassen und den Gehorsam gegenüber der Tora üben – Anteil am eschatologischen Heil erlangen. In diesem Sinne bemüht sich auch Paulus – etwa in seinen galatischen Gemeinden – darauf hinzuweisen, dass Heiden als Heiden gerettet werden. Paulus und Lukas — wie überhaupt die Christenheit außerhalb Palästinas – beantworten diese Frage positiv. Allerdings beziehen sich ihre strikten Vorbehalte gegenüber der nur theoretischen, aber nicht praktisch möglichen Rettung durch die strikte Erfüllung des Gesetzes nicht auf ein negatives Bekenntnis, das den Toragehorsam des Judentums für Unglaube und mit dem Glauben an Jesus Christus für unvereinbar erklärte. Im Blick auf den Juden, der das Bekenntnis zum Messias Jesus nicht scheut, gilt: Das Evangelium hebt nicht das Gesetz Israels auf, vielmehr ist es eine heilvolle Intervention Gottes auch für die unter dem Gesetz. Selbst im Matthäusevangelium sollen ja die antijüdischen Theologumena nicht das Gesetz bzw. irgendein anderes zentrales Identitätsmerkmal Israels negieren. Im Gegenteil: Jesus ist gekommen, das Gesetz zu erfüllen, nicht, es aufzuheben. Matthäus wirft den Vertretern des jüdischen Volkes – freilich recht pauschal – vor, dass sie hinter der Forderung des Gesetzes zurückblieben, dass sie die Verheißungen der Tora nicht realisieren wollen usf. Mit einem Wort: Wenn überhaupt, so wird der Abstand des empirischen Israel zu seinen eigenen religiösen Überzeugungen, werden aber nicht diese religiösen Überzeugungen selbst kritisiert.

Eine bestimmte Negation – wenn Sie mir diesen Hegelschen Ausdruck hier erlauben – ist der neutestamentliche Antijudaismus immer nur als Negation der Negation. D. h., er reagiert auf das bestimmte Nein des empirischen Judentums zu den Überzeugungen der „ekklesia“, indem er nun seinerseits negiert. Nur in diesem Sinne kann ich aber schließlich auch den Begriff der „Sachbedingtheit“ des christlichen Antijudaismus verstehen. Im Neuen Testament heißt dies: Aus dem messianischen Heilsglauben ergab sich mit geschichtlicher und auch theologischer Notwendigkeit die Einsicht, dass Heiden als Heiden – ohne Juden zu werden - am messianischen Heil Israels Anteil haben können. Diese geschichtliche und theologische Einsicht bedingte zweifellos eine kritische Aussage über die Notwendigkeit der Beschneidung, des Gesetzesgehorsams in einem heilsgeschichtlichen Sinne. Doch sachbedingt war nicht die unter uns immer noch zu hörende Formulierung, dass das Gesetz und die Beschneidung nichts helfen würden zum Heile, dass im Bekenntnis zu Jesus Christus Israels religiöse Identität aufgehoben worden sei. Auch Paulus behauptet nicht, dass das „Christentum“ das Ziel des Judentums ist, geschweige denn die Kirche das Ziel Israels. Vielmehr ist nach ihm Israels „Ziel“ die Vereinigung mit den Glaubenden aus den Heiden in der eschatologischen Doxologie Gottes. D. h., er stellt Juden und Heiden eschatologisch gleich – ein zweifellos im jüdischen Verstande unerhörter Vorgang. Aus der Ablehnung des messianischen Glaubens in Israel entnimmt er, dass sein Volk ungehorsam und blind ist: Er kann sich diesen Vorgang schließlich nur als „Verstockung“, d. h. als rätselvolles Handeln Gottes erklären. Doch interpretiert er Israels Ablehnung des eschatologischen Glaubens an Jesus Christus einerseits positiv – insofern durch sie nämlich die eschatologische Heilsmöglichkeit der Heiden eröffnet wird. Anderseits heißt Israels Ablehnung des Glaubens an Jesus Christus für ihn aber nicht, dass Gott etwa sein Volk verworfen habe —, oder gar – wie R. Ruether fälschlich annimmt –, dass Gott das Judentum als Religion verworfen habe.

Sachbedingt kann also im Kontext des christlichen Antijudaismus immer nur heißen: dass der Glaube an Jesus Christus die heilvolle Möglichkeit einschließt, dass Menschen aus allen Völkern am ursprünglich Israel verheißenen Heil Anteil bekommen, ohne dass sie zuvor Juden werden müssen. Sachbedingt ist also nicht der Antijudaismus des Neuen Testaments, sachbedingt ist vielmehr nur der „Nichtjudaismus“, wenn Sie mir dieses Wortungetüm erlauben wollen. Es gibt – und dies ist christlich-theologisch essenziell – im Namen Jesu Christi Heil auch außerhalb des Judentums, und das heißt auch, ohne eine jüdische religiöse Lebensführung, die sich darum bemüht, die Tora in allen ihren Stücken zu erfüllen. Aber es gibt kein Heil – und ich meine, dass auch dies im Sinne des Neuen Testaments christlich-theologisch essenziell ist – gegen Israel, d. h. in der Negierung des Judentums und seines Glaubens.

Die Evangelischen Kirchen und das Judentum seit 1945[1]

Wolfgang Stegemann

Die Veranstalter haben sich in der Tat ein gleichermaßen an Notwendigkeit, Wichtigkeit und Aktualität bemerkenswertes und äußerst schwieriges Thema vorgenommen: Die Kirchen und das Judentum. Die vielerlei Facetten einer fast 2000-jährigen Geschichte von Kirche und Judentum, die bei allen auch positiven Gesichtspunkten insgesamt eine Geschichte unendlichen Leides ist, das die Christenheit und die Kirchen über das jüdische Volk gebracht haben, können hier natürlich nicht annähernd zur Sprache kommen. Und selbst jener hier nur ins Auge gefasste Zeitraum nach der Katastrophe des jüdischen Volkes ist allein nur für den Bereich der protestantischen Kirche und Theologie erfüllt mit einer Flut von offiziellen und offiziösen Stellungnahmen und theologischen Äußerungen, die kaum überblickbar, geschweige denn in einem Referat darstellbar sind. Es kann darum von Anfang an nicht genug betont werden, dass ich einen höchst subjektiven Zugang zu dem mir gestellten Thema wählen musste. Doch das ist ja an sich klar. Unter dieser Voraussetzung wage ich denn, innerhalb der breiten Diskussion der Problematik „Kirche und Judentum seit 1945" drei Phasen zu unterscheiden und in meinem Referat einige in diesen Etappen des christlich-jüdischen Verhältnisses erarbeiteten Einsichten und Problemanzeigen zu behandeln.[2]

---

1 Überarbeitete Fassung eines Vortrags bei der 32. Europäischen Tagung für Konfessionskunde in Bensheim im Februar 1988. Leider können die bei diesem Symposium ebenfalls gehaltenen Referate von Albert A. Friedländer (Rabbiner, London) und Erika Weinzierl (röm.-katholiche Zeithistorikerin, Wien) sowie die überaus lebhafte und kontroverse Diskussion nach diesen Beiträgen nicht dokumentiert werden.

2 W. Wirth, Solidarität der Kirche mit Israel. Die theologische Neubestimmung des Verhältnisses der Kirche zum Judentum nach 1945 anhand der offiziellen Verlautbarungen, Frankfurt / Bern / New York / Paris 1987, unterscheidet sechs Phasen: 1. 1945–1948 „Inkubationszeit"; 2. 1948–1959: Verhältnis zum jüdischen Volk thematisiert; 3. 1960–1967: hervorstechend „Nostra aetate"; 4. 1967–1973: Thema Kirche und Israel (Volk/Land); 5. 1973–1979: Studie Christen und Juden; 6. Höhepunkt nach 1980 (211ff.).

1 Verschweigen und Verkennung der gestellten Probleme (1945–1950)

Es ist aus der heutigen Sicht kaum noch zu verstehen, dass die christlichen Kirchen in Deutschland unmittelbar nach dem Krieg nicht in der Lage waren, sich zu dem grauenvollen Geschehen in den Vernichtungslagern des Nazi-Reiches eindeutig zu äußern.

Die Kirchenkonferenz von Treysa (August 1945) sprach nicht von Schuld, sondern vom kirchlichen Widerstand. Dort, „wo die Kirche ihre Verantwortung ernst nahm", habe man die „Schuld in den Konzentrationslagern, die Mißhandlung und Ermordung von Juden und Kranken" beim Namen genannt.[3] Das sogenannte „Stuttgarter Schuldbekenntnis" (19. Oktober 1945) setzte diese Tradition fort, indem es seinerseits vom kirchlichen Widerstand gegen das „nationalsozialistische Gewaltregiment" spricht, doch in seiner allgemein gehaltenen Schulderklärung mit keinem Wort die Verfolgung und Ermordung der Juden erwähnt.[4] Geradezu bedrückend ist etwa drei Jahre später das Darmstädter „Wort zur Judenfrage" des Reichsbruderrates der Evangelischen Kirche in Deutschland (8. April 1948) ausgefallen, das nun gerade dem Defizit der vorangegangenen Erklärungen abhelfen wollte.[5] Bedrückend ist dieses Dokument, weil es angesichts dessen, „was wir an den Juden verschuldet haben", die gute Absicht hatte, „einen neuen Antisemitismus" zu vermeiden, doch selbst in einer Art von „erschreckendem Wiederholungszwang" – wie Wolfgang Huber formuliert hat[6] – eingefleischte Vorurteile christlicher Judenfeindschaft thematisierte.[7]

„Dieses Wort zur Judenfrage, das die christliche Judenfeindschaft aufarbeiten will, enthält – nach Auschwitz – alle theologischen Grundelemente des christlichen Antijudaismus: die Enterbungstheorie, nach der die Verheißungen Israels auf die Kirche übergegangen sind; die Substitutionstheorie, nach der die

---

3 Zitiert nach W. Schweikhardt, Zwischen Dialog und Mission. Zur Geschichte und Theologie der christlich-jüdischen Beziehungen seit 1945, Berlin 1980, 21.

4 „Durch uns ist unendliches Leid über viele Völker und Länder gebracht worden"; dokumentiert etwa bei Karl Kupisch, Quellen zur Geschichte des deutschen Protestantismus von 1945 bis zur Gegenwart. 1. Teil, Hamburg 1971, 56f.

Dokumentiert etwa bei D. Goldschmidt / H.-J. Kraus (Hg.), Der ungekündigte Bund. Neue Begegnungen von Juden und christlicher Gemeinde, 2. Aufl., Stuttgart 1982, 251ff.

6 W. Huber, Die Kirche vor der ‚Judenfrage', in: R. Rendtorff / E. Stegemann (Hg.), Auschwitz – Krise der christlichen Theologie, München 1980, 60–81, hier: 78.

7 Etwa dergestalt, dass es behauptet, die „Erwählung und Bestimmung Israels" habe in Jesus „ihre Erfüllung gefunden", und dem Judentum ein eigenes „Selbstverständnis" abspricht; „Israel" habe „den Messias" gekreuzigt und damit „seine Erwählung und Bestimmung verworfen"; die „Erwählung Israels" sei durch und seit Christus auf die Kirche aus allen Völkern, aus Juden und Heiden, übergegangen"; dass „Gottes Gericht Israel in der Verwerfung bis heute nachfolgt" sei „Zeichen seiner Langmut".

Kirche als Volk Gottes an die Stelle Israels getreten ist; die These, daß Israel als Volk die Schuld an der Kreuzigung Jesu trage; die These, das Geschick Israels sei Ausdruck der göttlichen Strafe; und schließlich die These, die Juden müßten sich zu dem von der Kirche vertretenen christlichen Glauben bekehren, also die Forderung nach einer christlichen Judenmission."[8]

Diese offensichtlich den Verfassern gar nicht bewusste christliche Judenfeindschaft des „Darmstädter Wortes" findet ihren negativen Höhepunkt in der folgenden Formulierung:

„Israel unter dem Gericht ist die unaufhörliche Bestätigung der Wahrheit, Wirklichkeit des göttlichen Wortes und die stete Warnung Gottes an seine Gemeinde. Daß Gott nicht mit sich spotten läßt, ist die stumme Predigt des jüdischen Schicksals, uns zur Warnung, den Juden zur Mahnung, ob sie sich nicht bekehren möchten zu dem, bei dem allein auch ihr Heil steht."

Ich gestehe offen, dass diese Formulierung bei mir nur Entsetzen und tiefe Scham hervorruft. Wie kann man das unfassbare Grauen der Ermordung von Millionen Menschen – das dem jüdischen Volk *von uns Christen* bereitete millionenfache Sterben – als „Gericht Gottes" bezeichnen? Wie kann dieses als „Mahnung" zur Bekehrung denen vorgehalten werden, die wehrlos in die Todeshölle von Auschwitz und Treblinka, von Majdanek und Bergen-Belsen getrieben worden sind – und dies aus keinem anderen Grund als dem, weil sie Juden waren? Ja, und was hat es ihnen geholfen, wenn sie ebendiese Bekehrung, von der das „Darmstädter Wort" sprach, vollzogen hatten?

Steht das „Darmstädter Wort" nach wie vor in der Tradition der christlichen Verwerfungstheologie, so hebt sich das zwei Jahre später verabschiedete „Wort zur Schuld an Israel" der Synode der EKD in *Berlin-Weißensee* (27. April 1950) wohltuend davon ab.[9] Hier wird ausdrücklich erklärt, dass „Gottes Verheißung über dem von ihm erwählten Volk Israel auch nach der Kreuzigung Christi in Kraft geblieben ist". Hier wird die jüdische Katastrophe nicht mehr als ein Israel nachfolgendes Gericht Gottes interpretiert, sondern „das, was über uns Deutsche [...] gekommen ist, als ‚Gericht Gottes' und Anruf zur Bußfertigkeit für uns verstanden. Und hier wird die Mitschuld der Christen an dem Frevel, der durch Menschen unseres Volkes an den Juden begangen worden ist", bekannt.

Es wäre darum in vielerlei Hinsicht unangemessen, die Erklärung der Synode von Berlin-Weißensee mit jenen kirchlichen Stellungnahmen gleichzusetzen, die wie die Erklärungen von Treysa, Stuttgart und Darmstadt, durch ein Verschweigen bzw. eine Verkennung der christlichen Schuld gegenüber dem jüdischen Volk geprägt sind. Doch auch in der Erklärung von Berlin-Weißensee bleibt das Schuldbekenntnis noch sehr vage: „Wir sprechen es aus, daß wir durch Unterlassen und Schweigen vor dem Gott der Barmherzigkeit mitschul-

---

8 Huber, Die Kirche vor der ‚Judenfrage'.

9 S. dazu Goldschmidt/Kraus, Der ungekündigte Bund, 256f.

dig geworden sind an dem Frevel, der durch Menschen unseres Volkes an den Juden begangen worden ist." D. h., die „Mitschuld der Kirche wird [...] ausdrücklich auf den Bereich des *Schweigens* und des *Unterlassens* bezogen. Die Frage nach den Wirkungen kirchlichen *Redens* und *Handelns*" blieb auch in dieser Stellungnahme ausgespart.[10] Die Furcht davor, dass diese Stellungnahme im Sinne der damals geführten Diskussion als Bejahung der „Kollektivschuld" des deutschen Volkes verstanden werden konnte, führte offenkundig den Verfassern die Feder.[11] Vor allem aber verkennt auch diese Erklärung noch, dass gerade die von Kirche und Theologie verkündigte und gelehrte Judenfeindschaft „Einstellungen und Verhaltensweisen begünstigt" hat, die sich in der Judenverfolgung in grauenerregender Weise entluden.[12] Tatsächlich ist dann erst die zweite Phase der Aufarbeitung des christlich-jüdischen Verhältnisses durch die Entdeckung des *christlichen* Antijudaismus ausgezeichnet.

Ich möchte freilich noch ein kurzes Wort der Frage der „Judenmission" widmen. Nach dem bisher Dargestellten ist mit einer Unterbrechung der christlichen Judenmission nicht zu rechnen. Und wenn ich richtig sehe, richtete als erste die Landeskirche Oldenburg in dieser Hinsicht ein deutliches Wort an die Gemeinden. Dort wird einerseits die „einzigartige Stellung" des Volkes Israel „in der Heilsgeschichte" behauptet, doch daraus der Schluss gezogen, dass der „Missionsauftrag" der Kirche eine „besondere Verpflichtung gegenüber den Juden in sich schließt, die es erforderlich macht, die ‚Mission an Israel' als eine eigene Arbeit neben der ‚äußeren Mission' zu verstehen und zu üben". Dazu passt, dass auch in dieser Erklärung die Verwerfungstheologie ungebrochen fortgesetzt wird.[13] Entsprechend setzt die sog. „Judenmission" ihre Arbeit fort. Seit 1947 arbeitet die Berliner Israel-Mission wieder. Sie strebt eine Beförderung des Christentums unter den Juden an.

Fazit: In Kenntnis der Schoah, doch unbeeindruckt davon, brachten die evangelischen Kirchen unmittelbar nach 1945 allenfalls (in Weißensee) ein vages Bekenntnis zur christlichen Mitschuld an der millionenfachen Ermor-

---

10 Huber, Die Kirche vor der ‚Judenfrage', 77. Weitere kritische Bemerkungen Goldschmidt/Kraus, Der ungekündigte Bund, 254ff.

11 Auch wenn die Erklärung von Weißensee einstimmig verabschiedet wurde, so ist doch nicht zu verkennen, dass verschiedene Synodale – wie Künnerth, Hartenstein und Lilje – die Gerichts- und Verwerfungstheologie nicht aufgeben wollten. Besondere Furcht wurde auch hinsichtlich der Problematik der kursierenden Diskussion um die sogenannte „Kollektivschuld" geäußert. Dazu Goldschmidt/Kraus, Der ungekündigte Bund, 255f. S. zu diesem Problem auch R. Bultmann, Das deutsche Volk und Israel, GuV I11, 55ff. (Aufsatz aus dem Jahr 1952). Bultmann will zwischen „Kollektivschuld" und „Kollektivverantwortung" unterscheiden: „Wohl aber gibt es eine Kollektiv-Verantwortung, in der der Unschuldige die Schuld des Schuldigen mitübernimmt. Wer ein Deutscher ist, haftet für das, was im Namen Deutschlands den Juden angetan worden ist, auch wenn er persönlich daran unbeteiligt war" (58).

12 Huber, Die Kirche vor der ‚Judenfrage', 77.

13 Dokumentiert bei Schweikhardt, Zwischen Dialog und Mission, 29.

dung von Juden durch uns Deutsche zustande. Von der konkreten Einsicht in die christliche Mitschuld an dem Holocaust bzw. einer auch nur ansatzweisen Revision der christlichen Judenfeindschaft ist man noch weit entfernt. Die Vorurteile leben in kirchlichen Stellungnahmen (besonders dem Darmstädter Wort) weiter, sie werden ungebrochen auf Kanzel und Katheder, in Wissenschaft und Unterricht wiederholt.

Bevor ich jetzt auf die allmähliche Thematisierung der christlichen Judenfeindschaft eingehe, will ich wenigstens noch ein paar Hinweise geben auf die wichtigsten institutionellen Gruppen, die nach und nach entstanden sind und sich mit dem Verhältnis von Kirche und Israel beschäftigen: Seit 1950 entstehen lokale Vereinigungen der Gesellschaft für christlich-jüdische Zusammenarbeit; seit 1948 hält der „Deutsche Evangelische Ausschuß für Dienst an Israel" jährliche Studienseminare ab. 1961 wird die „Arbeitsgruppe Juden und Christen auf dem Deutschen Evangelischen Kirchentag" gegründet. Diese Arbeitsgruppe will von Anfang an den „Dialog" mit den jüdischen Gesprächspartnern führen, nicht aber deren Missionierung betreiben. An der sogenannten „Judenmission" hält dagegen der Arbeitskreis „Kirche und Judentum" der VELKD fest, der seit 1968 arbeitet. Dieser Arbeitskreis kooperiert eng mit dem „Ev.-luth. Zentralverein für Mission unter Israel". Freilich muss man beachten, dass der „Zentralverein" den Begriff „Mission" nicht „im Sinne von Proselytenmacherei oder einem Drängen auf Religionswechsel mit unredlichen Mitteln" verstanden hatte. Entsprechend seiner eigentlichen Intention, nämlich für Verständnis des Judentums unter den Christen und umgekehrt für Verständnis des Christentums unter den Juden zu werben, änderte der „Zentralverein" 1985 seinen Namen in: „Evangelisch-lutherischer Zentralverein für Zeugnis und Dienst unter Juden und Christen e.V."[14] Seit 1973 existiert auch die sogenannte Studienkommission „Kirche und Judentum" beim Rat der EKD (bzw. die Arbeitsgruppe „Christen und Juden").

Ohne die Bedeutung der anderen Gruppierungen herabsetzen zu wollen, scheint mir doch das Urteil von Christoph Hinz gerechtfertigt, wenn er schreibt: „Der eigentliche Promotor des neuen Dialogs wurde die Arbeitsgemeinschaft ‚Juden und Christen' beim Deutschen Evangelischen Kirchentag. Schon bei der Gründung 1961 ist Röm 11,2 ‚Gott hat sein Volk nicht verstoßen' ein bekenntnisartiger Basissatz gegen alle Absetzung der Kirche von Israel."[15] Die Bedeutung dieser Arbeitsgruppe liegt wohl nicht zuletzt auch darin, dass hier Christen mit Juden in ein direktes Gespräch eingetreten sind, dass man also nicht mehr ohne Juden über das Judentum spricht, sondern in einem „Dialog" – in dem grundlegende Voraussetzung ist, dass jeder Partner seine religiöse Identität wahren kann – voneinander lernen und einander verstehen will.

---

14 S. nur „Friede über Israel" 68 (1985) 145.

15 C. Hinz, Entdeckung der Juden als Brüder und Zeugen. Stationen und Fragestellungen im christlich-jüdischen Dialog seit 1945, zuerst erschienen in: ZdZ 13 (1984) 12–29.42–47, jetzt in: BThZ 4 (1987) 170ff. (hier: 179). Zur Darstellung der christlich-jüdischen Beziehungen nach 1945 s. auch R. M. Heydenreich, Erklärungen aus der Evangelischen Kirche Deutschlands und der Ökumene in der jüdischen Frage 1932–1961, in: Goldschmidt/Kraus, Der ungekündigte Bund, 183ff.

2 Entdeckung der Bedeutung der christlichen Judenfeindschaft (1960–1979)

2.1 *Äußere Anlässe*

Ich habe damit schon einen größeren Zeitsprung vollzogen, von der unmittelbaren Nachkriegszeit in die 60er und 70er Jahre. In ebendiesen Jahren beginnt eine weitgespannte Diskussion über die christliche Judenfeindschaft. Sie ist wohl (auch) durch die massiven Manifestationen des Antisemitismus ausgelöst worden, die seit der Beschmierung der Kölner Synagoge in der Weihnachtsnacht 1959 mit Hakenkreuzen sich über die ganze Bundesrepublik ausbreiteten. Diese Ereignisse führten zu Stellungnahmen der ESG (Januar 1960) und der „Provinzialsynode Berlin-Brandenburg" (Februar 1960), die sich auch die EKD-Synode von Berlin-Spandau (Februar 1960) zu eigen machte. Andererseits trägt wohl auch der Eichmann-Prozess in Jerusalem dazu bei, die Schuldfrage erneut zu diskutieren.[16]

Man muss aber wohl davon sprechen, dass gerade auch die synodalen Erklärungen zur Judenfeindschaft selbst die nun folgende Debatte mit auslösten. Denn auch diese Erklärungen blieben wiederum viel zu allgemein. H. Gollwitzer brachte schon auf der EKD-Synode (1960) dieses Unbehagen zur Sprache. Denn in der Tat wurde, wie Gollwitzer monierte, in den Erklärungen nicht „scharf genug" die christliche bzw. kirchliche Mitschuld an der „mangelnden Veränderung hinsichtlich des Verhältnisses der Deutschen zu den Juden" bekannt![17] Gollwitzer weist demgegenüber auf die Besonderheit des christlichen Antisemitismus hin, der sich in einer 1500-jährigen „Geschichte schrecklichen Leidens der Juden durch die Christen" gezeigt hat.

Für die fehlende „Belehrung" der Jugend über den Antisemitismus, für die die genannten Synodal-Erklärungen christliche Mitschuld bekennen, versucht dann im Mai/Juni eine pädagogische Fachkonferenz in Bergnenstadt Fundamente zu legen. Die dort erarbeiteten „Sechs Thesen für die Gestaltung der Religionsbücher und des Religionsunterrichtes" legen den Finger auf die Wunde der christlichen Judenfeindschaft, die mit zum Teil erschreckenden Belegen aus zeitgenössischen Religionsbüchern illustriert wird.[18]

---

[16] Die erwähnten Stellungnahmen zu den antisemitischen Schmierereien wie auch eine Stellungnahme der EKD-Synode zum bevorstehenden Eichmann-Prozess bei Goldschmidt/Kraus, Der ungekündigte Bund, 260ff.

[17] Das Votum wird bei Goldschmidt/Kraus, Der ungekündigte Bund, zitiert: 262–264.

[18] S. dazu Goldschmidt/Kraus, Der ungekündigte Bund, 265ff. Vgl. auch die „Seelisberger Thesen" (Sommer 1947), abgedruckt etwa in EvTh 21 (1961) 353f.

Ich möchte nun versuchen, einige Themen und Probleme dieser Diskussion ohne Rücksicht auf chronologische Gesichtspunkte ihrer Behandlung zu skizzieren.

2.2 *Christliche Judenfeindschaft im Horizont der Schuldfrage*

Dabei ist zunächst der *Horizont* dieser Diskussion zu kennzeichnen. Es geht in ihr in der Tat um die Schuldfrage, d. h. um die genauere Bestimmung des christlichen und kirchlichen Anteils an dem, was als Entsolidarisierung von den jüdischen Mitbürgern in Nazideutschland begann und in dem grauenhaften Geschehen der Schoah endete – auch wenn dieser Horizont in der sich dann nahezu verselbstständigenden Diskussion nicht immer gegenwärtig war und ist. Zur Debatte steht hier also, ob und in welchem Maße die christliche Judenfeindschaft den Boden bereitet hat, „auf dem die für alles weitere folgenschwere Bereitschaft zum teils aktiven, teils passiven Verrat an den Juden in den Jahren vor und nach 1933 gedieh.[19] Es geht hier also nicht nur um das Schweigen und Unterlassen der Kirchen im Dritten Reich, sondern um die christliche Judenfeindschaft in ihren verschiedensten weltgeschichtlichen Epochen bis hin zu dem Problem, ob diese mit dem Entstehen des Christentums gleich-ursprünglich ist. Und es geht um die Frage, wie dieses Phänomen christlicher Judenfeindschaft in seiner Beziehung zu anderen Formen des Antisemitismus der verschiedensten gesellschaftlichen Gruppen einzuschätzen ist.

2.2.1 Die Dimension der christlichen Judenfeindschaft im Horizont der Schuldfrage

Der französische Historiker und Schriftsteller Jules Isaac hat in diesem Zusammenhang die Bedeutung der christlich-kirchlichen Judenfeindschaft vielleicht am deutlichsten analysiert, wenn er sie als „Unterweisung in der Verachtung der Juden" und „System der Herabwürdigung der Juden" bezeichnet.[20] Mit der Unterweisung in der Verachtung der Juden meint Isaac den Jahrhunderte währenden verbalen christlichen Antisemitismus, der in kirchenamtlichen Erklärungen, in Predigt und Unterricht, in Lehre und Forschung zumal seit dem 4. Jahrhundert bis heute vertreten wird. Das System der Herabwürdigung der Juden meint die mit der Unterweisung in der Verachtung der Juden einhergehende „sichtbare Degradierung" der jüdischen Mitmenschen. Dieses System hat zu den verschiedenen Zeiten durch Einschränkungen, Ausschlussnahmen, Erniedrigung und Versklavung bis hin zu tödlichen Pogromen geführt.[21]

---

19 P. von der Osten-Sacken, Grundzüge einer Theologie im christlich-jüdischen Gespräch, München 1982, 28 (dort auch Lit. zum Antisemitismus in Anm. 54).

20 J. Isaac, Hat der Antisemitismus christliche Wurzeln?, EvTh 21 (1961) 339–354.

21 Ebd., 345f.347f.

Das Erschreckende an dieser Erkenntnis liegt darin, dass die christliche Judenfeindschaft nicht einen besonderen Bereich geistig-religiöser Antipathie und Polemik für sich beanspruchen kann und mit dem rassischen Antisemitismus etwa gar nichts zu tun habe. Vielmehr hat der prinzipielle Antijudaismus der christlichen Kirche, die von ihrer eigenen Glaubensüberzeugung her dem Volk Israel das theologische Existenzrecht bestreitet, selbst die Modelle tödlicher Judenfeindschaft bereitgestellt. Er hat auch – wie Uriel Tal formuliert – „die Prägestücke des Vorurteils, des Hasses und der Verleumdung geschaffen, die leicht einen vermeintlichen Grund liefern konnten, um organisierte Gewalt zu rechtfertigen“[22]. Auch Jacob Katz hat diese Zusammenhänge verdeutlicht, indem er auf die personale Brücke zwischen dem traditionellen christlichen Judenhass und dem modernen Antisemitismus am Ende des 19. Jahrhunderts hinwies (Stöcker / Rohling). Daneben zeigte er auf, dass nicht zufällig von den Verfechtern des Antisemitismus das Christentum als die einzige Garantie für individuelle und öffentliche Moral angesehen wird.[23]

Diese *Dimension* der christlichen Judenfeindschaft stellt uns vor die erschreckende Erkenntnis, dass es wohl einen Zusammenhang zwischen unserer christlichen Judenfeindschaft und dem rassischen und mörderischen Antisemitismus der Nazis gibt. Mitschuldig an der Schoah sind die christlichen Kirchen dann nicht nur durch Unterlassen und Schweigen gewesen, sondern gerade durch das spezifisch christliche, sich in Jahrhunderten äußernde *Reden* und *Handeln* geworden. Wir kommen m. E. nicht um die schmerzliche Einsicht herum, die Uriel Tal so formuliert hat: „Rassistischer Antisemitismus und die nachfolgende Nazibewegung waren nicht das Ergebnis einer Massenhysterie oder das Werk einzelner Propagandisten. Die rassistischen Antisemiten lernten trotz ihrer Feindschaft gegen das traditionelle Christentum viel von ihm und schufen erfolgreich eine wohlvorbereitete, systematische Ideologie mit einer eigenen Logik, die ihren Höhepunkt im Dritten Reich erreichte.“[24]

Diesen Zusammenhang von religiöser und säkularer Judenfeindschaft bestätigen empirisch-soziologische Erhebungen, die etwa Godwin Lämmermann in einem Aufsatz zusammenfassend diskutiert hat.[25] Denn es lässt sich generell sagen, „daß in nahezu allen (soziologischen, W. S.) Untersuchungen Antisemitismus mit Merkmalen von Religiosität oder Kirchlichkeit einhergeht“[26]. Eine amerikanische Untersuchung (Glock / Stark) kommt zu dem Schluss, „daß sich

---

22 U. Tal, Christians and Jews in Germany. Religion, Politics and Ideology in the Second Reich. 1870–1914, Ithaca/London 1969, 304 (zitiert in der Übersetzung von Osten-Sacken 30).

23 J. Katz, From Prejudice to Destruction. Antisemitism 1700–1933, Cambridge (Mass.) 1980.

24 Ebd.

25 G. Lämmermann, Christliche Motivierung des modernen Antisemitismus? Religionssoziologische und -pädagogische Überlegungen zu einem sozialen Phänomen, ZEE 28 (1984) 58–84.

26 Ebd., 68.

religiöser Antisemitismus mit säkularem paart und [...] daß es den Fall eines säkularen Antisemitismus kaum gibt, in den nicht rudimentär auch religiöse Quellen eingegangen sind“[27].

Es kann im Übrigen zur Begründung der These vom Zusammenhang des christlichen mit dem rassischen Antisemitismus der Nazis darauf hingewiesen werden, dass sich Julius Streicher im Nürnberger Kriegsverbrecher-Prozess mit dem Hinweis verteidigt hat: „Dr. Martin Luther säße heute sicher an meiner Stelle auf der Anklagebank.“ Ebenso hat der Theologieprofessor G. Kittel zur Entlastung seines judenfeindlichen Verhaltens im Dritten Reich angeführt, dass der von ihm vertretene „unüberbrückbare Gegensatz zwischen Judentum und Christentum [...] im Sinne der Lehren und Weisungen Jesu Christi, seiner Apostel, der gesamten Tradition der altkirchlichen Väter und Synoden [...] nicht als ein zufällig-historischer, sondern als ein metaphysischer anzusehen“ ist. Seinen „tiefsten Grund“ hätte dieser Gegensatz „in demjenigen Faktum [...], das die heilige Schrift in zahllosen Äußerungen normativer Art ‚Abfall‘, ‚Ungehorsamkeit‘, ‚Verwerfung‘ des Judentums nennt“.[28] *Kann man deutlicher als mit dieser Apologie Kittels das Recht der These von U. Tal belegen, die einen Zusammenhang zwischen christlicher Judenfeindschaft und deren Folgen in den tödlichen Bedrohungen des Judentums sieht?*[29] *Und ist es nicht gerade umgekehrt so, dass nicht zwischen Christen und Juden ein „unbedingter Gegensatz“ besteht, sondern aufgrund des jüdischen Ursprungs des christlichen Glaubens der christliche Antisemitismus eigentlich unmöglich sein sollte.*[30]

Wenn auch gerade bei jenen, die von christlicher Seite mehr oder weniger intensiv am christlich-jüdischen Gespräch beteiligt sind, diese erschreckende Einsicht über die christliche Judenfeindschaft zum Tragen kommt, so scheint mir sowohl der überwiegende Teil der Bevölkerung, als auch die Mehrheit derer, die in Kirche, theologischer Wissenschaft und Unterricht Verantwortung tragen, von Erschrecken und Einsicht in diese Dimension christlicher Judenfeindschaft noch weit entfernt zu sein – und dies gilt nicht nur für unser Land. Dies zeigen nicht zuletzt die genannten empirisch-soziologischen Erhebungen, dies weiß jeder von uns aus theologischen Gesprächen und aus der Kenntnis wissenschaftlich-theologischer Literatur. Oder anders ausgedrückt: Nach wie vor artikuliert sich christliche Judenfeindschaft ohne Erschrecken über deren Folgen, ja, sogar mit gutem christlichen Gewissen und theologi-

---

27 Ebd., 71, die Untersuchung von Ch. Glock / R. Stark, Christian Beliefs and Anti-Semitism, New York 1966, resümierend.

28 Zitiert nach L. Siegele-Wenschkewitz, Neutestamentliche Wissenschaft vor der Judenfrage. Gerhard Kittels theologische Arbeit im Wandel deutscher Geschichte, München 1980, 115.

29 Auch Tal, Christians and Jews in Germany, ruft das traditionelle Vorurteil der Christen gegen die Juden in Erinnerung: von der Behauptung der Kollektivschuld der Juden am Gottesmord über die offizielle Kirchenpolitik der Synoden von Elvira (306), Clairmont (535), Toledo (681) bis zu Luthers antisemitischen Schriften. Ebenso verfährt J. Isaac.

30 Dazu Isaac, Hat der Antisemitismus christliche Wurzeln, 342.

scher Begründung. Nach wie vor hält man nämlich christliche Negationen des Judentums für legitim, für biblisch begründet und für theologisch notwendig. Damit komme ich zu einem zweiten Horizont der Debatte um die christliche Judenfeindschaft.

2.3 *Christliche Judenfeindschaft im Horizont der Theologie*

2.3.1 Die Kontroverse Flusser-Wilckens (1974)

Der *theologische Horizont* der Rückfrage nach der christlichen Judenfeindschaft kam nach meiner Meinung erstmals 1974 in besonderer Deutlichkeit in einer Kontroverse zwischen D. Flusser und U. Wilckens zur Sprache.[31] Flusser hatte die kommentierte Übersetzung des Neuen Testaments von Wilckens (1970) kritisiert und kam zu dem Schluss, dass der Wilckens'sche Kommentar an vielen Stellen „eine judenfeindliche Tendenz in den unschuldigen Text hineininterpretiere" und das Buch insgesamt eine „starke antijudaistische Note" enthalte.[32] Flusser schließt seine kritischen Ausstellungen mit der Bemerkung: „Mir persönlich ist es nicht gelungen, in dem ganzen Buch etwas Positives über das Judentum und die Juden zu finden."[33] Schon die Überschrift der Antwort von Wilckens — Das *Neue Testament* und die Juden — zeigt die Richtung seiner „Verteidigung" an. Nicht er, Wilckens, stehe hier zur Debatte, sondern das Neue Testament. Er habe sich nur in seinem Kommentar bemüht, „zu Wort kommen zu lassen, was die Texte tatsächlich sagen und meinen".[34] Und man darf diese Bemerkung wohl nicht nur als eine vordergründige persönliche Apologie missverstehen. Denn Wilckens gibt Flusser dann zu, dass die hermeneutische Anlage seines Kommentars ohne die ausdrückliche Kenntlichmachung zeitbedingter Motivation und ohne Berücksichtigung der „Wirkungsgeschichte" antijüdischer Aussagen des Neuen Testaments durchaus ein Problem ist.[35] „Gleichwohl (so fährt er dann fort) bleibt die urchristliche Judenpolemik als solche, über ihre zeitbedingte Motivation hinaus und auch ungeachtet mancher gefährlicher Übersteigerungen und Verzeichnungen der jüdischen Position, auch für das gegenwärtige Christentum von durchaus wesentlicher Bedeutung."[36] Seine Ausführungen kulminieren dann in folgender Feststellung: „Weil sich so das Christentum nicht nur religionsgeschichtlich, sondern vor allem auch theologisch gesehen, aus jüdischer Glaubensüberlieferung heraus-

---

31 D. Flusser, Ulrich Wilckens und die Juden, EvTh 34 (1974) 236ff.; U. Wilckens, Das Neue Testament und die Juden, EvTh 34 (1974) 602–611.

32 Flusser, Ulrich Wilckens und die Juden, 236f.

33 Ebd. 242.

34 Wilckens, Das Neue Testament und die Juden, 604.

35 Ebd., 609.

36 Ebd.

gebildet und gegen dieses sein eigenes Profil gewonnen hat, sind die ‚antijudaistischen' Motive im Neuen Testament christlich-theologisch *essentiell.* So sehr sie richtig nur verstanden und rezipiert werden, wenn sie nicht zur religiösen Diffamierung ‚der Juden', sondern zur Profilierung des eigenen Glaubens gebraucht werden, so wichtig ist ihre theologische Rezeption in jeder christlichen Gegenwart."[37]

Bemerkenswert an der Wilckens'schen Position ist m. E. nicht nur ihre Ehrlichkeit, sondern auch ihre Widersprüchlichkeit. Da wird zwar der essenziell-theologische Antijudaismus als Antijudaismus bezeichnet, doch zugleich will Wilckens ihn von den „Antisemitismen aller Art" *unterscheiden.* Diese Unterscheidung gelingt Wilckens aber nur, weil er die Motive einer „wissenschaftlichen Rezeption" des neutestamentlichen „Antijudaismus" offensichtlich für lauter hält und keine Gemeinsamkeit mit den „ganz anderen Motiven des [...] ‚Antisemitismus'" sieht.[38] Ebenso will Wilckens auch „jeder religiös begründeten Verteufelung des jüdischen Volkes [...] wehren", doch zugleich kann er formulieren, dass der in seinem Sinne richtig verstandene christliche „Antijudaismus" „den Nerv jüdischer Glaubensüberlieferung trifft".[39] Diese Form der christlichen Judenfeindschaft ist für ihn offensichtlich keine „Verteufelung" der Juden und darum nicht problematisch, weil sie eben nach seiner Einsicht einerseits theologisch-essenziell und auch neutestamentlich begründet ist, andererseits aber eben „nicht die Juden als Mitmenschen und als Volk" treffe, mithin von den „Antisemitismen aller Art" unterschieden sei.

Ich nehme diese Position von Wilckens sehr ernst; denn sie ist m. E. nicht nur repräsentativ, sondern sie zeigt, dass es nach wie vor eine christliche Judenfeindschaft gibt, die sich aus vier Gründen mit gutem Gewissen formuliert:

1. Weil sie sich für neutestamentlich begründet hält,
2. weil sie meint, wissenschaftlich lauter zu verfahren,
3. weil sie sich als theologisch-essenziell im Interesse der Wahrung christlicher Identität für geboten hält und
4. weil sie davon überzeugt ist, dass sie sich von jeglicher Art des „Antisemitismus" unterscheidet.

Die Erfahrung mit diesem christlich-theologischen Syndrom der Judenfeindschaft gehört zu meinem Alltag. Und ich habe die soziologisch nicht überprüfte Vermutung, dass dieses Syndrom gleichsam eine professionelle Deformation von Theologen darstellt. Dabei ist interessant, dass die Vertreter dieser Position keineswegs einen biblischen Fundamentalismus vertreten. M. Wyschogrod hat darauf aufmerksam gemacht, dass die Vertreter dieser Position „nur in der jüdischen Frage Fundamentalisten zu sein" scheinen, „denn in vielen anderen Fragen sind sie differenzierte, moderne Menschen, die wissen, daß jedes Do-

---

37 Ebd., 611.
38 Ebd., 606.
39 Ebd.

kument die Grenzen seiner Zeit aufweist. [...] Die wirklichen Fundamentalisten dagegen mögen Texte wörtlich nehmen, die eine Erlösung ohne Christus ausschließen, aber sie nehmen auch jene Texte wörtlich ernst, die das Land Israel auf immer dem Samen Abrahams zuschreiben. Solche Fundamentalisten gehören zu den stärksten Befürwortern des Staates Israel. Der Fundamentalismus von Wilckens, Gräßer und den anderen ist dagegen sehr selektiv [...]."[40]

In diesen Zusammenhang gehört auch, was der „evangelische Antijudaismus" genannt wird. Zumal im Lutherjahr 1983 tauchte die Erkenntnis auf, dass die christliche Judenfeindschaft in Humanismus und Reformation nicht einfach ein Kind ihrer Zeit – also gleichsam ein mittelalterliches Erbe – genannt werden kann.[41] Oberman sagt vielmehr: „Das Zeitalter von Humanismus und Reformation hat den Judenhaß nicht erfunden, sondern ihn vorausgesetzt. Zugleich aber gilt, daß jene Zeit, die so bewußt die Traditionen des Mittelalters überprüft hat, alles, was dieser Sichtung standgehalten hat, mit neuer Kraft der Neuzeit weitervermittelt hat. Dieses ‚Zugleich' prägt das Gesicht der Epoche und bestimmt ihr Gewicht für die Neuzeit."[42] Vielleicht ist es darum nicht zuviel gesagt, wenn man feststellt, dass die Reformation eine entscheidende Weichenstellungen für den evangelischen Aspekt der christlichen Judenfeindschaft bedeutet hat.

Chaim Hillel Ben-Sasson hat diese von Christen zumeist wenig beachtete Sicht der Reformation aus den Augen jüdischer Zeitgenossen schon 1971 in den „Proceedings of the Israel Academy of Sciences and Humanities" beschrieben. Er hat dabei manche Vorarbeit anderer aufgreifen und weiterführen können, nicht zuletzt die von Selma Stern in ihrem schönen Buch über „Josel von Rosheim" (1959). Beide haben einsichtig machen können, warum am Anfang diese Begeisterung bei den Juden herrschte. Denn dass sie am Ende der genannten Ernüchterung wich, bedarf keiner großen Erklärungskünste. Hat Luther doch zumal mit seiner berüchtigten Hetzschrift „Von den Juden und ihren Lügen" aus dem Jahr 1543 selbst dafür gesorgt. Ja, er hat hier einen Ton angeschlagen, der selbst Rabbi Joseph (Josel) von Rosenheim, das leiderfahrene Haupt der jüdischen Minderheit in Deutschland, aus der Fassung brachte. Und er hatte durchaus auch mit Luther schon seine Enttäuschung hinter sich. Denn als er ihn 1537 bat, beim Kurfürsten von Sachsen sich gegen die vorgesehene Landvertreibung der Juden einzusetzen, ließ Luther ihn im Stich. Trotzdem konnte Rabbi Joseph aber nicht glauben, „daß ein Mensch, der sich in Demut und Angst vor der unendlichen Majestät Gottes gebeugt hatte, ‚ein solch grob unmenschlich Buch mit Scheltworten und Laster' (sc. Lästerungen) zu veröffentlichen traute" (S. Stern, 152). Und es ist denn auch Josel von Rosenheim gewesen, dem zu Luther nur noch der Erzfeind der Juden aus der Estherrolle, Haman,

[40] M. Wyschogrod, Dialog ist notwendig, in: E. Brocke / J. Seim (Hg.), Gottes Augapfel. Beiträge zur Erneuerung des Verhältnisses von Christen und Juden, Neukirchen-Vluyn 1986, 173–179, hier: 178.

[41] H. A. Oberman, Wurzeln des Antisemitismus. Christenangst und Judenplage im Zeitalter von Humanismus und Reformation, Berlin 1983.

[42] Ebd., 14.

einfiel, wie er schließlich überhaupt die Lutheraner für eine besonders gefährliche und vulgäre Sorte von Judenfeinden hielt und ihnen die Altgläubigen samt dem spanischen Kaiser Karl V. reumütig vorzog.

2.3.2 Christliche Judenfeindschaft als „linke Hand der Christologie" (R. Ruether)

Die Debatte um die Judenfeindschaft der christlichen Theologie hat dann einen immensen Impuls durch die Übersetzung des Buches „Faith and Fratricide. The Theological Roots of Anti-Semitism", New York 1974, der amerikanischen Kirchenhistorikerin R. Ruether bekommen.[43] Ruether hat sich u. a. vorgenommen, die Ursprünge der antijüdischen Einstellungen des Christentums zu erforschen. Und sie kommt zu der erschreckenden Einsicht, dass diese nicht erst in späteren kirchengeschichtlichen Zeiten, sondern schon in der frühesten Zeit der Entstehung christlicher Gemeinden, mithin schon im Neuen Testament selbst zu finden sind. Christliche Judenfeindschaft ist demnach ein Ursprungsphänomen des christlichen Glaubens selbst und bedingt durch den Ablösungsprozess der frühesten Gemeinden vom synagogalen Judentum. Das christliche Bekenntnis zu dem Messias Jesus, in dem die alttestamentlichen Verheißungen erfüllt sind, führte nach Ruether zu einer Auslegung der Hebräischen Bibel, die sich konstitutiv von der des damaligen Judentums selbst unterschied und diese ablehnte. Diese mit der Formulierung des christologischen Bekenntnisses einhergehende Ablehnung des Judentums nennt Ruether die „Kehrseite" bzw. die „linke Hand der Christologie". Sie ist die Quelle der christlichen Judenfeindschaft.

Christliche Judenfeindschaft ist also nach Ruether der christlichen Identitätsfindung immanent; die sich tendenziell im Brudermord äußernde judenfeindliche Einstellung der Christen sei bereits im Neuen Testament angelegt. Ruether hebt hervor, dass diese christliche Art der Judenfeindschaft sich vom heidnisch-antiken Antisemitismus negativ unterscheidet. Der pagane Antisemitismus habe zwar als Antipathie der jüdischen Nicht-Konformität mit der paganen Kultur dem christlichen den Boden bereitet. „Doch war diese Antipathie immer durch den römischen Pragmatismus und die hellenistisch-jüdische Apologetik aufgehoben worden. Erst als das Christentum mit seinem spezifisch religiösen Antisemitismus, der auf der tiefen Spaltung in der Bruderschaft biblischer Religion beruhte, auf den Plan trat, erst da stoßen wir auf die besondere Verwandlung von religiösem Haß in sozialen Haß, die für das Christentum kennzeichnend wird. Gruppenhaß, der sich nicht an gemeinsamen religiösen Identitätssymbolen entzündet, kann kaum so tödlich werden wie der Haß zwischen Gruppen, die zu einer religiösen ‚Familie' gehören. [...] Es ist eine trauri-

[43] R. Ruether, Nächstenliebe und Brudermord. Die theologischen Wurzeln des Antisemitismus, München 1978.

ge Wahrheit der Religionsgeschichte, daß man die besondere Aggressivität, die bis zur Verteufelung und Verdammung geht, nur zwischen Gruppen findet, die rivalisierende Absolutheitsansprüche innerhalb desselben religiösen Systems stellen. [...] Die spezifisch religiöse Feindseligkeit des Christentums gegenüber dem Judentum sorgt erst für den ständigen Antrieb hinter einer Polemik, die sich in einer christlichen Welt in sozialen Antisemitismus verwandeln sollte."[44]

Auch wenn ich Ruether in der Einschätzung des paganen Antisemitismus nicht ganz folgen kann – immerhin spielten auch soziale und politische Faktoren eine nicht unbedeutende Rolle, wie exemplarisch der Pogrom gegen die jüdische Einwohnerschaft Alexandriens zeigt –, so ist sie doch darin im Recht, wenn sie die christliche Judenfeindschaft als einen qualitativ neuen Faktor in der Geschichte des Antisemitismus einschätzt. Denn Judenfeindschaft war in der paganen Antike nie ein Prinzip der Politik und Herrschaft, wie auch die systematische Herabwürdigung der Juden und die Unterweisung in der Verachtung der Juden in ihrer historischen und kulturellen Ubiquität erst durch die Christen in die Welt kamen.

Schon bei der Veröffentlichung des Buches machte Osten-Sacken auf die Parallelität der Ergebnisse von Ruether zu der eben skizzierten Position von Wilckens aufmerksam, in der die christliche Judenfeindschaft als theologisch-essenziell und mit dem NT gleichursprünglich verstanden wird.[45] „Der – alles entscheidende – Unterschied liegt freilich darin, daß Ruether das, was vom Neutestamentler als Apologie gemeint ist, zutiefst problematisiert."[46] Diese Problematisierung muss nach Ruether schon dort einsetzen, wo die Wurzel christlicher Judenfeindschaft zu finden ist, nämlich bei der Christologie. Darauf komme ich gleich noch zurück. Zuvor möchte ich aber darauf hinweisen, dass Ruether sich von der Wilckens'schen Position eben gerade auch darin unterscheidet, dass sie eben die christliche Judenfeindschaft als eine Negativ-Tradition versteht, auf die sich nicht zuletzt der nationalsozialistische Antisemitismus stützen konnte.[47] Gerade mit der vermeintlichen Unterschiedenheit der christlichen Judenfeindschaft von den „Antisemitismen aller Art", die Wilckens mit gutem Gewissen den „Antijudaismus" nach wie vor als theologisch-essenziell behaupten lässt, räumt Ruether auf.

Bemerkenswert an der Analyse von Ruether ist m. E. auch der Hinweis auf die Dualisierung des christlichen Selbstverständnisses. An die Stelle einer dialektischen Konzeption menschlicher Existenz trete die Dualisierung in „christliche und jüdische Antithesen". Dem Universalismus des Christentums wird der Partikularismus des Judentums gegenübergestellt, der Verheißung des neuen

44 Ebd., 35f.

45 Im Nachwort zu Ruethers Buch 245.

46 Ebd.

47 Wenngleich sie einen wichtigen Unterschied zum rassischen Antisemitismus der Nazis sieht, insofern es „jetzt das jüdische Volk" war, „das für den monolithischen Nationalismus des modernen Staates vernichtet werden mußte" (ebd., 208).

Bundes entspricht negativ der Gerichtsgott des alten, dem Geist des Evangeliums steht der Buchstabe des Gesetzes gegenüber. So kann gleichsam alles, was an negativer und unerlöster Wirklichkeit menschlicher Existenz existiert, von der christlichen abgespalten und auf die jüdische projiziert werden. Für diese Möglichkeit macht Ruether aber ein christologisches Zentraldogma verantwortlich: die „Historisierung der Eschatologie":

> Unsere theologische Kritik des christlichen Antisemitismus muß sich nun dem zuwenden, was immer die Kehrseite des Antijudaismus war, nämlich der Christologie. Im Zentrum jeder christlichen Dualisierung der Dialektik menschlicher Existenz in christliche und jüdische Antithesen liegt die Christologie, oder genauer, die Historisierung des eschatologischen Ereignisses. Realisierte Eschatologie verwandelt jede Dialektik, die wir untersucht haben – Gericht und Verheißung, Partikularismus und Universalismus, Buchstabe und Geist, Geschichte und Eschatologie – in einen Dualismus, wobei die eine Seite auf das „neue messianische Volk", die Christen, und die negative Seite auf das „alte Volk", die Juden, bezogen werden. Die Botschaft messianischer Erwartung wird in die Geschichte hineinverlegt und dann in ein historisches Ereignis verwandelt, so daß sie eher ein wirklichkeitsfremdes als ein wirklichkeitsnahes Prinzip wird. Es wird erkärt, daß das Böse ein für allemal durch den Messias besiegt ist. Sein Sieg wurde als katholische Kirche etabliert.[48]

Wegen der christlichen Behauptung vom Beginn der eigenen Erlösung müssen dann alle jene Elemente, die dieser Behauptung widersprechen, abgespalten und verdrängt werden. Dieser Vorgang aber hat sehr ernste Folgen: „Sowohl der christliche Antisemitismus als auch die Neigung zu Totalitarismus und Imperialismus, die in der Christenheit (und ihren säkularen revolutionären Stiefkindern) aufgetreten sind, wurzeln in diesem Irrtum."[49] Das jüdische Volk als der lebendige Widerspruch zu der Behauptung, dass die messianische Erlösung schon begonnen hat, muss dämonisiert und negativ identifiziert werden, damit sich Christen ihre eigene „messianische Schwäche" (Metz[50]) verbergen können. Ruether tritt demgegenüber für eine Revision dieses Grundübels christlicher Theologie ein, die Osten-Sacken mit dem Stichwort „theologischer Besitzverzicht" umschrieben hat.

Danach muss die endgültige Ankunft des eschatologischen Ereignisses offenbleiben für die letzte Zukunft. Der historische Jesus, der „in einer lebendigen [...] Erwartung des Anbruchs der Gottesherrschaft lebte", müsse wiederentdeckt werden. Die Auferstehung dürfe nicht länger als „das letzte Geschehen des eschatologischen Ereignisses", sondern müsse als „vorweggenommene Zukunft jener Erwartung" verstanden werden. Ruether sieht die messianische

48 Ruether, Nächstenliebe und Brudermord, 229.

49 Ebd., 231.

50 J. B. Metz, Ökumene nach Auschwitz, FreibRundbr XXX (1978) 7ff.

Dimension des Lebens Jesu nicht als endgültige, sondern nur als „paradigmatische“ und „proleptische“ Erfüllung der Erlösungshoffnung.[51]

Gerade der neutestamentliche Teil des Buches von Ruether ist auf viel Kritik gestoßen, zumal die Behauptung, dass bei Paulus, im Hebräerbrief und im Johannesevangelium ein ins Philosophische gewendeter Antijudaismus begegne.[52] C. Hinz geht in seiner Kritik an Ruether gar so weit, dass er behauptet, sie würde „den Kern des christlichen Glaubens preis(geben), das von Christus ausgehende Heilswirken, um den Antisemitismus zu vermeiden“[53].

3 Haschoah als Wendepunkt christlicher Theologie

Einen bedeutenden Fortschritt in der Diskussion um das Verhältnis von Kirche und Judentum stellte die Studie „Christen und Juden“ der EKD von 1975 dar. Erwähnt werden sollte auch die Erklärung der EKD anlässlich des 40. Jahrestages des Pogroms vom 9./10. November 1938 im Jahre 1978 (EvKomm 18, 1978, 676). Doch sagt man wohl nicht zuviel, wenn man dem Synodalbeschluss zur Erneuerung des Verhältnisses von Christen und Juden der Rheinischen Landessynode von 1980 in besonderer Weise innovative Bedeutung für den christlich-jüdischen Dialog zuspricht.[54] In seiner Tradition ist dann auch zumal der Synodalbeschluss der Badischen Landeskirche von 1984 zu sehen. Auf beide Synodalbeschlüsse gehe ich kurz ein.

3.1 *Christliche Mitverantwortung und Schuld am Holocaust*

Die Rheinische Landessynode hat im Jahre 1980 einen Beschluss „Zur Erneuerung des Verhältnisses von Christen und Juden“ gefasst. Dieser Beschluss enthält u. a. eine Erklärung der Landessynode und Thesen, die in sechs Kapiteln

---

[51] Ruether, Nächstenliebe und Brudermord, 229ff.

[52] G. Baumbach, Anmerkungen zu R. Ruerthers Kritik des christlichen antijüdischen Mythos, ZdZ 35 (1981) 388–391.

[53] ZdZ 38 (1984) 29.

[54] Weitere Beschlüsse: Synodalbeschluss der Landessynode Baden 3. Mai 1984 zum Thema: Christen und Juden; Provinzialsynode der Evangelischen Kirche in Berlin-Brandenburg am 20. Mai 1984. Orientierungspunkte zum Thema: Christen und Juden; Wir und die Juden – Israel und die Kirche. Leitsätze, erarbeitet und den Gemeinden vorgelegt von der durch die Hauptversammlung 1982 in Aurich eingesetzten Kommission des Reformierten Bundes. Bericht des Arbeitskreises „Kirche und Judentum“ der VELKD und des deutschen Nationalkomitees des Lutherischen Weltbundes zur Situation der jüdischen Gemeinden in der BRD und Berlin (West) und eine Erklärung der Kirchenleitung der VELKD zum Verhältnis von Christen und Juden vom 3. Juni 1983.

gegliedert sind, die der vorbereitende Ausschuss erarbeitet hat. Am Anfang der Erklärung steht bewusst das Bekenntnis zur *„Mitverantwortung und Schuld der Christenheit in Deutschland am Holocaust“ (4.1)*.

In den Thesen wird dann näher ausgeführt, dass der Beschluss den millionenfachen „Verwaltungsmassenmord“ (H. Arendt) an den Juden als umfassende „Krise“ von „Zivilisation, Kultur, Politik und Religion“ versteht. Die Schoah wird als ein „Wendepunkt“[55] in der Besinnung auf das Verhältnis von Kirche und Judentum und insofern auch als ein „Datum der Theologiegeschichte“[56] verstanden. Der Beschluss weist darauf hin, dass der „Holocaust, der einer theologischen Erklärung spottet“, von uns Christen „den Prozeß des Umdenkens bestimmter theologischer Vorstellungen“ verlangt.

Diese Ausführungen der Rheinischen Synode hat vier Jahre später (Mai 1984) eine entsprechende Erklärung der Badischen Landessynode aufgenommen und in gewisser Hinsicht präzisiert. Denn die Badische Synodalerklärung bezieht das Bekenntnis zu Mitverantwortung und Schuld auf den *„christlichen Antijudaismus (als) [...] einer der Wurzeln des Antisemitismus“* und fährt dann fort: „Deshalb (!) bekennen wir betroffen die Mitverantwortung und Schuld der Christenheit in Deutschland am Holocaust.“[57]

Ähnlich hat sich dem Inhalt nach im Übrigen auch die Berliner Kirche geäußert. Und noch deutlicher formulieren es die Leitsätze einer Kommission des Reformierten Bundes Deutschland: „Von Christen ging die in der Völkerwelt vorbereitete Saat des Judenhasses aus, die Mord und Vernichtung hervorbrachte. Diese Tradition ist in Kirche und Theologie bis heute wirksam geblieben.“

In der Tat hat der Holocaust zweierlei unübersehbar gemacht, nämlich 1., dass das Christentum das antijüdische Kontinuum in der Geschichte seit der Antike darstellt, und 2., dass das Christentum, wie Jules Isaac es ausdrückte, die Völker systematisch in der Verachtung des Judentums unterwies. Trotz Reformation und Aufklärung, ja, nicht zuletzt durch sie, ist es vor der Schoah nicht zu einer entscheidenden Krise der antijüdischen Selbstauslegung des Christentums gekommen. Im Gegenteil: Beide Bewegungen haben die Gefangenschaft im Sklavenhaus der Judenfeindschaft verlängert und – um im Bild zu bleiben – verschärft. Der Antijudaismus ist zum Wesen christlicher Selbstdefinition geworden. Doch sollten wir nüchtern erkennen, dass die christliche Judenfeindschaft – trotz dieser Erklärungen und anderen Studien – theoretisch wie prak-

---

55 S. dazu die „Thesen zur Erneuerung des Verhältnisses von Christen und Juden“, die die Landessynode durch Beschluss entgegengenommen hat.

56 K. Haacker, Der Holocaust als Datum der Theologiegeschichte, in: E. Brocke / J. Seim (Hg.), Gottes Augapfel. Beiträge zur Erneuerung des Verhältnisses von Christen und Juden, Neukirchen-Vluyn 1986, S.137–145; K. Jutzler, Holocaust als theologisches Datum. Systematische Überlegungen, ThBeitr 13 (1982) 49–59.

57 Dokumentiert: Brocke/Seim, Gottes Augapfel, 260f.

tisch weiter wirksam ist, auch wenn ihre Äußerungen nur selten exzessive religiöse Formen annimmt.

Man kann also sagen, dass der Rheinische und der Badische Synodal-Beschluss in einem gewissen Sinne - endlich! - die christliche Mitverantwortung und Schuld an der Schoah aussprechen. Aber sie holen nicht einfach Versäumtes nach - worin geradezu die zweite Schuld der Christenheit in Deutschland besteht -, sondern setzen dieses doppelte Versäumnis voraus und bekennen nun, dass eine der Ursachen für den mörderischen Antisemitismus die christliche Lehre über die Juden war. Darin ist vielleicht die Badische Synode noch präziser als die Rheinische, wie eben schon kurz angedeutet worden ist.[58] Besonders bemerkenswert ist m. E. auch die Rheinische Formulierung, wonach die Schoah von uns Christen einen Prozess des Umdenkens verlangt. Dieser Umdenk-Prozess bezieht sich — wie Shalom Ben-Chorin 1980 formuliert hat - auf die christliche „Sensibilisierung“ für die „Wirkungsgeschichte“ theologischer Aussagen und gleichermaßen auf eine Überprüfung unseres „Vorverständnisses“ von Geschichte, Theologie und Institutionen des jüdischen Volkes und Glaubens.[59] Beide Bemerkungen sprechen typische Quellen der christlichen Judenfeindschaft an. Über die typischen christlich-theologischen Vorurteile über das Judentum brauche ich hier im Moment kein Wort zu verlieren. Wichtiger ist die Sensibilisierung für die „Wirkungsgeschichte“ theologischer - auch und gerade historisch-kritischer - Urteile. So hat Hans-Hermann Henrix darauf aufmerksam gemacht, dass „die Wirkungsgeschichte der neutestamentlichen Aussagen über die Juden“ auch bei der historisch-kritischen Analyse nicht außer acht gelassen werden darf. Die „historisch-kritische Auslegung der Texte verfährt weitgehend atomistisch in dem Sinn, daß sie es bei der Erhebung des historisch-ursprünglichen Sinnes der Schriftstellen beläßt, nicht mehr deren Hineinwirken in die nachbiblische Geschichte von Theologie, Kirche und Christentum bedenkt und von dorther nochmal zur historisch-ursprünglichen Textausgabe zurückkehrt“[60].

3.2 *Christologische Aussagen der Erklärungen*

Eine nachhaltige Wirkung hat dann vor allem der christologische Teil des Rheinischen Synodal-Beschlusses gehabt:

---

58 Dabei hat die Badische Synode auch die klassische antijüdische Lehre des Christentums, nämlich die „Verwerfung Israels als Volk Gottes“, beim Namen genannt. Hinzuzufügen ist, dass diese Verwerfungsaussage zumeist damit begründet wird, dass die Juden ihren Messias abgelehnt, ja, gekreuzigt hätten.

59 Vgl. dazu Schalom Ben-Chorin, Antijüdische Elemente im Neuen Testment, EvTh 40 (1980) 203–214, hier: 213.

60 H.-H. Henrix, Okumenische Theologie und Judentum, FreibRundbr XXVIIL (1976) 20.

„Wir bekennen uns zu Jesus Christus, dem Juden, der als Messias Israels der Retter der Welt ist und die Völker der Welt mit dem Volk Gottes verbindet“ (4,3).[61]

Die Synode bekennt sich ausdrücklich zu Jesus Christus, dem Juden, der als Messias Israels Retter der Welt ist. Die Erklärung hebt damit nicht nur auf das Judesein Jesu ab, oder, um es anders zu formulieren, es geht ihr nicht nur um die Herkunft des historischen Jesus aus dem Judentum. Sie bindet vielmehr das Bekenntnis zum Christus des Glaubens an die jüdische Messiashoffnung, und sie verbindet die Existenz der Kirche aus den Völkern mit der des Volkes Gottes (Israel).

Beide Aspekte dieser Erklärung, sowohl das Bekenntnis zu Jesus Christus, als auch die heilsgeschichtliche Bedeutung des Volkes Israel, sind ja in einer langen Geschichte der Kirche immer wieder antijüdisch interpretiert worden. Dabei ist keineswegs fraglich, dass gerade das Bekenntnis zu Jesus Christus und – unmittelbar damit zusammenhängend – die Integration der Heidenvölker in das messianische Heil Israels, Juden und Christen von Anfang an theologisch unterschieden und schließlich auch zur historisch-sozialen Trennung zwischen ihnen geführt haben. Doch ist die theologische Unterscheidung zwischen Juden und Christen eines, ein anderes aber, ob sie antijüdisch ausgelegt wird. Ebenso ist die soziale Trennung zwischen Christen und Juden eines, ein anderes, aber, ob sie zu Hass und Feindschaft gegen das Judentum führen musste, die in der Schoah ein unsägliches Leiden und Grauen über das jüdische Volk gebracht haben. Und gerade weil die christliche Judenfeindschaft mitschuldig ist an der Bereitung eines Klimas, in dem die Vernichtung des europäischen Judentums nicht nur möglich, sondern auch schweigend hingenommen wurde, kommt es theologisch darauf an, wie wir als Christen unseren Glauben an Jesus Christus im Verhältnis zum Glauben Israels bestimmen. Wichtig ist mir, dass auch die neutestamentlichen Texte von sich aus dazu nötigen, das Bekenntnis zu Jesus Christus im Horizont alttestamentlich-jüdischer Frömmigkeit zu verstehen und auszulegen.

Nun hat freilich gerade der christologische Teil des Rheinischen Beschlusses einige Kritik erfahren. Interessanterweise kam dieser Widerspruch aus allen Lagern – also auch von solchen, die grundsätzlich dem Synodalbeschluss zustimmen konnten und ihrerseits in ihrer theologischen Arbeit um die Erneuerung des Verhältnisses zum Judentum bemüht sind. So meinte etwa U. Luz, dass diese Formulierung „am Selbstverständnis Jesu“ vorbeigehe.[62] Dieselbe Kritik äußert auch H. Hübner: „Jesus hat sich weder im Sinne alttestamentlicher messianischer Stellen noch im Sinne zeitgenössischer jüdischer Messias-

---

[61] Zur Gegenüberstellung die entsprechende Aussage der Badischen Synode: „Wir Christen bekennen uns zu Jesus, der ein Jude war, als dem für alle gekreuzigten, auferstandenen und wiederkommenden Herrn, dem Heiland der Welt. Mit Schmerz und Trauer stellen wir fest, daß uns dieses Bekenntnis vom Glauben des jüdischen Volkes trennt.“

[62] U. Luz, Zur Erneuerung des Verhältnisses von Christen und Juden. Bemerkungen zur Diskussion über die Rheinländer Synodalbeschlüsse, Judaica 37 (1981) 195–211, hier: 205.

auffassungen für den Messias Israels gehalten."[63] Freilich ist damit ein spezifisches Problem zur Sprache gebracht, da bekanntlich niemand von uns mit Sicherheit behaupten oder ausschließen kann, dass sich der historische Jesus für den Messias Israels gehalten hat. Auch der Beschluss der Synode behauptet dies nach meinem Verständnis nicht.

Auf einem anderen Felde liegen freilich jene kritischen Ausstellungen in Bezug auf die zitierte Formulierung des Beschlusses, die in ihr immer noch einen anti-jüdischen Akzent sehen. Ich zitiere hier noch einmal U. Luz, der meint: „daß ein christliches Bekenntnis zu Jesus als dem Messias Israels, das Israel implizit das Recht abspricht, selbst zu definieren, wer sein Messias ist, aus dem Zirkel unbrüderlichen und triumphalistischen Denkens nicht ausgebrochen ist."[64] Nun wird man ernsthaft dem Rheinischen Beschluss dieses Interesse nicht unterstellen können.[65] Gleichwohl ist dieser Einwand von einigem Gewicht. Denn wo wir Christen Jesus von Nazareth als Messias Israels bekennen, darf dieses Bekenntnis nicht anti-jüdisch formuliert oder gewendet werden. Es geht vielmehr umgekehrt darum, den Christusglauben mit dem Glauben des Gottesvolkes zu verbinden, nicht aber darum, dem jüdischen Volk vorzuschreiben, welche Rolle Jesus von Nazareth als der von Christen geglaubte Messias in der Heilsgeschichte Israels zu spielen habe.[66] Es geht also um eine „offene Christologie im Kontext des Judentums", wie Bertold Klappert es formuliert hat, „offen" im Unterschied zu einer exklusiven Christologie bzw. im Sinne einer Offenheit für die Erkenntnis der Erwählungskontinuität Israels.[67] Oder – wie Friedrich-Wilhelm Marquardt sagt, es geht um eine „Israel bejahende Christologie"[68].

---

[63] H. Hübner, Der „Messias Israels" und der Christus des Neuen Testaments, KuD 27 (1981) 217–239, hier: 228. Unzutreffend ist allerdings Hübners Einwand: „Vom Alten Testament her ist nicht zu erwarten, daß im Neuen Testament der ‚Messias Israels' als Heiland der Welt verkündet wird" (225). Denn einerseits ist dies tatsächlich nicht vom AT her zu erwarten (und wird so nicht im NT behauptet), andererseits sagt der Rheinische Beschluss, dass Jesus Christus als Messias Israels der Retter der Welt ist. D. h., seine Messianität wird in ein Verhältnis zu den Heidenvölkern gesetzt. Ebendies kann man aber auch vom AT her erwarten.

[64] Luz, Zur Erneuerung des Verhältnisses von Christen und Juden, 205.

[65] Vgl. nur J. Seim, Die Rezeption des rheinischen Synodalbeschlusses „Zur Erneuerung des Verhältnisses von Christen und Juden", in: Brocke/Seim, Gottes Augapfel. Beiträge zur Erneuerung des Verhältnisses von Christen und Juden, 223–238, hier: 233f.

[66] Vgl. dazu P. Lapide, Der Messias Israels? Die Rheinische Synode und das Judentum, in: B. Klapper / H. Starck (Hg.), Umkehr und Erneuerung. Erläuterungen zum Synodalbeschluß der Rheinischen Landessynode 1980. „Zur Erneuerung des Verhältnisses von Christen und Juden", Neukirchen-Vluyn 1980, 236–246, hier: 241.

[67] B. Klappert, Barmen I und die Juden, in: J. Moltmann (Hg.), Bekennende Kirche wagen. Barmen 1934–1984, München 1984, 59ff.

[68] F.-W. Marquardt, Die Gegenwart des Auferstandenen bei seinem Volk Israel. Ein dogmatisches Experiment, München 1983 (Nachwort).

Dabei wird man sich nicht den alten und neuen Einwänden gegen die Messianität Jesu verschließen, ja, sich auch nicht – um mit J. B. Metz zu sprechen – die „messianische Schwäche" unseres Glaubens verbergen dürfen. Es steht ja hier vor allem die für die christliche Theologie bleibend anstößige Frage im Raum, „ob der Messias schon gekommen sei, wenn das Reich Gottes auf Erden noch nicht wahrnehmbar" ist.[69] Ja, diese Frage stellt sich in besonderer Schärfe auch als historische, d. h. angesichts der Katastrophe Israels im jüdisch-römischen Krieg. Sie ist ein zentrales Thema der Verkündigung Jesus Christi in den Evangelien. Ebenso ist unsere theologische Reflexion hinsichtlich der Erwartungen, die mit dem Kommen des Parusie-Christus verbunden sind, hier in besonderer Weise gefordert. Was bedeutet die Wiederkunft Christi für Israel? Gibt es unter Umständen im Neuen Testament (neben Röm 11) Aussagen über die messianische Zukunft Israels bei der Wiederkunft Christi? Mit einem Wort: Wir kommen m. E. gar nicht darum herum, die Frage nach der Bedeutung der Messianität Jesu im Blick auf unser Verhältnis zum Judentum zu stellen.

Ich persönlich bin der Meinung, dass sich das christologische Bekenntnis der Rheinischen Synode zu dem Juden Jesus, der „als Messias Israels der Retter der Welt ist", mit guten Gründen auf das Neue Testament – hier zumal die lukanische Theologie – berufen kann. Hier ist allerdings das Beziehungsgefüge der Aussage genau zu beachten. D. h., Jesus Christus wird m. E. richtig als Messias exklusiv und zunächst zu Israel in ein Verhältnis gesetzt. Erst daraufhin – und das heißt: in, mit und unter dieser Beziehung auf Israel – ist er der „Retter der Welt" oder, wie Lukas wohl eher sagen würde, der kyrios panton (Apg 10,36). Ich verkenne nicht, dass wir Christen damit definieren, wer der Messias Israels ist. Dies können wir freilich nur für uns tun – nicht für das jüdische Volk. Antijüdisch wird unser Bekenntnis dann nicht sein, so meine ich, wenn wir seine Gültigkeit nur für uns beanspruchen, nicht aber für das jüdische Volk. Dabei geht es nicht um „Besitzverzicht" (Osten-Sacken), sondern allein um Verzicht auf den Absolutheitsanspruch des Christentums. Dieser – nicht das Bekenntnis zu Jesus als Messias Israels – ist nach meiner Überzeugung die Wurzel des christlichen Antijudaismus.

Ich glaube, dass das Christentum und zumal dessen reformatorische Gestalt den Antijudaismus in der Tat nicht einfach wie eine Brille von der Nase nehmen kann. Er hat vielmehr die Überlieferung durch und durch geprägt, so dass es einer regelrechten Befreiung und einer Bekehrung, einer Umkehr bedarf. Und dieser Prozess ist gerade erst eingeleitet und noch längst nicht beendet. Ich glaube aber auch, dass der Antijudaismus nicht zum unveräußerlichen Wesen des Christentums gehört. Deshalb vergleiche ich ihn (in Anlehnung an eine Formulierung von Ekkehard Stegemann) mit einer ägyptischen Gefangenschaft des Christentums. Damit will ich sagen, dass der Antijudaismus zwar die Artikulation des Christentums in der Geschichte wesentlich bestimmt hat.

---

69 H. Schroer, Geschichtstheologie nach dem Holocaust?, EvErz 34 (1982) 141–153, hier: 148.

Doch sowenig das Volk Israel sein Wesen in der Sklaverei in Ägypten gefunden hat, obschon es wirklich da war und bitter in dieser Entfremdung litt, sowenig geht die christliche Identität im Antijudaismus auf, so wahr sie darin jahrhundertelang und bis heute noch sich definiert, d. h. gefangen gehalten ist. Der Weg in die Freiheit geht freilich nicht an der Erkenntnis vorbei, dass im christlichen Hass auf die Juden ein Selbsthass steckt, der – wie Franz Rosenzweig es ausgedrückt hat – „Haß gegen die eigene Unvollkommenheit, gegen das eigene Noch-nicht“ ist. Im Antijudaismus hat sich das Christentum die Einsicht verborgen, dass die Welt, in der es lebt, dieselbe ist, in der die Juden leben, will sagen: dieselbe unerlöste Welt. Nur wenn das Christentum dies anerkennt und damit die Juden als gleichberechtigte, wahrheitsfähige Partner im Hause Gottes, der Welt, anerkennt, hat es eine Chance, vom Wiederholungszwang, vom Ritual des Antijudaismus frei zu werden. Dabei ist vieles aufzuarbeiten und neu zu bestimmen. Doch etwas Entscheidendes muss revidiert werden, nämlich die heilsgeschichtliche Überforderung der Wirklichkeit.

Das Verhältnis Rudolf Bultmanns zum Judentum[1]

Ein Beitrag zur Pathologie des strukturellen theologischen Antijudaismus

Wolfgang Stegemann

Rolf Rendtorff zum 65. Geburtstag!

Das Verhältnis Rudolf Bultmanns zum Judentum ist m. W. bisher noch nicht ausführlicher thematisiert worden.[2] Das hängt zweifellos auch damit zusammen, dass die Diskussion des theologischen Antijudaismus bzw. der christlichen Judenfeindschaft in unserem Lande noch relativ marginal ist. Für Bultmann gilt zudem, dass seine persönliche Integrität auch und gerade während der Zeit des Nazi-Reiches antijüdische Ressentiments eigentlich nicht erwarten lässt. „Wenn es überhaupt Theologen in unserem Lande gibt, die ohne Beschä-

---

1 Grundlegende Aspekte des vorliegenden Aufsatzes wurden am 9./10. November 1989 am „Institut Kirche und Judentum" bei der Kirchlichen Hochschule Berlin und am 3. Februar 1990 beim Treffen der evangelisch-theologischen Fakultäten Bayerns an der Augustana-Hochschule Neuendettelsau vorgetragen. Ich widme ihn Rolf Rendtorff zum 65. Geburtstag. Seine eminente Bedeutung für den christlich-jüdischen Dialog und gerade auch die Thematisierung der christlichen Judenfeindschaft ist international anerkannt. Ich persönlich verdanke Rolf Rendtorff als meinem Heidelberger Lehrer und Freund, dass ich von Beginn meines Theologiestudiums an auf antijüdische Einstellungen der christlichen Theologie als den Schaden christlicher Selbstauslegung aufmerksam gemacht worden bin.

2 Mir sind folgende Beiträge bekannt geworden: P. von der Osten-Sacken, Rückzug ins Wesen und aus der Geschichte. Antijudaismus bei Adolf von Harnack und Rudolf Bultmann, WuPKG 67 (1978) 106ff.; E. Gräßer, Antijudaismus bei Bultmann? Eine Erwiderung, WuPKG 67 (1978) 419ff.; P.-G. Müller, Altes Testament, Israel und das Judentum in der Theologie Rudolf Bultmanns, in: P.-G. Müller / W. Stenger (Hg.), Kontinuität und Einheit. FS F. Mußner, Freiburg / Basel / Wien 1981, 439ff. Bultmanns Verhältnis zum Alten Testament ist schon gleich nach der Veröffentlichung des Aufsatzes „Weissagung und Erfüllung" (1949) kritisch rezipiert worden. Der Beitrag ist abgedruckt in: R. Bultmann, Glaube und Verstehen. Gesammelte Aufsätze, Band 2, Tübingen [4]1965, 162ff.; zuerst reagierte W. Zimmerli, Verheißung und Erfüllung, EvTh 12 (1952/53) 14ff.; R. Rendtorff, Hermeneutik des Alten Testaments als Frage nach der Geschichte, ZThK 57 (1960) 27ff. machte darauf aufmerksam, dass die „drei alttestamentlichen Grundbegriffe des Bundes, der Königsherrschaft Gottes und des Gottesvolkes" nach Bultmann in der Geschichte Israels nicht realisiert worden seien; er wies im Übrigen auf die Gemeinsamkeiten von Bultmann und Baumgärtel hin (29); s. zuletzt auch A. H. J. Gunneweg, Altes Testament und existentiale Interpretation, in: B. Jaspert (Hg.), Bultmanns Werk und Wirkung, Darmstadt 1984, 332ff., der zentrale Kritikpunkte an Bultmanns Verhältnis zum Alten Testament so zusammenfasst: „der Verlust der konkreten Geschichte Israels, der Sonderstellung Israels, der Weltlichkeit des Alten Testaments und der kanonischen Sonderstellung des ersten Kanonteils" (340).

mung auf das zurückblicken können, was sie 1933 und danach gesagt und geschrieben haben, so gehört Rudolf Bultmann zu ihnen."[3] Doch das persönlich integre Verhalten Bultmanns schließt nicht aus, daß seine Theologie Elemente enthält, die wir entschlossen und ohne falsche Kompromisse als antijüdisch erkennen und benennen müssen.[4] Ja, es wäre nahezu ein Wunder, wenn Bultmann von dieser unseligen, uralten christlich-theologischen Negativtradition unberührt geblieben wäre. Dazu ist er viel zu sehr von der liberalen Theologie geprägt, bei deren Vertretern er nicht nur eine „*Erziehung zur Kritik*, d. h. zur Freiheit und Wahrhaftigkeit"[5] genossen hat. Vielmehr haben sie ihm wohl auch jenes Konglomerat von Vor- und Fehlurteilen über das Judentum vermittelt, das sich seit Mitte des 19. Jahrhunderts in der deutschen Exegese durchgesetzt hatte.[6] Und Bultmann selbst wirkte dann seinerseits als Tradent und Verstärker antijüdischer Stereotype, die bis in die Gegenwart die Theologie und zumal auch die neutestamentliche Exegese prägen.[7]

Es geht mir also nicht um nachträgliche Kritik an einem der bedeutendsten Theologen dieses Jahrhunderts, sondern in der kritischen Auseinandersetzung mit Bultmann geht es um Aufklärung über den gegenwärtigen theologischen Antijudaismus. Bultmanns persönliche Integrität soll hier keineswegs angezweifelt, aber eben darauf hingewiesen werden, dass er ein negatives Bild vom Judentum konserviert, das man in der Bekennenden Kirche wie bei den Deutschen Christen, ja bis auf den heutigen Tag findet? Am Beispiel Bultmanns lassen sich darüber hinaus exemplarisch die Mechanismen eines *strukturellen theologischen* Antijudaismus aufzeigen, der nicht nur den jüdischen Glauben kränkt, sondern auch den christlichen krank macht.

---

3 W. Schmithals, Die Theologie Rudolf Bultmanns, Tübingen 1966, 304.

4 Gräßer macht vor allem das ehrenwerte Verhalten Bultmanns in der Nazizeit und seine persönliche Integrität im Umgang mit jüdischen Freunden zum Kriterium dafür, „ob der Antijudaismus bei Rudolf Bultmann nicht eine Legende ist" (s. o. Anm. 2, 428).

5 R. Bultmann, Die liberale Theologie und die jüngste theologische Bewegung, in: ders., Glauben und Verstehen. Gesammelte Aufsätze, Band 1, Tübingen ^{5}1964, 1ff.: 2.

6 Dazu schon G. F. Moore, Christian Writers on Judaism, HThR 14 (1921) 197ff.; vgl. zu diesem Thema auch Ch. Klein, Theologie und Antijudaismus. Eine Studie zur deutschen theologischen Literatur der Gegenwart, München 1975; E. P. Sanders, Paulus und das palästinische Judentum. Ein Vergleich zweier Religionsstrukturen, Göttingen 1977, 27ff.

7 Auf Bultmanns Nähe zu E. Hirsch im Verhältnis zum Alten Testament hat R. Rendtorff aufmerksam gemacht: Die jüdische Bibel und ihre antijüdische Auslegung, in: R. Rendtorff / E. Stegemann, Auschwitz-Krise der christlichen Theologie, München 1980, 99–116: 102.

1 „Im grundlegend Menschlichen konnte man sich einfach auf Bultmann verlassen“ (Hans Jonas)

1.1 *Persönliche Integrität*

An Bultmanns persönlicher Integrität kann kein Zweifel bestehen. Vielmehr gilt, dass Bultmann in seiner persönlichen Praxis weiter war als in der theologisch-exegetischen Theorie. Hans Jonas beschreibt anlässlich seiner Gedächtnisrede auf seinen Marburger Lehrer, wie Bultmann im Jahre 1934 ein großherziges und mutiges Vorwort zu seinem Gnosis-Buch geschrieben hat. Daneben erwähnt er persönliche Erfahrungen mit Bultmann, darunter folgende: Im Sommer 1933 besuchte er Bultmann zum Abschied und erzählte ihm davon, dass der Deutsche Blindenverein seine jüdischen Mitglieder ausgeschlossen habe. Während Jonas sich selbst angesichts dieser Infamie immer mehr erregte, merkte er, „daß eine tödliche Blässe [...] (Bultmanns) Gesicht überzogen hatte, und in seinen Augen eine solche Pein, daß mir das Wort im Munde erstarb. In dem Augenblick wußte ich, daß man sich im grundlegend Menschlichen einfach auf Bultmann verlassen kann.“[8] Auch Karl Löwith schreibt über seinen Abschied von Marburg: „Der Theologe Bultmann lud uns zusammen mit meinen nächsten Kollegen (Gadamer, Krüger und Frank) am Abend vor meiner Abreise zum Abschied ein: Ein Vertreter protestantischer Christlichkeit war bezeichnenderweise der einzige Gastgeber eines hinausgeworfenen Juden, der in seinen Vorlesungen den Studenten der Theologie den Verfall des Christentums dargestellt hatte!“[9] Schließlich sei erwähnt, dass Hannah Arendt in den zwanziger Jahren ein neutestamentliches Seminar bei Bultmann belegen wollte, ihn aber vorher in einem Gespräch informierte, dass sie etwas unsicher sei; denn sie erwarte in diesem Seminar antisemitische Bemerkungen. Bultmann versicherte ihr, dass er mit ihr zusammen versuchen werde, die Situation zu meistern.[10] Ich entnehme daraus, dass Bultmann antijüdische Aussagen keineswegs dulden wollte. Denn er war davon überzeugt, daß im Neuen Testament der Antisemitismus „keine Rolle spielt“.[11]

---

8 H. Jonas, Im Kampf um die Möglichkeit des Glaubens. Erinnerungen an Rudolf Bultmann und Betrachtungen zum philosophischen Aspekt seines Werkes, in: O. Kaiser (Hg.), Gedenken an Rudolf Bultmann, Tübingen 1977, 41ff.

9 K. Löwith, Mein Leben in Deutschland vor und nach 1933. Ein Bericht, Stuttgart 1986, 81.

10 E. Young-Bruehl, Hannah Arendt. For Love of the World, New Haven / London 1982, 61f.

11 S. dazu „Neues Testament und Rassenfrage“, in: H. Liebing (Hg.), Die Marburger Theologen und der Arierparagraph in der Kirche. Eine Sammlung von Texten aus den Jahren 1933 und 1934, Marburg 1979, 16ff.: 16.

1.2 *Mitgliedschaft in der Bekennenden Kirche*

Neben diesem ehrenwerten Verhalten Bultmanns in der persönlichen Begegnung mit Juden ist seine Arbeit in der Bekennenden Kirche, der er von Beginn an angehörte, hervorzuheben. Bultmann reagierte schon auf die Machtübernahme der Nationalsozialisten und die Rückwirkungen dieses politischen Ereignisses auf die Kirche und die akademische Theologie.[12] Seine Vorlesungen begann er im Sommersemester 1933 mit einer für ihn, der sich als unpolitischen Menschen verstand, ungewöhnlichen Äußerung zur politischen und theologischen Situation. Sie enthält u. a. eine deutliche Absage an die schon in dieser Zeit einsetzende Diffamierung der Juden.[13] Im selben Jahr ist Bultmann dann vor allem daran beteiligt, die Einführung des sog. „Arierparagraphen" in der Kirche zu verhindern. Er formulierte maßgeblich mit an dem entsprechenden Gutachten der Theologischen Fakultät Marburg, ebenso an einer Neutestamentler-Erklärung: „Neues Testament und Rassenfrage".[14]

Die Neutestamentler-Erklärung wurde i. w. von Bultmann und v. Soden erarbeitet und redigiert. In ihr wird festgestellt, dass die „Rassenfrage" aus dem Neuen Testament nicht beantwortet werden könne. Denn dieses kenne den Rasse-Begriff nicht. Der im Neuen Testament zu findende Gegensatz zwischen Juden und Heiden/Griechen sei in der Erwählung des jüdischen Volkes durch Gott begründet. Der Gegensatz sei auch nicht ethisch-qualitativ gemeint. Juden wie Heiden seien Sünder vor Gott. Überhaupt sei dieser Gegensatz als „völkischer" völlig irrelevant angesichts der Heilstat in Christus. Auch die im Neuen Testament berichteten Konflikte zwischen Judenchristen und Heiden-

---

12 Bultmann selbst schreibt in einer kurzen autobiographischen Skizze dazu: „Dann kam das Hitlerregime mit seiner Zwangsherrschaft und seinen korrupten Methoden. Das Leben in Universität und Gesellschaft war weitgehend von Mißtrauen und Denunziationen bestimmt. Nur in einem kleinen Kreis von gleichgesinnten Bekannten konnte man sich des offenen und stärkenden Austausches der intellektuellen Welt erfreuen. Viele jüdische Freunde wurden zum Emigrieren gezwungen. Während des Krieges, in dessen Verlauf mein einziger überlebender Bruder in einem Konzentrationslager starb, wurde die Unterdrückung durch den Naziterror am schlimmsten. Als die Alliierten (in Marburg die Amerikaner) schließlich einmarschierten, begrüßte ich mit vielen Freunden das Ende der Naziherrschaft als eine Befreiung. In den Jahren des Hitlerregimes war meine Arbeit beeinflußt vom Kirchenkampf. Ich gehörte seit ihrer Gründung 1934 der Bekennenden Kirche an und bemühte mich – zusammen mit meinem Freund Hans v. Soden – darum, daß die freie Gelehrtenarbeit ihren eigenen Platz erhielt, trotz gegenteiliger Tendenzen": Karl Barth / Rudolf Bultmann. Briefwechsel 1922–1966, hg. v. B. Jaspert, Zürich 1971, 315f. Zu Bultmanns Verhalten in der Nazizeit s. ausführlicher A. Lindemann, Neutestamentler in der Zeit des Nationalsozialismus. Hans von Soden und Rudolf Bultmann in Marburg, WuD 22 (1989) 25ff.

13 R. Bultmann, Die Aufgabe der Theologie in der gegenwärtigen Situation, ThBl 12 (1933) 161ff.: „Ich muß als Christ das Unrecht beklagen, das gerade auch den deutschen Juden durch solche Diffamierung angetan wird" (166).

14 Dokumentiert bei Liebing (Hg.), Theologen, 9ff.16ff.

christen seien nicht in der Frage nach „Volkstum" und „Rasse" begründet, sondern wegen der Bedeutung des „alttestamentlich-rituellen" Gesetzes entstanden. Die Gleichheit in Christus (Gal 3,28) meine eine Gleichheit in der Kirche. In ihr seien die Aktivitäten der einzelnen Mitglieder Äußerungen des Geistes, nicht aber der natürlichen Anlagen eines Menschen. Eine amtliche Tätigkeit in der Kirche könne darum nicht nach Gesichtspunkten „völkisch-rassischer" Zugehörigkeit geregelt werden. Die christliche Kirche sei eine Kirche aus Juden und Heiden, allein die Taufe sei für die Zugehörigkeit zu ihr maßgebend.

Wenig später erscheint eine erneute Behandlung des Problems durch Bultmann, in der er sich vor allem mit Wobbermin auseinandersetzt.[15] Er wendet sich hier noch einmal gegen die durch den „Arierparagraphen" entstehende Herabminderung der „nichtarischen" Kirchenmitglieder. Dies sei eine Nichtachtung der Taufe. „Biologische" Merkmale könnten innerhalb der Kirche nicht größere oder geringere Rechte verleihen.

Dass freilich auch Bultmann nicht von antijüdischen Ressentiments frei war, zeigt etwa folgende Formulierung in seiner Stellungnahme „Arierparagraph im Raume der Kirche": Im Kontext der Frage, ob 1Kor 14,34f. („Die Frau schweige in der Gemeinde") auf die Situation von „judenchristlichen" Amtsträgem übertragen werden könne, schreibt er: „Wollen etwa die Verteidiger des Arierparagraphen sich diese primitiv-jüdische Anschauung zu eigen machen?"[16] Bultmann kritisiert hier die von ihm als speziell jüdisch bezeichnete Anschauung, dass Frauen und Kinder kultisch nicht vollwertig sind.

Aus heutiger Sicht ist natürlich v. a. kritisch zu beurteilen, dass Bultmann sich überhaupt auf die „Rassenfrage" bzw. die Diskussion „biologischer" Unterschiede zwischen Deutschen und Juden einlässt. Denn die Kirche kennt nach seiner Meinung Juden nur im Sinne einer Konfession, „d. h. Juden sind für sie (die Kirche) nur die Juden, die in Jesus nicht den Christus Gottes anerkennen"[17]. Allerdings wird nun diese Einsicht nur für die Kirche behauptet und nicht auf den Staat angewendet. Bultmanns Stellungnahme zum „Arierparagraphen" kommt insgesamt nicht über eine auch in der Bekennenden Kirche weitverbreitete Art von „Zwei-Reiche-Ethik", die tatsächlich ein Denken in zwei Bereichen war, hinaus.[18] Man wehrt sich dagegen, staatliche Maßnahmen auf die Kirche zu übertragen. Umgekehrt will man sich aber auch nicht in die Angele-

---

15 R. Bultmann, Der Arierparagraph im Raume der Kirche, in: ebd., 32ff.

16 A. a. O., 34.

17 A. a. O., 38. Auch diese Formulierung zeigt allerdings, dass auch Bultmann das Judentum nicht als eine sich selbst definierende, eigenständige Religion akzeptierte, sondern sie durch ihr negatives Verhältnis zur christlichen Religion bestimmte.

18 Vgl. dazu etwa B. Klappert, Barmen I und die Juden, in: J. Moltmann (Hg.), Bekennende Kirche wagen, München 1984, 59ff.: 61f.85.101f.; vor allem B. Hamm, Schuld und Verstrickung der Kirche, in: W. Stegemann (Hg.), Kirche und Nationalsozialismus, Stuttgart 1990, 11ff.: 34ff.

genheiten des Staates einmischen. In Bultmanns Worten: „Mag also der Staat entscheiden, ob die in Deutschland ansässigen Juden im vollen Sinne dem Deutschen Volke angehören oder e. m. Gastvolk sind. ‚Die Kirche als solche kann das nicht entscheiden.'"[19] Jenseits einer Besserwisserei von Nachgeborenen wird man nüchtern feststellen dürfen, dass diese Formulierung mit einem Federstrich die Geschichte der Emanzipation des deutschen Judentums aufhebt und die Bürger- und Menschenrechte für Juden zur staatlichen Disposition stellt. Bultmann spricht bezeichnenderweise von „in Deutschland ansässigen Juden", nicht etwa von deutschen Juden oder von jüdischen Deutschen.[20] Er hat also durch seine „Zwei-Bereiche-Ethik" nicht nur die Möglichkeit des kirchlichen Protestes gegen das staatliche Verhalten faktisch ausgeschlossen, sondern dieses staatliche Verhalten im Prinzip schon akzeptiert. Und dass man in Kirche und Theologie – und eben auch in der Bekennenden Kirche der „Designierung"[21] der Juden als „Feinde" bestenfalls indifferent gegenüberstand, ist wohl nicht zuletzt auf diese Art von „Zwei-Reiche-Denken" zurückzuführen, das eben immer schon aus der Position der Nicht-Betroffenen formuliert worden ist.[22] G. Harder fragt zu Recht: „War es eigentlich richtig, daß die Kirche, wohlgemerkt als Bekennende Kirche – die offizielle Kirche jubelte bekanntlich Beifall –, zu den Nürnberger Gesetzen schwieg? War es richtig, wie es damals geschehen ist, zu sagen: Das Zu- und Absprechen des Bürgerrechtes sei Sache des Volkes und Staates allein und gehe die Kirche nichts an? War es richtig, daß 1938 nicht oder kaum für die verfolgten Juden gebetet wurde?"[23] Und er führt das Versagen der Bekennenden Kirche auf eben jene Art von „Zwei-Reiche-Ethik" zurück, die auch Bultmann teilte. Es zeigte sich im Übrigen schon bald, dass mit dieser Bereichsaufteilung die brutale Wirklichkeit des

---

[19] Liebing (Hg.), Theologen, 38. Bultmann verweist hier ausdrücklich auf die Übereinstimmung mit dem Erlanger Gutachten. Vgl. auch folgende Formulierung: „Ich werde mich, wenn es sich nun um das konkrete Gesetz über die Rechtsverhältnisse der Geistlichen und Kirchenbeamten handelt, auch nicht [...] zu der grundsätzlich anderen Frage abdrängen lassen, ob und wieweit die staatliche Gesetzgebung selbst von der Kirche zu beanstanden sei. Mag es mit der Gesetzgebung des Staates wie immer bestellt sein, hier handelt es sich mir nur um die Frage, ob innerhalb der kirchlichen Gesetzgebung der Arier-Paragraph erträglich ist oder nicht" (ebd., 32).

[20] Bultmann selbst kennt und verwendet die Formulierung „deutsche Juden" in seiner Anm. 13 erwähnten Vorlesung.

[21] Zum Begriff der „Designierung" s. M. Horkheimer, Über die deutschen Juden, in: Abraham, unser Vater. Juden und Christen im Gespräch über die Bibel. FS für O. Michel, hg. von O. Betz / M. Hengel / P. Schmidt, Köln 1963, 257ff.: 258. Zum Verhalten der Bekennenden Kirche s. die wichtige Monographie von W. Gerlach, Als die Zeugen schwiegen. Bekennende Kirche und die Juden, Berlin 1987.

[22] Zur Lage der betroffenen „nichtarischen" Geistlichen und Gemeindeglieder s. etwa Gerlach, Zeugen, 250ff.

[23] G. Harder, Die Bedeutung der Auserwähltheit Israels für die Christen, in: ders., Kirche und Israel. Arbeiten zum christlich-jüdischen Verhältnis, hg. v. P. v. d. Osten-Sacken, Berlin 1986, 151f.

rassischen Antisemitismus gar nicht aus dem Raum der Kirche herausgehalten werden konnte. Besonders sinnfällig wurde dies etwa nach der Polizeiverordnung über die Kennzeichnung der Juden (1941), die zu heftigen Auseinandersetzungen über die Teilnahme von „nichtarischen" Christen mit dem „Judenstern" an kirchlichen Veranstaltungen führte.[24]

1.3 *Zaghaftes Schuldbekenntnis*

Einen ambivalenten Eindruck hinterlässt auch Bultmanns Beitrag zur Debatte um die „Kollektivschuld" bzw. „Wiedergutmachung" aus dem Jahr 1952.[25] Zwar bekennt er sich zu einer „Kollektiv-Verantwortung" der Deutschen: „Wer ein Deutscher ist, haftet für das, was im Namen Deutschlands den Juden angetan worden ist, auch wenn er persönlich daran unbeteiligt war."[26] Doch enthält der Aufsatz auch Formulierungen, die jedenfalls als antijüdisch *gedeutet werden* können. Bultmann meint, dass in der Nazizeit nur auf grausige Weise zur Vollendung gekommen sei, was im 19. Jahrhundert mit der Entpersonalisierung des Menschen begonnen habe. An dieser verhängnisvollen Entwicklung der Neuzeit hätte freilich auch das Judentum Anteil, und es sei die Frage zu stellen, „wie weit das Judentum in der modernen Welt für jene verhängnisvolle Entwicklung mitverantwortlich ist". Dieser „Wahn" sei freilich nicht bei Vertretern des „echten und reinen Judentums" zu finden. Allerdings gebe es „für den Blick vieler Deutscher ein Judentum [...], das nicht durch dessen echte Vertreter repräsentiert wird"[27]. Wie dunkel auch immer diese Formulierungen klingen, sie hören sich keineswegs gut an und zeigen den damals wie heute häufig unbewussten Versuch, das Judentum für sein Schicksal in irgendeiner Weise wenigstens mitverantwortlich zu machen, hier im Übrigen mit der bekannten antijüdischen Stilisierung des Unbehagens an der Moderne. Allerdings fällt Bultmann sich nahezu unmittelbar selbst ins Wort, wenn er davon spricht, dass er „Deutschland unter dem Gericht stehen" sieht, und von dem „Irrweg", den „wir gegangen sind".[28] Auch Bultmann hebt sich also nicht heraus aus der zögernden und eher die Schuld verdrängenden kirchlich-theologischen Auseinandersetzung mit der Shoah nach 1945.[29]

---

24 Dazu Gerlach, Zeugen, 284ff.

25 Das deutsche Volk und Israel, in: R. Bultmann, Glauben und Verstehen. Gesammelte Aufsätze, Band 3, Tübingen ^{3}1965, 55ff.

26 GuV 3, 58.

27 GuV 3, 57.

28 Ebd.

29 Zu den kirchlichen Stellungnahmen s. R. Rendtorff, Hat denn Gott sein Volk verstoßen? Die Evangelische Kirche und das Judentum nach 1945. Ein Kommentar, München 1989; noch ohne Kenntnis dieser Studie: W. Stegemann, Die evangelischen Kirchen und das Ju-

2 Die „jüdische Gesetzlichkeit" Bultmanns Zerrbild vom antiken Judentum

Auf Einzelheiten in der Auslegung des Neuen Testaments durch Bultmann gehe ich hier nicht ein. Denn dass wir auf diesem Gebiet an Sensibilität gewonnen haben, sollte nicht gegen Bultmann ausgespielt werden. Ebenso kann ich auf eine erneute Erörterung von Bultmanns Verhältnis zum Alten Testament verzichten. Mir geht es vielmehr um eine knappe Skizze des historischen Bildes, das Bultmann vom antiken Judentum hat. Ebendieses Bild ist nämlich von entscheidender Bedeutung für die antijüdische Profilierung seiner Theologie. Zwei zentrale Themenbereiche hebe ich hervor: Bultmanns Kritik an Israels Selbstverständnis als „Gottesvolk" und seine Missdeutung der jüdischen Frömmigkeit als „Gesetzlichkeit".

2.1 *„Israel ist tot; Gottes Gericht hat es vernichtet"*[30]

Bultmanns Problem ist, dass sich überhaupt ein bestimmtes Volk mit seiner besonderen Geschichte und seinen gesellschaftlichen Organisationsformen als Gottesvolk versteht.[31] Und so stellt er sich gewissermaßen auf den Standpunkt der „Propheten" und kritisiert, dass das empirische Israel seinen Anspruch nicht realisiert. Darum ist für Bultmann die Geschichte Israels eine Geschichte des „Scheiterns". Israel habe immer wieder versucht, das Ideal des „Gottesvolkes" zu verwirklichen, „wozu es berufen war, das es aber faktisch nie wirklich gewesen ist". Seine göttliche „Erwählung schwebte gleichsam immer nur als Bestimmung und Verheißung über und vor ihm", habe sich aber nur in heroischen Ausnahmen (Abraham, David, Propheten) verwirklicht.[32] Dieses Scheitern gilt in besonderer Weise für die Geschichte des *nachexilischen* Israel. Hier habe nicht nur die Idee der Königsherrschaft Gottes die „groteske Gestalt einer priesterlich-gesetzlichen Theokratie"[33] angenommen. Vielmehr sei gerade hier die Absicht gescheitert, das Gottesvolk mit einem empirisch-geschichtlichen Volk zu identifizieren. Diese Hoffnung Israels sei erst mit der „Ekklesia" als dem wahren Gottesvolk, dem wahren Israel, erfüllt worden.[34] Überhaupt habe

dentum seit 1945, in: Christ und Kultur. Jahrbuch des Evangelischen Bundes XXXII, hg. v. W. Fleischmann-Bisten, Göttingen 1989, 118ff.

30 R. Bultmann, Die Bedeutung des Alten Testaments für den christlichen Glauben, in: ders., GuV 1, 313ff.: 330.

31 Vgl. nur GuV 2, 182f.

32 S. dazu R. Bultmann, Theologie des Neuen Testaments, Tübingen ^{5}1965, 99.

33 GuV 2, 184.

34 Ebd., 182f.

es nach dem Exil ein „eigentliches Volksleben (Israels) kaum mehr" gegeben.[35] Denn das „Gottesvolk" habe erkannt, „daß es, wenn es sich als solches realisieren will, nicht mehr als Staat existieren kann, sondern nur als religiöse Gemeinschaft, als eine Art Kirche"[36]. Doch diese „jüdische ‚Kirche'" kann man nach Meinung Bultmanns nicht als „Realisierung des Gottesvolkes" bezeichnen. „Sie ist einerseits eine Gemeinschaft, die nicht durch die Kräfte und Formen eines Volkslebens zusammengehalten und gestaltet wird, sondern durch die Gesetze eines theoretisch ausgedachten Kultus und Ritus, der seine sinnvolle Bedeutung für das wirkliche Leben mehr und mehr verliert. Sie ist andererseits gebunden an das empirische jüdische Volk und schließt sich gegen andere Völker ab, gerade auch mit Hilfe jenes Ritus."[37]

Bultmann spielt hier also nicht nur den bekannten Vorwurf des „Partikularismus" Israels gegen den „Universalismus" der Kirche aus. Er kritisiert vor allem auch, dass „Gott und sein Handeln [...] mit der empirischen Volksgeschichte zur Deckung gebracht werden sollen".[38] Mit historischen Urteilen hat diese Kritik nichts zu tun. Vielmehr beurteilt Bultmann eine antike Gesellschaft mit modernen Kategorien, misst ihre Religiosität am Maßstab seiner eigenen Theologie: Denn die Identifizierung des göttlichen Handelns mit der empirischen Geschichte Israels lehnt Bultmann gerade darum ab, weil hier der Gottesgedanke „nicht im radikal jenseitig-eschatologischen Sinne verstanden" werde.[39] In welcher Weise hätte Israel im Übrigen sein Selbstverständnis als Eigentumsvolk Gottes empirisch realisieren können? Wie ließe sich diese Glaubensüberzeugung (!) sichtbar, empirisch-geschichtlich abbilden, wenn nicht eben in jenen Möglichkeiten, die Bultmann gerade kritisiert? Etwa dem Ideal der Theokratie, vor allem aber durch Einhaltung der Bundesforderungen Gottes, wie sie in der Tora zusammengefasst sind? Und fragt man nun nach den historischen Fakten, die etwa das merkwürdige Bild von einem nachexilischen Judentum ohne eigentliches Volksleben begründen, so gibt Bultmann die Antwort: Das nachexilische Israel existierte nicht mehr als Staat.[40] Sowenig dieses pauschale Urteil historisch richtig ist, sosehr ist allerdings die These verbreitet, dass das als wenigstens einigermaßen „ideal" gedachte vorexilische Israel nach dem Exil zum „Judentum" wird, das im Übrigen seinen Verfallscharakter schon dadurch zugeschrieben bekommt, dass man es als „Spätjudentum" bezeichnet.[41]

---

35 Theologie, 12.

36 GuV 2, 181.

37 Ebd.

38 GuV 2, 184.

39 Ebd.

40 Ebd.

41 R. Bultmann, Das Urchristentum im Rahmen der antiken Religionen, Zürich/München [5]1986, 7: „spätjüdische Religion". Bultmann gebraucht zwar selten den Begriff „Spätjudentum", freilich ist für ihn das nachexilische Israel zum „Judentum" geworden, das

2.2 *Das Dekadenzgemälde der „jüdischen Gesetzlichkeit"*

Auch bei Bultmann entspricht dann dem äußeren Bild vom gescheiterten nachexilischen Judentum dessen Einschätzung als Religion der „Gesetzlichkeit"[42]. Dem „theoretisch ausgedachten Kultus und Ritus" Israels widmet Bultmann seine Aufmerksamkeit vor allem darum, weil auch bei ihm die „jüdische Gesetzlichkeit" den dunklen Hintergrund für die Verkündigung Jesu bzw. dann die Theologie des Paulus abgeben muss. Auf nur drei Buchseiten seiner „Theologie des Neuen Testaments" gelingt es Bultmann, so ziemlich alle Klischees und stereotypen Vor- und Fehlurteile über das Judentum zur Zeit Jesu zu komprimieren.[43] Dabei kommt ein gewaltiges Dekadenzgemälde der jüdischen Frömmigkeit heraus.[44]

Als Grundübel empfindet Bultmann schon, dass man überhaupt „im geschriebenen Gesetz" bzw. dessen Auslegungstradition den „Willen Gottes ausgesprochen sieht".[45] Und dass die Tora Israels zugleich bürgerliches Recht und Strafgesetzbuch ist, moralische Ansprüche und religiöse Forderungen stellt, trifft ebenfalls auf Bultmanns Kritik. Auch hier wird wieder einer antiken Kultur vorgehalten, dass sie keine moderne ist, dass sie nicht trennt zwischen den Bereichen der Religion, der Moral und des Rechts. Vor allem stört Bultmann die rechtlich-juristische Interpretation der Tora. Dahinter steht ein antijüdisches Vorurteil, das sonst gern als „Kasuistik" bezeichnet wird. So würden überholte „gesetzliche Bestimmungen" durch „künstliche Interpretation für die Gegenwart zurechtgebogen", müssten umgekehrt für „neue Lebensbedingungen" aus dem „alten Gesetz durch künstliche Ableitung" zeitgemäße Bestimmungen „herausgeholt" werden. Überhaupt seien durch „eine Fülle von kultischen und rituellen Geboten", die zudem noch als „Forderung Gottes oder als sittliche Forderung gelten", die „eigentlichen Forderungen des Guten" überschattet.

„Die Kleinlichkeit der Vorschriften geht ins Absurde und Lächerliche";

---

eben in seinem Urteil alle jene negativen Merkmale aufweist, die es zu einer dekadenten Frömmigkeit machen.

42 V. d. Osten-Sacken weist darauf hin, dass Bultmanns Behandlung des Judentums in seiner Schrift über das „Urchristentum" mit „der theologisch urteilenden Überschrift (obwohl es Bultmann um eine geschichtliche Darstellung geht): ‚Die jüdische Gesetzlichkeit'" überschrieben ist: a. a. O., 116.

43 Theologie, 10–12; soweit nicht ausdrücklich vermerkt, beziehen sich die im Text jetzt gebotenen Zitate auf diese Seiten; ausführlicher, doch teilweise mit identischen Formulierungen stellt Bultmann seine Sicht des Judentums in der erwähnten Schrift über „Das Urchristentum im Rahmen der antiken Religionen" dar; vgl. im Übrigen auch R. Bultmann, Jesus, Tübingen 1926, Nachdruck München/Harnburg 1964, 16ff.

44 Der Erlanger Kirchenhistoriker B. Hamm hat mich freundlicherweise darauf hingewiesen, dass viele der Einwendungen Bultmanns gegen das Judentum weithin auch als antikatholische Vorwürfe verwendet worden sind.

45 Vgl. dazu auch Urchristentum, 61ff.

überhaupt überwiegen *„negative Bestimmungen“*, fehlt es Bultmann inmitten der *„Vielfalt der Gebote an Einheit“*.[46] Der „Ritualismus“ mache aus der „Heiligkeit des Lebens [...] eine rein negative“ Qualität.[47] Und natürlich wirken diese vielen Gebote als eine erdrückende „Last“ auf dem Leben der Juden.[48] Unter den antijüdischen Stereotypen darf auch der „jüdische Vergeltungsgedanke“ nicht fehlen.[49] Auch für Bultmann ist er der ethische Spielverderber, da er das „Motiv zur sittlichen Tat“ verdirbt. Als das für „das Judentum Charakteristische“ kritisiert Bultmann dann den angeblich rein „formalen Gehorsam“ gegenüber Gott bzw. den moralischen Forderungen. Bultmann selbst nennt das Stichwort, unter dem uns dieses antijüdische Klischee sonst geläufig ist: Buchstabengehorsam. Im Judentum gehorche man dem Gebot, „weil es geboten ist, ohne nach dem Warum, dem Sinn“ zu fragen. Bultmann dagegen fordert „radikalen Gehorsam“, der „nur möglich (ist), wo der Mensch die Forderung versteht und von sich aus bejaht“. Ein „Fehler der jüdischen Gesetzlichkeit“ liege auch darin, dass sie eben, anders als eine sittliche Forderung, nicht alle „Lebenssituationen“ abdecken könne. Damit bliebe aber nicht nur „Raum für alle jeweiligen Lüste und Leidenschaften“ – was immer Bultmann damit meint –, „sondern auch – und das ist wieder für das Judentum charakteristisch – für überpflichtige Leistungen“. Diesen Raum decken die „guten Werke“ ab, „die über die geforderte Gesetzeserfüllung hinausgehen (wie Almosen und Liebeswerke mancher Art [...]) und die Verdienste im eigentlichen Sinne begründen und daher auch Übertretungen des Gesetzes sühnen können. Daran wird klar, daß der Gehorsamsgedanke nicht radikal gedacht ist.“

Ich fasse zusammen: Das nachexilische Judentum ist nach Bultmann in seinen zentralen Überzeugungen (Bund Erwählung – Torafrömmigkeit) gescheitert. Partikularismus, Formalismus und Ritualismus, sinnlose Kasuistik, Buchstabengehorsam und Lohndenken prägten sein im Übrigen schwach ausgebildetes „Volksleben“, das zudem noch „verkultisiert und vergottesdienstlicht“ war. Bei diesem Dekadenzgemälde – das teilweise groteske Urteile enthält[50] – kann Bultmann nur noch aufatmend feststellen: „Wer in der Kirche ist,

---

46 Urchristentum, 69.

47 Ebd.

48 Ebd. Bultmann vermerkt aber ausdrücklich, dass durch die familiäre Sozialisation diese „Last“ nicht so schwer empfunden werde; dazu auch R. Bultmann, Christus des Gesetzes Ende, in: ders., GuV 2, 32ff.: 33f.

49 Ausführlicher dazu Urchristentum, 73f. Vgl. zu diesem antijüdischen Vorurteil etwa auch M. Dibelius, Jesus, Berlin ^{4}1966, 93f.98; H. Braun, Jesus. Der Mann aus Nazareth und seine Zeit, Stuttgart ^{3}1972, 23ff.

50 Dazu eine zusammenfassende Paraphrase von Müller (s. o. Anm. 2): „Für Bultmann unterscheidet sich das jüdische Volk weit ‚von der primitiven, naturverbundenen Lebensweise‘ anderer orientalischer Völker [...], (aber) unergründlicherweise strebt es nicht nach dem, ‚was sonst das Leben der Völker auf Erden erfüllt‘, es entwickelt keine kulturellen Bildungen ‚wie Wissenschaft, Kunst und Recht‘ mit ihrer jeweiligen Eigentümlich-

für den ist die Geschichte Israels vergangen und abgetan."[51] Eben nicht nur vergangen, sondern auch abgetan.

3 Der jüdische Glaube als das negative Gegenstück zum christlichen und Repräsentant eines uneigentlichen Existenzverständnisses

Dieses Zerrbild vom Judentum ließe sich nun einfach als eine historisch falsche Anschauung über das antike Judentum ad acta legen, wenn es nicht einerseits bis heute verbreitet und zudem mit einer Art von Theologie verbunden wäre, die bis in die Gegenwart hinein ein Feindbild vom Judentum konserviert, auf dessen Hintergrund der christliche Glaube um so positiver in Szene gesetzt wird.

3.1 *Jesus löst die „innere Widersprüchlichkeit" des Judentums: Liebe statt „Gesetzlichkeit"*

Jesus war Jude, kein „Christ", wie Bultmann ausdrücklich hervorhebt.[52] Und seine Verkündigung des Gotteswillens gehört in den „geschichtlichen Zusammenhang der jüdischen End- und Zukunftserwartung"[53], „auch wo sie im Gegensatz gegen die traditionelle jüdische Religion steht"[54]. Aber es ist der *Gegensatz* zum Judentum, der auch das Bultmannsche Jesus-Bild bestimmt: Jesu Verkündigung ist ein „Kampf gegen die jüdische Gesetzlichkeit", ja ein einziger „großer Protest" dagegen.[55]

Diese Jesus-Deutung liegt bei dem skizzierten Dekadenzgemälde Bultmanns vom nachexilischen Judentum nahe. Und so formuliert Bultmann folgerichtig: Angesichts der „faktischen Verfassung der Führer des (jüdischen) Volkes und der großen Menge des Volkes selbst, angesichts der Erstarrung der Frömmigkeit im Ritualismus wie angesichts des Leichtsinns und der Welt- und Selbstliebe", wird Jesu Verkündigung „zum *Weheruf und Bußruf*"[56]. Grundsätzlich habe

keit. Denn das jüdische Volk erhält den Sinn seiner Existenz ausschließlich von seinem Gesetz" (458).

51 R. Bultmann, Die Bedeutung des Alten Testaments für den christlichen Glauben, in: ders., GuV 1, 313ff.: 333.

52 Etwa Urchristentum, 76.

53 Theologie, 3.

54 Urchristentum, 76.

55 Theologie, 10.

56 Ebd., 21.

Jesus die „alttestamentliche Gesetzgebung, soweit sie aus kultischen und rituellen Vorschriften besteht, [...] aus den Angeln gehoben“[57]. Zu diesem Zwecke hat er nach Bultmann „aus den Forderungen Gottes alle kultischen und rituellen Bestimmungen“ ausgeschieden, „so daß neben der Sittlichkeit das rein religiöse Verhältnis zu Gott“ freiwerden konnte.[58] Jesus habe zumal auch gegen den „formalen Gehorsam“ oder gegen die Verkehrung des Gottesverhältnisses zu einem „Rechtsverhältnis“ protestiert, auch gegen das „Vergeltungsmotiv“ gekämpft, doch seien seine Aussagen in diesem Zusammenhang widersprüchlich, da auch er gelegentlich den „Vergeltungsgedanken“ als „Motivierung“ bestimmter Forderungen verwende.[59]

Das Positive an der Verkündigung Jesu lässt sich in zwei Begriffen zusammenfassen: Sittlichkeit und wahre Religion. Hinsichtlich der Sittlichkeit findet Bultmann das Positive in der „Forderung der Liebe“[60], während er an Jesu „rein religiöse(m) Verhältnis zu Gott“ hervorhebt, dass in ihm die Situation des Menschen vor Gott als eines „Bittenden“ und „Empfangenden“, „Hoffenden“ und „Vertrauenden“ gekennzeichnet sei.[61] Die Liebesforderung Jesu transzendiert nach Bultmann gerade den Bereich des Rechtlichen. Sie „überbietet“ nämlich jede „Rechtsforderung“, ist unbegrenzt und gilt uneingeschränkt, verzichtet „auf jegliche Konkretisierung“, ist keine „Ethik der Weltgestaltung“, sondern eine „eschatologische“, die den „einzelnen unmittelbar vor Gott verantwortlich macht“.[62]

Sie ist im übrigen als *christliche* Nächstenliebe auch keine „Leistung“, da sie in der Vergebung gründet.[63] Und es passt zu Bultmanns Deutung des Nächstenliebegebotes im Gegensatz zur „jüdischen Gesetzlichkeit“, dass jeglicher Hinweis darauf fehlt, dass dieses Gebot in der Tora steht. Das Positive des Gottesverhältnisses Jesu besteht für Bultmann in dessen „Geschichtlichkeit“, indem der jenseitige Gott „dem Menschen in seiner je eigenen Geschichte, im Alltag, in dessen Gabe und Forderung“ begegnet.[64] Im Judentum ist dagegen der Bezug Gottes „zum Menschen durch das Gesetzbuch vermittelt“, „stellt die jüdische Gemeinde ihre Entweltlichung künstlich her“ durch ihre „Gesetzlichkeit“.[65]

Mit diesen Hinweisen auf Bultmanns Deutung der Verkündigung Jesu im Verhältnis zum Judentum will ich es bewenden lassen. Dabei ist forschungsgeschichtlich interessant, dass Bultmann im gewissen Sinne die gegensätzlichen Positionen seiner Lehrer ausgleicht. Mit J. Weiß betont er den religionsge-

57 Ebd., 17.
58 Ebd.
59 Ebd., 14 (etwa mit Verweis auf Mt 6,19f. par.; Mk 10,21).
60 Ebd., 18ff.
61 Ebd., 12.
62 Ebd., 18f.
63 R. Bultmann, Das christliche Gebot der Nächstenliebe, in: ders., GuV 1, 230ff.: 244.
64 Bultmann, Theologie, 26.
65 Ebd., 25f.

schichtlichen Kontext der Verkündigung Jesu *innerhalb* der apokalyptischen Tradition des Judentums, mit Wellhausen und Bousset stellt er sie gleichwohl im Prinzip als einen *Gegensatz* zum Judentum der Jesuszeit dar, das er eben auch wie zumal Bousset – faktisch als dekadent darstellt.[66] Daneben ist an Bultmanns Jesusdeutung ein Doppeltes evident: *Einerseits* „entjudaisiert" Bultmann den historischen Jesus – jedenfalls in gewisser Weise –, *andererseits* „christianisiert" er ihn. Jesus hat all das am Glauben seines Volkes kritisiert, was Bultmann selbst am antiken Judentum nicht gefällt. Und es fehlen Jesus selbst dementsprechend nahezu alle jene Züge, die im Sinne Bultmanns das nachexilische Judentum prägen. Er ist Jude, kein „Christ", aber er ist eben frei von allen Eigenschaften jenes Judentums, die nach Meinung Bultmanns negativ sind und angeblich seit der Exilszeit Israel haben in Formalismus, Ritualismus und Gesetzlichkeit erstarren lassen. Umgekehrt widerspiegelt all das, was von Bultmann als positiv an der Predigt Jesu empfunden wird, in nuce Bultmanns Überzeugungen bzw. das Besondere des christlichen Glaubens.

3.2 *Paulus überwindet die jüdische Religion der „Selbstrechtfertigung": Gnade statt Leistung*

Das antijüdische Vorverständnis von der „jüdischen Gesetzlichkeit" prägt auch die Paulusdeutung Bultmanns. Voraussetzung ist auch bei ihm die immer noch verbreitete Behauptung über die jüdische Frömmigkeit, dass man durch „peinliche Erfüllung der Vorschriften des Gesetzes das Wohlgefallen Gottes zu erringen" sucht.[67] Gescheitert ist darum für Bultmann nicht nur die *Geschichte* des Volkes Israel, gescheitert ist gerade auch das Zentrum seiner *Frömmigkeit:* „Das Gesetz in seiner Begegnisweise als Mosegesetz ist der Weg des Scheiterns in der Sünde"; es führt „den Menschen ins Scheitern", war schlicht ein „falscher Heilsweg".[68] Und so wird schließlich die Geschichte Israels „eine einheitliche Geschichte der Sünde".[69] Diese Position wird von Bultmann seit den zwanziger Jahren immer wieder zur Sprache gebracht. Dabei kann er, Paulus folgend, auch davon sprechen, dass das Gesetz selbst als Gotteswille eigentlich heilig,

---

66 J. Weiß, Die Predigt Jesu vom Reiche Gottes, Göttingen 1892; ²1900; W. Bousset, Jesu Predigt in ihrem Gegensatz zum Judentum. Göttingen 1892; ders., Die Religion des Judentums im späthellenistischen Zeitalter, hg. von H. Greßmann, Tübingen ³1926; vgl. J. Wellhausen, Israelitische und jüdische Geschichte, Berlin 1914; vgl. auch A. v. Harnack, Das Wesen des Christentums, Leipzig 1900 u. Ö. (Nachdruck München/Harnburg 1964).

67 Theologie, 10.

68 GuV 2, 185.

69 R. Bultmann, Geschichte und Eschatologie im Neuen Testament, in: ders., GuV 3, 91ff:: 100. Das liest Bultmann aus Röm 10,21 heraus.

gerecht und gut ist.[70] Es ist freilich vom Judentum „mißbraucht worden“, wurde von ihm zum Mittel der eigenen Gerechtigkeit gemacht. Diese „Ursünden der Juden, die mittels des Gesetzes die eigene Gerechtigkeit aufrichten wollen, um einen Ruhm zu haben“, wird von Bultmann immer wieder negativ dargestellt. „Das ist ja gerade der Wahn(!) der Juden, daß sie das Gesetz, den Gotteswillen, als ‚Buchstaben‘ verstehen und daraufhin ihren Gehorsam als eine Leistung, die vorliegende, abgegrenzte Vorschriften absolvieren kann, statt zu sehen, daß Gottes Wille nur im Gehorsam wahrgenommen und vollzogen werden kann.“[71] Und es wird von Bultmann nicht als Widerspruch zu seiner eigenen positiven Beschreibung des Glaubensgehorsams verstanden, dass gerade die Einhaltung der Tora der Gehorsamsforderung Gottes entspricht. Denn für ihn ist eben das Negative am jüdischen Toragehorsam die damit angeblich verbundene Leistungs- und Selbstrechtfertigungsabsicht. Paulus wolle darum gerade die „jüdische Frömmigkeit treffen, der die Erfüllung des Gesetzes ein Herzensanliegen ist“. In einem „blinden Wahn“ befangen, „eifern sie für Gott“. Sie kennen die „Gottesgerechtigkeit“ nicht, wollen „ihre eigene Gerechtigkeit aufrichten“. Der Vorwurf des Paulus sei also, „daß die Juden durch Erfüllung des Gesetzes das Heil gewinnen wollen. Er bestreitet ihnen, *daß die Erfüllung des Gesetzes der Heilsweg sei*“.[72] Ebendiese Position ist die Bultmanns selbst.

Auch hier ließen sich die Zitate leicht vermehren. Doch auch hier ist deutlich, dass bei dieser Kennzeichnung des Judentums Bultmanns eigene Theologie und Weltanschauung die Feder führten.

3.3 *Der jüdische Glaube als Ausdruck eines falschen Existenzverständnisses*

Die falsche Interpretation des jüdischen Glaubens als einer „Leistungs-“ und „Selbstrechtfertigungsreligion“ wird von Bultmann letztlich als Ausdruck eines falschen „Existenzverständnisses“ verstanden. „Warum ist für den (!) Juden die Frage nach dem *semeion* charakteristisch (1.Kor. 1,22)? Weil in ihrer Haltung das charakteristische Wesen ihrer Gottlosigkeit (!) so rein hervortritt: das Streben nach der *idia dikaiosyne.* Sie verstehen sich aus dem, was sie leisten, und verstehen den Anderen aus dem, was er leistet. Wie sie sich durch ihre Leistung vor Gott ausweisen wollen, so muß Gott sich vor ihnen durch seine Leistung ausweisen. Aber das ist im Grunde die Sünde der Welt überhaupt: sich und Gott aus Leistung und Werk zu verstehen.“[73] In diesem Sinne interpretiert Bultmann

---

70 S. dazu GuV 2, 32. Überhaupt findet Bultmann in diesem Aufsatz zu vielen guten und richtigen Erkenntnissen über Israels Tora.

71 R. Bultmann, Kirche und Lehre im Neuen Testament, in: ders., GuV 1, 153ff.: 185.

72 GuV 2, 37.

73 R. Bultmann, Zur Frage des Wunders, in: ders., GuV 1, 214ff.: 221f.

immer wieder die jüdische Frömmigkeit anthropologisch negativ. „Ein spezifisch menschliches Streben hat im Judentum nur seine kulturell und zeitlich individuell ausgeprägte Form gewonnen. Denn es ist in der Tat allgemein menschliches Streben, durch Leistung Geltung zu gewinnen."[74] Und insofern im Kreuz Christi aller Ruhm des Menschen zerbrochen ist, insofern ist für Bultmann auch „das Judentum überwunden, ist das Gesetz erledigt als das Mittel, durch eigene Leistung vor Gott Geltung zu erringen"[75].

Geltungsbedürfnis, Rühmen, Selbstrechtfertigung, Leistungsdenken – selbst im Blick auf Gott –, das sind einige anthropologisch negative Kategorien, die bei Bultmann die jüdische Frömmigkeit kennzeichnen. Doch darin repräsentiert das Judentum nach seiner Meinung etwas spezifisch Menschliches. Insofern ist jüdische Frömmigkeit gleichsam umgekehrt Ausdruck eines menschlichen Selbstverständnisses aus der „Arbeitswelt", aus dem Leisten und Berechnen, dem Streben nach Geltung und Selbstrechtfertigung. Auch ich habe bisher immer die Meinung vertreten, dass Bultmanns antijüdische Aussagen letztlich dadurch entschärft werden, dass er sie eben existenzial interpretiert.[76] Bultmann gehe es ja im Grunde gar nicht um Kritik an der jüdischen Frömmigkeit, sondern um das falsche „Selbstverständnis". Doch in Wahrheit findet durch diese existenziale Interpretation der jüdischen Frömmigkeit keineswegs eine Relativierung des Antijudaismus statt, vielmehr kommt zum falschen, antijüdischen Bild vom Judentum eine neue negative Qualität hinzu. Auf das Judentum projiziert (auch) Bultmann negative Eigenschaften der menschlichen Existenz, die im christlichen Glauben und Leben angeblich überwunden werden. Anstelle einer dialektischen Auffassung der menschlichen bzw. der christlichen Existenz, in der negative und positive Anteile auf denselben Menschen und denselben Glaubenden bezogen werden, werden die negativen Seiten abgespalten, isoliert und mit dem Judentum identifiziert. Diese „Dualisierung" der dialektischen Konzeption vom Menschen in „christliche und jüdische Antithesen"[77] ist aber gerade bei Bultmann besonders anschaulich zu finden. Zwar spricht er selbst von einem „dialektischen" Verhältnis zwischen jenen beiden Möglichkeiten des menschlichen Selbstverständnisses, dem objektivierenden, rechnenden, verfügenden einerseits, dem eigentlichen, geschichtlichen, sich aus der unverfügbaren Zukunft verstehenden Verhältnis des Menschen zu sich

---

[74] GuV 2, 39. Bultmann nimmt sogar – was zu dieser Zeit noch äußerst selten war – die Pharisäer in Lk 18,11ff. ein wenig aus der Schusslinie des christlichen Antijudaismus, insofern er auch deren Verhalten als spezifisch menschlich deutet (vgl. ebd.).

[75] GuV 2, 52f.

[76] Vgl. in diesem Sinne etwa M. Boutin, Relationalität als Verstehensprinzip bei Rudolf Bultmann, München 1974, 177f.

[77] Dazu R. Ruether, Nächstenliebe und Brudermord, München 1978, 229ff.

selbst andererseits.[78] Doch entspricht eben das Judentum der Uneigentlichkeit, dem falschen Selbstverständnis, das Christentum der Eigentlichkeit, dem menschlicher Existenz überhaupt angemessenen Selbstverständnis.[79] So kann ein Christ zwar uneigentlich existieren, aber ein Jude als Jude nie eigentlich. Und wo Christen der falschen, „jüdischen“ Seite ihrer Existenz gewahr werden, da gilt es, diese zu überwinden, da gilt es, das Scheitern Israels als „Verheißung“ zu verstehen, „um zu wissen, daß sich die Situation des Gerechtfertigten nur auf dem Grunde des Scheiterns erhebt“.[80]

4 Pathologie des strukturell-theologischen Antijudaismus

An Bultmanns Verhältnis zum Judentum lässt sich der nachgerade pathologische Mechanismus christlich-theologischer Judenfeindschaft und deren Dilemma exemplarisch studieren.

4.1 *Am Anfang das historische Zerrbild - am Ende die religiöse und existenzielle Insuffizienz*

Am Anfang steht ein tradiertes Konglomerat von Vor- und Fehlurteilen über das (antike) Judentum. So fällt es nicht schwer, fast alle hier nur angedeuteten Schattierungen des Dekadenzgemäldes Bultmanns vom nachexilischen Judentum bei seinen theologischen Vorläufern zu finden.[81] Der Forschungsstand des

---

78 S. dazu nur R. Bultmann, Zum Problem der Entmythologisierung, in: ders., Glauben und Verstehen. Gesammelte Aufsätze, Band 4, ^{2}1967, 128ff.: 131f. Vgl. zu dieser Problematik W. Stegemann, Der Denkweg Rudolf Bultmanns, Stuttgart usw. 1978, 107ff.

79 Bultmann sagt aber auch, dass das Daseinsverständnis des Alten Testaments das gleiche wie das des Neuen Testaments ist, insofern eben im Alten Testament „eine bestimmte Erfassung menschlichen Daseins überhaupt lebendig ist, die kraft unserer eigenen Geschichte stets eine aktuelle Frage an unser eigenes Selbstverständnis bedeutet“. Man könne nicht am Christentum festhalten und das Alte Testament verwerfen: GuV 1, 325. Bultmann ist also keineswegs Marcionit. Doch kann das Alte Testament als Gottes Wort „nur ohne seine ursprüngliche Beziehung auf das israelitische Volk und seine Geschichte“ verwendet und nur insoweit aufgenommen werden, „als es wirkliche Verheißung ist, d. h. als es wirklich das christliche Seinsverständnis vorbereitet. Soweit, mag man sagen, redet Christus schon im Alten Testament“: GuV 1, 336.

80 GuV 2, 186.

81 S. die in Anm. 66 genannten Autoren. Zumal Bousset scheint Bultmann beeinflusst zu haben. Man beachte aber, dass Bultmann die rassistischen Unter- und Nebentöne der drei genannten Theologen nicht übernimmt. Über den von Generation zu Generation

19. Jahrhunderts, der im Übrigen mit einer Vielzahl antisemitischer Strömungen dieser Epoche kongruent ist, wird von Bultmann freilich nicht nur unkritisch rezipiert. Vielmehr wird zugleich der Pluralismus verschiedener jüdischer Frömmigkeitsrichtungen einmal mehr zu „dem“ Judentum verdichtet und als „jüdische Gesetzlichkeit“ auf den Negativbegriff gebracht. *Zweite Stufe:* Dazu können die historischen Ursprünge des christlichen Glaubens – also zumal der historische Jesus und Paulus – nur noch in ein kritisches und protestierendes, gar negierendes Verhältnis gebracht werden. Ist erst einmal aus „dem“ Judentum die Religion der „Gesetzlichkeit“ destilliert worden, kann auch Jesu Verkündigung nicht mehr innerjüdisch an Einzelproblemen oder -fragen des jüdischen Glaubens interessiert sein. Vielmehr geht es ums Ganze, um das Zentrum jüdischer Geschichte und Frömmigkeit. Jesus steht also „dem“ Judentum gegenüber, seine Verkündigung ist im Prinzip ein totaler Gegensatz zur jüdischen Frömmigkeit. *Dritte Stufe:* Die negativen Abstraktionen „des“ Judentums werden dann bei der Darstellung der Verkündigung Jesu ins Positive gewendet: Der ferne Gott wird zum nahen, der Partikularismus zum Universalismus, die formale Gesetzlichkeit zum verstehenden Gehorsam der Liebe usw. Mithin: Gott, Welt und Mensch werden in christlich-jüdische Antithesen aufgeteilt. Diese Antithesen bekommen schließlich – unter Berufung auf Paulus – eine neue Qualität, indem sie zu Elementen von zwei theologisch und soteriologisch gegensätzlichen Religionssystemen erhoben werden, die sich als einander ausschließende „Heilswege“ gegenüberstehen. Das (christliche) Evangelium wird zum einzig rettenden Heilsweg gegen das (jüdische) Gesetz manifestiert, das als Heilsweg abgeschafft sei; Gnade, Rechtfertigung, Liebe, Hoffnung und Glaube werden auf die Seite des christlichen Evangeliums gerechnet, Sünde, Selbstrechtfertigung, Kasuistik, Lohndenken und Ritualismus gehören dementsprechend auf die des Gesetzes. *Vierte Stufe:* Ist die religiöse Insuffizienz des Judentums implizit immer auch schon eine menschliche, so wird dieser Aspekt bei Bultmann sogar expliziert. Judentum ist das gleichsam historisch-empirisch wahrnehmbare Missverständnis der menschlichen Existenz in ihrer Uneigentlichkeit, es wird Repräsentant all jener Idiosynkrasien, die man zuvor auf es projiziert hatte und jetzt – welch' Wunder – wieder aus der jüdischen Frömmigkeit existenzial interpretiert herausbekommt.[82] Am Anfang steht also das historische Zerrbild vom antiken Judentum; am Ende wird dann nicht nur der

vermittelten Prozess der Tradierung antijüdischer Stereotype s. das erwähnte Buch von Ch. Klein (Anm. 6).

82 Bultmanns Idiosynkrasien, die er auf das Judentum projiziert, lassen sich mit dem Stichwort des „okkasionellen Dezisionismus“ trefflich auf den Begriff bringen; darauf kann ich hier aber nicht näher eingehen; vgl. K. Löwith, Der okkasionelle Dezisionismus von Carl Schmitt, in: ders., Sämtliche Schriften 8, Stuttgart 1984, 32ff.; Chr. Graf Krockow, Die Entscheidung. Eine Untersuchung über Ernst Jünger, Carl Schmitt, Martin Heidegger, Stuttgart 1958; Th. Strohm, Theologie im Schatten politischer Romantik, München/Mainz 1970.

Glaube Israels negiert, sondern die angeblich religiöse Insuffizienz wird zur menschlichen.

4.2 Strukturell-theologischer Antijudaismus

Es gehört zu den uralten Mechanismen der Judenfeindschaft, dass das Judentum gerade durch sein Anderssein, seine *Unterscheidungen* von Nichtjuden wahrgenommen und (negativ) definiert wird. Zumal der heidnisch-antike Antisemitismus wird durch solche xenophobischen Elemente bestimmt. Beispielsweise wurde die innerjüdische Solidarität in den Diasporasynagogen von den Heiden als „Menschenfeindschaft" *(misanthropia),* die Beachtung der Sabbatruhe als Faulheit ausgelegt.[83] Zu den Spezialitäten christlicher Judenfeindschaft gehört nun aber, dass sie nicht nur auf Einzelheiten des jüdischen Lebens negativ reagiert, sondern zentrale religiöse Identitätsmerkmale Israels disqualifiziert und dessen Frömmigkeit im Zentrum negiert. Hier wird dann – wie Bultmann demonstriert – Israels Erwählung als „Scheitern" gedeutet, die Tora als Ansammlung weltfremder, formaler und sinnloser Gesetze diskriminiert, die jüdische Frömmigkeit überhaupt als „jüdische Gesetzlichkeit" disqualifiziert. Doch damit nicht genug. Christliche Theologie – wie ebenfalls an Bultmann zu lernen ist – bringt sich zudem auch selbst in einen ausschließenden *Gegensatz* zum Judentum. Mit Bultmanns Worten: „Der Weg der Gesetzeswerke und der Weg der Gnade und des Glaubens sind Gegensätze, die sich ausschließen."[84]

Diese Position wurde im Übrigen während der Nazi-Zeit vonseiten der Deutschen Christen wie der Bekennenden Kirche vertreten.[85] So heißt es in der sog. „Godesberger Erklärung" (DC) auf die Frage nach dem Verhältnis von Christentum und Judentum: „Der christliche Glaube ist der unüberbrückbare religiöse Gegensatz zum Judentum." Die Reaktion der Landesbruderräte darauf zitiere ich etwas ausführlicher, weil sie gerade auch in der negativen Kennzeichnung des „Judaismus" große Ähnlichkeiten zu Bultmanns Deutung des Judentums aufweist: „Es hat Gott gefallen, Israel zum Träger und Werkzeug der göttlichen Offenbarung zu machen. Das wird dadurch nicht aufgehoben, daß die Juden selbst ihrer göttlichen Bestimmung untreu geworden sind. Die Kirche als das wahre Israel ist Erbe der Verheißung. [...] Der christliche Glaube steht in unüberbrückbarem religiösem Gegensatz zum Judaismus. Dieser Judaismus lebt aber nicht nur im Judentum, sondern ebenso in allen nationalkirchlichen Bestrebungen. Er ist nichts anderes als der Versuch des natürlichen Menschen,

---

83 Vgl. dazu nur I. Heinemann, Art. Antisemitismus, PRE Suppl. 5, Stuttgart 1931, 3ff.

84 Bultmann, Theologie, 264; vgl. ebd. auch die folgende Formulierung: „Der Jude (!) würde [...] der Behauptung des Paulus widersprechen, daß sich Rechtfertigung aus Gesetzeswerken und aus göttlicher [...] Gnade ausschließen."

85 Zitate nach Gerlach, Zeugen, 306f.309.

seine religiösen und moralischen Selbstrechtfertigungen mit einem völkischen Sendungsbewußtsein unangreifbar zu machen und so Jesus als den Christus Gottes abzulehnen." Als modernes Beispiel zitiere ich aus einem Leserbrief an das Deutsche Pfarrerblatt, der ebenfalls Bultmanns Position äußerst nahekommt: Der Verfasser verweist auf Röm 10,1–4, wo „mit klaren Worten gesagt" sei, „was Juden und Christen trennt. Die Juden sind bestrebt, ihre eigene Gerechtigkeit aufzurichten, das heißt, sie wollen auf Grund ihrer eigenen Leistungen vor Gott bestehen. [...] Der Christ (wie Paulus ihn versteht) ist auf diesem Weg zerbrochen. Er stellt sich allein auf Christus. [...] Diese beiden Wege schließen einander aus, sie lassen sich nicht zusammenbringen." Der Christ habe „Heilsgewißheit", die sich auf Person und Werk Christi gründe. „Das ist der entscheidende, nicht überbrückbare Unterschied."[86]

Ich brauche hier nicht darauf einzugehen, dass im Gefolge dieser Total-Antithese zentrale Überzeugungen des eigenen Glaubens und der christlichen Theologie immer wieder durch das negative Gegenüber zur jüdischen Frömmigkeit formuliert werden. D. h., christliche Theologie legt sich selbst antijüdisch aus. Judenfeindschaft wird in ihrer christlichen Gestalt also zu einem *strukturellen* Bestandteil der Theologie, wird der christlichen Selbstauslegung als negatives Prinzip integriert. Damit aber fesselt sich die christliche Theologie an ihren eigenen Antijudaismus, wird die Kränkung des jüdischen Glaubens zur Krankheit des eigenen. Ihr höchster Preis ist ein Wahrnehmungs- und Wirklichkeitsverlust. Einerseits brächte nämlich historische Genauigkeit diese Theologie um ihr „Feindbild". Sie tradiert ja nicht irgendein Vorurteil über die Juden, das sie, eines Besseren belehrt, aufgeben könnte, ohne sich selbst aufgeben zu müssen. Sie kann sich vielmehr, wo sie sich ihrer antijüdischen Struktur bewusst wird, nur noch als ganze aufgeben oder diese Struktur als „theologisch-essenziell" festschreiben und dabei zugleich exkulpieren; andererseits hat diese Theologie das Dilemma, dass sie die Ursprünge des eigenen Glaubens und damit auch seine gegenwärtige Auslegung immer nur idealisierend formulieren kann. Ob nun Bultmanns dezisionistisches oder ein feministisch-theologisches Existenzideal – Jesus ruft in die Entscheidung oder ist der „integrierte Mann". Beide Male handelt es sich, wie leicht zu sehen, um Projektionen gegenwärtiger Probleme und Wünsche auf Jesus und die Jesuszeit. Beide Male muss das Judentum als Religion der „Gesetzlichkeit" oder Inbegriff des „Patriarchalismus" für die negative Wirklichkeit herhalten.[87] So überfor-

---

86 Deutsches Pfarrerblatt 90 (1990) 16f.

87 Vgl. zur Kritik der antijüdischen Selbstauslegung vieler feministisch-theologischer Arbeiten K. v. Kellenbach, Vom Weyb, Jüd und itlichen Teuffelen: Feminismus und Antisemitismus, Schlangenbrut 17 (1987) 40ff., hier 45: „Das Streben nach einem extra- oder präpatriarchalen Paradies ist eine Sackgasse. Solange wir eine Urform des Christentums oder eine Urform menschlichen Zusammenlebens idealisieren, werden wir einen Sündenbock brauchen. Die Fall-Rückfall-Matrix bietet sich geradezu an, das Patriarchat auf das Judentum zu projizieren. Da ein Konsens über den Wert des Judentums besteht, da

dert man freilich nicht nur den historischen Jesus, sondern auch sich selbst bzw. überhaupt den christlichen Glauben. Denn christlicher Glaube muss so immer der Wirklichkeit gegenüberstehen, auf welchen antijüdischen Begriff man deren Negativität zuvor auch immer gebracht haben mag. Aus dem strukturellen theologischen Antijudaismus erwächst nicht nur die Unfähigkeit zu einer genaueren Wahrnehmung des historischen oder zeitgenössischen Judentums, sondern auch mit dem umgekehrten Zwang zur Idealisierung der christlichen Ursprünge die Idealisierung des christlichen Glaubens überhaupt und eine verminderte Wahrnehmung der präsenten Wirklichkeit.

Im Jahr 1944 schreiben M. Horkheimer und Th. Adorno: „In der Befreiung des Gedankens von der Herrschaft, in der Abschaffung der Gewalt, könnte sich erst die Idee verwirklichen, die bisher unwahr blieb, daß der Jude ein Mensch sei. Es wäre der Schritt aus der antisemitischen Gesellschaft, die den Juden wie den andern in die Krankheit treibt, zur menschlichen. Solcher Schritt erfüllte zugleich die faschistische Lüge, als deren eigenen Widerspruch: die Judenfrage erwiese sich in der Tat als Wendepunkt der Geschichte.“[88] Mich treibt um, was diese Sätze für die Theologie bedeuten. Ich denke mir, dass es für uns darum geht, was ich im Gespräch mit Jüdinnen und Juden immer wieder höre: Es kommt darauf an, ob wir Christen und Christinnen – jeder für sich und in der Theologie systematisch davon – uns überzeugen lassen, dass es nach Gottes Willen Judentum geben soll.[89]

kaum jemand etwas von tatsächlicher jüdischer Praxis weiß und da von Juden/Jüdinnen kein Widerspruch mehr zu erwarten ist, weil jüngst sechs Millionen vergast wurden, fällt die Projektion noch nicht einmal auf.“

88 M. Horkheimer / Th. W. Adorno, Dialektik der Aufklärung, Nachdruck Amsterdam 1947, 235; vgl. D. Claussen, Grenzen der Aufklärung. Zur gesellschaftlichen Geschichte des modernen Antisemitismus, Frankfurt a. M. 1987.

89 Vgl. dazu auch E. Stegemann, Von der Schwierigkeit, ein Christ zu sein. Überlegungen zum 9. November 1988, in: BThZ (1989) 161–173.

Die Stellung Martin Luthers und der Evangelischen Christen zum Judentum

Ekkehard W. Stegemann

I

Keine andere Person in der Geschichte des abendländischen Christentums hat, so wie Martin Luther auch, die Hoffnungen von Juden entzündet; keiner hat sie aber auch so tief enttäuscht wie er. Fast wie ein Messias wird der Reformator aus Sachsen anfänglich in jüdischen Kreisen begrüßt. Doch gilt er ihnen am Ende als die Inkarnation Hamans, des blutdürstigen und mordgierigen Feindes der Juden schlechthin.

Chaim Hillel Ben-Sasson hat diese von Christen zumeist wenig beachtete Sicht der Reformation aus den Augen jüdischer Zeitgenossen mit vielen aufregenden Textproben beschrieben.[1] Er hat dabei manche Vorarbeit anderer aufgreifen und weiterführen können, nicht zuletzt die von Selma Stern.[2] Beide haben einsichtig machen können, warum am Anfang diese Begeisterung bei den Juden herrschte. Denn dass sie am Ende der genannten Ernüchterung wich, bedarf keiner großen Erklärungskünste, hat Luther doch zumal mit seiner berüchtigten Hetzschrift „Von den Juden und ihren Lügen" aus dem Jahr 1543 (WA 53) selbst dafür gesorgt. Ja, er hat hier einen Ton angeschlagen, der selbst Rabbi Joseph (Josel) von Rosheim, das leiderfahrene Haupt der jüdischen Minderheit in Deutschland, aus der Fassung brachte. Und der hatte durchaus auch mit Luther schon seine Enttäuschung, wie man glauben sollte, hinter sich. Denn als er ihn 1537 bat, beim Kurfürsten von Sachsen sich gegen die vorgesehene Landvertreibung der Juden einzusetzen, ließ Luther ihn im Stich. Trotzdem konnte Rabbi Joseph aber nicht glauben,

---

1 Ch. H. Ben-Sasson, The Reformation in Contemporary Jewish Eyes, in: Proceedings of the Israel Academy of Sciences and Humanities, Bd. 4, Jerusalem 1971, 239–326; vgl. auch P. Lapide, Stimmen jüdischer Zeitgenossen zu Martin Luther, in: H. Kremers (Hg.), Die Juden und Martin Luther - Martin Luther und die Juden, Neukirchen-Vluyn 1985, 171–185.

2 S. Stern, Josel von Rosheim, Stuttgart 1959.

> daß ein Mensch, der sich in Demut und Angst vor der unendlichen Majestät Gottes gebeugt hatte, „ein solch grob unmenschlich Buch mit Scheltworten und Laster" (sc. Lästerungen, E. S.) zu veröffentlichen sich getraute.[3]

Und es ist denn auch Josel von Rosheim gewesen, dem zu Luther nur noch der Erzfeind der Juden aus der Estherrolle, Haman, einfiel, wie er schließlich überhaupt die Lutheraner für eine besonders gefährliche und vulgäre Sorte von Judenfeinden hielt und ihnen die Altgläubigen samt dem spanischen Kaiser Karl V. reumütig vorzog.

Doch so verständlich diese bittere Reaktion ist, so unverständlich erscheint von ihr aus die anfängliche Begeisterung. Hat etwa Luther sich vom Judenfreund zum Judenfeind gewandelt? Beileibe nicht! Jedenfalls ist das die wohlbegründete Meinung vieler Lutherforscher heute.[4] Nur stand die dem armen Josele und seinen Gemeinden noch nicht zur Verfügung, so dass wir fragen müssen, wie es kommen konnte, dass sie sich so täuschen konnten. Was hatte Luther getan oder geschrieben, dass selbst Juden davon zutiefst aufgewühlt waren und ihre messianischen Hoffnungen zu glühen anfingen?

Nun, eine Antwort finden wir – wie Ben-Sasson und Selma Stern uns gelehrt haben – nicht einfach und auch nicht allein bei Luther, sondern zunächst und vielleicht auch vor allem in der nach Ruhe und Frieden, Freiheit und Gerechtigkeit sich sehnenden Seele der verfolgten Juden. Sie nämlich befanden sich in Europa am Vorabend und zu Beginn der Reformation in einer äußerst prekären Lage. Überall waren sie aus den Städten und Ländern vertrieben worden, was mit Plünderungen und brutalen Gewalttaten einherging. 1492, als Kolumbus Amerika, das spätere Asylland der Juden schlechthin, entdeckte, fanden die Vertreibungen aus Spanien statt. 1506 sah Lissabon ein entsetzliches Massaker an Zwangsbekehrten, „Marranos". 1519 werden die Juden aus Rothenburg o. d. T. und Regensburg vertrieben. Der Bischof von Speyer ordnet ihre totale Isolation an, seien sie doch „keine Menschen, sondern Hunde"[5]. Dazu kommen die ohnehin „normalen" Restriktionen, denen Juden als Juden in den christlichen Mehrheitsgesellschaften unterworfen wurden, damit so am Elend jener der heilsgeschichtliche Triumph dieser sichtbar wird.

Es ist auf diesem Hintergrund verständlich, dass nicht wenige unter den Juden die Verfolgungen und Massaker, das Elend des Exils nur noch tragen konnten, indem sie ihre Zeit als die Geburtswehen für den Messias deuteten.

---

3 S. Stern, 152.

4 Vgl. zuletzt H. A. Oberman, Wurzeln des Antisemitismus. Christenangst und Judenplage im Zeitalter von Humanismus und Reformation, Berlin 1981; ders., Die Juden in Luthers Sicht, in: H. Kremers (Hg,), Die Juden und Martin Luther, 136–162; E. L. Ehrlich, Luther und die Juden, in: H. Kremers (Hg.), Die Juden und Martin Luther, 72–88 und weitere Beiträge in diesem Sammelband.

5 Vgl. H. A. Oberman, Die Juden in Luthers Sicht, in: H. Kremers (Hg.), Die Juden und Martin Luther, 138.

Die Hitze der Verfolgung evozierte ein apokalyptisches Bewusstsein, das entsprechende Projektionen zur Konsequenz hatte. Ist es ein Wunder, wenn sich dieses apokalyptische Deutungspotential auf eine Bewegung konzentrierte, die in der Tat revolutionäre Züge hatte? Hat Luther nicht mutig vor Kaiser und Reich gestanden, dem spanischen Karl V. wohlgemerkt Paroli geboten? Rom und dem gesamten hohen Klerus inklusive? Hat Luther nicht der für Juden höchst anstößigen Heiligenverehrung kritische Zensuren erteilt? Ja, kam es nicht im Zusammenhang mit der reformatorischen Bewegung zu Bilderstürmen, also zu einer Krise der von Juden als Götzendienst verabscheuten Bilderverehrung? Und vor allem: War nicht überall spürbar, dass Luther und die Reformation sich zur Bibel, und zwar zur Hebräischen Bibel und deren wunderbarem, heiligem Gotteswort zurückwandten?

Selma Stern hat diese Stimmung, die am Anfang unter Juden geherrscht haben mag, außerordentlich einfühlsam wiedergegeben, wenn sie schreibt:

> Es geschah zum ersten Male, daß eine Bewegung von weltweiter Bedeutung den leidenschaftlichen Versuch machte, sich dem Judentum zu nähern und es zu verstehen. [...] Indem die Reformatoren die ursprünglichen und unverfälschten Quellen ihrer Religion, die Bibel, neu entdeckten und in ihr alle Wissenschaft und alle Weisheit der Welt enthalten fanden, wurde ihnen auch der Jude zum Nachkommen der Patriarchen und der Könige, das jüdische Volk zu dem von allen Völkern auserwählten und ausgezeichneten, weil Gott ihm allein die Heilige Schrift anvertraut hatte.[6]

Freilich liegt genau an dieser Stelle, also beim „Biblizismus der Reformatoren" (S. Stern), das Problem – wie wir noch sehen werden. Denn ein „Rapprochement mit der Tora"[7], das Juden darin sahen, war diese Rückkehr zur hebraica veritas keineswegs. Aber wir verstehen, dass Juden – apokalyptisierte Juden – es so sehen konnten. Von Luther gibt es nahezu reuchlinistische Äußerungen über die Hebräische Bibel und auch Liebeserklärungen geradezu an die hebräische Sprache.[8] Ja, Luther hat auch, was ihm vom Erzherzog Ferdinand von Österreich vorgeworfen wurde, öffentlich auf sich genommen, nämlich dass er lehre, Jesus Christus sei aus dem (natürlichen) Samen Abrahams. In der berühmten Schrift „Daß Jesus Christus ein geborener Jude sei" (1523) verteidigt er dies ausdrücklich.[9] Zugleich hat er in dieser Schrift auch deutliche Kritik an der christlichen Gewalt gegen die Juden geübt. Es sei mit den Juden gehandelt

6 S. Stern, 83.

7 Vgl. Ch. H. Ben-Sasson, a. a. O., 239–260.

8 Vgl. E. Stegemann, Luthers Bibelübersetzung und das christlich-jüdische Gespräch, in: EvTh 44 (1984) 386–405.

9 Vgl. zur Schrift und ihrer Vorgeschichte J. Brosseder, Luther und der Leidensweg der Juden, in: H. Kremers (Hg.), Die Juden und Martin Luther, 108–135: 120ff.

worden, „als weren es Hunde und nicht Menschen" (WA 11, 5. 315). Und er fügt hinzu:

> Wenn die Apostel, die auch Juden waren, also hetten mit uns heyden gehandelt, wie wyr heyden mit den Juden, es were nie keyn Christen unter den Heyden worden. Haben sie denn mit uns heyden so bruderlich gehandelt, so sollen wyr widderumb bruderlich mit den Juden handeln, ob wyr etlich bekeren mochten, denn wyr sind auch selb nicht nicht alle hynan, schweyg denn hyn uber (ebd).

Schließlich zeigt Luther am Ende der Schrift, dass er durchaus sieht, dass das Elend der Juden christlich gewollt bzw. hergestellt ist (vgl. WA 11,336).

Es ist also verständlich, wenn Juden, die diesen Luther lesen und hören, auf ihn Hoffnungen setzen.

> Sie danken ihm durch Übersendung einer säuberlichen Abschrift des 130. Psalms in deutscher Übersetzung, aber mit hebräischen Buchstaben geschrieben. Holländische Juden schicken Luthers Schrift als Zeichen des Anbruchs einer neuen Zeit ihren gepeinigten Brüdern nach Spanien.[10]

Und natürlich ist ihnen auch nicht verborgen geblieben, dass Luther bei seinen Gegnern im Verdacht steht, ein Semi-Judaeus oder gar Kryptojude zu sein, was die Juden natürlich nicht für eine Diskreditierung hielten.[11] Im Gegenteil. Ben-Sasson macht uns mit dem Text eines portugiesischen Zwangsbekehrten, Samuel Usque, bekannt, der in Südfrankreich wieder rekonvertieren konnte und Luther und seine Bewegung gerne für Leute seinesgleichen hielt, die nun göttlich vergelten, was ihnen angetan wurde.[12] Doch gerade mit diesem Beispiel sind wir wieder dabei, dass zunächst manche Juden vieles in die Reformation hineinlegten und auf Luther projizierten, was als Sehnsucht verständlich, aber eben nicht die Realität war.

Wer hingegen nüchtern bzw. ernüchtert durch die weitere Geschichte noch einmal selbst jene Schrift von 1523, also die absolut freundlichste Äußerung Luthers über die Juden, ansieht, der wird merken, dass die Sanftmut und Liebe, zu der sie rät, ausschließlich im Kontext der Bekehrung empfohlen wird. Hingegen bleibt Luther auch in dieser Schrift dort, wo er sich mit der christologischen Interpretation alttestamentlicher Stellen und deren Nichtanerkennung durch die jüdische Schriftauslegung beschäftigt, durchaus hinter seiner eigenen Empfehlung zur Brüderlichkeit jedenfalls verbal zurück. Und dahinter

---

10 M. Stöhr, Martin Luther und die Juden, in: H. Kremers (Hg.), Die Juden und Martin Luther, 89–108: 93.

11 Vgl, noch J. P. Boendermaker, Martin Luther - ein ‚semi-iudaeus'?, in: H. Kremers (Hg.), Die Juden und Martin Luther, 45–57.

12 Vgl. Ch. H. Ben-Sasson, a. a. O., 8.275; vgl. auch P. Lapide, a. a. O., 178.

steht nun gerade der Biblizismus, von dem oben positiv die Rede war. Denn Luther ist felsenfest davon überzeugt, dass die Schrift – und das ist für ihn ganz urchristlich eben zunächst und vor allem das sogenannte Alte Testament – die Wahrheit des christlichen Glaubens an Jesus als den Messias und Gottessohn und nichts anderes als sie bezeugt. Wer diese Christuswahrheit nicht sieht, ist bestenfalls besserungsfähig und überzeugbar, schlimmstenfalls verstockt und vom Teufel besessen. Sosehr Luther darum 1523 Langmut den Juden gegenüber predigt, sowenig hält er sie etwa an sich für wahrheitsfähige Partner in der Auslegung der Heiligen Schrift. Sofern sie nicht zu seiner christologischen Interpretation vordringen, müssen sie sich als verstockt erweisen. Denn entweder hat das Christentum recht oder Gott ist ein Lügner. Tertium non datur!

In dieser Dogmatik stimmen die milden Schriften mit den harten und wilden absolut überein. Ja, wie die Schrift von 1523 so ist auch jene von 1543 eigentlich und vor allem eine schriftgelehrte Auseinandersetzung mit der jüdischen, d. h. unchristologischen Auslegung der einzelnen Stellen in Tora und Propheten, die in der Christenheit seit jeher und eben auch von Luther als Weissagung auf Christus gedeutet und mit Jesus von Nazareth als in Erfüllung gegangen angesehen werden. Und dabei wird dann nicht nur die messianische Verheißung der Schrift, sondern gleich auch alles Übrige mit der tatsächlichen Geschichte in Übereinstimmung gebracht, insbesondere das Schicksal der Juden. Denn zwar sah Luther durchaus den von den Christen hergestellten Gewaltzusammenhang der jüdischen Geschichte. Er war sich also im Klaren darüber, dass das Elend der Juden christliche Autoren hatte. Allein, dass die Juden der Christenheit auf Wohl und Wehe ausgeliefert waren, genügte ihm als Beweis dafür, dass Gottes Zorn auf den Juden lag. Und einmal so gedacht, ist natürlich auch klar, welchen Grund dieses göttliche Strafgericht an den Juden hatte, nämlich die Abweisung des Glaubens an Jesus als Messias und ihre Schuld am Tode des Gottessohnes. Mit anderen Worten: Das gesamte mittelalterliche und altkirchliche Syndrom christlicher Judenfeindschaft, deren Wurzeln bis tief in das Urchristentum hinein zu verfolgen sind, ist auch bei dem Wittenberger Reformator präsent. Das Spezifische aber an Luthers Einstellung zum Judentum, das heißt der Schauplatz, auf dem sich die ererbte Judenfeindschaft bei ihm artikuliert, ist die Auslegung der Schrift. Die Kehrseite der Verchristlichung der Hebräischen Bibel ist bei Luther der Antijudaismus. Und darin besteht zwischen dem jungen Reformator und dem alten Professor, zwischen dem geselligen Tischredner und dem wortgewaltigen Prediger Kontinuität bei allem Wandel, den wir im Übrigen mit Recht historisch detailliert von den Fachleuten dargetan bekommen und der auch nicht zu übersehen ist.

Es ist nach alledem, meine ich, nicht ganz abwegig gewesen, wenn der Rabbiner Reinhold Lewin, dem wir die erste und bahnbrechende Gesamtdarstellung zum Thema Luther und die Juden verdanken, 1911 die These aufgestellt hat, dass Luthers Langmut von 1523 mit der Hoffnung auf Bekehrung – nun nicht aller, aber doch mancher Juden, und seine leidenschaftliche Sprache von 1543 auch mit der Ernüchterung darüber zu erklären ist, dass diese Hoffnung enttäuscht wurde.[13] Jedenfalls ist der psychologische Deutungsansatz, sofern er das theologische Zentralproblem nicht verdrängen, sondern aufklären will, durchaus angemessen. Projektionen gab es auch bei Luther und ein apokalyptisches Bewusstsein übrigens ebenso. Ja, H. A. Oberman hat in seinem Lutherbuch die zunehmende Apokalyptisierung der Perspektive Luthers auf die Realität mit Nachdruck herausgestellt.[14]

Wäre dann also Luthers Verhältnis zu den Juden das genaue Spiegelbild des Verhältnisses der Juden zu ihm? Das ist durchaus vordergründig so beschreibbar, meine ich. Nur darf man die Asymmetrien dabei nicht übersehen. Denn was Luther den Juden a limine nicht einräumte, nämlich gleichberechtigte und wahrheitsfähige Partner zu sein, das wiegt unendlich viel schwerer als die bestimmte Exklusivität, die – wie Jacob Katz uns vor Augen gestellt hat[15] – natürlich auch auf jüdischer Seite vorhanden war. Denn die Juden waren eine bedrohte Minderheit, die ihr Selbstbewusstsein unter gewaltigem Assimilationsdruck der christlichen Mehrheitsgesellschaft zum Überleben brauchte. Luther hingegen stand auf der anderen Seite und fühlte gleichwohl sich und die Christenheit durch die Juden bedroht, und zwar bis zu der grotesken Umkehrung der wahren Verhältnisse, wie die „Vermahnung wider die Juden" zeigt, die Luther seiner letzten Predigt drei Tage vor seinem Tod hinzufügte:

> Wenn sie (sc. die Juden) uns kondten alle toedten, so theten sie es gerne, Und thuns auch offt [...] (WA 51, 195).

Es ist deshalb wohl erwägenswert, ob nicht die zunehmende Heftigkeit der Polemik und die Rufe nach gewaltsamer Unterdrückung und Maßregelung der Juden nicht auch Ausdruck der zunehmenden Erschütterung der eigenen Position sind, d. h. deren Abwehr durch Projektion. Ist es Zufall, dass Luther am Ende selbst die christlichen Hebraisten und namentlich Sebastian Münster, obschon er ihn ausdrücklich als Feind der Juden apostrophiert, des „Judenzens" verdächtigt?[16] Und ist es nicht bezeichnend, dass Luthers unflätigstes und unmenschlichstes Buch im Wesentlichen eine Abrechnung mit jüdischer Schriftauslegung ist? Ich jedenfalls möchte hier die These aufstellen, dass die Neu- und Wiederentdeckung der Hebräischen Bibel eine Infragestellung des christlichen Vorurteils in Gang gesetzt hat, deren subversive Kraft Luther geahnt hat, gerade weil er nicht irgendeiner, sondern ein begnadeter Ausleger

---

13 Vgl. R. Lewin, Luthers Stellung zu den Juden, Berlin 1911.

14 Vgl. H. A. Oberman, Luther. Mensch zwischen Gott und Teufel, Berlin 1982.

15 Vgl. J. Katz, Exclusiveness and Tolerance. Jewish-Gentile Relations in Medieval and Modern Times, New York 1961.

16 Vgl. S. Schreiner, Was Luther vom Judentum wissen konnte, in: H. Kremers (Hg.), Die Juden und Martin Luther, 58–71: 67.

war. Doch er hat sich dieser Anfrage an das Vorurteil christlicher Position nicht gestellt, sondern den Schmerz, den sie bereitete, an den Juden geahndet.

Es ist hier noch nachzutragen, dass Luthers furchtbare Spätschriften gegen die Juden schon von manchen Zeitgenossen und Mitreformatoren als peinlich empfunden wurden. Einige – wie Zwingli und Bucer, Osiander und Capito – haben sich davon auch öffentlich distanziert oder Luther Vorwürfe gemacht.[17] Diese Peinlichkeit hat, nachdem vor allem die Nazis und ihre evangelischen Helfershelfer, die Deutschen Christen, diesen Luther wiederentdeckt und für ihre Zwecke instrumentalisiert haben, nicht nur zugenommen, sondern eine tiefe Scham ausgelöst. So hat im Jahr 1983, 500 Jahre nach Luthers Geburt, eine internationale Kommission des Lutherischen Weltbundes während einer gemeinsamen Tagung mit Vertretern des Jewish Comittee for Interreligious Consultations ohne Umschweife festgestellt, dass sie „die heftigen verbalen Attacken des Reformators auf die Juden weder billigen noch entschuldigen können". Ja, sie sprechen in diesem Zusammenhang von den „Sünden" Luthers und erklären, dass in den Kirchen dafür gesorgt werden müsse, dass solche Sünde nie wieder vorkommen könne. Schließlich bedauern die Lutheraner hier auch, dass „Luther zur Rechtfertigung des Antisemitismus in der Zeit des Nationalsozialismus gebraucht wurde und daß seine Schriften sich für solchen Mißbrauch eigneten"[18].

Doch so begrüßenswert diese Distanzierung ist, sowenig dringt sie, wie ich glaube, zum eigentlichen Kern des Problems vor, der im Theologischen bzw. in der Schriftauslegung liegt. Die Erklärung jener lutherischen Kommission sieht das zwar im Prinzip genauso, wenn sie auf die unterschiedliche Auslegung der Hebräischen Bibel bei Juden und Christen zu sprechen kommt. Nur stellt sie dann fest: „Aber wir glauben, daß eine christologische Deutung der Schrift nicht zu Antijudaismus, geschweige denn zu Antisemitismus führt." Luther freilich zeigt das Gegenteil. Und Antijudaismus wie Antisemitismus ist die Realität der weitergehenden lutherischen Auslegungs- und Kirchengeschichte. Beschwörungen einer nicht antijüdischen christologischen Auslegung machen dagegen noch keine neue Realität.

---

17 Vgl. dazu R. Lewin a. a. O., 98ff.; J. W. Kleiner, The Attitudes of the Straßburg Reformers towards Jews and Judaism, Diss. (Masch.), Temple University, Philadelphia 1978; H. A. Oberman, Wurzeln des Antisemitismus, 58–61.

18 Der englische Text findet sich in: Christian Jewish Relations, Bd. 16, Nr. 3 (September 1983), 18–20.

II

Die Lage der Juden Europas hat sich durch die Reformation nicht geändert. Josel von Rosheim sah vielmehr die Altgläubigen als die treuere Obrigkeit an. Luthers Reformation ist zwar zu der Quelle jüdischen Selbstverständnisses vorgedrungen, ohne dass sie jedoch die ererbte traditionell antijüdische Einstellung der Christen zum Judentum geändert hat. Dasselbe gilt für die Schweizer und oberdeutsche Stadtreformation Zwinglis und Capitos z. B., in der sich freilich der Ton den Juden gegenüber änderte, ja, sich auch theologische Akzentverschiebungen wahrnehmen lassen. H. A. Oberman weist für das Letztere vor allem auf Luthers Schüler Justus Jonas hin, für den die Berufung der Heiden theologisch ein stärkeres Gewicht als die Bekehrung der Juden habe.[19] Noch größeren Wert legt Heiko A. Oberman jedoch darauf, dass sich mit der von ihm sogenannten „dritten Reformation" etwas Neues im Verhältnis der evangelischen Christenheit zu den Juden anbahnt.[20] Anders nämlich als Luthers Reformation und auch noch anders als die ihr alsbald folgende zweite Welle der Stadtreformation sei diese dritte dadurch gekennzeichnet, dass Christen hier zum ersten Mal das Schicksal der Juden zu teilen gezwungen waren. Verfolgung und Heimatlosigkeit ist ihnen nicht fremd. Oberman sieht aufgrund dieser Erfahrung etwa bei Calvin „ein wachsendes Gespür für die verborgene Schicksalsgemeinschaft zwischen Christen und Juden"[21] sich artikulieren, und zwar zumal in dem Gedanken des einen, Alten und Neuen Bund übergreifenden Gottesbundes. Die Nachwirkungen dieser sich über Frankreich und Holland nach England und Schottland ausbreitenden und von dort dann auf Nordamerika übergehenden Sicht will Oberman auch im Verhältnis zu den Juden feststellen:

> Im Laufe des 17. Jahrhunderts werden zunächst in Holland, dann in England und schließlich auch in einigen Siedlungen der Neuen Welt den Juden neben der Zusage von Schutz auch gewisse Bürgerrechte eingeräumt.[22]

Es ist diese Darstellung meines Erachtens durchaus einleuchtend. Kommt es doch aufgrund der Erfahrung der Bartholomäusnacht, als 1572 die protestantische Minderheit in Frankreich von einer wortbrüchigen Obrigkeit erwürgt wird, in der calvinistischen Tradition auch zu einer vom Luthertum deutlich unterschiedenen Einstellung zum Staat bzw. zur Obrigkeit, die das Wider-

---

19 Vgl, H. A. Oberman, Wurzeln des Antisemitismus, 60ff.
20 Vgl. H. A. Oberman, Wurzeln des Antisemitismus, 185ff.
21 A. a. O., 58.189.
22 Ebd.

standsrecht und im Prinzip auch den Gedanken der Volkssouveränität einschließt.[23]

Freilich, das Ereignis, das eine entscheidende Veränderung der Lage der Juden in Europa einleitet, ist die Aufklärung, an deren Ende – vermittelt zumal durch die Französische Revolution – die Emanzipation steht.[24] Gewiss, dieser Vorgang der rechtlichen Gleichstellung und sozialen Integration der Juden war von Anfang an und „in allen seinen Phasen von einem lauten, oft gehässigen Protest begleitet"[25]. Und er ist auch regional ganz unterschiedlich verlaufen. Allein es ist doch letztlich das Erbe der Aufklärung, das sich in der „bürgerlichen Verbesserung" der Juden geltend machte. Und diese Aufklärung war nun sicher anders als die Reformation keine eigentliche christliche Erneuerungsbewegung, sondern eine letztlich immer auch auf die Befreiung von christlich-kirchlicher Bevormundung zielende Modernisierung aller Lebensverhältnisse.

Ohne dass ich hier auf Einzelheiten oder größere Zusammenhänge eingehen kann, sei doch folgendes festgehalten. Es ist eine Konsequenz des freien und toleranten Staatsgedankens und der ihm entsprechenden Rechtsvorstellungen gewesen, dass auch die Juden in den Genuss der vollen Bürgerrechte schließlich, das heißt ja zumeist erst im 19. Jahrhundert und befördert durch Napoleons Kriege, kamen. Für die bürgerliche Gleichberechtigung der Juden haben allerdings die wenigsten gekämpft. Und die Anständigen, die es taten, wie etwa Dohm und Humboldt, folgten zumeist der Devise, die der Abgeordnete Clermont-Tonngre in der Französischen Nationalversammlung prägte: „Den Juden als Nation nichts, den Juden als Menschen alles."[26] Ja, in den Niederungen politischer Provinz wird man noch deutlicher, wie das Protokoll einer Sitzung des Württemberger Landtags ausweist. Hier fordert 1828 jemand die rechtliche Gleichstellung in der Absicht, „daß der Jude entjudet werde"[27]. In der Tat erwarten nicht wenige, dass das „Entree-Billett zur europäischen Kultur" (Heine) freiwillig bezahlt wird, wenn das Ghetto verlassen werden kann. Aber es ist dessen Aufhebung und die bürgerliche Verbesserung bzw. Naturalisation der Juden für die Liberalen das Kriterium, an dem sich entscheidet, ob der moderne Staat, den sie wünschen, auch wirklich heraufzieht. Nur setzen sie eben zugleich voraus, dass das Ghetto samt dem Judentum ein Relikt, ja, das

---

23 Vgl. dazu M. Geiger, Kirche, Staat, Widerstand. ThSt 124, Zürich 1978.

24 Im Folgenden werden nur einige Ausschnitte aus der Entwicklung des Verhältnisses des Protestantismus zum Judentum diskutiert werden. Eine Übersicht findet sich bei K. H. Rengstorf / S. von Kortzfleisch (Hg.), Kirche und Synagoge. Handbuch zur Geschichte von Christen und Juden, Bd. II, Stuttgart 1970; vgl. noch speziell zu den lutherischen Kirchen in Europa A. Baumann / K. Mahn / M. Sb (Hg.), Luthers Erben und die Juden, Hannover 1984.

25 J. Katz, Richard Wagner. Vorbote des Antisemitismus, Königstein i. Ts. 1985, 21; vgl. zum historischen Zusammenhang insgesamt ders., From Prejudice to Destruction, Anti-Semitism 1700–1933, Cambridge/Mass. 1982.

26 Vgl. Katz, Richard Wagner, 109.

27 Vgl. R. Rürup, Emanzipation und Antisemitismus, Göttingen 1975.

auffälligste Relikt des zu überwindenden Mittelalters sei. Die kulturelle und religiöse Inferiorität des Judentums und die Unmöglichkeit, Jude und gleichberechtigter Bürger des modernen Staates zu sein, stand dabei fest.

Wo die evangelische Theologie die Gedanken der Aufklärung an sich herankommen ließ, ja, sich zu eigen machte, da hat in ihr eine ganz analoge Entwicklung stattgefunden. Doch kann und muss man, wie ich meine, dabei zwei Phasen unterscheiden. Die erste, die ich die Phase der Historisierung der Theologie und damit auch die der Historisierung des Gegensatzes zum Judentum nennen möchte, reicht etwa bis 1848 bzw. 1870. Die zweite, die man als die Phase des Rückzugs aus der Geschichte[28] kennzeichnen könnte, reicht dann bis an unsere Gegenwart heran. Freilich wirkt auch die erste Phase bis heute fort.

Beide Phasen hat es so natürlich nur in Deutschland gegeben. Beide spiegeln die ihnen analoge politische Geschichte demokratischer Fortschrittshoffnung bzw. dumpfer oder resignativer Restaurationswirklichkeit. Beginnen wir mit der ersten Phase der Historisierung der Theologie und des Gegensatzes zum Judentum.

Dieser Vorgang kann zumal an der Entstehung und Entfaltung der historischen Bibelkritik abgelesen werden, die unter großen Schmerzen von der evangelischen Theologie adaptiert wurde, weil sie immer auch aus antichristlichen Interessen sich nährte. Denn bei den radikalen englischen Deisten, aber auch etwa bei Voltaire stand die historische Kritik im Dienst der Kritik des Christentums. Und das Argument, mit dem sie auftrumpfte, war das Alte Testament und die jüdischen Wurzeln des Christentums, die es ihm angeblich unmöglich machten, sich zu einer wahrhaft universalen und vernünftigen, natürlichen Religion zu transformieren. Auch wenn der Angriff in dieser Schärfe nicht überall geführt wurde, so hat ihm die Aufklärungstheologie mehr oder weniger kampflos das Feld überlassen. Johann Salomo Semler (1725–1791) etwa, ihr bedeutendster lutherischer Repräsentant im achtzehnten Jahrhundert und einer der Wegbereiter der historisch-kritischen Theologie,[29] erklärte, er könne den alttestamentlichen Kanon nicht insgesamt als inspiriert ansehen. Denn wer ihn – abgesehen von den Psalmen und den Propheten – lese, würde nicht moralisch gebessert. Und das Neue Testament? Enthielt es denn nicht auch Ideen der jüdischen Religionsgeschichte? In der Tat, antwortet Semler, und deshalb muss eben derselbe Prozess der Erziehung, der das aufgeklärte Christentum davon abbringen sollte, die jüdische Schale für den christlichen Kern zu halten, auch in ihm wiedergefunden werden. Denn Jesus, der weise Stifter des Christentums, stand ohne Zweifel im Gegensatz zum Judentum und seinem sittlich-religiösen wie nationalen Partikularismus. Nur musste er, da

---

[28] Vgl. P. von der Osten-Sacken, Rückzug ins Wesen und aus der Geschichte. Antijudaismus bei Adolf von Harnack und Rudolf Bultmann, in: WuPKG 67 (1978) 106–122.

[29] Vgl. G. Liebeschütz, Das Judentum im deutschen Geschichtsbild von Hegel bis Max Weber, Tübingen 1967, 13ff.

seine Adressaten ja Juden waren, seine universale und vernünftige Religion und Sittlichkeit bei seinen Hörern in jüdischer Redeweise zur Sprache bringen. Diese Akkomodation, das heißt, diesen inneren Widerspruch der Lehre Jesu gegen das Judentum, hat richtig eigentlich aber erst Paulus erkannt und jedenfalls ausgesprochen. Er gilt darum Semler wie der gesamten Aufklärungstheologie als der, der den Gegensatz zum Judentum nicht nur artikuliert, sondern auch im Bruch mit der Synagoge das Christentum zum Bewusstsein seiner selbst gebracht hat.[30] Der Schweizer Corrodi hat dies 1781 so formuliert:

> Indem andere bemüht waren, beide Religionen zu vereinigen und unter sich auszusöhnen, gab er (sc. Paulus, E. S.) unaufhörlich und beständig seinen Widerwillen gegen diese elende Anhänglichkeit an die alte Religion und seine Überzeugung von der Fruchtlosigkeit dieses Unternehmens und von der Unmöglichkeit zu erkennen, das Judentum mit dem Christentum zu verbinden, ohne den Geist des letzteren zu beleidigen.[31]

Und bei einem anderen Aufklärungstheologen heißt es über Paulus:

> Der erleuchtete Mann entwickelte gewisse Ideen, die im Evangelium lagen, aber hier unentwickelt dargereicht wurden; er setzte die äußerlichen Gebräuche des mosaischen Gesetzes mehr, als Jesus, herunter, ja, drang auf Abschaffung derselben und verkündete damit eine Sache frei heraus, die der weise Stifter unseres Glaubens noch mit gutem Vorbedacht verschwiegen, weil seine Zeitverwandten sie noch nicht hätten ertragen können.[32]

Paulus also mit seinem vermeintlichen Antijudaismus oder – um mit einem anderen Aufklärungstheologen zu sprechen – seinem Eifer gegen jeden Überrest des Judentums, seiner Öffnung zur universalen Weltgesellschaft, den Heiden, seinem Kampf gegen alle Äußerlichkeit der Religion nicht zuletzt auch in den Reihen der aus dem Judentum stammenden ersten jüdischen Anhängern Jesu selbst – dieser Paulus ist der Joker der Aufklärungstheologie, wenn auf der anderen Seite die jüdische Karte gezogen wird. Auch das evangelische Christentum schöpft also aus der Aufklärung emanzipatorische Befreiung – die vom Judentum. Und ihr Protagonist ist der Jude Paulus, der zum heimlichen, jedenfalls zum zweiten und eigentlichen Stifter des Christentums avanciert.

---

30 Vgl. dazu K. Aner, Zum Paulusbild der deutschen Aufklärung, in: Harnack-Ehrung, 1921, 366–376.

31 Bei K. Aner, Zum Paulusbild, 374.

32 K. Aner, Zum Paulusbild, 374.

Durch Ferdinand Christian Baur hat diese Aufklärungstheologie in der Mitte des 19. Jahrhunderts ihre bis heute wirksame Gestalt erhalten.[33] Er vermittelt sie nämlich einerseits mit der lutherischen Lehre von Gesetz und Evangelium und der Rechtfertigungstheologie und macht andererseits die Befreiung vom Judentum bzw. den Antijudaismus mit Hegels Geschichtsdialektik zum Prinzip des protestantischen Christentums. Danach ist die Abgrenzung vom Judentum nicht nur ein für allemal am Anfang der Geschichte des Christentums erfolgt. Vielmehr muss dieser Exodus aus den Vermittlungen des christlichen Wesens mit dem Reich dieser Welt geschichtlich immer wieder neu erfolgen. Die Urchristentumsgeschichte stellt allerdings das klassische Modell dar, indem nämlich im Antagonismus von (petrinischem) Judaismus und (paulinischem) Antijudaismus der Fortschritt zum christlichen Selbstbewusstsein liegt, welches freilich alsbald durch die Synthese des paulinischen Heidenchristentums mit erneut eindringendem Judentum zum Frühkatholizismus verfälscht wurde. Diese Dialektik bestimmt nach Baur die gesamte Kirchengeschichte, in der der jüdische Partikularismus immer wieder und in unterschiedlichsten Camouflagen das Haupt erhebt, eben auch in der des Papsttums, gegen das dann der brave Pauliner Luther die identitätsstiftende Abgrenzung vollzog. So erbt das katholische Christentum das Negativprofil des Judentums und umgekehrt. Was immer falsch ist am Christentum, das ist vermittelt mit Jüdischem. Das Wesen des Judentums wird so auf die negative Differenz zum Christentum festgelegt. Ja, es gerät bei Baur das Judentum von einem konkreten geschichtlichen Gegenüber im klassisch verstandenen Urchristentum zum prinzipiellen Erzwidersacher des wahren Christentums. Ohne selbst historisch konkret beteiligt zu sein, trägt mithin das Judentum die Last des Nichtidentischen in der Geschichte auch des Christentums. So hat in der Konsequenz der geschichtstheologische Antijudaismus Baurs die Signatur des Antisemitismus, der eben zu jener Zeit auch politisch in Deutschland sich zu formieren beginnt. Der Antijudaismus als Mittel im konfessionellen Kampf ist sein Vorreiter.

Man sieht, wie hier das Modell identitätssichernder Abgrenzung vom Judentum, das Luther schon zur Abweisung des jüdischen Einspruchs diente, gewissermaßen dynamisiert, ja, zum Lehrbegriff erhoben wird. Ein Satz wie der, „daß das wesentliche Element seines (sc. des Paulus', E. S.) Lehrbegriffs die Antithese gegen das Judenthum ist“[34], wie wir ihn bei Baur finden, ist darum, auch wenn er ohne Polemik und Leidenschaft auftritt, von Luthers Einstellung zum Judentum nicht unterscheidbar. Dass diese Konzeption in der Hitze des politischen Kampfes die Brücke zum politischen und rassistischen Antisemi-

---

33 Vgl. dazu E. Stegemann, Der Jude Paulus und seine antijüdische Auslegung, in: R. Rendtorff / E. Stegemann (Hg.), Auschwitz – Krise der christlichen Theologie, 117–139, bes. 122ff.

34 Zitatnachweis bei E. Stegemann, a. a. O., 124.

tismus schlagen wird, zeigt ein Mann wie der vornehme Hofprediger Adolf Stoecker aufs deutlichste.[35]

Freilich ist das Verhältnis zum Judentum bei Stoecker bereits durch eine andere politische Wirklichkeit bestimmt, nämlich die der von uns sogenannten zweiten Phase des Rückzugs aus der Geschichte. Baur war ein Anhänger liberal-demokratischer Tendenzen des Vormärz. Für ihn repräsentierten Judentum und Katholizismus autoritäre und heteronom-dogmatische Herrschafts- und Wahrheitsansprüche, denen gegenüber er das protestantisch-paulinische Christentum als Repräsentant der Prinzipien liberaler Demokratie und auch kritischer Wissenschaftlichkeit in Kirche und Gesellschaft in Stellung brachte. Paulus galt ihm als Garant eines Christentums, das die ethische Idee der allgemeinen Gleichheit der Menschen vor Gott vertritt, mithin ein aufgeklärtes Weltbürgertum in den Traditionen Lessings, Kants, Schillers und Goethes. Sie reklamierte Baur samt Fichte und Schelling sogar als Protagonisten des wahren christlichen Prinzips in seiner Darstellung der Kirchengeschichte. Zugleich ging er dabei zu manchen dumpf-nationalen Tendenzen, wie sie bei Fichte zusammen mit offener Judenfeindschaft sich ausdrückten, auf Distanz. Die Angriffe auf Paulus als den judaisierenden Verderber des wahren und einfachen Christentums, die etwa durch Paul de Lagarde geführt wurden, will Baur mit seiner Paulus-Monographie gerade parieren.

Wollte Baur wie die späte Aufklärungstheologie mit seiner Verhältnisbestimmung von paulinisch-reformatorischem Christentum und Judentum bzw. Katholizismus den Anschluss an die Modernisierung und den Fortschritt nicht verpassen, so herrscht nach 1848 und zumal nach 1870 ein anderes Bild vom Judentum vor. Es gilt nun nicht mehr als Relikt des Mittelalters, das kulturell wie religiös zu überwinden sei, sondern als Ursache der Dekadenz und der Zersetzung. Nicht nur konservative Lutheraner machten einen moralisch wie intellektuell hemmungslosen „jüdischen" Geist für den angeblichen Verfall der christlichen Gesellschaft in Deutschland verantwortlich. Das Scheitern der bürgerlichen Revolution von 1848 förderte zudem ein tiefes Mißtrauen gegenüber allem Revolutionären und Dialektischen. Ja, die 48er „Revolution sollte nun das Ergebnis der ‚roten, jüdischen Wühlerei' sein. In Berlin und Wien sei sie von einer ‚Legion vagabundierender Judenjungen' angeführt worden."[36] Schließlich tritt nun die Inkarnation des „sozialpsychischen Eskapismus"[37], der moderne politische Antisemitismus mit seinem reaktionär-antiemanzipatorischen Ziel, auf den Plan.

---

35 Vgl. dazu J. Katz, From Prejudice to Destruction, 264ff.

36 G. Seebass, Christlicher Antijudaismus und moderner Antisemitismus, in: R. Rendtorff / E. Stegemann (Hg.), Auschwitz – Krise der christlichen Theologie, 9–25, hier: 16; vgl. E. Sterling, Judenhaß. Die Anfänge des politischen Antisemitismus in Deutschland (1815–1850), 2. Aufl. 1969.

37 Vgl. zum sozialgeschichtlichen Zusammenhang H. U. Wehler, Das Deutsche Kaiserreich 1871–1918, Göttingen 1980, 4.

In der Theologie bleibt das Modell der Befreiung des Christentums vom Judentum in Geltung. Nur richtet es sich jetzt historisch auf den Auszug aus der angeblichen Verfallsgeschichte Israels. Nach dem Babylonischen Exil hat laut De Wette und Wellhausen, Bousset und anderen eine Entwicklung eingesetzt, durch die eben die israelitische Religion der Propheten, der „Hebraismus", zum Judentum degenerierte.[38] Ja, um die Dekadenz dieses Phänomens zu kennzeichnen, spricht man nun vom Spätjudentum,[39] was zugleich anzeigt, dass ein über das 1. Jahrhundert hinaus existierendes Judentum eigentlich ein Unding ist. Schon Paulus wird denn auch von Wellhausen zum „Pathologen des Judentums" erklärt. „Das Bild ist klar: der Pathologe kann nur noch die Leiche sezieren und die Krankheit diagnostizieren, die zum Tode geführt hat."[40]

Was wird diesem „Spätjudentum" – womit vor allem das rabbinische und das apokalyptische Judentum gemeint ist – nicht alles nachgesagt und angehängt? Doch ersparen wir uns diese Unappetitlichkeiten und Verzerrungen! Nur ein Satz aus Boussets programmatischer Schrift „Jesu Predigt in ihrem Gegensatz zum Judentum" von 1892 sei zitiert. Er sieht den Niedergang darin, dass sich im rabbinischen Judentum der an sich schon seit Esra und Nehemia angelegte fatale „Grundzug des Judentums [...] zu einer rein transzendenten weltflüchtigen resignierenden Stimmung, für die das Leben den Sinn verloren, (noch gesteigert hat)" (38).

Ich mache mich anheischig, ebendiese Beschreibung als genaue Projektion der Stimmung nachzuweisen, die Bousset und andere im autoritär-wilhelminischen Deutschland beschlich und auch beschleichen konnte. Der Berliner Antisemitismusstreit, zumal sein Auslöser, Heinrich v. Treitschke, zeigt, wie einer, der ursprünglich liberale Ansichten hatte, nach Bismarcks Erfolgen klein beigibt und nun vor allem auf die Propagierung der Eliminierung des jüdischen Elements als des ehemals verwandten Denkens sich konzentriert.[41] Identifikation mit dem Aggressor nennt man das in der Psychologie. Wichtiger freilich ist für unseren Zusammenhang, dass sich hier nun auch eine für die Theologie und das Christentum bemerkenswerte Folge der Historisierung offenbart, nämlich die Entdeckung des Judentums und nicht zuletzt des apokalyptischen Judentums hellenistisch-römischer Zeit als Mutterschoß des Christentums. Johannes Weiss hatte dies im Blick auf die Gottesreichpredigt Jesu schon 1892 in ruhiger und vorbildlich religionsgeschichtlicher Manier dargetan. Und es ist

---

38 Vgl. zum Folgenden R. Rendtorff, Die jüdische Bibel und ihre antijüdische Auslegung, in: R. Rendtorff / E. Stegemann (Hg,), Auschwitz – Krise der christlichen Theologie, 99–116.

39 Vgl. dazu schon G. F. Moore, Christian Writers on Judaism, in: HThR 14 (1921) 197–254; K. Hoheisel, Das antike Judentum in christlicher Sicht, Wiesbaden 1978, bes. 71f.; K. Müller, Das Judentum in der religionsgeschichtlichen Arbeit am Neuen Testament, Frankfurt/ Bern 1983.

40 R. Rendtorff, a. a. O., 109.

41 Vgl. die Dokumentation von W. Boehlich (Hg.), Der Berliner Antisemitismusstreit, Frankfurt 1965.

eigentlich dieses Buch, auf das Bousset mit der obengenannten Schrift antwortet. Apodiktisch stellt er darin fest:

> Vom Judentum aus und seiner Weltanschauung erreicht man niemals die Gestalt Jesu, hier liegen vollständige Gegensätze vor (130).

Und in dem Werk „Die Religion des Judentums im neutestamentlichen Zeitalter“ von 1903 erklärt er:

> Das Judentum war die Retorte, in welcher die verschiedenen Elemente gesammelt wurden. Dann erfolgte durch ein schöpferisches Wunder die Neubildung des Evangeliums (493).

Die für Bousset peinliche Folge des historischen Ansatzes, nämlich dass Jesus und die Anfänge des Urchristentums samt und einschließlich Paulus als Teil der jüdischen Religions- und Sozialgeschichte gedeutet werden können, wird mit dem ganz und gar unhistorischen Wunderbegriff vermieden. Bleibt nachzutragen, dass das zuletzt genannte Werk das Judentumsbild ganzer Generationen von Theologen und Neutestamentlern prägte, dessen Idiosynkrasien eingeschlossen.

Noch deutlicher streift Adolf von Harnack alle „zeitgeschichtlichen Hüllen“[42] ab, wenn er den Kern des Christentums als die bleibende, von allen geschichtlichen Erscheinungen zu unterscheidende Substanz beschreibt. Gottvertrauen und Bruderliebe habe der weise Stifter gelehrt, so aber eigentlich die alte, monotheistische und sittliche Botschaft der Propheten nur erneuernd und reinigend. Wie Luther hat auch Jesus für Harnack deshalb nichts Neues gebracht, sondern nur das Alte von „fremder Zutat“[43] befreit. Freilich musste diese Befreiung auf geschichtlichem Felde geschehen. Und so stellt Harnack denn auch Jesus als schroffen Gegner des Judentums vor:

> Er trat sofort den offiziellen Führern des Volkes, in ihnen aber dem gemeinen Menschenwesen überhaupt entgegen. Sie dachten sich Gott als den Despoten, der über dem Zeremoniell seiner Hausordnung wacht, er atmete in der Gegenwart Gottes. Sie sahen ihn nur in seinem Gesetze, das sie zu einem Labyrinth von Schluchten, Irrwegen und heimlichen Ausgängen gemacht hatten, er sah und fühlte ihn überall. Sie besaßen tausend Gebote von ihm und glaubten ihn deshalb zu kennen; er hatte nur ein Gebot von ihm, und darum kannte er ihn. Sie hatten aus der Reli-

---

42 Vgl. A. von Harnack, Das Wesen des Christentums (1. Aufl. 1900; hier zitiert nach der Taschenbuchausgabe), 1964, 22; vgl. dazu P. von der Osten-Sacken, a. a. O.

43 A. a. O., 160.

> gion ein irdisches Gewerbe gemacht – es gab nichts Abscheulicheres –, und er verkündete den lebendigen Gott und den Adel der Seele.[44]

Dieses von Jesus gereinigte Wesen des Christentums ist für Harnack aber durch nichts so gefährdet wie durch die Hebräische Bibel. Es ist denn auch kein Zufall, dass er über Markion ein Buch schreibt und darin vom Protestantismus fordert, sich vom Alten Testament als heiliger Schrift zu trennen. Was Markion im 2. Jahrhundert getan hatte, nämlich das Alte Testament zu verwerfen, sei ein Fehler gewesen. Dass es im 16. Jahrhundert von Luther und der Reformation beibehalten wurde, sei Schicksal gewesen. „Es aber seit dem 19. Jahrhundert als kanonische Urkunde im Protestantismus noch zu conservieren, ist die Folge einer religiösen und kirchlichen Lähmung." Deshalb sei die Großtat, die dem Protestantismus seiner Zeit abverlangt sei, hier endlich „reinen Tisch (zu) machen"[45].

Rudolf Bultmann, den ich hier zum Schluss erwähnen möchte, verlagert nun diesen Rückzug aus der Geschichte in die Anthropologie.[46] Das Judentum und seine Treue zur Tora wird zur Chiffre einer Religion der Selbstbehauptung und Selbstrechtfertigung vor Gott, der das Christentum in seinem paulinisch-lutherischen Prinzip als Religion der Gnade und der Rechtfertigung aus Glauben gegenübersteht. Ebendiese Gesetzes- und Selbstrechtfertigungsreligion, die das Judentum nach Bultmann darstellt, vertritt aber die allgemeinmenschliche Möglichkeit, ein falsches, sich selbst legitimieren wollendes und aus der Verfügbarkeit der Welt lebendes Existenzverständnis. Demgegenüber stellt das Christentum diesen in falschem Existenzverständnis lebenden Menschen vor die Entscheidung, ob er sich neu verstehen, „entweltlichen" und so im Glauben und in der Hoffnung aus dem Unverfügbaren leben will. So muss auch der Christ immer wieder den „Juden" in sich überwinden. Der Antijudaismus ist damit ontologisiert. Dass Bultmann die Hebräische Bibel nur christlich unter dem Aspekt des Scheiterns und als Zeugnis dessen, was durch Christus überwunden und abgetan ist, verstehen kann, ist von hier aus nur konsequent. Damit zieht er die Linie von Harnack weiter, ähnlich wie E. Hirsch, obschon er anders als dieser kein Deutscher Christ und Antisemit war, sondern der Bekennenden Kirche und der Dialektischen Theologie zugehörte, freilich als Lutheraner.[47]

---

44 A. a. O., 42.

45 A. von Harnack, Marcion. Das Evangelium vom fremden Gott, 1. Aufl. 1921, 248f.254.

46 Vgl. dazu W. Stegemann, Das Verhältnis Rudolf Bultmanns zum Judentum, in: KuI 5 (1990), 26–44.

47 Vgl. dazu R. Rendtorff, Jüdische Bibel, 102ff.; P. von der Osten-Sacken, a. a. O.; K. Hoheisel, a. a. O., 54ff.

III

Aus dem Wenigen, das ich erwähnen konnte, ist, meine ich, doch deutlich geworden, dass das Verhältnis Luthers und der evangelischen Christen zum Judentum insbesondere und vor allem durch ein Interesse nach Abgrenzung bestimmt ist. Immer geht es um die Identitätssicherung des Christentums durch Negation des Judentums, seiner Schriftauslegung, ja, überhaupt seiner religiösen ratio essendi. Zugleich verlagert sich dieser Abgrenzungsmechanismus immer mehr ins Theologische und Dogmatische, und zwar proportional – wie es scheint – zur Auseinandersetzung mit den Juden in der Gesellschaft überhaupt. Jüdisch kann dann alles sein, was eben nicht christlich ist bzw. wogegen das jeweilige christliche Proprium abgegrenzt werden muss. Dabei spielt es manchmal sogar keine Rolle, ob das, was man für das Jüdische hält, weil man sich von ihm unterscheiden möchte, überhaupt etwas mit dem Judentum zu tun hat. Judentum ist das letztlich immer zu Überwindende und das, was man als das zu Überwindende ansieht, ist das Jüdische.

Gewiss, es gibt auch andere Ströme im protestantischen Christentum, deren Verhältnis zum Judentum auch Elemente der Sympathie haben. Das gilt übrigens nicht zuletzt für die Vertreter der Judenmission. Doch auch sie stimmen mit den von mir vorgestellten Tendenzen, die ich für den Hauptstrom halte, schließlich überein. Denn dass Juden als Juden eine theologische Existenzberechtigung hätten – dieser Gedanke begegnet im evangelischen Christentum vor dem Holocaust nicht.

Aber auch der Völkermord an den Juden hat zunächst überhaupt keine Änderung im theologischen Denken über die Juden ausgelöst, und zwar nicht nur in Deutschland nicht, aber eben auch hier nicht. Bekanntlich hat das sogenannte Stuttgarter Schuldbekenntnis eine etwas peinliche Vorgeschichte. Vor allem aber erwähnt es die Juden nicht namentlich. Und dort, wo sie wie im „Wort zur Judenfrage“ des Reichsbruderrates der Evangelischen Kirche in Deutschland (Darmstadt, 8. April 1948) ausdrücklich erwähnt werden, finden sich unter manchen treffenden Feststellungen aber derart entsetzliche Sätze und derart törichte, ja, verblendete Wiederholungen antijüdischer Stereotype der christlichen Tradition, dass ich mich scheue, sie hier zu zitieren.[48] Allenthalben freilich finden Distanzierungen vom Antisemitismus statt, auch etwa auf ökumenischer Ebene. Allein die Erkenntnis des christlichen Anteils daran und des christlichen Antijudaismus ließ lange auf sich warten. Nach mehreren

[48] Der Text ist z. B. abgedruckt in der Dokumentation von R. M. Heydenreich in: D. Goldschmidt / H. J. Kraus (Hg.), Der ungekündigte Bund. Neue Begegnung von Juden und christlicher Gemeinde, Stuttgart 1962, 251ff.

Anläufen, etwa in der Studie des Rates der EKD „Christen und Juden“ von 1975[49] kommt es dann endlich 1980 im Januar zu einer eindeutigen Erklärung der Synode der Evangelischen Kirche im Rheinland, die u. a. betroffen die Mitverantwortung und Schuld der Christenheit in Deutschland am Holocaust erklärt. Andere und zum Teil präzisierende Erklärungen folgen, und zwar 1984 in Baden und Berlin.[50] Am deutlichsten formulieren wohl die Leitsätze einer Kommission des Reformierten Bundes. Dort heißt es nämlich:

> Von Christen ging die in der Völkerwelt vorbereitete Saat des Judenhasses aus, die Mord und Vernichtung hervorbrachte. Diese Tradition ist in Kirche und Theologie bis heute wirksam geblieben.[51]

In der Tat hat der Holocaust zweierlei unübersehbar gemacht, nämlich erstens, dass das Christentum das antijüdische Kontinuum in der Geschichte seit der Antike darstellt, und zweitens, dass das Christentum, wie Jules Isaak es ausdrückte, die Völker systematisch in der Verachtung des Judentums unterwies.[52] Das Erste – die ungebrochen fortdauernde Bestimmtheit des Christentums durch den Antijudaismus – ist, wie ich glaube, deutlich geworden. Trotz Reformation und Aufklärung, ja, nicht zuletzt durch sie ist es vor 1945 nicht zu einer entscheidenden Krise der antijüdischen Selbstauslegung des Christentums gekommen. Im Gegenteil. Beide Bewegungen haben die Gefangenschaft im Sklavenhaus der Judenfeindschaft verlängert und – um im Bild zu bleiben – verschärft. Der Antijudaismus ist zum Wesen christlicher Selbstdefinition geworden. Das Zweite, nämlich die Verantwortung der christlichen Lehre über die Juden für den säkularen, ja, zum Teil sogar sich antichristlich gebärdenden modernen Antisemitismus habe ich nicht behandeln können. Er muss hier aber erwähnt werden, weil das Christentum auch für die säkularisierten Folgen seiner Lehre Verantwortung trägt. Wichtig ist auch, dass wir uns trotz der genannten Erklärungen evangelischer Synoden bzw. Kommissionen nicht darüber täuschen, dass die christliche Judenfeindschaft theoretisch wie praktisch weiter wirksam ist, auch wenn ihre Äußerungen nur selten exzessiv religiöse Formen annimmt. Ja, selbst in der protestantischen Universitätstheologie ist ihr Bann keineswegs gebrochen, wie das Beispiel Ulrich Wilckens' zeigt, der noch 1974 allen Ernstes die Meinung vertreten hat, dass der Antijudaismus

---

49 Christen und Juden. Eine Studie des Rates der Evangelischen Kirche in Deutschland, Gütersloh 1975.

50 Alle drei Texte sind z. B. abgedruckt in: KuI 1 (1986), 71ff.; vgl. die Bibliographie zum Rheinischen Synodalbeschluss von T. Kriener in: E. Brocke / J. Seim (Hg.), Gottes Augapfel. Beiträge zur Erneuerung des Verhältnisses von Christen und Juden, Neukirchen-Vluyn 1986, 287ff.

51 Text bei E. Brocke / J. Seim, a. a. O., 260–286, hier: 264.

52 J. Isaac, L'enseignement du mépris, Paris 1962.

christlich-theologisch essenziell sei.[53] Im Prinzip dasselbe hat Rosemary Ruether in ihrem Buch „Faith and Fratricide" (1974)[54] vertreten. Und beide, Wilckens wie Frau Ruether, berufen sich dafür auf das Neue Testament, also die Urkunde des christlichen Glaubens. Doch wenn Frau Ruether daraus die Forderung einer kritischen Revision des Christentums ableitet, so meint Ulrich Wilckens, dass das Christentum ohne Antijudaismus seines Wesens beraubt würde.

Das Christentum und zumal dessen reformatorische und wiederum speziell dessen lutherische Gestalt ist vom Antijudaismus in der Tat durch und durch geprägt, so dass es einer regelrechten Befreiung davon und einer Bekehrung, einer Umkehr bedarf. Und dieser Prozess ist gerade erst eingeleitet und noch längst nicht beendet. Ich glaube aber gleichwohl, dass der Antijudaismus nicht zum unveräußerlichen Wesen des Christentums gehört. Deshalb vergleiche ich ihn mit einer ägyptischen Gefangenschaft des Christentums. Damit will ich sagen, dass der Antijudaismus zwar die Artikulation des Christentums in der Geschichte wesentlich bestimmt hat. Doch sowenig das Volk Israel sein Wesen in der Sklaverei in Ägypten gefunden hat, obschon es wirklich da war und bitter in dieser Entfremdung litt, sowenig geht die christliche Identität im Antijudaismus auf, so wahr sie darin Jahrhundertelang und bis heute noch sich definiert, d. h. gefangen gehalten ist, und zwar zum Nachteil der Juden.

Im Antijudaismus hat sich das Christentum die Einsicht verborgen, dass die Welt, in der es lebt, dieselbe ist, in der die Juden leben, will sagen: dieselbe unerlöste Welt. Nur wenn das Christentum dies anerkennt und damit die Juden als gleichberechtigte, wahrheitsfähige Partner im Hause Gottes, der Welt, hat es eine Chance, vom Wiederholungszwang, vom Ritual des Antijudaismus frei zu werden. Dabei ist vieles aufzuarbeiten und neu zu bestimmen. Dabei kann aber auch an manches angeknüpft und Ansätze entfaltet werden, nicht zuletzt die Linie, die mit jener schon genannten Dritten Reformation angefangen und in unserer Zeit, etwa durch Karl Barth, fortgesetzt und vertieft wurde. Doch etwas Entscheidendes muss revidiert werden, nämlich die heilsgeschichtliche Überforderung der Wirklichkeit.

---

53 Vgl. U. Wilckens, Das Neue Testament und die Juden. Antwort an David Flusser, in: EvTh 34 (1974), 602–611.

54 Deutsche Übersetzung mit einer Einleitung von Gregory Baum und einem Nachwort von P. von der Osten-Sacken: Nächstenliebe und Brudermord. Die Theologischen Wurzeln des Antisemitismus, München 1978.

König Israels, nicht König der Juden?

Jesus als König im Johannesevangelium

Ekkehard Stegemann / Wolfgang Stegemann[1]

Vorbemerkungen

Bekanntlich wird im Neuen Testament der Königstitel nur selten auf Jesus angewendet. In den synoptischen Evangelien findet das – mit Ausnahme der Magierperikope bei Matthäus (2,2) bzw. indirekt in einem Schriftzitat (Mt 21,5) und anlässlich des Einzugs Jesu in Jerusalem bei Lukas (19,38) – nur in der Passionsgeschichte statt. Hier begegnet der Titel auch bei Johannes (18,33.37.39; 19,3.12.14.15.19.21). Doch nicht nur hier. Er findet sich schon im ersten Kapitel im Bekenntnis Nathanaels (1,49), sodann im Zusammenhang mit der Speisungsgeschichte (6,15) und schließlich noch in der johanneischen Einzugsperikope (12,13.15). Das ist gegenüber den Synoptikern eine deutliche Stellenvermehrung. Zudem fällt auf, dass der Königstitel bei Johannes im Unterschied zu den Synoptikern allein auf Jesus angewendet wird, jedoch umgekehrt das Stichwort „Königsherrschaft Gottes (bzw. der Himmel)" bzw. „Reich Gottes (bzw. der Himmel)", also das Hauptwort der Verkündigung Jesu nach den Synoptikern, im Johannesevangelium fast völlig fehlt (vgl. 3,3.5). Ist der johanneische Jesus ein König ohne Reich? Überhaupt nicht, wie wir aus der Verhörszene vor Pilatus erfahren. Denn dort bekennt sich Jesus ja nicht nur ausdrücklich dazu, ein König zu sein. Vielmehr stellt er zugleich fest, dass seine Königsherrschaft nicht von *dieser Welt* bzw. nicht *von hier* stamme (Joh 18,36). Aber eben – ist sein Reich nicht von dieser Welt, so ist Jesus nach dem Johannesevangelium dennoch ein König, der ein Reich hat: im Himmel. Und diesen „himmlischen Bereich, in den der göttliche Gesandte führt (vgl. 14,3; 12,26; 17,24)"[2], meint denn auch „Reich Gottes" an den zwei einzigen Stellen, an denen dieses Stichwort bei Johannes vorkommt.

Es ist die Spannung zwischen Identifikation und Distanzierung, zwischen Akzeptierung und Ablehnung des Königstitels, die für Johannes charakteristisch ist. Wir haben dies in der Überschrift so ausgedrückt, dass wir eben Dis-

---

1 Wir widmen diese Arbeit unserem Heidelberger Lehrer und Freund *Hartwig Thyen* anlässlich seines Eintritts in den aktiven Ruhestand. Wir wünschen uns, dass seine bedeutende Forschung zum Johannesevangelium (vorläufig zusammengefasst in: TRE XVII, 200–225: Art. Johannesevangelium) bald in einem Kommentar ihre reife Frucht zeitigen wird.

2 R. Schnackenburg, Das Johannesevangelium, 1. Teil, Freiburg / Basel / Wien [3]1972, 380.

tanzierung gegenüber dem Titel „König der Juden“ und Identifizierung mit dem Titel „König Israels“ unterstellen. Wir schließen dabei übrigens nicht aus, dass sich dies am Ende als überscharfe Pointierung erweisen könnte, weil die Begriffe – wie so oft bei Johannes – schillernder, hintergründiger und jedenfalls selten so eindeutig sind, wie dies eine Antithese, wie wir sie aufgestellt haben, suggeriert. Doch meinen wir, dass jedenfalls perspektivisch mit diesem Gegensatz etwas Richtiges und die Auseinandersetzung des Johannesevangeliums mit dem Königstitel heuristisch Treffendes angesprochen wird, was übrigens ja schon öfter – z. B. etwa von Schnackenburg – notiert wurde.[3]

Wir gehen bei unserer Analyse so vor, dass wir zunächst knapp den exegetischen Befund erheben, um dann religionsgeschichtliche Überlegungen anzuschließen. Es bedarf dabei wohl kaum der Erwähnung, dass wir hier nur äußerst spärlich auf die an sich ja einen eigenen Kosmos darstellende Literatur zum Johannesevangelium Bezug nehmen können.

I Der Königstitel bei Johannes

1 *Der Königstitel in der Passionsgeschichte*

Wie bekannt, häufen sich die Königs-/βασιλεύς-Stellen im Prozess Jesu vor Pilatus. Nicht zuletzt J. Blank hat zur Deutung dieses Zusammenhangs viel beigetragen.[4] Wir haben schon erwähnt, dass Jesus hier einerseits eine bestimmte Auffassung seines Königtums ablehnt, andererseits aber eine andere

---

3 Vgl. R. Schnackenburg, Das Johannesevangelium, 1. Teil, 316 zu Joh 1,49: „Joh läßt diesen Titel, der für ihn (wegen seines Zusatzes ‚Israels‘) von der messiaspolitischen Erwartung (vgl. 6,15: nur ‚König‘) gereinigt ist, im Unterschied zu ‚König der Juden‘ (18,33.39; 19,2.19.21) gelten (vgl. 12,13)“; vgl. ferner W. J. Bittner, Jesu Zeichen im Johannesevangelium. Die Messias-Erkenntnis im Johannesevangelium vor ihrem jüdischen Hintergrund, Tübingen 1987. Zum Königs-Titel im Johannesevangelium vgl. noch W. A. Meeks, The Prophet-King. Moses Traditions and the Johannine Christology, Leiden 1967.

4 Vgl. J. Blank, Die Verhandlung vor Pilatus: Joh 18,28–19,16 im Lichte johanneischer Theologie, in: ders., Der Jesus des Evangeliums. Entwürfe zur biblischen Christologie, München 1981, 169–196; vgl. ferner H. Schlier, Jesus und Pilatus nach dem Johannesevangelium, in: ders., Die Zeit der Kirche. Exegetische Aufsätze und Vorträge, Freiburg / Basel / Wien [4]1966, 56–74; F. Hahn, Der Prozeß Jesu nach dem Johannesevangelium, in: EKK, Vorarbeiten Heft 2, Zürich / Einsiedeln / Köln / Neukirchen 1970, 23–96; R. Baum-Bodenbender, Hoheit in Niedrigkeit. Johanneische Christologie im Prozeß Jesu vor Pilatus (Joh 18,28–19,16a), Würzburg 1984; D. Rensberger, Overcoming the World. Politics and Community in the Gospel of John, London 1988, bes. 87ff.; E. Stegemann, Zur Tempelreinigung im Johannesevangelium, in: E. Blum / Chr. Macholz / E. Stegemann (Hg.), Die Hebräische Bibel und ihre zweifache Nachgeschichte, FS R. Rendtorff, Neukirchen 1990, 503–516.

durchaus eingesteht. Was er ablehnt, ist offenbar der Titel „König der Juden“ oder jedenfalls eine bestimmte Lesart dieses Titels, die in ihm das politische Delikt eines revolutionären Gegenkönigtums sieht. Denn im Munde eines römischen Statthalters dürfte dies die nächstliegende Bedeutung des Syntagmas sein.

Diese römische Sicht vermittelt uns Josephus in den Antiquitates (17,273ff.), wo er die Aufstände in Judäa vor 6 n. Chr. resümierend beschreibt: In Judäa hätte es von Räuberbanden gewimmelt. „Und überall dort, wo sich eine Schar von Aufrührern zusammenfand, trat ein König an die Spitze“ (285). Diesen königlichen Anspruch schildert Josephus denn auch insbesondere an Simon und Athronges, die sich eine Königskrone aufgesetzt haben sollen. Athronges habe sich sogar als König grüßen lassen und den Königstitel geführt. Auf dieser römischen Sicht im Blick auf Jesus bestehen im Johannesevangelium offenbar aber gerade „die Juden“[5], wenn sie dem Pilatus sagen: „Wenn du diesen freilässt, bist du kein Freund des Caesar. Denn jeder, der sich selbst zum König macht, widersetzt sich dem Caeasar“ (19,12).[6] Freilich gibt uns das Johannesevangelium zugleich zu verstehen, dass sowohl Pilatus als auch die *Judaioi* bzw. deren Hierarchen davon überzeugt sind, dass Jesus kein Königsprätendent revolutionärer Art ist. Pilatus hält und erklärt Jesus sogar ausdrücklich für unschuldig; und die *Judaioi*, so wird insinuiert, haben ganz andere, religiöse Gründe, aber eben keinen offenbar, der nach römischem Recht todeswürdig wäre. Schließlich wird auch mit dem – ironischerweise amnestierten – wirklichen Aufständischen, Barabbas, eine deutliche Kontrastfigur eingeführt.[7]

Die Distanzierung von der politisch-aufrührerischen Gegenkönigslinie geschieht also nicht nur durch Jesus selbst; ja, sie geschieht wohl am wenigsten durch ihn. Es sind Pilatus und die *Judaioi* bzw. deren Hierarchen, die in dieser

---

5 Wir gebrauchen aus Gründen der Distanzierung im Folgenden immer die transkribierte Form des griechischen Wortes für Juden, also *Judaioi.* Zum Problem des johanneischen Antijudaismus vgl. H. Thyen, „Das Heil kommt von den Juden“, in: Kirche. FS G. Bornkamm, hg. v. D. Lührmann und G. Strecker, Tübingen 1980, 163–184; E. Stegemann, Die Tragödie der Nähe. Zu den judenfeindlichen Aussagen des Johannesevangeliums, in: KuI, Neukirchener Theologische Zeitschrift 4 (1989), 114–122; kritisch dazu J. A. Steier, Nathanael – ein Israelit, an dem kein Fehl ist, BThZ 9 (1992), 50–73: 66ff.

6 Vgl. auch Apg 17,7 und dazu W. Stegemann, Zwischen Synagoge und Obrigkeit. Zur historischen Situation der lukanischen Christenheit, Göttingen 1991, 232f.

7 Vgl. R. Bultmann, Das Evangelium des Johannes, Göttingen (9. Aufl.) 1964, 509. – Nach R. Schnackenburg soll nur die Passionsquelle des Johannes mit der Kennzeichnung des Barabbas als „Räuber“/*λῃστής* (Joh 19,40) die Vorstellung eines Freiheitskämpfers oder Aufständischen verbunden haben, während der Evangelist selbst ihn für einen „Straßenräuber“ hielt (vgl. Das Johannesevangelium, 3. Teil, Freiburg / Basel / Wien [4]1982, 290). Das leuchtet freilich nicht ein, da gerade auch in den beiden anderen Stellen, in denen der Evangelist das Wort verwendet (Joh 10,1.8), nicht, wie Schnackenburg annimmt, die politisch-revolutionäre Bedeutung des Stichworts „Räuber“ fern-, sondern naheliegt; vgl. nur W. J. Bittner, Jesu Zeichen im Johannesevangelium, 181ff.; D. Rensberger, Overcoming the World, 96.

Hinsicht dem Rezipienten des Johannesevangeliums ein eindeutiges Zeugnis von der Unschuld Jesu ablegen müssen. Zu erwähnen ist noch, dass Johannes dabei die Rollen von Pilatus und den *Judaioi* geradezu zu einer Travestie werden lässt. Denn Pilatus zeigt sich offenbar beeindruckt von Jesus und weicht nur der politischen Erpressung, für die die Seite der *Judaioi* sich nach Johannes nicht zu schade ist. Ja, er setzt am Schluss merkwürdig konsequent durch, dass der Titulus so bleibt, wie er ihn haben wollte: „Jesus der Nazaräer, der König der Juden." Klingt hier nicht doch irgendwie eine Affirmation des Titels *König der Juden* an? Dann allerdings höchst ironisch. Und die *Judaioi* auf der anderen Seite: Johannes lässt sie nicht nur bewusst falsches Zeugnis von Jesus geben, sie verleugnen vielmehr noch gleich mit ihm auch den Ewigen im Himmel: „Wir haben keinen König außer dem Kaiser" (19,15). Und dies sagen nach Johannes ausgerechnet die Hohenpriester, die doch des himmlischen Königs vornehmstes Aufgebot sind, als Pilatus ihnen den jämmerlich zugerichteten Jesus als Beweis dafür vorführt, dass hier kaum ein politisch gefährlicher Aufrührer vor ihnen steht. Gewiss, es wird in den Kommentaren zu Joh 19,15 oft gesagt, die Hohenpriester verleugneten nicht nur Jesus, sondern überhaupt ihre Messiashoffnung.[8] Allein uns scheint, dass für Johannes sehr viel mehr auf dem Spiel steht, nämlich dass Gott als König verleugnet wird, der König aller Könige und Herr aller Herren. Dies nimmt z. B. auch C. K. Barrett mit Hinweis auf Ri 8,23 und 1Sam 8,7 an, dem wir uns anschließen.[9] So ist am Ende der Blasphemievorwurf im Johannesevangelium auf die Hierarchen, die ihn Jesus gegenüber erhoben hatten, zurückgefallen – eine höchst ironische und zugleich raffinierte literarische Inszenierung.[10]

Doch kommen wir nun noch zur positiven Seite, also zur Selbstvorstellung Jesu als König. Wir erwähnten schon die emphatische Abgrenzung von jeder irdischen, weltlichen Königsherrschaft. Fragt man nach der positiven Seite dieser Negation,[11] so bleibt natürlich allein der göttlich-himmlische Bereich übrig. Und eben diese Herkunft gibt Jesus ja auch indirekt an, wenn er sagt: „Ich bin ein König. Ich bin dazu geboren und *in die Welt gekommen*, dass ich für die Wahrheit Zeugnis ablege" (18,37). Dieser Anspruch, der in die Welt gekommene himmlische König zu sein, verbindet sich allerdings nicht mit Machtentfaltung, nicht mit dem Anspruch auf ein Königreich auf der Erde. Wenn das so wäre, dann würden seine Diener für ihn kämpfen. Er verbindet sich allein mit dem Zeugnis von der Wahrheit. Doch heißt das nicht, dass sich die irdische Erscheinung des himmlischen Königs nicht mit königlicher Hoheit verbinden

8 Vgl. R. Schnackenburg, Das Johannesevangelium, 3. Teil, 308; E. Haenchen, Das Johannesevangelium. Ein Kommentar, hg. von U. Busse, Tübingen 1980, 541.

9 Vgl. C. K. Barrett, Das Evangelium nach Johannes, aus dem Englischen übersetzt von Hans Bald, Göttingen 1990, 525; ferner W. A. Meeks, The Prophet-King, 76; D. Rensberger, Overcoming the World, 95f.

10 Vgl. dazu v. a. P. D. Duke, Irony in the Fourth Gospel, Atlanta 1985.

11 Vgl. auch R. Baum-Bodenbender, Hoheit in Niedrigkeit, 253.

würde. Im Gegenteil: Es ist diese göttliche Hoheit, die gleichsam immer wieder am Fleischgewordenen aufleuchtet – nicht zuletzt auch in der Passionsgeschichte, wie viele Einzelheiten, aber auch der gesamte, die Souveränität Jesu herausstellende Duktus zeigen. Erinnert sei hier nur an die Situation, als die Kohorte, also doch ein ziemlich beträchtliches Aufgebot, Jesus gefangen nehmen will und auf sein „Ich bin's" hin zu Boden fällt wie bei einer Epiphanie. Auf diese Weise wird die banale Identifikationsformel zur hoheitlichen Selbstvorstellung wie bei einer Gotteserscheinung.[12] Es ist denn auch kein Zufall, dass Thomas den Auferstandenen in Joh 20,28 so anredet wie Gott,[13] aber pikanterweise auch so, wie sich der Caesar Domitian verehren ließ, nämlich als: „Mein Herr und mein Gott" (*Dominus et Deus noster*, vgl. Sueton, Domit 13).[14]

2 *Der Königstitel in der Einzugsgeschichte*

Diese göttlich-königliche Hoheit Jesu wird gerade auch in der johanneischen Version der Einzugsgeschichte herausgestellt. Wie schon öfter – nicht zuletzt von Schnackenburg – hervorgehoben wurde, stilisiert Johannes den Einzug Jesu als die triumphale Einholung eines Siegers.[15] Darauf deuten zumal die „Palmzweige" hin, die bei Johannes die Laubbüschel bzw. frischen Zweige der Synoptiker ersetzen und „Sinnbilder für einen siegreichen Herrscher (vgl. 1Makk 13,51; 2Makk 14,4) und überhaupt für einen errungenen Sieg (2Makk 10,7; Apk 7,9)"[16] waren. Diese Symbolik wird dadurch unterstrichen, dass Palmzweige, die doch zum Laubhüttenfest gehören, hier ausgerechnet beim Passa geschwungen werden. Dazu gehört aber auch das Stichwort „Begegnung" (ὑπάντησις), das wie das ebenfalls im Neuen Testament vorkommende ἀπάντησις zwar nicht unbedingt *terminus technicus*, aber doch auch Beleg für den antiken Brauch ist, hochgestellte Personen feierlich von der Bürgerschaft einer Stadt einzuholen (vgl. vor allem 1Thess 4,17).[17]

Schließlich und nicht zuletzt wird diese Stilisierung des Einzugs daran deutlich, dass Jesus akklamiert wird mit dem auch bei den Synoptikern zu findenden Hosianna-Ruf aus dem (Hallel-)Psalm 118, nun freilich charakteristisch

---

12 Vgl. R. Bultmann, Das Evangelium des Johannes, 494f.

13 Vgl. R. Bultmann, Das Evangelium des Johannes, 538f.; R. E. Brown, The Gospel According to John, Vol. 2, London 1982, 1047f.

14 Freilich ist nicht sicher, ob diese politische Implikation intendiert ist; vgl. R. Schnackenburg, Das Johannesevangelium, 3. Teil, 397f.

15 Vgl. R. Schnackenburg, Das Johannesevangelium, 2. Teil, Freiburg / Basel / Wien 1971, 467ff.

16 Schnackenburg, Das Johannesevangelium, 2. Teil, 469.

17 Vgl. E. Peterson, Art. ἀπάντησις κτλ., THWNT I 380; ders., Die Einholung des Kyrios, ZSTh 7 (1929/30) 682–702; M. Lattke, Art. ἀπαντάω κτλ., EWNT I 274f.; T. Holtz, Der erste Brief an die Thessalonicher, Zürich / Einsiedeln / Köln / Neukirchen 1986, 203f.

zugespitzt mit dem Titel: *Der König Israels.* Vergleicht man mit Markus und Matthäus, so fällt auf, dass bei Johannes der Bezug auf davidische Königstradition fehlt bzw. getilgt ist. Mk 11,10 heißt es bekanntlich: „Gepriesen die kommende Königsherrschaft unseres Vaters David"; und auch Mt 21,9 macht durch den Jesus attribuierten Titel „Sohn Davids" diesen Bezug klar (vgl. auch Mt 21,5).[18] Johannes vermeidet die davidische Konnotation, die die Vorstellung einer irdischen Basileia enthält, nicht zufällig, wie wir nach unseren Überlegungen zu Joh 18/19 vermuten dürfen. Ja, es verwundert nun auch nicht mehr, dass im Evangelium insgesamt jegliche Beziehung Jesu zur davidisch-messianischen Tradition fehlt, ja auch keine davidische Abstammung behauptet wird. Dies geht u. E. auch aus Joh 7,42 bzw. dem Kontext dieser Stelle hervor, an der allein David im Johannesevangelium vorkommt. Doch können wir das jetzt nicht weiter diskutieren.[19] Ist doch für unseren Zusammenhang auch allein wichtig, dass Jesus mit der Akklamation als „König Israels" von Johannes gerade nicht als messianisch-davidischer „König der Juden", d. h. als *irdischer* Königsprätendent und damit aus römischer Sicht als Aufrührer, sondern als Epiphanie des Königs Israels schlechthin, also Gottes, gekennzeichnet wird. Jedenfalls wäre dies die Lesart, die eröffnet wird durch die Anfügung des wohl aus Zeph 3,15 stammenden „König Israels" und des Zitats aus Sach 9,9 und der darauf anspielenden zeichenhaften Handlung, dass Jesus sich auf ein Eselchen setzt (vgl. Mt 21,5). Indem Johannes allerdings eine seiner hermeneutischen Bemerkungen – „Dies verstanden seine Jünger zuerst nicht; doch als Jesus verherrlicht war, da dachten sie daran, dass dies über ihn geschrieben stand [...]" – hinzufügt, wird klar, dass die Lesart; die er nun favorisiert, offenbar eine andere verdrängt. Gewiss, es ist das Syntagma „König Israels", wie PsSal 17,42 zeigt, an sich auch in der messianisch-davidischen Linie eines irdischen Königs lesbar; und dasselbe gilt für Sach 9,9 nach der LXX. Allein es zeigt eine scheinbar geringfügige Änderung des Zitats, nämlich die Ersetzung des „Freue dich sehr, Tochter Zion" der LXX durch „Fürchte dich nicht, Tochter Zion", mithin durch eine für Epiphanien typische Ermutigungsformel, dass Johannes die Menge nicht den irdisch-davidischen Königsprätendenten, sondern den Repräsentanten des himmlischen Königs begrüßen lässt.[20] In der Tat ist die Epiphanie Gottes ja wohl auch in Sach 9 nach dem hebräischen Text gemeint; und in Zeph 3,15 meint „König Israels" in jedem Fall den in der Mitte seines Volkes erscheinenden Gott Israels. Und stellt schließlich der Evangelist fest, dass das Volk bei seiner königlichen Akklamation Jesu ein Zeugnis für den *Totenauferwecker* des

---

18 Zur lukanischen Version vgl. W. Stegemann, Jesus als Messias in der Theologie des Lukas in diesem Sammelband.

19 Eine ausdrückliche Affirmation der davidisch-bethlehemitischen Herkunft findet jedenfalls nicht statt, was sehr auffällig ist angesichts der festen Tradition darüber bei Paulus und den Synoptikern.

20 Vgl. R. Schnackenburg, Das Evangelium des Johannes, 2. Teil, 472; J. A. Steiger, Nathanael, 71.

Lazarus ablegte, so transformiert Johannes gleichsam eine Szene, die bei den Synoptikern voll ist von einer höchst messianisch-apokalyptischen Erwartung auf das Anbrechen des davidischen Friedensreichs auf der Erde, in eine Epiphanieszene. Die Eigenschaft des Totenauferweckers hat bekanntlich in jüdischer Tradition allein Gott. Übrigens dient dieser Lesart wohl auch die Versetzung der Reinigungsgeschichte an den Beginn des Evangeliums. Doch das sei hier nur erwähnt.[21]

3 *Das Bekenntnis des Nathanael*

Ganz ähnlich wie in Joh 12,13 dürfte das Bekenntnis zu Jesus als „König Israels" im Munde Nathanaels zu verstehen sein. Johannes schraubt damit gleichsam die christologische Reflexion, die sich vom Zeugnis des Täufers über die ersten Jünger bis zu Nathanael, dem „Israeliten ohne Fehl", erstreckt, zum eigentlichen Prädikat hoch. Wir können jetzt nicht auf die zahlreichen hintergründigen, aber doch nicht verkennbaren Anspielungen und intertextuellen Beziehungen eingehen, die diesen Abschnitt prägen. Doch muss erwähnt werden, dass Johannes nicht nur die Erstberufung des Petrus kurzerhand abschafft, sondern zugleich dessen jedenfalls nach allen synoptischen Evangelien so überaus wichtige Rolle, Jesus zuerst als Christus er- und bekannt zu haben. Gleichsam en passant wird dem Leser bei Johannes die Messianität Jesu mitgeteilt von Andreas: Wir haben den Messias gefunden.[22] Und später bekennt Petrus dann auch nicht Jesus als Christus, sondern als „den Heiligen Gottes" (6,69), womit, wie Bultmann mit Recht gesagt hat, ausgedrückt wird, „daß Jesus der Welt schlechthin als der Jenseitige gegenübersteht und zu Gott gehört, und zwar als Einziger"[23].

Natürlich ist nun durchaus auch hier eine Lesart des „König Israels" im Sinne des irdischen Messiaskönigs möglich. Doch scheint uns hier nach der Kennzeichnung Jesu als Sohn Gottes, die natürlich auch so lesbar wäre, eine gewisse Klimax vorzuliegen, also das Messiasbekenntnis sozusagen nach oben transformiert zu werden. Dafür spricht auch, dass Nathanael Jesus wohl deshalb als Gottessohn, ja als König Israels bekennt, weil er Jesu göttliche Fähigkeit des Allwissens erkannt hat. Und schließlich quittiert Jesus das Bekenntnis Nathanaels, indem er sich selbst als den Menschensohn darstellt, der, wie die Anspielung auf Gen 28 deutlich macht, nicht nur in ständiger Verbindung mit

---

21 Vgl. E. Stegemann, Zur Tempelreinigung im Johannesevangelium.

22 Vgl. dazu E. Stegemann, Welchen Sinn hat es, von Jesus als Messias zu reden?, in: ders. (Hg.), Messias-Vorstellungen bei Juden und Christen, Stuttgart 1993, 81–102.

23 R. Bultmann, Das Evangelium des Johannes, 344; vgl. noch R. Schnackenburg, Das Johannesevangelium, 2. Teil, 111f.

dem Himmel steht, sondern gleichsam die Himmelsleiter, der Weg zum Himmel bzw. die Verbindung mit ihm selbst ist (vgl. Joh 14,6).[24]

4 *Der Königstitel in der Speisungsgeschichte*

Sehen wir uns zum Schluss kurz die letzte noch nicht besprochene Königsstelle in Joh 6,15 an. Hier kommt es bekanntlich in Reaktion auf das Speisungswunder zu einer Akklamation Jesu durch die Menge: „Dieser ist in Wahrheit der Prophet, der in die Welt kommen soll" (6,14). Darauf heißt es in Vers 15: „Jesus nun, als er erkannte, dass sie drauf und dran waren zu kommen und ihn zu entführen, damit sie ihn zum König machten, zog sich wieder auf den Berg zurück – er allein." Offenkundig weicht Jesus hier dem Versuch aus, ihn zu einem revolutionären Gegenkönig zu machen.[25]

Bekanntlich hat W. Meeks vor allem hier für seine Hypothese Anhalt gesucht, wonach Jesus im vierten Evangelium als „Prophet-King" identifiziert werde. Das Königtum erfährt bei Johannes nach ihm eine radikale Neuinterpretation, nämlich „in terms of the mission of the prophet"[26] entsprechend Dtn 18,15.18. Er sieht Jesus denn auch keineswegs die „Prophet-King"-Würde in 6,15 ablehnen. Seine Flucht vor der Menge sei nur durch die Unzeit und die Art, wie man ihm zum König machen wollte, bedingt.[27] Allein uns scheint, dass, wie zuletzt auch W. Bittner dargetan hat, im Johannesevangelium keine positive Identifikation Jesu mit der Erwartung eines Propheten wie Mose vorliegt. Jesus wird vielmehr auch und gerade von jenen Zeichenpropheten abgegrenzt, die in typologischem Rückgriff auf Mose bzw. Josua Befreiungszeichen ankündigten.[28] Dazu passt, dass die johanneische Version der Speisungsgeschichte, wie v. a. Schnackenburg beobachtet hat, die nach Markus etwa mögliche typologische Beziehung auf Mose und das Wüstenlager „tilgt" und durch Hervorhebung dessen, dass „viel Gras" dort war, jeglicher Anklang an ein „Wüstenmilieu" vermieden wird. Das passt zu unserer Auslegungslinie gut. Noch eleganter wäre es, wenn Schnackenburg recht hat, dass Jesus hier als „der messianische Hirte" gekennzeichnet werde, der sein Volk auf grüne Auen (vgl. Ps 23,9) führt und ihm reiche Nahrung auf der Weide, die Speise des Lebens (vgl. 10,9f.) gewährt.[29] Denn dann dürfte hintergründig die Szene wieder transparent werden für Jesus als den König Israels, als den Hirten Israels. Jedenfalls stellt Jesus sich so ja dann in Joh 10 vor, und zwar diakritisch gegenüber den „Mietlingen" und

---

24 Es ist durchaus zu erwägen, ob nicht implizit Jesus als der Tempel dargestellt wird; vgl. M. Theobald, Die Fleischwerdung des Logos, Münster 1988, 288.

25 Vgl. schon C. H. Dodd, Historical Tradition in the Fourth Gospel, Cambridge 1963, 213ff.

26 W. A. Meeks, Jesus as Prophet-King, 67.

27 Vgl. Meeks, a. a. O., 99.

28 Vgl. W. Bittner, Jesu Zeichen im Johannesevangelium, 57ff.151ff.

29 Vgl. R. Schnackenburg, Das Johannesevangelium, 2. Teil, 15ff.

„Räubern", womit wohl wieder auf revolutionär-messianische Bewegungen angespielt wird.[30] Wichtig ist dabei auch der Hinweis darauf, dass Jesus als der gute Hirte sein Leben für die Schafe gibt, während der Mietling die Herde im Stich lässt. Auch hier dürften zeitgeschichtliche Anspielungen vorliegen, etwa auf den „Ägypter", der unter Antonius Felix in Jerusalem auftrat, aber fliehen konnte, während seine Anhänger getötet wurden (Josephus, Bellum 2,261–263; Antiquitates 20,169–172; Apg 21,38). Von hier aus versteht sich wohl auch, dass Jesus betont, dass er keinen derer, die ihm anvertraut sind, verlassen habe (außer Judas).

Doch wir müssen jetzt an dieser Stelle die exegetischen Beobachtungen abschließen und zu traditions- und sozialgeschichtlichen Überlegungen übergehen.

II Das Verhältnis des Johannesevangeliums zu dem „apokalyptischen" und dem „weisheitlichen" „Königs(herrschaft)"-Diskurs

1 *Apokalyptische und weisheitliche Königstradition*

Aus der Textanalyse ist deutlich geworden, dass das Johannesevangelium zwei unterschiedliche Konzeptionen zur Kennzeichnung der Königswürde Jesu enthält und sich dazu auch wertend verhält. Jesus ist „König Israels" und dazu in die Welt gekommen, dass er Zeugnis für die Wahrheit ablege. Sein Königreich ist nicht von dieser Welt. Und er beansprucht auch keine irdisch-politische Herrschaft als „König der Juden", lehnt es ab, zum (Gegen-)König gemacht zu werden. Dazu passt auch, dass Jesus im Johannesevangelium nicht mit der davidischen Dynastie und den an sie geknüpften messianischen Erwartungen eines ewigen Königtums positiv in Verbindung gebracht wird. Ebensowenig kennt die johanneische Eschatologie eine Hoffnung auf die Königsherrschaft Gottes auf Erden. Offenkundig distanziert sich Johannes also von jeglichem Anspruch irdisch-königlicher Herrschaft Jesu und im Besonderen auch von der apokalyptisch-revolutionären bzw. davidisch-messianischen Tradition. Dagegen interpretiert er Jesu Königswürde positiv im Stile eines weisheitlichen Königtums.

Es ließe sich auch davon sprechen, dass über die messianische Königserwartung unterschiedliche Diskurse geführt wurden, unter denen einer mit dem endzeitlichen König Israels einen irdisch-politischen Aspekt, der andere

30 Vgl. W. Bittner, a. a. O., 181ff.

einen eher ethischen Aspekt verbindet. Die Unterschiede zwischen beiden Konzeptionen sollen kurz benannt werden. Ihre begriffliche Kennzeichnung als „apokalyptisch" bzw. „weisheitlich" dient nur zu ihrer heuristischen Unterscheidung. Wir übernehmen sie von Crossan.[31] Die apokalyptische Tradition rechnet mit einer *zukünftigen* Königsherrschaft Gottes auf Erden, errichtet durch Gottes eigene Aktion, gegebenenfalls herbeigeführt durch Mittlergestalten – wie den Messias. Sie hofft auf ein gerechtes Friedensreich, das Ungerechtigkeit und Unterdrückung beseitigt, auch wenn spezifische Details der Errichtung und Administration dieser Herrschaft vage bleiben. In der weisheitlichen Tradition geht es eher um die *Gegenwart* als um die Zukunft. Ihr Interesse ist darauf konzentriert, wie man hier und jetzt unter der Herrschaft Gottes leben kann. Es ist also eine Art ethische Königsherrschaft, die der Weise als König repräsentiert. Auch hier ist Gottes Königsein die Basis der Argumentation, nun aber so, dass menschliche Entsprechung zum Königsein Gottes als eine Art ethischer Integrierung in die göttliche Allherrschaft verstanden wird.

Apokalyptisch-revolutionäre Königstradition

Besonders anschaulich kommt diese Tradition in den Psalmen Salomos zum Ausdruck, zumal in Psalm 17. Hier wird die gegenwärtige Fremd- und Unrechtsherrschaft beklagt und an die Verheißung der dauernden Dynastie des Davidshauses erinnert bzw. um die Erstehung der davidischen Herrschaft gebetet.

> PsSal 17,1–4.21:
> 1 Herr, du selbst bist unser König (βασιλεύς) für immer und ewig,
> in dir, o Gott, soll unsere Seele sich rühmen.
> 2 Und was ist die Lebenszeit des Menschen auf Erden?
> Seiner Zeit entspricht auch seine Hoffnung auf sie.
> 3 Wir aber wollen hoffen auf Gott, unseren Retter (σωτῆρα ἡμῶν);
> denn die Stärke unseres Gottes ist auf ewig mit Barmherzigkeit,
> und das Königtum unseres Gottes (ἡ βασιλεία τοῦ θεοῦ ἡμῶν) ist in Ewigkeit über die Heiden mit Gericht.
> 4 Du, Herr, erwähltest David zum König über Israel,
> und du schworst ihm für seinen Samen in Ewigkeit,
> daß sein Königtum vor dir nicht aufhöre.
> 21 Siehe zu, Herr, und richte ihnen auf ihren König, den Sohn Davids,
> zu der Zeit, die du ausersehen, o Gott, über Israel, deinen Knecht zu herrschen.[32]

---

[31] Ihm folgen wir auch in der nachstehenden Kennzeichnung der Unterschiede: J. D. Crossan, The Historical Jesus. The Life of a Mediterranean Jewish Peasant, San Francisco 1991.

[32] Übersetzung nach S. Holm-Nielsen, Die Psalmen Salomos, in: JSHRZ IV,2 (1977).

Im Neuen Testament steht die lukanische Christologie dieser Tradition ganz offenkundig am nächsten.[33] Zumal in der sogenannten lukanischen „Vorgeschichte" (Lk 1–2) wird mit der Geburt Jesu die Errettung Israels aus der Hand seiner Feinde (1,74), die Aufrichtung der Theokratie (1,75), die Umwälzung der bisherigen gesellschaftlichen Verhältnisse (1,52) und die Befreiung (λύτρωσις) des Gottesvolkes bzw. Jerusalems (1,68; 2,36) verknüpft. Lukas stellt Jesus dann als den erwarteten endzeitlichen messianischen König dar, der der dynastischen Herrschaft des davidischen Königshauses ewige Dauer verleiht. Dabei fehlt es nicht an vielerlei Anspielungen auf die prophetische Tradition Israels. Besonders anschaulich zeigt sich dieser Aspekt in der Verkündigung der Geburt Jesu durch den Engel Gabriel (1,32f.: μέγας ist hier wohl Königsprädikat). Jesus ist der verheißene endzeitliche König auf dem Davidsthron. In diesem Zusammenhang ist auch die lukanische Bezeichnung Jesu als „König" (βασιλεύς) zu sehen (Lk 19,38; 23,2f.; 23,37f.). Für Lukas ist Jesus also der verheißene, endzeitliche König Israels auf dem Throne Davids.[34] Dass er diese Verheißung während seiner irdischen Wirksamkeit noch nicht endgültig realisiert, sondern in seiner Verkündigung (zumal an die Armen und Marginalisierten) und seiner wundertätigen Praxis partiell vorweggenommen hat, hängt nach Lukas mit den heilsgeschichtlichen Plänen Gottes zusammen: Israel hat den Kairos seiner gnädigen Heimsuchung nicht erkannt – und zwar auch aufgrund göttlicher Vorherbestimmung (19,41ff.). Dieser Anspruch auf die Königswürde Jesu wird freilich von Lukas nicht aufgegeben, sondern gleichsam auf den Parusiechristus verschoben. Der vom Himmel wiederkommende messianische König Jesus wird für Israel die Königsherrschaft (βασιλεία) aufrichten, auch wenn über den Zeitpunkt noch nichts gesagt werden kann (Apg 1,6f.).

Der Unterschied des Johannes zu Lukas ist äußerst bemerkenswert.[35] Dies gilt um so mehr, da beide Evangelien im Prinzip in der gleichen politisch-sozialen Situation verfasst wurden. Wir werden darauf noch zurückkommen. Zunächst muss noch die positive Deutung der Königswürde Jesu im Johannesevangelium in den weisheitlichen Diskurs religionsgeschichtlich eingeordnet werden.

---

33 Vgl. dazu ausführlicher W. Stegemann, Jesus als Messias in der Theologie des Lukas in diesem Sammelband.

34 Vgl. dazu M. Hoffmann, Das eschatologische Heil Israels nach den lukanischen Schriften, Diss. Masch. Heidelberg 1988.

35 Wir neigen zu der Meinung von F. Neyrink, M. Sabbe, H. Thyen u. a., wonach Johannes das Lukasevangelium bekannt war. Doch spielt diese Hypothese für unseren Vergleich keine Rolle.

Weisheitliche Königstradition

Die für diesen Problemkreis zentralen Texte sind Joh 18,36ff. und 19,10f. Die Kommentatoren tun sich zumal mit diesen Texten schwer. Schnackenburg umschreibt das Dilemma treffend:

> Das Königtum Jesu, mit dem der Vertreter irdischer Macht konfrontiert wird, hat immer wieder verlockt, das Verhältnis der beiden „Herrschafts"-Bereiche, die durch Jesus und Pilatus repräsentiert werden, näher zu bestimmen. Der Spannbogen reicht von einer Spiritualisierung des „Reiches" Christi bis zu einem „politischen" Anspruch, der darin impliziert sei. Gegen die erste Auffassung, die das Königtum Christi auf den himmlischen Bereich oder die eschatologische Zukunft beschränkt, sprechen die klare Aussage von Jesu gegenwärtigem König-Sein und der Blick auf die Menschen, die auf seine Stimme hören, sich also auf Erden seinem Königtum unterstellen. Die zweite Auffassung, die wegen dieser irdischen Dimension der „Herrschaft" Christi eine „politisch relevante Art des Reiches Jesu" annimmt, ist wenigstens mißverständlich, weil Jesus eine irdisch-politische Tätigkeit für sich ablehnt.[36]

Eine Lösung dieses Dilemmas bietet aber auch Schnackenburg nicht. Wir sehen sie darin, dass Johannes hier der weisheitlichen Königstradition folgt, in der die Distanzierung von irdisch-politischer Königsherrschaft neben der Behauptung begegnet, allein der Weise sei König. Die weisheitliche Tradition setzt Gottes Königsherrschaft über das Universum voraus und versteht alle menschliche Herrschaft als von Gott gegeben. Entsprechend wird den ungerechten irdischen Herrschern Gottes Gericht angekündigt.

Als Beispiel diene SapSal 6,1–6:

> Hört nun, ihr Könige, und versteht! Lernt, ihr Richter der ganzen Welt! Horcht, ihr Beherrscher der Massen, die ihr euch brüstet mit der Menge der Völker/Heiden (ἔθνη)! Vom Herrn ward euch die Macht (κράτησις) gegeben und die Herrschaft (δυναστεία) vom Höchsten, der eure Werke erforscht und eure Pläne erkundet. Denn als Diener (ὑπηρέται) seiner Herrschaft (βασιλεία) habt ihr nicht recht gerichtet, nicht das Gesetz (νόμος), nicht den Plan Gottes befolgt. Schnell und furchtbar wird er kommen und euch bestrafen; denn über die Großen ergeht ein strenges Gericht.[37]

In vergleichbarer Weise setzt auch der johanneische Jesus voraus, dass die Macht/ἐξουσία des Pilatus – der sich ebenfalls mit ihr brüstet – von Gott stammt (ἄνωθεν): 19;10f. Und wenn Pilatus gegenüber Judas, dem Verräter, mit

---

[36] R. Schnackenburg, Das Johannesevangelium, 3. Teil, 286f.

[37] Vgl. nur Philo, De mutatione nominum, 135f.

weniger Sünde belastet wird, so eben darum, weil er Macht von oben hat, Judas aber nicht. Doch wahrhaftig und ewig ist keine irdische Herrschaft. Zumal die Herrschaft jener nicht, die sich selbst als Herrscher und Könige ausgeben. Dazu sei hier nur noch ein Philo-Text (über die Absichten der Turmbauer zu Babel) zitiert:

> Von ihrem Wahnsinn aufgeblasen, ziehen sie die Regierung des Alls (ἀρχὴ τῶν ὅλων) mit unheiligen Worten herab, geben sich selbst als Herrscher und Könige aus und schieben die unzerstörbare Macht Gottes der Schöpfung zu. [...] Übertreibend und prahlend pflegen daher diese lächerlichen Menschen folgendes zu sagen: Wir sind die Führer (ἡγεμόνες), wir die Machthaber (δυναστεύοντες); auf uns ruht alles; wer, wenn nicht wir, sind die Urheber des Guten und seines Gegenteils? [...] Es schwatzen aber umsonst die Leute, die da sagen, alles sei abhängig von einer unsichtbaren Kraft (δύναμις), von der sie glauben, daß sie regiere über alle menschlichen und göttlichen Angelegenheiten in der Welt.[38]

Freilich ist der johanneische Jesus ein König, doch seine Herrschaft stammt nicht von diesem Kosmos, ihm stehen keine Diener zur Verfügung. Er ist vielmehr dazu gekommen, um von der Wahrheit zu zeugen. Der Zeugnisbegriff hat hier wohl – wie Beutler gezeigt hat[39] – keinen irdisch-forensischen Sinn, sondern meint Jesus als den himmlischen Zeugen, der davon in der Welt redet, was er beim himmlischen Vater gesehen und gehört hat (Joh 3,32; 8,26). Und eben dieses Wissen offenbart er den Menschen als heilbringende Wahrheit (Joh 8,32). Zu diesem Wissen gehört nicht nur das Wissen um Jesus als den Offenbarer und Bringer des Lebens, sondern auch um seine authentische Interpretation der Tora als der göttlichen Weltordnung. Deren Befolgung eröffnet ewiges Leben. So werden jene Toten, die das Gute (τὰ ἀγαθά) getan haben, zum Leben auferstehen – wie aus Joh 5,29 hervorgeht. Mehr noch – eben in diesem Textzusammenhang wird der Täufer als Zeuge der Wahrheit bezeichnet und Jesu überbietendes Zeugnis durch seine Werke und seine Kenntnis des Vaters begründet. In diesem Sinne wird schon in der zitierten Stelle SapSal 6,20f. das Verlangen nach Weisheit, das im Halten der Gebote und darin der Sicherung der Unvergänglichkeit gipfelt, als Weg zur Königsherrschaft gedeutet und den Mächtigen ins Stammbuch geschrieben:

> Herrscher (τύραννα) der Völker, wenn ihr Gefallen an Thronen und Szeptern habt, dann gebt der Weisheit die Ehre, damit ihr ewig herrscht.

---

38 De sommniis II, 290f.; Übersetzung: Philo von Alexandria. Die Werke in deutscher Übersetzung, hg. von L. Cohn, I. Heinemann, M. Adler und W. Theiler, Bd. VI, Berlin ^{2}1962, 275f.

39 J. Beutler, Martyria. Traditionsgeschichtliche Untersuchungen zum Zeugnisthema bei Johannes, Frankfurt 1972, 318ff.

Und in SapSal 10,10 wird am Beispiel Jakobs dargestellt, dass die Weisheit den Gerechten, der vor dem Zorn des Bruders floh, auf geraden Pfaden führte. Sie zeigte ihm die Königsherrschaft/βασιλεία Gottes und gab ihm die Erkenntnis des Heiligen (Plural).

Vor allem auch bei Philo finden sich einige Texte, die die weisheitliche Königstradition belegen. Etwa in seiner Schrift über Abraham (261). Dieser Text ist auch darum interessant, weil wir in ihm – drastischer als bei Johannes – einer scharfen Gegenüberstellung gewöhnlicher Herrschaft und der Königsherrschaft/βασιλεία des Weisen begegnen. Über Abraham, zu dem die Hethiter sagen: „Ein König von Gott (gesandt) bist du unter uns" (Gen 23,6) schreibt Philo:

> Eine sehr richtige Bezeichnung; denn alle andern Königtümer (βασιλεῖαι) bei den Menschen werden mit Kriegen und Feldzügen errichtet, infolge von unzählbarem Bösen, das die Herrschsüchtigen einander zufügen, indem sie sich gegenseitig aufreiben und Fußtruppen, Reiterei und Kriegsschiffe gegen einander aufstellen. Das Königtum (βασιλεία) des Weisen dagegen hat seinen Ursprung (ὀρέγει) in Gott. Und wenn der Tugendhafte es empfängt, so fügt er keinem etwas Böses zu, sondern vermittelt auch seinen Untergebenen den Besitz und Genuß des Guten, indem er ihnen Frieden und gesetzliche Ordnung verkündigt.[40]

Ein letzter Philotext soll noch einmal zum Johannesevangelium zurücklenken. In der Schrift über die „Einzelgesetze" (I 207) heißt es:

> Die Seele des Gottliebenden (φιλόθεος) schwebt von der Erde zum Himmel hinauf und wandelt beflügelt in der Höhe, voll Sehnsucht sich einzuordnen und sich zu bewegen in Gemeinschaft mit Sonne und Mond und der hochheiligen und harmonisch bewegten Heerschar der anderen Himmelskörper, deren Hauptmann und Herrscher (ἡγεμονεύων) Gott ist, der die unüberwindliche und unentreißbare Königsherrschaft (βασιλεία) hat, durch die alles gerecht regiert wird.[41]

Menschliche Entsprechung zur Königsherrschaft Gottes geschieht also durch Integration in die harmonische Weltordnung Gottes. Durch sie ist der Weise, der Gott liebt, ausgezeichnet. Von der Liebe zu Gott (hier ἀγάπη) spricht auch der johanneische Jesus in Joh 5,42 im Zusammenhang seiner Ausführungen über das Zeugnis der Wahrheit, das der Täufer und noch viel mehr er selbst ablegen.

---

40 Übersetzung nach Philo von Alexandria. Die Werke in deutscher Übersetzung, hg. v. L. Cohn, I. Heinemann, M. Adler und W. Theiler, Bd. I, Berlin ^{2}1962, 149f.

41 Übersetzung nach Philo von Alexandria. Die Werke in deutscher Übersetzung, hg. von L. Cohn, I. Heinemann, M. Adler und W. Theiler, Bd. II, Berlin ^{2}1962, 68f.

Die Konzeption des Johannes ist damit im Prinzip deutlich: Während er Jesus vom irdisch-politischen Königtum – besonders auch in seiner apokalyptisch-revolutionären Spielart – distanziert, gibt er ihm Züge eines weisheitlichen Königs. Im Sinne dieser Tradition ist Jesus wie Gott „König Jsraels".[42] Seine Königsherrschaft/βασιλεία stammt zwar nicht von dieser Welt, ist freilich als Zeugnis für die Wahrheit nicht un-weltlich oder über-weltlich. Sie ist vielmehr irdische Repräsentanz des Königtums Gottes. Und in dem Maße, in dem Jesus als Repräsentant des himmlischen Königtums Gottes sich von weltlicher Königsherrschaft unterscheidet, in dem Maße sind auch die königlichen Güter, die er vermittelt, von denen irdischer Könige unterschieden. So werden zum Beispiel seine Untertanen mit Brot vom Himmel gespeist. Doch dies geschieht nicht aus Mangel an Möglichkeiten, irdische Speise bereitzustellen – wie das Speisewunder zeigt, sondern weil es sich lohnt, für die Speise des ewigen Lebens sich abzumühen (Joh 6,5ff.). Die Diener dieses Königs führen keine Kriege, sondern sie folgen ihm nach (Joh 12,26) und befolgen den Auftrag des Vaters (Joh 12,50), der ewiges Leben ist. Dahinter treten alle irdischen Sorgen zurück. Das irdische Verhalten der zu diesem König gehörenden Untertanen entspricht ganz dem Ziele, das für die Zukunft erwartet wird. Erwartet wird nämlich kein irdisches Königreich, sondern Auferstehung und ewiges Leben für die, die sich schon jetzt an dem Willen des ewigen und wahren Königs orientieren. Für Johannes ist es Jesus selbst, in Einheit mit dem himmlischen Vater. Auf Jesu Distanz zur Welt macht im Übrigen schon der Prolog aufmerksam, in dem die Herkunft Jesu aus der Einheit mit dem Vater jenseits des Kosmos vorausgesetzt wird.

2 *Historisch-soziale Hintergründe*

Abschließend sollen wenigstens noch ein paar Überlegungen zum historisch-sozialen Hintergrund der johanneischen Konzeption zur Sprache kommen. Wir haben ja schon darauf hingewiesen, dass in dieser Hinsicht nach unserer Meinung keine grundlegenden Unterschiede zwischen Johannes und Lukas zu erwarten sind. Vielmehr gehen wir davon aus, dass sowohl das lukanische Doppelwerk wie auch das Johannesevangelium am Ende des 1. Jahrhunderts abgefasst worden sind. Die Kirche dieser Epoche scheint durch eine doppelte Konfliktlinie geprägt zu sein:[43] Mit den Vertretern staatlicher Macht konnte sie in Konflikt geraten wegen einer möglichen politischen, anti-römischen Auffassung ihres messianischen Bekenntnisses. Und von jüdischen Diasporagemein-

42 Vgl. dazu nur: Jes 24,21–23; 33,22; 41,21; 43,14f.; 52,7; Mi 4,6–8; Zeph 3,14f.; 1Chr 16,31; Obd 21: Sach 14,9; 4QFlor 1,1–6; die 11. Benediktion des 18-Bitten-Gebetes u. v. a.

43 Vgl. dazu W. Stegemann, Zwischen Synagoge und Obrigkeit, 91ff.187ff.; E. Stegemann, Die Tragödie der Nähe.

den erfuhr sie Distanzierung nicht zuletzt auch wegen dieser Gefährdung. Während sich der Konflikt mit dem Judentum bei Lukas und Johannes deutlich widerspiegelt, reflektiert Johannes nur recht vage den Konflikt mit staatlichen Autoritäten (Joh 16,2.22.33).[44] Insofern ist auch nur zu *vermuten*, ob die Distanzierung des Johannes von der apokalyptischen Königstradition aus diesem politisch-konfliktuösen Kontext zu erklären ist. Immerhin ließe sich dafür ins Feld führen, dass dieser Aspekt überhaupt Gegenstand der johanneischen Argumentation – zumal der Verhandlungen vor dem römischen Oberbeamten Pilatus – ist und die Gegner Jesu einen entsprechenden Verdacht schüren. Doch bei aller Distanzierung – geht es Johannes einfach um eine Apologie mit Blick auf Rom? Dass er Jesus und seine Anhängerinnen und Anhänger von antirömischen Gruppen jüdisch-messianischer Aufrührer unterscheidet, ist freilich deutlich. Doch für eine apologetische Tendenz bleiben im johanneischen Text selbst zu viele Fragen offen. Hingewiesen sei hier nur auf die unkritisierte, ja, positiv affirmative Bezeichnung Jesu als „König Israels“ und auch auf den Kreuzestitulus, der gerade nach der Intervention des Hohenpriesters ambivalent bleibt. Und sowenig Johannes für ein apokalyptisch-revolutionäres Königtum Jesu Partei ergreift, sowenig findet sich in diesem Evangelium eine Parteinahme für die herrschende politische Elite. Sinnvoller ist es wohl davon zu sprechen, dass das Johannesevangelium so etwas wie eine Äquidistanz zur faktischen Herrschaft wie auch zu apokalyptisch-revolutionären Prätentionen darauf hält. Freilich sollte man diese Position nicht un-politisch nennen.[45] Dieser Begriff passt nicht zu einer Gesellschaft, in der Politik so unmittelbar an die faktische Ausübung von Herrschaft gebunden war, d. h. in den Händen einer schmalen Elite und deren bürokratischer Gehilfen lag. In den antiken Gesellschaften dieser Zeit hatte man nicht die Wahl zwischen verschiedenen politischen Seiten, sondern wurde hineingeboren in eine Welt, in der vielleicht 5 % der Bevölkerung, die Eliten, überhaupt die Chance hatte, die eigenen Interessen durchzusetzen. In dieser Gesellschaft war jeder darauf bedacht, seinen Status zu bewahren, in den er hineingeboren wurde. Und erst wenn dieser gravierende Veränderungen erfuhr – wie dies für die jüdische Gesellschaft Jesu anzunehmen ist –, war man u. U. bereit, sich gegen die zu erheben, die diese gravierende Veränderung des eigenen Status verursacht haben. Johannes reflektiert also auch nicht die Haltung politisch entmachteter Intellektueller. Er reflektiert vielmehr die ganz gewöhnliche Machtlosigkeit der großen Mehrheit der antiken Bevölkerung. Freilich entwickelt er in seiner Distanzierung von der üblichen Herrschaft und seiner Favorisierung des weisheitlichen Königtums Jesu eine bemerkenswerte Alternative zur Alltagserfahrung. Auch dies ist eine Art von Widerstand gegen Herrschaft, ein geistiger wohl, doch kein spiritueller.

---

44 S. dazu W. Stegemann, a. a. O., 108.139f.142.255.

45 Vgl. D. Rensberger, Overcoming the World, 98.

Dass Lukas anders reagiert hat, bedarf der Erklärung. Sie hängt u. E. mit der unterschiedlichen Haltung der beiden Evangelisten zum Judentum zusammen. Beide Evangelisten reflektieren deutlich die Erfahrung des Konfliktes mit dem Judentum. Beide erleben ihn – um mit Hartwig Thyen zu sprechen – als eine traumatische Erfahrung.[46] Doch auch auf diesem Felde reagieren sie unterschiedlich. Das lukanische Doppelwerk reagiert auf dieses Trauma mit dem manchmal schon verzweifelten Versuch, die Distanzierung des Judentums von den christlichen Gruppen durch die Betonung der Nähe zu überwinden. Das Johannesevangelium reagiert eher seinerseits mit der Haltung der Distanz. Israels katastrophales Schicksal im jüdisch-römischen Krieg wird weder bedauert noch als göttliches Gericht interpretiert. Lukas dagegen bedauert diese Katastrophe. Sie scheint – verstärkt durch das negative Schicksal Jesu selbst – Zweifel an dessen Messianität ausgelöst zu haben. Entsprechend reagiert er darauf gerade nicht durch die Distanzierung Jesu vom politischen Königtum. Er versucht vielmehr die Frage zu beantworten, warum Jesus als messianischer König noch nicht während seiner irdischen Wirksamkeit die Königsherrschaft/βασιλεία für Israel aufgerichtet hat. Israels Schicksal ist also für Lukas von eminenter Bedeutung für sein eigenes heilsgeschichtliches Konzept. Johannes dagegen wirft mit seiner Distanz zu aller politischen Herrschaft nicht nur das apokalyptische Hoffnungsmodell über Bord, für ihn spielt Israels nationales Schicksal auch keine Rolle mehr im Heilsplan Gottes. Zwar gilt: „Das Heil kommt von den Juden" (Joh 4,22) – aber eben nicht im Sinne eines messianisch-apokalyptischen Modells. Denn der johanneische Jesus ist als Messias und König Israels ein Zeuge für die Wahrheit, nicht der apokalyptische Protagonist einer „Königsherrschaft Gottes" / βασιλεία τοῦ θεοῦ für Israel. Insofern kommt in ihm das Heil von den Juden, „aber (ἀλλά) es kommt die Stunde – und sie ist jetzt da –, wenn die wahren Anbeter den Vater in Geist und Wahrheit anbeten" (Joh 4,23). Der Gegensatz von Samaria und Jerusalem ist dadurch hinfällig geworden. Gott ist Geist und muss in Geist und Wahrheit angebetet werden (Joh 4,24). Die Äquidistanz des Johannesevangeliums zu aller irdischen Herrschaft, auch der apokalyptischen Prätention darauf, äußert sich also auch in der Distanz zu ethnisch-religiösen Charakteristika der Verehrung des einen Gottes. Weder auf Samariens Berg noch aber in Jerusalem.

---

46 Vgl. H. Thyen, a. a. O. (Anm. 5).

Jesus als Messias in der Theologie des Lukas

Wolfgang Stegemann

I Problematisches Bekenntnis

Gershom Scholem beginnt seinen bedeutenden Aufsatz über das „Verständnis der messianischen Idee im Judentum" mit der folgenden Bemerkung:

> Eine Erörterung des messianischen Problemkomplexes betrifft einen delikaten Bereich. Ist es doch hier, daß der essentielle Konflikt zwischen Judentum und Christentum sich entscheidend entwickelt hat und fortbesteht.[1]

Die Wahrheit dieser Feststellung zeigt sich gegenwärtig gerade dort, wo das Bekenntnis zu Jesus Christus als Messias im Zusammenhang der Erneuerung des Verhältnisses von Christen und Juden als grundlegendes Problem erkannt wird. Dieses christologische Bekenntnis hat nicht zuletzt durch den Beschluss der Rheinischen Synode „Zur Erneuerung des Verhältnisses von Christen und Juden" aus dem Jahre 1980 einige Aktualität erlangt. In dem entsprechenden Teil dieses Beschlusses erklärt die Synode:

> Wir bekennen uns zu Jesus Christus, dem Juden, der als Messias Israels der Retter der Welt ist und die Völker der Welt mit dem Volk Gottes verbindet (4,3).

Dieser Formulierung geht es offensichtlich nicht nur um die Herkunft des *historischen* Jesus aus dem jüdischen Volk. Sie bindet vielmehr das Bekenntnis zum *Christus des Glaubens* an die jüdische Messianologie, und sie verbindet die Existenz der Kirche aus den Völkern mit der des Volkes Gottes (Israel). Ich halte diese Erklärung für bemerkenswert und für theologisch fruchtbar. Beide Aspekte, sowohl das Bekenntnis zu Jesus Christus als auch die heilsgeschichtliche Bedeutung des Volkes Israel, sind ja in einer langen Geschichte der Kirche immer wieder antijüdisch interpretiert worden. Dabei ist keineswegs fraglich, dass gerade das Bekenntnis zu Jesus Christus und – unmittelbar damit zusammenhängend – die Assoziation der Heidenvölker zum messianischen Heil Isra-

---

[1] G. Scholem, Zum Verständnis der messianischen Idee im Judentum, in: ders., Judaica 1, Frankfurt 1963, 7ff.: 7.

els Juden und Christen von Anfang an theologisch unterschieden und schließlich auch zur historisch-sozialen Trennung zwischen ihnen geführt haben.

Doch ist die theologische Unterscheidung zwischen Juden und Christen eines, ein anderes aber, ob sie *antijüdisch* ausgelegt wird. Doch eben die antijüdische Auslegung des christlichen Bekenntnisses hat in der Geschichte der Kirchen zu Hass und Feindschaft gegenüber dem Judentum geführt und unsägliches Leiden über das jüdische Volk gebracht. Dass der theologische Antijudaismus einer langen kirchlichen Tradition mitschuldig ist an der Bereitung eines Klimas, in dem die Vernichtung des europäischen Judentums zumindest schweigend hingenommen wurde, setzt auch der Rheinische Beschluss voraus, indem er die Shoah als „Wendepunkt"[2] in der Besinnung auf das Verhältnis von Kirche und Judentum versteht. Die Shoah ist *auch* ein „Datum der Theologiegeschichte"[3]; sie beansprucht von uns Christen nicht nur eine „Sensibilisierung" für die „Wirkungsgeschichte" theologischer Aussagen, sondern gleichermaßen eine Überprüfung unseres „Vorverständnisses" über Geschichte, Theologie und Institutionen des jüdischen Volkes und Glaubens.[4] Gewiss, diese hermeneutische Einsicht ist als solche nicht neu. Wir wissen alle, dass nicht nur die Texte und Ereignisse, denen wir uns historisch zuwenden, ihren bestimmten geschichtlichen Ort haben. Wir wissen auch, dass der Verstehensvorgang selbst ein geschichtlicher ist.

Doch kommt es gerade hier darauf an, diese grundlegende hermeneutische Einsicht konkret zu bewähren. Auch und gerade die Christologie kann davon nicht ausgenommen sein. So hat der christologische Teil des Rheinischen Beschlusses denn auch einige Kritik erfahren.[5] Als Beispiel zitiere ich U. Luz, der

---

2 Unter den Gründen, die diese Erklärung veranlasst haben, nennt der Beschluss an erster Stelle: „Die Erkenntnis christlicher Mitverantwortung und Schuld an dem Holocaust, der Verfemung, Verfolgung und Ermordung der Juden im Dritten Reich" (2,1). S. dazu die „Thesen zur Erneuerung des Verhältnisses von Christen und Juden", die die Landessynode durch Beschluss entgegengenommen hat; zur Dokumentation vgl. Brocke/Seim (Anm. 3).

3 K. Haacker, Der Holocaust als Datum der Theologiegeschichte, in: E. Brocke / J. Seim (Hg.), Gottes Augapfel. Beiträge zur Erneuerung des Verhältnisses von Christen und Juden, Neukirchen-Vluyn 1986, 137–145; K. Jutzler, Holocaust als theologisches Datum. Systematische Überlegungen, ThBeitr 13 (1982), 49–59.

4 Vgl. dazu schon S. Ben-Chorin, Antijüdische Elemente im Neuen Testament, EvTh 40 (1980) 203–214: 213.

5 So meint U. Luz, dass diese Formulierung „am Selbstverständnis Jesu" vorbeigehe: U. Luz, Zur Erneuerung des Verhältnisses von Christen und Juden. Bemerkungen zur Diskussion über die Rheinländer Synodalbeschlüsse, Judaica 37 (1981), 195–211: 205. Dieselbe Kritik äußert auch H. Hübner: „Jesus hat sich weder im Sinne alttestamentlicher messianischer Stellen noch im Sinne zeitgenössischer jüdischer Messiasauffassungen für den Messias Israels gehalten": H. Hübner, Der „Messias Israels" und der Christus des Neuen Testaments, KuD 27 (1981), 217–239: 228. Darüber ist freilich schwer zu diskutieren, da bekanntlich niemand von uns mit Sicherheit behaupten oder ausschließen kann, dass sich der histo-

in der christologischen Formulierung des Beschlusses immer noch einen antijüdischen Akzent wahrnimmt und meint „daß ein christliches Bekenntnis zu Jesus als dem Messias Israels, das Israel implizit das Recht abspricht, selbst zu definieren, wer sein Messias ist, aus dem Zirkel unbrüderlichen und triumphalistischen Denkens nicht ausgebrochen ist“[6]. Nun wird man dem Rheinischen Beschluss diesen Antijudaismus jedenfalls nicht intentional unterstellen können.[7] Gleichwohl ist dieser Einwand von einigem Gewicht. Denn es geht ja vielmehr umgekehrt darum, den Glauben der Christen mit dem Glauben des Gottesvolkes zu verbinden, nicht aber darum, dem jüdischen Volk vorzuschreiben, welche Rolle Jesus von Nazareth in der Heilsgeschichte *Israels* zu spielen habe.[8]

Allein gerade hier liegt das Problem. Denn es ist ja nicht zu verkennen, dass schon die neutestamentlichen Texte von sich aus dazu nötigen, das Bekenntnis zu Jesus Christus im Horizont alttestamentlich-jüdischer Frömmigkeit zu verstehen und auszulegen. Und da im Neuen Testament alttestamentliche Traditionen zur Deutung oder Begründung der Messianität Jesu herangezogen werden, lässt sich schon auf der Ebene der Auslegung gar nicht vermeiden, das neutestamentliche Bekenntnis zu Jesus als Messias Israels wahrzunehmen. Mehr noch – da das Neue Testament Basis unserer christlichen Bekenntnisbildung ist, kommen wir gar nicht darum herum, uns auch in unserer gegenwärtigen theologischen Reflexion zu dem Messiasbekenntnis zu verhalten.

Wir Christinnen und Christen befinden uns also in einem Dilemma.[9] Das christologische Grundbekenntnis zur Messianität Jesu verbindet uns mit Israel und trennt uns zugleich von ihm. Ja, die judenfeindliche Geschichte, die dieses Bekenntnis begleitet hat, macht es noch da verdächtig, wo es – wie im Rheinischen Beschluss – eigentlich die verbindenden Elemente hervorheben will. Vielleicht ist es eine der schwierigsten Aufgaben christlicher Theologie der Gegenwart, dieses Dilemma überhaupt erst einmal anzunehmen – und zwar als Ergebnis der eigenen Geschichte!

Nun meine ich freilich, dass das Neue Testament auch Möglichkeiten enthält, die Wege aus dieser Krise des christlichen Messiasbekenntnisses aufzeigen können. Es ist ja nicht zu verkennen, dass wir – ähnlich wie in der jüdischen

---

rische Jesus für den Messias Israels gehalten hat. Auch der Beschluss der Synode behauptet dies nach meinem Verständnis nicht.

6 A. a. O., 205.

7 Vgl. nur J. Seim, Die Rezeption des rheinischen Synodalbeschlusses „Zur Erneuerung des Verhältnisses von Christen und Juden“, in: Brocke/Seim (Anm. 3), 223–238: 233f.

8 Vgl. dazu P. Lapide, Der Messias Israels? Die Rheinische Synode und das Judentum, in: B. Klappert / H. Starck (Hg.), Umkehr und Erneuerung. Erläuterungen zum Synodalbeschluß der Rheinischen Landessynode 1980 „Zur Erneuerung des Verhältnisses von Christen und Juden“, 1980, 236–246: 241.

9 S. dazu E. Stegemann, Welchen Sinn hat es, von Jesus als Messias zu reden, in: ders. (Hg.), Messias-Vorstellungen bei Juden und Christen, Stuttgart u. a. 1993, 81–102.

Tradition – nicht nur ein messianisches Konzept im Neuen Testament, sondern deren viele finden. Doch sie alle zeigen Besonderheiten, die sie als einen eigenen Typ der „messianischen Idee“ erweisen. G. Scholem[10] umschreibt in dem schon zitierten Aufsatz die Unterschiede in den messianischen Ideen von Judentum und Christentum am Begriff der Erlösung. Er ist der Meinung, dass

> ein völlig anderer Begriff von Erlösung [...] die Haltung zum Messianismus im Judentum und Christentum bestimmt, und gerade, was dem einen als Ruhmestitel seines Verständnisses, als positive Errungenschaft seiner Botschaft erscheint, wird vom anderen am entschiedensten abgewertet und bestritten. Das Judentum hat, in allen seinen Formen und Gestaltungen, stets an einem Begriff von Erlösung festgehalten, der sie als einen Vorgang auffaßte, welcher sich in der Öffentlichkeit vollzieht, auf dem Schauplatz der Geschichte und im Medium der Gemeinschaft, kurz, der sich entscheidend in der Welt des Sichtbaren vollzieht und ohne solche Erscheinung im Sichtbaren nicht gedacht werden kann. Demgegenüber steht im Christentum eine Auffassung, welche die Erlösung als einen Vorgang im geistigen Bereich und im Unsichtbaren ergreift, der sich in der Seele, in der Welt jedes einzelnen, abspielt, und der eine geheime Verwandlung bewirkt, der nichts Äußeres in der Weit entsprechen muß.

Nun hat diese Vergeistigung oder auch Personalisierung des Erlösungsbegriffes sicherlich nicht überall in der christlichen Tradition stattgefunden, man denke nur an die sog. Schwärmer. Doch darauf kommt es mir im Moment nicht an. Ich setze vielmehr die Unterscheidung Scholems hier einmal voraus. Doch scheint mir wichtig zu sein, sie in dreifacher Hinsicht zu ergänzen:

- Zunächst darin, dass nach meiner Meinung der besondere christliche Typ der messianischen Idee gerade jenem Faktum Rechnung trägt, dass die Erlösung sich noch nicht „auf dem Schauplatz der Geschichte“ vollzogen hat, vielmehr als solche noch aussteht.
- Weiter dadurch, dass im Christentum von seiner Grundvoraussetzung her, eine bestimmte historische Gestalt als designierten Messias anzusehen, deren Schicksal zu einem zusätzlichen und fundamentalen hermeneutischen Mittel der messianischen Idee geworden ist.
- Schließlich drittens, dass über die Konkretisierung der Messiasgestalt auch eine heilsgeschichtliche Erfahrung möglich wurde, nämlich das Hinzukommen von Heiden zum Glauben Israels.

Diese drei Aspekte sollen gleich in der Diskussion des lukanischen Messiaskonzeptes noch etwas deutlicher werden. Gerade die lukanische Konzeption scheint mir geeignet, Besonderheiten des christlichen Typs der messianischen Idee herauszuarbeiten. Sie kann sich als konstruktiv und produktiv erweisen, wenn sie nicht antijüdisch gewendet wird.

---

10 A. a. O., 7f.

II Jesus als Messias und endzeitlicher König in der lukanischen Christologie

Bevor wir uns mit der lukanischen Messianologie beschäftigen, will ich noch einige Vorbemerkungen zum Titel „Messias" machen. Messias ist die gräzisierte Form des hebräischen *maschiach* und findet sich im Neuen Testament nur zweimal im Johannesevangelium (1,41; 4,25). Dagegen ist die griechische Übersetzung von *maschiach*, also χριστός, der häufigste und grundsätzlich wichtigste Titel für Jesus im Neuen Testament.[11] Er folgt der Septuaginta-Übersetzung von *maschiach*. Nach der hebräischen Bibel werden Könige gesalbt (etwa: 1Sam 9,16; 10,1; 16,12; Ps 23,5; 44,8) und Priester (Ex 30,30). Auch Propheten können gesalbt werden (1Kön 19,16; Jes 61,1). Eines der vielen messianischen Konzepte im Judentum versteht unter „Messias" eine „Herrschergestalt aus dem Davidshaus, die die Herrschaft des Gottesvolkes endgültig aufrichtet oder das endzeitliche Heil bringt". In diesem Sinne begegnet der Titel „Messias" freilich noch nicht im Alten Testament. „Erst im 1. Jahrhundert v. Chr. setzt sich dieser Terminus für den König der Heilszeit in der Erwartung des Gottesvolkes durch. Er begegnet (in vorneutestamentlicher Zeit) im 17. und 18. Psalm Salomos und im Qumranschrifttum."[12] Allerdings finden wir im Alten Testament die messianische Erwartung eines neuen Königs auf dem Throne Davids, dessen Herrschaft für immer bestehen wird (2Sam 7,12ff.; Jes 11,1; Mi 5,2–4). Ich kann hier die Problematik der messianischen Erwartungen bzw. des Messiastitels nicht weiter ausführen.[13] Wichtig ist mir eine terminologische Vorklärung: Wenn hier vom „Messias Israels" gesprochen wird, so meine ich den endzeitlichen Gesalbten, den Befreier Israels und königlichen Herrscher auf dem Throne Davids.[14] D. h., in der Bezeichnung Jesu als des Messias geht es – wie noch zu zeigen sein wird – der lukanischen Theologie zunächst um eine reale bzw. politische Hoffnung auf den endzeitlichen davidischen König Israels. In diesen Erwartungszu-

---

[11] Insgesamt kommt *christos* ca. 529 Mal im NT vor (329 Mal bei Paulus!). Bei Lukas finden wir im Evangelium 12, in der Apostelgeschichte 25 Belege. Markus 7, Matthäus 17, Johannes 19 Belege.

[12] S. nur U. Kellermann, Messias und Gesetz, Neukirchen-Vluyn 1971, 15. Vgl. auch H. Lichtenberger, Messianische Erwartungen und messianische Gestalten in der Zeit des Zweiten Tempels, in: E. Stegemann (Hg.), Messias-Vorstellungen bei Juden und Christen, Stuttgart u. a. 1993, 9–20 und S. Talmon, Der Gesalbte Jahwes. Biblische und frühnachbiblische Messias- und Heilserwartungen, in: H.-J. Greschat (Hg.), Jesus – Messias? Heilserwartungen bei Juden und Christen, Regensburg 1982, 27–68.

[13] S. dazu E. Stegemann, Messias (vgl. Anm. 9); ebenso den Beitrag von H. Lichtenberger (s. o.), in beiden auch viele Literaturhinweise.

[14] Zur königlichen Messiastradition im NT s. nur K. Berger, Die königlichen Messiastraditionen des Neuen Testaments, NTS 20 (1974/75), 1–44.

sammenhang wird Jesus nach meiner Überzeugung im Neuen Testament am deutlichsten in der lukanischen Christologie gestellt.[15]

1 *Das messianische Klima im Lukasevangelium*

Es ist immer wieder darauf hingewiesen worden, dass zumal in der lukanischen „Vorgeschichte" (Lk 1–2), also in der Darstellung der parallel verlaufenden Ereignisse im Zusammenhang mit der Geburt des Täufers und der Jesu, geradezu eine messianisch-apokalyptische Hochstimmung erzeugt wird. In den Lobgesängen des Zacharias und des hochbetagten Simeon wie auch im „Magnificat" der Maria werden an die Geburt Jesu und des Täufers ganz konkrete, diesseitige Erwartungen für das Volk Israel geknüpft. Da wird etwa die Errettung Israels aus der Hand seiner Feinde (1,74), die Aufrichtung der Theokratie (1,75), die Umwälzung der bisherigen gesellschaftlichen Verhältnisse (1,52), die Befreiung (λύτρωσις) des Gottesvolkes bzw. Jerusalems (1,68; 2,36), mit einem Wort: das Heil bzw. die Erlösung (σωτηρία: 1,69.71.77) erwartet. Dabei fehlt es nicht an vielerlei Anspielungen auf die prophetische Tradition Israels. Ich kann auf diese Texte hier nicht näher eingehen, sondern beschränke mich auf wenige Bemerkungen zur Verkündigung der Geburt Jesu durch den Engel Gabriel an Maria. Hier kommt m. E. recht einprägsam der irdisch-diesseitige Aspekt der Messianität Jesu zum Ausdruck. Über das verheißene Kind sagt der Engel Gabriel:

> Dieser wird groß (μέγας) sein und Sohn des Allerhöchsten genannt werden. Und Gott der Herr wird ihm geben den Thron Davids, seines Vaters. Und er wird über das Haus Jakob als König herrschen (βασιλεύσει) in Ewigkeit und seine Königsherrschaft (βασιλεία) wird kein Ende haben (Lk 1,32f.).

Diese Vorhersage bedient sich geprägter Sprache und erinnert zumal[16] an die Natansweissagung 2Sam 7,1–16. In ihr wird von Davids Samen gesagt, dass Gott ihm seinen Thron aufrichten wird bis in Ewigkeit (V. 13) bzw. dass ihm seine Königsherrschaft auf Ewigkeit anvertraut werden wird bzw. sein Thron in Ewigkeit aufgerichtet bleibt (V. 16). Sogar das Sohnesverhältnis zu Gott wird in der Natansweissagung verheißen (V. 14). Selbst wenn im lukanischen Zusammenhang das der Maria verkündigte Kind nicht ausdrücklich als König/βασιλεύς bezeichnet wird, so ist unverkennbar, dass hier die Geburt des verheißenen endzeitlichen Königs auf dem Davidsthron angesagt wird. Und gerade auch die ewige Dauer seiner Herrschaft gehört in diesen Zusammenhang, wie

---

15 Auf eine ausführliche Diskussion der Sekundärliteratur wird hier verzichtet.

16 Vgl. aber auch Jes 9,6: „Weit reicht die Herrschaft; und ohne Ende ist der Friede auf Davids Thron und in seinem Königreich"; ebenso Micha 4,7; Ez 7,24 und Dan 7,14.

ein Vergleich mit 2Sam 7 zeigt. Diese „transzendiert" also keineswegs die entsprechende diesseitige Hoffnung Israels, wie etwa H. Schürmann noch in seinem Lukas-Kommentar meint.[17] Darüber hinaus ist nun auch zu beachten, dass Lukas den politisch-realen Aspekt der Messianität Jesu sowohl mit dem Königs- als auch mit dem χριστός-Titel verknüpft. Ich gehe zunächst auf den Königstitel für Jesus im Lukasevangelium kurz ein.

2 *Jesus als König der Juden im Lukasevangelium*

In drei gewichtigen Textkomplexen lässt Lukas Jesus ausdrücklich als βασιλεύς – und d. h. König der Juden – bezeichnen, nämlich anlässlich des Einzugs in Jerusalem (Lk 19,38), der Anklage durch den Hohenrat bei Pilatus (Lk 23,2f.) und der Kreuzigung (Lk 23,37f.). Bemerkenswert ist vor allem die Einzugsszene. Als Jesus vom Ölberg her (wie Lukas noch einmal ausdrücklich hervorhebt: 19,37!) nach Jerusalem herabsteigt, akklamiert ihn die Jüngerschar aufgrund aller Machtzeichen, die Jesus getan hat:

> Gelobt sei, der da kommt, der König (ὁ βασιλεύς), im Namen des Herrn (19,38).

In der Markus-Vorlage las Lukas zwar die Formulierung: „Gelobt sei die kommende Königsherrschaft unseres Vaters David" (Mk 11,10), verändert diese nun aber bewusst so, dass die Jesusjünger ihren Meister direkt als βασιλεύς akklamieren. Auch die nachfolgende Warnung der Pharisäer, Jesus solle seine Jünger zum Schweigen bringen (19,39) bzw. Jesu Klage über das künftige Schicksal Jerusalems (19,41ff.) – beides lukanisches Sondergut – konkretisieren den politisch-realen Aspekt dieser Akklamation Jesu als Israels König. In gleicher Weise zeigen die geringen, aber bestimmten Korrekturen, die Lukas an der Verhör- und Kreuzigungsszene vornimmt, das spezifisch lukanische Interesse an der königlichen Würde Jesu. So wird Jesus nur im Lukasevangelium explizit durch den Hohenrat bei Pilatus verklagt, er hätte sich selbst als Messias-König bezeichnet (23,2).

Die politische Färbung der Anklage und ihr lukanischer Ursprung sind evident.[18] Und dazu passt auch, dass die – ebenfalls nur von Lukas berichtete – Überstellung Jesu an Herodes Antipas gerade diesen Sinn hat, Jesus als Usurpator der Königswürde zu verspotten (Lk 23,6–12). Als König der Juden wird Jesus dann auch anlässlich seiner Kreuzigung verspottet, indem die Soldateska ihm den Wein der kleinen Leute (ὄξος) reicht und ruft: „Wenn du der König der

---

17 H. Schürmann, Das Lukasevangelium, Erster Teil, Freiburg / Basel / Wien 1969, 48.

18 G. Schneider, Die politische Anklage gegen Jesus (Lk 23,2), in: ders., Lukas, Theologe der Heilsgeschichte. Aufsätze zum lukanischen Doppelwerk, Bonn 1985, 173ff.

Juden bist, rette dich selbst“ (23,36f.). Der kleine Mann will König sein und büßt nun bitter dafür, so suggerieren die Verspottungen durch Herodes und die Soldateska. Pilatus dagegen erscheint als einer, der die Beanspruchung der Königswürde harmloser beurteilt und sich damit begnügen will, den Angeklagten mit einer verwarnenden Züchtigung zu bestrafen (23,22). Unter all dem Spott scheint freilich die Wahrheit hindurch, wie sie abschließend der Titulus über dem Kreuz Jesu manifestiert: „Dieser ist der König der Juden“ (23,38).

Neben diesen direkten gibt es noch einige indirekte Zeugnisse dafür, dass im Verständnis des Lukas Jesus der endzeitliche König Israels auf dem Throne Davids ist (etwa Lk 22,28–30). Diesem Ergebnis entspricht nun aber auch die lukanische Verwendung des χριστός-Titels.

3 *Jesus als „Gesalbter des Herrn“ bei Lukas*

Zumal in der Apostelgeschichte, auf die ich hier jedoch nur am Rande eingehe, wird immer wieder betont herausgestellt, dass *Jesus* der Messias (χριστός) ist (Apg 3,20; 5,42; 8,37; 9,22.34; 17,3; 18,5.28). Und mit welcher Selbstverständlichkeit Lukas den politisch-realen Aspekt der Messiaswürde Jesu thematisieren kann, zeigt etwa jene Szene in der Apostelgeschichte, in der die Apostel sich wegen ihrer Verkündigung Jesu als Messias vor dem Hohenrat verantworten müssen. Gleichsam nebenbei stellt ein Mitglied dieses Gremiums, nämlich der Pharisäer Gamaliel, Jesus bzw. seine Anhängerschaft in eine Reihe mit messianischen Bewegungen, die im Zusammenhang jüdischer Aufstände gegen Rom notorische Berühmtheit erlangt haben: die des Theudas und die des Judas Galiläus (Apg 5,36ff.).

Doch kommen wir auf einige Aspekte des Messias-Bekenntnisses im Lukasevangelium selbst zu sprechen. Schon der erste Text, in dessen Zusammenhang Lukas Jesus als χριστός kennzeichnet, verweist geradezu programmatisch an den *exklusiven* Bezug der Messianität Jesu auf Israel. Ich meine die Ankündigung der Geburt Jesu durch den Engel des Herrn an die Hirten im Weihnachtsevangelium (Lk 2,10):

> Und der Engel sagte zu ihnen: Fürchtet euch nicht, siehe, ich verkündige euch große Freude, die dem ganzen Volk (Israel) widerfahren wird: Euch ist heute ein Retter (σοτήρ) geboren worden, welcher ist Christus (χριστός), Herr (κύριος) in der Stadt Davids.

Den Hirten wird diese große Freude zuerst verkündigt, doch sie gilt *ganz Israel.* Denn genau so muss die Formulierung πανὰ τῷ λαῷ übersetzt werden, da λαός nur das Volk Israel meinen kann und die prädikative Wortstellung des Adjektivs πᾶς die Vollzähligkeit aller Teile dieser Größe (also des Volkes Israel) betont.[19] Und wie immer man den dritten Titel für dieses neugeborene Kind, nämlich κύριος/Herr, bezieht, der *Christos*- und der *Soter*-Titel verweisen im Kontext mit der „Stadt Davids" (Bethlehem) auf die Geburt des messianischen Retters für Israel.[20] Und noch der Hymnus der himmlischen Heerscharen („Ehre sei Gott in den Höhen und Friede auf Erden unter den Menschen des Wohlgefallens": 2,14) reserviert den messianischen Heilsvorgang für die Auserwählten aus dem Volke Israel. Denn die ἄνθρωπα εὐδακίας sind wohl, wie C. H. Hunzinger gezeigt hat, die *bene rezono*.[21]

Wenn man die Titel, die dem neugeborenen Kind hier beigelegt werden, mit einigen – allerdings schwachen – Textzeugen schon folgendermaßen liest: *(soter) christos kyriou*, dann wird der spezifische Akzent dieser Prädikation noch deutlicher auf Jesus als Messias Israels gelegt. Doch kann diese textkritische Problematik getrost außen vor bleiben. Denn Lukas bezeichnet Jesus noch einmal ausdrücklich als den „Gesalbten des Herrn bzw. Gottes", ὁ χριστὸς κυρίου bzw. ὁ χριστὸς τοῦ θεοῦ (2,26; 9,20; vgl. auch Apg 4,26), also mit jenem Titel, der prägnant den Messias Israels im Sinne des (endzeitlichen) politisch-militärischen Retters Israels meint (PsSal 17,36; vgl. syrBar 29,3). Dabei ist besonders bemerkenswert, dass Jesus in der lukanischen Version des Petrus-Bekenntnisses, also an einem zentralen Ort der Christologie, ausdrücklich als „der Gesalbte Gottes" (ὁ χριστὸς τοῦ θεοῦ) bekannt wird.

Gerade in der lukanischen Christologie weist also der *Christos*-Titel Jesus als den verheißenen Messias und Retter Israels aus. Wie wenig Lukas den Messiastitel in dieser Hinsicht „christianisiert" hat, oder, anders ausgedrückt, wie sehr gerade Lukas die Messianität Jesu innerhalb der etwa in den PsSal greifbaren frühjüdischen Messias-Tradition interpretiert, zeigen nicht zuletzt die im Vergleich zu den anderen Evangelien immensen Probleme, die ihm das Leidensschicksal des Messias bereiten. Darauf soll gleich näher eingegangen werden. Zuvor jedoch eine hermeneutische Zwischenbemerkung.

---

19 E. G. Hoffmann / H. v. Siebentbal, Griechische Grammatik zum Neuen Testament, Riehen 1985, § 136d; vgl. Röm 8,22 u. v. a.

20 Schürmann: „Der Hinweis auf die ‚Stadt Davids' ruft hier förmlich nach dem Christus-Titel": a. a. O., 110, Anm. 108.

21 C. H. Hunzinger, Neues Licht auf Lc 2,14 ἄνθρωπα εὐδοκίας, ZNW 44 (1952/53), 85–90; ders., Ein weiterer Beleg zu Lc 2,14 ἄνθρωπα εὐδοκίας, ZNW 49 (1958), 129f.; die Belege: 1QH 4,32f.; 11,3–14; 1QS 8,6. 1QH 4,32f.: „um den Wandel der Menschenkinder vollkommen zu machen, damit sie alle seine Werke erkennen in der Kraft seiner Stärke und die Fülle des Erbarmens über alle Söhne seines Wohlgefallens (*bene rezono*)" 1QH 11,9: „[...] und dein Erbarmen gilt allen Söhnen deines Wohlgefallens"; 1QS 8,6: „[...] für das Gericht und Auserwählte des ‚göttlichen' Wohlgefallens". Übersetzung nach E. Lohse, Die Texte aus Qumran, Darmstadt [3]1981.

4 *Israels Katastrophe als hermeneutischer Schlüssel zur lukanischen Messiaskonzeption*

Nun wird in der Lukasexegese im Unterschied zu der hier vorgetragenen Deutung traditionell die Meinung vertreten, Lukas habe den konkreten Aspekt der Messianität Jesu entpolitisiert. Dieser Vorgang untersteht nach H. Conzelmann[22] dem apologetischen Interesse des Lukas. In der sich dehnenden Zeit wolle Lukas zur staatsbürgerlichen Loyalität gegenüber Rom raten. Die sogenannte „Parusieverzögerung" zwinge zum Arrangement mit dem römischen Staat. In diesen Spuren Conzelmanns wandelt auch P. v. der Osten-Sacken mit seinem wichtigen Aufsatz über die Christologie des lukanischen Reiseberichtes.[23] Er erkennt an, dass Lukas in der „Vorgeschichte" die politische Hoffnung auf den Messias zunächst geradezu schürt. Doch werde diese politische Christologie dann einem „umfassenden Prozeß christologischer Klärung" unterworfen.[24] Schon in der Darstellung der irdischen Wirksamkeit Jesu in Galiläa äußere sich die eigentliche Absicht des Evangelisten, *Jesu Messianität durch exorzistische und heilende Handlungen zu bestimmen.* Und der lukanische „Reisebericht" wie auch die Passionsgeschichte würden dann weiter klären, dass Jesu Messianität nicht politisch bestimmt sei.

Meines Erachtens hat Osten-Sacken ganz richtig gesehen, dass Lukas die hochgestimmten Erwartungen an Jesus als Messias Israels zu Beginn seines Evangeliums dann im weiteren Verlauf seiner Darstellung einem „Klärungsprozess" unterwirft. Doch hat dieser Prozess ganz andere Inhalte und Ziele, als Osten-Sacken im Banne des Conzelmannschen Ansatzes noch annimmt. Denn die Aufklärung hat vor allem die folgenden zwei Schwerpunkte: Einerseits will Lukas seine Leser darüber informieren, dass die Aufrichtung der βασιλεία und die Realisierung der Königsherrschaft über Israel nicht schon während der irdischen Wirksamkeit des Messias in Israel geschehen sollte. Diese Aufgabe bleibt dem wiederkommenden Christus vorbehalten. Andererseits wird Jesu Leidensschicksal „messianisiert" und als Ziel seiner Jerusalem-Reise (nach dem schriftgemäßen Leiden) die Himmelfahrt (!) des Auferstandenen angegeben.

Zu dieser Sicht der Dinge kommt man freilich nur dann, wenn man nicht, wie etwa Osten-Sacken, die sogenannte „Parusieverzögerung" zum hermeneutischen Schlüssel der lukanischen Christologie macht, sondern diesen in einem Ereignis sieht, das für die Theologie des Lukas von grundlegender Bedeutung ist: *Israels Katastrophe im jüdisch-römischen Krieg.* Dieses epochale Ereignis musste ja gerade die Überzeugungen einer messianischen Gemeinschaft infrage stel-

---

[22] H. Conzelmann, Die Mitte der Zeit. Studien zur Theologie des Lukas, Tübingen ^{5}1964, 128ff.

[23] P. von der Osten-Sacken, Zur Christologie des lukanischen Reiseberichts, EvTh 33 (1973), 476ff.

[24] Osten-Sacken, a. a. O., 491.

len, die in Jesus von Nazareth den verheißenen königlichen Messias Israels glaubte. Denn wo war nun das Heil Israels, die Befreiung aus der Hand seiner Feinde? Was vor Augen stand, das war das ganze Gegenteil des messianischen Heils, das war die Erfahrung des Unheils. Jener Generation von Christen, der die Katastrophe Israels zum Bewusstsein kam, musste darüber hinaus – anders noch als in der „Vorkriegsära" eines Paulus – das Kreuz Jesu in einem völlig neuen Licht erscheinen. Gab es da nicht Parallelen zwischen dem Schicksal Jesu und dem Jerusalems? War nicht Jesus auch einer der gescheiterten Messias-Prätendenten?[25] Ja, kann er überhaupt der Messias Israels sein, da er selbst in Jerusalem gekreuzigt wurde und Israel vom Unheil betroffen war? Mit diesen und vielen anderen Fragen im Hinterkopf müssen wir m. E. neu an die lukanische Soteriologie und Christologie herangehen. Ich kann dies hier natürlich nur anfangsweise tun.

5 *Jesu Leiden begründet Zweifel an seiner Messianität*

Ich gehe zu diesem Zweck zunächst auf einen Text ein, an dem man sich paradigmatisch die eben geschilderte hermeneutische Differenz vor Augen führen kann. Ich meine die „Emmausperikope" (Lk 24,13ff.). Für unseren Zusammenhang ist hier besonders der Abschnitt 24,19–27 aufschlussreich, in dem die Emmaus-Jünger ihren unerkannten Begleiter über Jesu Schicksal aufklären. Der sei „ein Prophet gewesen, mächtig (δύνατος) in Tat und Wort vor Gott und dem ganzen Volk (λαός)": 24,19b, doch sei er ausgeliefert und gekreuzigt worden (24,20). Die Jünger Jesu hatten freilich an Jesu vollmächtiges Auftreten (vgl. Lk 19,37) die Hoffnung geknüpft:

> Wir aber hofften, daß er der ist, der kommen soll, Israel zu erlösen (24,21a).

In diesem resignativen Wort findet nun Osten-Sacken „genau *den* Zweifel am irdischen Jesus von Lukas aufgenommen, dem sich der Evangelist aufgrund eben des Ausbleibens der Parusie in seiner Zeit konfrontiert sah"[26]. Gegen diese Deutung des Textes vom Problem der „Parusieverzögerung" her spricht aber vor allem, dass es hier wie im näheren Kontext um die Messianität Jesu geht, nicht aber um die Parusieverzögerung (für die der Text dann faktisch auch

---

[25] Diesen Aspekt setzt unausgesprochen Apg 5,36ff. voraus.

[26] S. dazu Osten-Sacken, a. a. O., 491. Vgl. auch F. Hahn, Christologische Hoheitstitel. Ihre Geschichte im frühen Christentum, Göttingen [2]1966, 389; E. Lohse, Die Auferstehung Jesu Christi im Zeugnis des Lukasevangeliums, Neukirchen-Vluyn 1961, 28; J. Wanke, Die Emmauserzählung. Eine redaktionsgeschichtliche Untersuchung zu Lk 24,13–35, Leipzig 1973; H. D. Betz, Ursprung und Wesen des christlichen Glaubens nach der Emmauslegende (Lk 24,13–35), ZThK 66 (1969), 7–21.

keine Problemlösung anbietet). So ist schon interessant, dass die Emmaus-Jünger in ihrem Bericht der Ereignisse Jesus als „Propheten“ bezeichnen. Denn die Jünger *hofften* zwar, dass Jesus der messianische Erlöser Israels ist, doch dem steht nun Jesu Schicksal entgegen. Und genau auf diese Problemlage geht dann auch Jesu Intervention in diesem Gespräch ein:

> Mußte nicht der Messias (χριστός) dieses leiden und in seine Herrlichkeit eingehen (24,26)?

Nach dem Bericht des Lukas legt der Auferstandene abschließend aus allen diesen Schriften als authentischer Interpret das ihm in Jerusalem widerfahrene Schicksal als notwendig aus, prophetisch vorhergesagt und schriftgemäß aus (24,25a.27). K. Haacker bemerkt zu unserem Textzusammenhang zu Recht, dass die messianisch-konkrete Erwartung der Jünger „keineswegs getadelt“ wird; „der einzige Vorwurf, der ihnen gemacht wird, ist der, daß sie noch nicht die Notwendigkeit des messianischen Leidens begriffen hatten, von der doch schon die Propheten geredet hätten (V. 25f.)“[27].

Die in diesem Text erkennbare „Messianisierung“ des Schicksals Jesu zeichnet nun aber gerade die lukanische Theologie aus. Denn Lukas verbindet als einziger der Evangelisten die Notwendigkeit des Leidens Jesu mit dem Messias-Titel (Lk 24,26.46; Apg 3,18; 17,3; 26,23). Und nur, wenn man Lukas von der Kreuzestheologie des Paulus her beurteilt, muss man bei ihm eine soteriologische Deutung des Todes Jesu vermissen. So versteht etwa U. Luz Lukas als „Paradebeispiel dafür, wie das Kreuz aus der Mitte der Theologie verdrängt und zu einem ihrer Gegenstände unter anderen wird“. Jesu Tod in Jerusalem sei für Lukas „eigentlich ein bedauerlicher Zwischenfall, ein Wellental in der Heilsgeschichte“ gewesen.[28] Tatsächlich setzt Lukas jedoch in seiner spezifischen historischen Lage einen anderen Akzent. Auch Lukas interpretiert den Tod Jesu soteriologisch, indem er ihn für messianisch notwendig erklärt, ihn also zu einem prophezeiten und schriftgemäßen Datum im Ablauf der *messianisch* gedeuteten *Heilsgeschichte* macht. Diese messianisch-soteriologische Interpretation des Todes Jesu macht Lukas allerdings nicht am Kreuz Jesu, sondern ausdrücklich an seinem Leiden fest.

---

27 K. Haacker, Das Bekenntnis des Paulus zur Hoffnung Israels nach der Apostelgeschichte des Lukas, NTS 31 (1985), 437–451: 441f.

28 U. Luz, Theologia crucis als Mitte der Theologie im Neuen Testament, EvTh 34 (1974), 116–141: 120.

6 Die lukanische Korrektur des Zeitpunktes für die Aufrichtung der Königsherrschaft

Wir haben bisher dargestellt, dass Jesu Leiden für die Messianologie des Lukas ein zentrales Problem aufwirft. Dessen „Lösung" wird – grob gesagt – durch die Messianisierung des Todes Jesu erreicht. Dieser wird in diesem Zusammenhang als prophetisch vorhergesagt, schriftgemäß und nach dem göttlichen (Vorhersehungs-)Willen notwendig (δεῖ) behauptet. In dem behandelten Text aus der Emmaus-Legende kommt freilich auch schon die Korrektur einer Hoffnung zum Ausdruck, die mit der Wirksamkeit des irdischen Jesus und zumal seinem Zug nach Jerusalem die Aufrichtung der Königsherrschaft verbindet. Der Auferstandene deutet ja den heilsgeschichtlichen Plan in Bezug auf den Messias in zwei Aussagen: Leiden und Eingehen in seine Herrlichkeit (Lk 24,26).

Mit der Formulierung vom Eingehen in die Herrlichkeit umschreibt Lukas die Erhöhung Jesu, seine Versetzung in den himmlischen Bereich, die er in der Himmelfahrtperikope auch erzählerisch gestaltet (24,50ff.; Apg 1,1ff.).[29] Das eigentliche Ziel der Jerusalem-Reise Jesu war im Verständnis des Lukas eben (nach dem Leiden/παθείν) seine Erhöhung in den göttlichen Bereich. Die Aufrichtung der Königsherrschaft, der βασιλεία (und dazu gehört nach Lukas auch die Aufrichtung der Königsherrschaft für Israel), wird damit an den Parusie-Christus gebunden.[30] Wir sollten aber beachten: Die Verherrlichung Jesu tritt bei Lukas nicht an die Stelle der Aufrichtung der Königsherrschaft bzw. der messianischen Befreiung Israels. Vielmehr schiebt Jesu Himmelfahrt die endgültige Erfüllung des messianischen Heils nur zeit- und heilsgeschichtlich hinaus. Aus der Fülle der hier infrage kommenden Texte des Lukas greife ich Lk 19,11ff. heraus, woraus ich die beiden ersten Verse zitiere:

> Als sie aber dieses hörten (nämlich Jesu Logion vom Menschensohn, der gekommen ist, das Verlorene zu suchen und zu retten), fügte er ein Gleichnis hinzu, weil er nahe bei Jerusalem war, und sie meinten, sogleich werde die Königsherrschaft Gottes offenbar werden. Er sagte also: Ein adeliger Mann reiste ab in ein fernes Land, um sich Königsherrschaft zu erwerben und zurückzukehren.

Viele Deutungen dieses Textes bzw. des sogenannten Minen-Gleichnisses überhaupt gehen wieder davon aus, dass hier das Ausbleiben der Parusie themati-

---

29 Zu δόξα als Ausdruck für die himmlische Existenz bei Lukas: Lk 9,26.31f.; 21,27; vgl. auch Apg 7,55; 22,11.

30 S. nur Apg 1,3.6; 3,21. Vgl. auch Haacker, Anm. 27 (442) mit Bezug auf Apg 3,19ff.: „Die traditionelle Messiaserwartung wird durch diesen Text insofern abgewandelt, als erst das zweite Kommen des verheißenen Messias das Heil für Israel bringt. Jesu erstes Kommen wird als eine prophetische Sendung auf der Linie des verheißenen ‚Propheten wie Mose' interpretiert (vgl. V. 22–26)."

siert wird.[31] Doch zunächst einmal geht es doch um Jesu Einzug in Jerusalem, wie die redaktionelle Einleitung explizit hervorhebt: Man ist in räumlicher Nähe zu Jerusalem, nämlich in Jericho, und die Jünger meinen, dass die Königsherrschaft Gottes sogleich/παρχρῆμα offenbart wird. Und auf diese brennende Naherwartung geht Jesu Antwort ein. Der adelige Mann kann seine Königsherrschaft erst in einem fernen Land empfangen. Dieser adelige Mann im Gleichnis ist Jesus selbst, das ferne Land ist der Himmel, seine Reise dorthin die Himmelfahrt. Diese Deutung wird etwa durch Apg 3,20f. unterstützt. Petrus ruft hier in der Säulenhalle des Salomo das Volk Jerusalems zur Umkehr auf,

> auf daß Zeiten der Erquickung vom Angesicht des Herrn her kommen und er den euch vorherbestimmten Christus, Jesus, sende. Ihn muß der Himmel aufnehmen bis zu den Zeiten der Wiederherstellung von allem, wovon Gott geredet hat durch den Mund seiner heiligen, von Ewigkeit her (gesandten) Propheten.

Gerhard Schneider hebt dazu in seinem Kommentar mit Recht hervor, dass eben die „messianische Sendung Jesu mit seinem Erdenwirken noch nicht vollendet ist" und „auch seine Aufnahme in den Himmel [...] noch nicht die Vollendung der Heilsgeschichte"[32], sondern dass er Wiederkommen muss, um das Werk zu vollenden. Es ist zu erwägen, ob die Vorstellung des Bereithaltens bzw. „Aufbewahrens" im Himmel aus der Elia- bzw. Mose-redivivus-Tradition von Mal 3,23f. hier eingetragen wurde.[33] In jedem Fall ist deutlich, dass auch nach Apg 3,20f. die Aufnahme Jesu in den Himmel sowohl messianologisch sozusagen notwendig als aber auch zeitlich befristet ist.[34]

7 *Das Schicksal Israels*

Wir haben gesehen, dass Lukas das Leiden Jesu messianisch deutet und die an den Messias gebundene Aufrichtung der Königsherrschaft, der βασιλεία, mit dem vom Himmel wiederkommenden Christus identifiziert. Jetzt soll dazu das katastrophale Schicksal Israels ins Verhältnis gesetzt werden. Zu diesem Zweck gehe ich noch einmal kurz auf die lukanische Schilderung des Einzugs Jesu in Jerusalem ein (Lk 19,37ff.).

Jetzt schürzt sich der Knoten, Jesus ist in unmittelbarer Nähe Jerusalems, auf dem Ölberg. Die Jüngerschar akklamiert ihn als Messias-König: „Gelobt sei, der da kommt, der König, im Namen des Herrn" (19,38). Ich habe schon darauf verwiesen, dass Lukas hier seine Markus-Vorlage korrigiert. Jetzt kann noch

---

31 S. nur Conzelmann, a. a. O., 104.
32 G. Schneider, Die Apostelgeschichte, I. Teil, Freiburg / Basel / Wien 1980, 326.
33 Vgl. nur G. Schneider, ebd.
34 Vgl. G. Schneider, a. a. O., 327.

deutlicher werden, warum an dieser Stelle Jesus als Messias-König akklamiert wird, nicht aber – wie bei Markus – das *Kommen* der Königsherrschaft (βασιλεία) unseres Vaters David ausgerufen wird (vgl. Mk 11,10). Es geht Lukas hier nicht um die Korrektur der real-politischen Erwartung Israels. Vielmehr: Es kommt wohl der König der Juden, aber es kommt noch nicht die Königsherrschaft (βασιλεία) unseres Vaters David.

Der irdische Jesus richtet also noch nicht die davidische Königsherrschaft auf. Deren Ehre und Frieden bleiben noch im Himmel, von wo sie der König (βασιλεύς), Jesus, erst noch holen wird. Eine deutliche Korrektur zum Hymnus der himmlischen Heerscharen im Weihnachtsevangelium (2,14)![35] Diese gravierende Korrektur ist nun aber nach Lukas offenbar durch das Verhalten gegenüber dem Messias Jesus bedingt. Denn leider akklamieren dem Messias-König nur seine Jünger, nicht aber das Volk (Lk 19,37 diff. Mk 11,9; vgl. Lk 13,35). Und genau in diesem Zusammenhang bringt Lukas das Schicksal Israels (Jerusalem steht hier pars pro toto) zur Sprache. Als sich Jesus nämlich der Stadt Jerusalem nähert, da weint er über sie:

> Wenn doch auch du an diesem Tage erkannt hättest, was zum Frieden dient; jetzt aber ist es vor deinen Augen verborgen. Denn es werden (Gerichts-)Tage über dich kommen und deine Feinde werden um dich einen Wall aufwerfen und dich belagern und von allen Seiten bedrängen; und sie werden dich und deine Kinder in dir zerschmettern und keinen Stein in dir auf dem anderen lassen, weil du den Zeitpunkt (*kairos*) deiner (gnädigen) Heimsuchung nicht erkannt hast (Lk 19,41–44).

Israels Katastrophe wird hier in einem „vaticinium ex eventu" vorausgesagt. Die messianische Hoffnung für das Volk Gottes wird im Sinne des Lukas dadurch jedoch nicht in ihr Gegenteil verkehrt. Denn dieses Unheil hat seinen Platz im Plan Gottes, da Jerusalem zwar einerseits den *kairos* seiner gnädigen Heimsuchung nicht erkannt hat, doch ihm andererseits nach göttlichem Willen verborgen war, was zum Frieden dient. Das Verbum ἐκρύβη in Vers 42 ist Passivum divinum: es ist (von Gott) verborgen worden.

Ich halte fest: Lukas „korrigiert" in einem umfassenden Klärungsprozess seine messianische Christologie in doppelter Hinsicht. Einerseits integriert er Jesu Schicksal in dieses Konzept, indem er es messianisiert. Andererseits ist nach seiner Darstellung das Ziel der Jerusalem-Reise und überhaupt des irdischen Wirkens Jesu als Messias nicht schon die Aufrichtung der davidischen Königsherrschaft gewesen. Diese heilvolle Zukunft des Gottesvolkes erfüllt sich mit der Parusie. Der hermeneutische Schlüssel zu dieser Konzeption ist nicht in der „Parusie-Verzögerung", sondern im katastrophalen Schicksal Israels im Jahre 70 zu sehen.

---

[35] S. dazu auch Osten-Sacken, a. a. O., 489; es steht freilich nicht die „Jenseitigkeit" des Gottesreiches zur Debatte, wie auch Conzelmann, a. a. O., 185, annimmt.

8 *Das Heil der Heiden*

Wie an keinem anderen Text im lukanischen Doppelwerk können wir nun anhand der Simeonsweissagung in Lk 2,25ff. den Zusammenhang der messianischen Aussagen des Lukas mit dem Heil für die Heiden diskutieren. Schon die Einführung *Simeons* ist bezeichnend. Er entspricht dem jüdischen Frömmigkeitsideal, das auch die Eltern des Täufers auszeichnete: denn er ist „gerecht" (δίκαιος) und „fromm" (εὐλαβής) (vgl. Apg 2,5; 8,2; 22,12). Vor allem aber sticht er durch seine Erwartung hervor: er erwartet nämlich den Trost (παράκλησις) Israels. Diese Erwartung erinnert deutlich an Jes 40,1. In gleicher Weise wird dieser „Trost" in Jes 40,2 für Jerusalem verheißen. Daran erinnert in unserem Lukas-Text die Prophetin Hanna, die zu denen spricht, die die Erlösung Jerusalems erwarten (V. 38). Doch gehen die Beziehungen des Lukastextes zu Jesaja 40 noch weiter. Simeon spricht nämlich davon, dass seine Augen das σωτήριον Gottes gesehen haben.

Man sollte hier nicht übersetzen: denn meine Augen haben deinen *Heiland* gesehen, wie dies noch der revidierte Luthertext (1975) tut. Aus sprachlichen und sachlichen Gründen muss korrekter vom „Heil" Gottes gesprochen werden. Zwar kann man durchaus daran denken, dass mit dem „Sehen" Simeons vordergründig das Jesus-Kind gemeint ist, das Simeon auf seinen Armen trägt. Gleichwohl umfasst der Ausdruck bewusst schon mehr – d. h. in dem Jesus-Kind sieht Simeon auf das künftige Heil Israels. Diese Deutung von σωτήριον bestätigen auch die beiden anderen Belege im lukanischen Doppelwerk in Lk 3,6 und Apg 28,28. Und zumal Lk 3,4–6 macht uns darauf aufmerksam, dass die Formulierung „das Heil Gottes" eine Abbreviatur für die Verheißungen von Jesaja 40 ist. Also auch die Formulierung in dem Hymnus des Simeon ist eine Anspielung auf Jes 40,5. Von hierher muss nun aber auch die Fortsetzung von Simeons Lobpreis in Lk 2,31 verstanden werden:

> ὃ ἡτοίμασας κατὰ πρόσωπον πάντων τῶν λαῶν.

Gemeinhin wird dieser Vers übersetzt: „was du bereitet hast im Angesicht aller *Völker*". Dann wäre also schon hier von der universalen Geltung des messianischen Heils die Rede. Allerdings verwendet Lukas *laos* immer für das Volk Israel.[36] Und an jenen zwei Stellen außerhalb von Lk 2,31, an denen er den Plural *laoi* gebraucht (Apg 4,25.27), sind zweifellos die „Stämme" Israels gemeint.[37] So hat schon Kilpatrick zu Recht darauf hingewiesen, dass auch in Lk 2,31 nur die

---

[36] Sinnvolle Ausnahme Apg 15,14.

[37] Dazu W. Stegemann, „Licht der Völker" bei Lukas, in: Der Treue Gottes trauen. Beiträge zum Werk des Lukas. FS für Gerhard Schneider, hg. von C. Bussmann / W. Radl, Freiburg / Basel / Wien 1991, 81ff.: 88f.

„tribes of Israel" gemeint sein können.[38] Nur unter dieser Voraussetzung wird schließlich auch die geradezu programmatische Formulierung des Paulus am Ende der Apostelgeschichte sinnvoll. Dort proklamiert Paulus vor den Vertretern des römischen Judentums feierlich: „Es sei euch bekanntgemacht: Dieses Heil Gottes (σωτήριον τοῦ θεοῦ) ist den Heiden gesandt. Sie werden auch hören" (Apg 28,28). Diese Proklamation hat aber nur Sinn, wenn sie in der Sendung des Heils Gottes an die Heidenvölker einen neuen Gedanken ausdrückt. Simeon spricht in unserem Text also zunächst noch davon, dass das „Heil Gottes" allen Stämmen Israels bereitet ist.

Allerdings schaut er schon prophetisch weiter – auch darin wieder die jesajanische Prophetie aufnehmend –, wenn er in V. 32a sagt: „Ein Licht zur Offenbarung für Heiden."[39] Hier also kommen nun die Heiden-Völker endlich in den Blick. Für unseren Zusammenhang ist von entscheidender Bedeutung, *wer* denn dieses „Licht für die Heiden" ist. Gemeinhin wird Jesus selbst als dieses Licht verstanden.[40] Dabei wird unausgesprochen vorausgesetzt, dass eben Simeon das Jesus-Kind auf den Armen hält und auf frühjüdische Belege vom Licht des Messias verwiesen. Doch kann diese Interpretation aus grammatischen und sachlichen Gründen kaum überzeugen.[41] Tatsächlich meint Lukas mit dem „Licht zur Offenbarung für die Heiden" das messianische Heil, von dem hier die Rede ist. Paraphrasierend gesprochen sagt Simeon demnach: Das messianische Heil, das Gott seinem Volke Israel bereitet hat, wird als göttliche Offenbarung für die Völker wirken und so für Israel bei Gott Ehre einlegen. Vom messianisch erleuchteten Israel strahlt das Heil auch für die Heiden. Darauf ist mithin in der Auslegung des „Nunc Dimittis" peinlich genau zu achten, dass nicht der Messias Israels selbst „Licht der Heiden" ist, sondern dem vom messianischen Heil Gottes betroffenen *Volk Israel* kommt diese heilsgeschichtliche Prärogative zu.

So universal auf einmal die heilsgeschichtliche Perspektive des Propheten Simeon ist, sie bleibt in einem bestimmten Sinne exklusiv gebunden an Israel. Diese Deutung legt sich freilich nicht nur aus grammatischen Gründen nahe, sie ist auch aus traditionsgeschichtlichen Überlegungen sinnvoller.[42] Dass unsere bisherigen Überlegungen zum „Licht der Völker" im Kontext des Simeon-

---

38 G. D. Kilpatrick, Laoi at Luke II.31 and Acts 4,25,27, JThSt 14 (1965), 127. Anders Schürmann, 126.

39 S. auch meinen Anm. 34 genannten Aufsatz.

40 S. nur Schürmann, a. a. O., 126.

41 Ausführliche Begründung in meinem Anm. 34 genannten Aufsatz.

42 Denn der Hymnus des Simeon knüpft auch in dieser Hinsicht eng an die Prophetie des 2. Jesaja an. In dem hier zitierten Text aus Jes 40 wird nämlich schon davon gesprochen, dass alles Fleisch (*kol basar*), d. h. alle Menschen, das Heil sehen werden (40,5). Im weiteren Kontext des Jesaja-Buches wird darin aber auch ausdrücklich Israel als Licht der Völker bezeichnet: 42,6 und 49,6.

Hymnus richtig sind, zeigt schließlich noch Apg 13,47. Darauf gehe ich aber hier nicht näher ein.

Ich halte fest: Simeon preist Gott, weil er in dem Jesus-Kind das Heil Gottes schauen durfte. Dieses zukünftige Heil steht unmittelbar vor der Tür. Es gilt allen Stämmen Israels – und wird so als Verherrlichung des Gottesvolkes zu einer Offenbarung für Heiden werden. Lukas formuliert in äußerster Verdichtung und Nähe zu Deuterojesaja. Dessen Prophetie konkretisiert er aber in doppelter Hinsicht: Einerseits verknüpft er das verheißene Heil für Israel ausdrücklich mit dem „Messias" Jesus, andererseits verbindet er mit der Geburt Jesu die Erwartung, dass das verheißene Heil Israels in Bälde realisiert wird. Im Unterschied zu Jesaja scheint Lukas freilich nicht die „Völkerwallfahrt" zum Zion (Jes 2,2–5; 45,14–25; 60,1–9) als den Weg zu verstehen, auf welchem die Heidenvölker zum Heil Israels hinzukommen. Er denkt wohl vielmehr daran, dass durch die Verkündigung der frohen Botschaft von der „Umkehr zur Vergebung der Sünden" unter allen Völkern Israels messianisches Heil auch den Heiden offenbar wird. Medium dieser Verkündigung sind die „Zeugen" vom Leiden und Auferstehen des *Messias* Jesus (Lk 24,46–48), zu denen als wichtigster Zeuge unter den Völkern schließlich Paulus hinzukommt. Denn Israel unter den Völkern will nach lukanischer Darstellung seine Aufgabe nicht wahrnehmen, „Licht der Völker" zu sein. Lukas wird dann in der Apostelgeschichte häufiger und äußerst ausführlich begründen, dass die „Umkehr zum Leben" (wie er den Zusammenhang von Umkehr und künftigem Heil zusammenfassend umschreibt: Apg 11,18) von Gott auch den Heiden geschenkt ist. Sie müssen nicht erst Juden werden, um am Heil Israels Anteil zu bekommen (Beispiel: Kornelius, Apg 10f.; Begründung Apg 15).

So sehr man freilich diese direkte Zuwendung Gottes zu den Heidenvölkern in Rechnung stellen muss, sie darf nicht heilsuniversalistisch missverstanden werden, d. h., sie darf nicht von der heilsgeschichtlichen Bedeutung Israels absehen. Denn sie setzt soteriologisch voraus: dass Jesus der designierte Messias Israels ist und mit seiner Wirksamkeit und der Ausgießung des Heiligen Geistes vom Anbruch des messianischen Heils für Israel gesprochen werden kann. Die endgültige Realisierung dieser Verheißung steht noch aus, sie wird an den Parusie-Messias gebunden. Doch das Heil war im irdisch wirkenden Messias schon da (Lk 11,20; 17,20), und es wird noch in den Machttaten der Apostel sichtbar. Es wird schließlich dadurch bestätigt, dass Tausende in Israel (nicht in der Diaspora!) zum Glauben an den Messias gekommen sind (abschließend ausgesprochen in Apg 21,20).[43]

Ich kann K. Haacker nur zustimmen, wenn er sagt, dass bei Lukas „nicht einmal der Durchbruch zur universalen Heidenmission [...] eine Preisgabe der messianischen Erwartungen bedeutet"[44]. Ja, bis hinein in einzelne Topoi bleibt

---

43 Sind sie der „Rest" Israels (Röm 9–11)?

44 Haacker (Anm. 27), 442 (mit Verweis auf Apg 15,16f.).

bei Lukas die universale Ausweitung des Heils an die messianische Tradition und soteriologische Rolle Israels gebunden. Haacker hat dies nach meinem Urteil überzeugend am Bekenntnis des lukanischen Paulus zur „Hoffnung Israels“ aufgezeigt. Paulus besteht im Zusammenhang seines Prozesses darauf, dass er wegen der „Hoffnung Israels“ vor Gericht stehe. Eben diese Hoffnung wird mit der Auferstehung der Toten identifiziert (Apg 23,6; 24,15f.; 26,6f.; 28,20). Haacker hat nun zeigen können, dass diese Interpretation der Hoffnung Israels durch die Auferstehung traditionsgeschichtlich begründet ist. In diesen Zusammenhang gehört auch die lukanische Deutung der Auferstehung Jesu als Erfüllung der Natansweissagung.[45]

So schließt sich hier der Kreis, den wir mit der Messianologie der lukanischen Vorgeschichte begonnen haben. Offensichtlich verbinden sich für Lukas die messianischen Hoffnungen, „die (er) in seinen Vorgeschichten so betont aufgegriffen hat, [...] ganz besonders mit der Auferstehung Jesu“[46]. Lukas lässt bis in Einzelheiten hinein keinen Zweifel daran, dass das Heil von den Juden kommt, wie Johannes 4,22 sagt. Und es ist hoffentlich deutlich geworden, wie Lukas diese Formulierung verstehen würde: Das Heil für die Heiden setzt voraus, dass in Jesus der Messias Israels zur Welt gekommen, dass mit seiner Wirksamkeit die messianische Heilszeit angebrochen ist. Beides ist für ihn soteriologische conditio sine qua non für das Heil der Heiden.

III Abschließende Bemerkungen

Ich bin ausgegangen von dem Problem des Bekenntnisses zu Jesus als Messias Israels. Die unselige antijüdische Tradition dieses Bekenntnisses bringt uns in das Dilemma, dass dieses als zentrales Fundament des christlichen Glaubens auch dann noch unter dem Antijudaismus-Verdacht steht, wenn – wie im Rheinischen Beschluss – gerade die positive Beziehung auf Israel hervorgehoben werden soll. Diesem Dilemma können wir m. E. wenigstens zum Teil entgehen, wenn wir uns auf den christlichen Typ der messianischen Idee konzentrieren, d. h., ihn als eine besondere Ausformung der messianischen Idee im Judentum verstehen, aber nicht im Gegensatz zu ihr auslegen. Hier kann nach meiner Überzeugung etwa die lukanische Interpretation des leidenden Messias, sofern sie nicht vordergründigen apologetischen Zwecken dienstbar gemacht wird (wie das schon bei Justin im „Dialog mit Tryphon“ geschieht), den christ-

---

45 Dan 12,1f.; TestBenj 10,6–11; 2. Benediktion des Shemone Esre; vgl. auch Röm 4,17; 11,15; 1,3f. Zur Auferstehung Jesu: Sie wird bei Lukas wiederholt (Apg 2,25–36; 13,23.32–37) als Erfüllung der Natansweissagung und anderer davidischer Verheißungen gedeutet. S. Haacker (Anm. 27), 445ff.

46 Haacker (Anm. 27), 447.

lichen Typ der messianischen Idee auch als eine humane und produktive Ausformung des messianischen Gedankens ausweisen. Und es ist ja nicht zu verkennen, dass auch in der messianischen Tradition des Judentums der Messias als leidende Gestalt begegnet.[47] Auch in dieser Hinsicht muss es also nicht um Gegensätze gehen, sondern können Gemeinsamkeiten betont werden.

Freilich setzt der christliche Typ der messianischen Idee den Glauben voraus, dass Jesus von Nazareth Israels Messias ist. Im Falle der lukanischen Theologie ist diese Beziehung auf die Verheißungen Israels nicht zu übersehen. Doch behauptet Lukas nicht, dass der Messias Jesus seine irdische Herrschaft schon angetreten hat. Die steht noch aus, der Messias dazu im Himmel bereit. Auf dem „Schauplatz der Geschichte", um mit Scholem zu sprechen, hat sich Jesu messianische Hoheit erst *antizipatorisch* (etwa in seinen Heilungen und in seiner Verkündigung der Königsherrschaft Gottes zugunsten der Armen) realisiert. Insofern könnte ich auf der Basis der lukanischen Theologie sagen: Der entscheidende Hoffnungsinhalt, der sich mit der Erwartung des Messias verknüpft, steht auch im christlichen Typ der messianischen Idee noch aus. Wie Israel erwartet die Christenheit in dieser Hinsicht immer noch das Kommen des Messias und die Aufrichtung seiner Königsherrschaft in Israel. Wird hier eine weitere Gemeinsamkeit mit dem Glauben des jüdischen Volkes deutlich, so tut sich die christliche Theologie allerdings schwer damit, überhaupt auf die Identifizierung Jesu als Messias Israels zu verzichten. Denn an ihr hängt – auch dies zeigt die lukanische Theologie deutlich – die Einbeziehung der Heidenchristen in die zukünftige Erlösung.

Es ist nun aber auch zu sehen, dass heute damit das Problem verbunden ist, dass Christen in gewisser Weise definieren, wer der zukünftige Messias Israels ist. Dies können sie zwar nur, weil jüdische Anhängerinnen und Anhänger Jesu dies einst getan haben; doch mittlerweile hat sich diese Hoffnung, die damals damit für Israel ausgedrückt wurde, zu einer hybriden heidenchristlichen Bevormundung der Juden verwandelt, um nur dies zu sagen. Die Frage ist darum für uns, ob wir die „messianische Hoffnung, die wir mit Israel teilen, so in unserem messianischen Bekenntnis zum Ausdruck bringen können, dass damit das jüdische Volk nicht bevormundet wird. Deshalb kommt es darauf an, diesen bei Lukas so betonten „pro-heidnischen" Aspekt, d. h. die Einbeziehung der Völker in das zukünftige messianische Heil Israels, auch hervorzuheben. Antijüdisch wird unser Bekenntnis immer dann nicht sein, so meine ich, wenn wir einerseits seine Gültigkeit nur für uns beanspruchen, nicht aber für das jüdische Volk, andererseits aber nicht vergessen, dass wir es dem jüdischen Volk verdanken. Christliche Theologie tut also gut daran, sozusagen den zweiten Teil der Formulierung des Rheinischen Beschlusses: „der als Messias Israels *der Retter der Welt ist*" zu betonen.

---

[47] Übersicht über die Texte bei R. Patai, The Messiah Texts, Detroit 1979, 104ff.

Dafür kann sie sich mit guten Gründen auf die lukanische Theologie berufen. Und auch wenn für sie der Glaube an Jesus Christus von fundamentaler Bedeutung ist, ja, vielleicht besser: von *epochaler* Bedeutung, insofern der Glaube an Jesus als designierter Messias Grundlage der Assoziation der Heiden zum Heil Israels ist, kann sie – im Sinne der Phänomenologie Husserls – ihren Glauben an den *Messias* Jesus in ἐποχή setzen. Ich will damit sagen: Genauso wie in der paulinischen Theologie das Bekenntnis zu Jesus von Nazareth als Messias meist nur als implizite Voraussetzung seiner Soteriologie begegnet (Röm 1,3; Gal 4,4), genauso müssen auch wir nicht auf der Explikation dieses Gedankens beharren. Dies lässt sich vielleicht schon sprachlich – auch hier kann Paulus Vorbild sein – durch das Bekenntnis zu *Jesus Christus* ausdrücken, womit eben sozusagen der christliche Typ der messianischen Idee konkrete Gestalt gewinnt. Wenn wir Christinnen und Christen unsere mit dem Christusbekenntnis verbundene, antijüdische Auslegung erinnernd wahrnehmen und durcharbeiten, können wir vielleicht auch wagen, die positiven Aspekte des christlichen Typs der messianischen Idee zu betonen und so gemeinsam mit dem jüdischen Glauben irgendwann gleichsam zu einer messianischen Koalition finden. Deren gemeinsames Ziel ist für mich die Realisierung der Menschlichkeit des Menschen.

Der Jude Jesus und der Glaube der Christen

Ekkehard W. Stegemann

1 Jüdische Versöhnung mit dem Juden Jesus von Nazareth

„Es war ein Jude, ein pharisäischer Jude mit galiläischer Färbung, ein Mann, der die Hoffnungen der Zeit teilte und diese Hoffnung in sich erfüllt glaubte. Einen neuen Gedanken sprach er keineswegs aus, auch brach er nicht etwa die Schranken der Nationalität."

Es ist ein Satz von *Abraham Geiger*, dem Mitbegründer und Wegbereiter der Wissenschaft des Judentums im vorigen Jahrhundert, den ich hier zitiert habe.[1]

Und der Schriftsteller und Arzt *Max Nordau*, der neben Theodor Herzl einer der Gründerväter des Zionismus war, hat 1899 geäußert:

„Jesus ist die Seele unserer Seele, wie er das Fleisch unseres Fleisches ist. Wer möchte ihn also ausscheiden aus dem jüdischen Volk? Der heilige Petrus wird der einzige Jude bleiben, der von diesem Abkömmling Davids gesagt hat: ich kenne nicht diesen Mann."[2]

Ich stelle diese schönen Worte mit Absicht an den Anfang. Denn sie sind ein eindrucksvolles Zeugnis für die oft nicht bekannte oder hinreichend gewürdigte Tatsache, dass es gerade Zionisten und andere, entschieden zu ihrem Judentum sich bekennende Juden waren, die das, was heute allgemein die Heimholung Jesu ins Judentum genannt wird, angefangen und vollzogen haben. Ich denke dabei auch an Martin Buber, Leo Baeck und etwa an Joseph Klausner. Sie alle waren nicht nur Wegbereiter eines neuen jüdischen Selbstbewusstseins, sondern auch eines neuen jüdischen Zugangs zum Juden Jesus von Nazareth. David Flusser wie Schalom Ben-Chorin und all die anderen, deren Jesusbücher wir heute lesen, wären ohne sie nicht zu denken.

Leo Baeck etwa konnte schon über Jesus sagen:

„Einen Mann sehen wir vor uns, der in allen den Linien und Zeichen seines Wesens das jüdische Gepräge aufzeigt, in ihnen so eigen und klar das Reine und Gute des Judentums offenbart, einen Mann, der als der, welcher er war, nur aus dem Boden des Judentums hervorwachsen konnte und nur auf diesem Boden seine Schüler und Anhänger erwerben konnte, einen Mann, der hier allein, in

---

1 Nach E. L. Ehrlich, Art. Jesus IX. Judentum, TRE 17/68–71: 68.

2 Zitiert nach S. Ben-Chorin, Bruder Jesus, München 1967, 11.

diesem jüdischen Bereich durch sein Leben und in seinen Tod gehen konnte – ein Jude unter Juden."[3]

Und von *Martin Buber* stammen die folgenden Sätze:

„Jesus habe ich von Jugend auf als meinen großen Bruder empfunden. Dass die Christenheit ihn als Gott und Erlöser angesehen hat und ansieht, ist mir immer als eine Tatsache von höchstem Ernst erschienen. [...] Mein eigenes brüderliches aufgeschlossenes Verhältnis zu ihm ist immer stärker und reiner geworden. [...] Gewisser ist mir als je, daß ihm ein großer Platz in der Glaubensgeschichte Israels zukommt und daß dieser Platz durch keine der üblichen Kategorien umschrieben werden kann."[4]

Joseph Klausner schließlich verdanken wir nicht nur eine vorzügliche wissenschaftliche Darstellung, sondern vor allem auch das erste Jesusbuch in hebräischer Sprache. Er stellt schon im Vorwort fest, dass Jesus als Jude geboren wurde, in Israels Mitte lebte und starb und in jeder Beziehung Jude war.[5] Und er schließt den Abschnitt, der über „Jesus als Jude" ausdrücklich handelt, mit dem Satz: „Jesus war Jude und blieb es bis zum letzten Atemzug."[6]

Diese jüdische Versöhnung mit dem Juden Jesus ist angesichts der realen Geschichte der Juden mit den Christen, die sich auf den Juden Jesus von Nazareth als ihren Herrn und Meister berufen, eine außerordentliche und ganz und gar nicht selbstverständliche Sache. Ja, es ist auch eine ganz neue, d. h. erst seit der Neuzeit mögliche. Denn erst durch die Aufklärung und seit ihr ist es möglich und auch erlaubt, zwischen dem irdisch-geschichtlichen Juden Jesus von Nazareth und dem christlich verkündigten Gottessohn Jesus Christus einen Unterschied zu machen. Und wenn ich sagte, dass diese Differenzierung seit der Aufklärung auch erlaubt ist, so meine ich damit in der Tat, dass es sich dabei nicht nur um eine Sache der Erkenntnis und des Wissens, sondern auch der Macht und des Rechtes handelte. Denn ein Verhältnis zu Jesus von Nazareth, das nicht durch das Dogma der Kirche und deren Absolutheits- und Herrschaftsanspruch definiert wäre, war vor der Aufklärung nicht folgenlos öffentlich möglich und auch danach noch lange risikoreich genug.

Diese Versöhnung mit dem Juden Jesus, wie sie in diesen Zitaten zum Ausdruck kommt, ist übrigens durchaus keine unkritische. Gerade der letztgenannte jüdische Gelehrte, Joseph Klausner, hat durchaus auch „Gegensätze zwischen dem Judentum und der Lehre Jesu"[7] gefunden.

---

3 L. Baeck, Aus drei Jahrtausenden, Berlin 1938, 283.

4 M. Buber, Zwei Glaubensweisen, Zürich 1950, 11.

5 J. Klausner, Jesus von Nazareth. Seine Zeit, sein Leben und seine Lehre, Jerusalem ^{3}1952, 7.

6 A. a. O., 512.

7 Vgl. Klausner, 513ff.

Allerdings hat auch die Versöhnung von Juden mit dem Juden Jesus von Nazareth, wie sie Ende des letzten Jahrhunderts angefangen hat, eine bestimmte Grenze, nämlich die, die durch den Glauben der Christen an Jesus als Messias Israels und an die durch ihn bereits gekommene Erlösung der Welt gezogen ist. Die wohl auf S. Ben-Chorin zurückgehende Formel, mit der darum die Heimholung Jesu ins Judentum in Unterscheidung von der christlichen Bezugnahme auf ihn benannt wird, lautet bekanntlich:

> Der Glaube Jesu eint uns, der Glaube an Jesus trennt uns.

Doch verbindet sich damit oft zugleich die Vorstellung, dass der Glaube an Jesus die den Völkern mögliche Art ist, zum Glauben an den Gott Israels zu kommen, ohne Juden werden zu müssen. Ja, es ist dies nicht selten ausgedrückt in Worten, die geradezu eine heilsgeschichtliche Würdigung Jesu von Nazareth enthalten.

II Das Desiderat einer christlichen Versöhnung mit dem Judesein Jesu von Nazareth

Das folgende Zitat von einem christlichen Theologen, nämlich *Julius Wellhausen*, stammt aus derselben Zeit wie das von Max Nordau und sagt anscheinend dasselbe wie das von Abraham Geiger:

„Jesus war kein Christ, sondern Jude. Er verkündete keinen neuen Glauben, sondern er lehrte den Willen Gottes zu tun. Der Wille Gottes stand für ihn wie für die Juden im Gesetz und in den übrigen heiligen Schriften, die dazu gerechnet wurden."[8]

Diese Koinzidenz jüdischer und christlicher Stimmen ist kein Zufall, sondern das Produkt der historischen Frage, wie sie seit der Aufklärung von Juden und Christen auch an die Bibel gestellt wurde.

Gewiss, es hat die christliche Dogmatik schon immer zwischen dem Irdischen und dem Auferstandenen bzw. zwischen dem menschgewordenen Gottessohn und dem zum Himmel durch Auferstehung und Himmelfahrt wieder zurückgekehrten Menschensohn unterschieden. Allein die dogmatische Aussage, dass Jesus wahrer Mensch und wahrer Gott ist, impliziert zugleich, dass beide Naturen auch unzertrennbar sind. „Nur als Gottessohn, aber eben als solcher, existiert Jesus Christus auch menschlich."[9] Die Menschlichkeit Jesu von Nazareth, seine humanitas, ist nach der orthodoxen Dogmatik nicht, abge-

---

8 J. Wellhausen, Einleitung in die drei ersten Evangelien, Berlin 1905, 113.

9 K. Barth, KD IV/2, 100.

sehen von seiner Gottheit, also als reine Menschlichkeit sozusagen, denkbar, sondern nur so, dass der Mensch Jesus von Nazareth immer zugleich in Person der Gottessohn, die zweite Person der Trinität ist. Abgelehnt ist damit auch die Vorstellung, dass es zunächst einmal ein menschliches Individuum Jesus gegeben habe, das dann von Gott kraft einer besonderen Adoption als Gottessohn anerkannt und mit Geist vom Himmel her ausgestattet und schließlich aufgrund seines gehorsamen Lebensweges in den Himmel aufgenommen worden ist. Vielmehr existiert, wie gesagt, der Mensch Jesus nur dadurch, dass der Gottessohn Mensch geworden ist, die Ewigkeit also sich auf die Zeit eingelassen, Gott sich zum Menschen erniedrigt hat. Karl Barth hat die Einwohnung der göttlichen Person in der menschlichen Natur mit dem aus Subjekt und Prädikat bestehenden Satz verglichen: „Man kann ein Prädikat nicht gut ohne sein Subjekt sehen, verstehen, darstellen wollen. Die Menschlichkeit Jesu an sich und als solche wäre aber ein Prädikat ohne Subjekt."[10] Diskutiert wird dieses Dogma in der klassischen Dogmatik, unter dem Titel der An- bzw. Enhypostasielehre.

Wir können hier nicht näher auf diese komplizierten Denkakte der Dogmatik eingehen. Immerhin sei davor gewarnt, dies alles als kalten Kaffee vergangener Jahrhunderte abzutun. Kein Geringerer als der schon genannte Erztheologe unseres Jahrhunderts, *Karl Barth* nämlich, hat dieses Dogma nachdrücklich verteidigt, und zwar ganz bewusst gegen die mit der Theologie der Aufklärung beginnende Konzentration auf die Menschlichkeit Jesu an sich. Was Barth dazu veranlasst hat, werde ich später noch kurz erwähnen. Jetzt ist wichtig festzuhalten, dass in der Tat die Unterscheidung einer geschichtlichen Person Jesus von Nazareth von dem Gottessohn des kirchlichen Glaubens und seiner dogmatischen Entfaltung seit der Aufklärung nicht diese orthodoxe Christologie neu auslegt, sondern in Wahrheit auf eine Trennung von Gott und Mensch in Jesus hinausläuft. So gesehen ist diese Unterscheidung also durchaus eine antidogmatische, eine Befreiung – wie gesagt – von den Fesseln der kirchlichen Dogmatik. Doch ist einmal die Perspektive auf Jesus nicht mehr durch die Optik der orthodoxen Kirchenlehre bestimmt, so ist es kein Wunder, wenn Jesus von Nazareth in einem ganz neuen Lichte erscheint.

Bezogen auf die Evangelien löste also die historische Jesusfrage nicht nur, wie *Albert Schweitzer* gesagt hat, „die Bande, mit denen Jesus seit Jahrhunderten an den Felsen der Kirchenlehre gefesselt war"[11]. Vielmehr trennte sie auch das Band durch, das nach der klassischen Dogmatik zwischen Jesus und Gott besteht. Das Jahrhunderte hindurch unangefochtene Paradoxon des „Gott-Menschen" Jesus Christus, der, obschon nur eine Person, in zwei unterschiedlichen, ja, gegensätzlichen Naturen, der menschlichen und der göttlichen, exis-

---

[10] KD IV/2, 113; vgl. dazu D. Schellong, Barth lesen, in: Friedrich-Wilhelm Marquardt / Dieter Schellong / Michael Weinrich (Hg.): Einwürfe, Bd. 3: Karl Barth: Der Störenfried, Chr. Kaiser Verlag, München 1986, 5–92.

[11] Geschichte der Leben-Jesu-Forschung, Siebenstern-Tb Band 1, 1966, 620.

tierte, wurde durch die historische Forschung radikal infrage gestellt. Und der polemische Stachel dieser Tendenz zur „Vermenschlichung" Jesu Christi war seit *H. S. Reimarus*, also seit Beginn der historischen Jesusfrage, die Einordnung Jesu ins zeitgenössische Judentum. Sie blieb es bis Wellhausen. Denn ganz offenbar war die historische Aussage, die ich oben zitiert habe, gegen die kirchliche Dogmatik und deren Vereinnahmung Jesu gerichtet und durchaus nicht positiv gemeint. Denn wenige Zeilen später lesen wir bei Wellhausen:

„Man darf das Nichtjüdische an ihm (sc. Jesus), das Menschliche, für charakteristischer halten, als das Jüdische."

Wer so das Menschliche vom Jüdischen scheidet, wird sich wohl den Vorwurf gefallen lassen müssen, antisemitisch zu denken.

Wir sehen jedenfalls, dass Juden und Christen durchaus zu demselben Ergebnis kommen können, was das Historische angeht, jedoch dann in der Bewertung ganz unterschiedliche Wege gehen können. Wellhausen erklärt hier offenkundig das Judesein Jesu für irrelevant, wenn es um das Charakteristische an Jesus geht. Und diese Erklärung hat durchaus Tradition. In gewisser Weise ist sie die Fortsetzung des Doketismus unter den Bedingungen historischen Denkens.

Klassischen Ausdruck hat diese theologische Irrelevanzerklärung des Judeseins Jesu von Nazareth in der Theologie von *Rudolf Bultmann* gefunden. Bultmann hat in seinem Jesus-Buch, aber auch andernorts, obschon keineswegs ganz frei von antijüdischen Vorurteilen, Jesus von Nazareth historisch in eindringlicher Weise als Juden dargestellt. Aber bekanntlich rechnet Bultmann diesen historischen Jesus nur zu den Voraussetzungen seiner Theologie des Neuen Testaments, deren Anfang er allein mit der hellenistischen Gemeinde und deren Christus-Mythos gesetzt sieht. Freilich hat Bultmann auch Argumente, die das Problem einer Begründung des Glaubens mit relativem historischen Wissen betreffen und die bedenkenswert sind, hier aber nicht entfaltet werden können.[12] Allein es wird deutlich, dass das Christentum, ja, selbst sein Anfang von Bultmann nur – wie Gollwitzer mit Recht gesagt hat (Treue zur Tora, Fs. Harder, 162ff.) – gleichsam als eine neue Religion jenseits des Judentums gedacht werden kann und die Verbindung mit dem Judentum auf das bloße Dass der Existenz Jesu zusammenschrumpft. Diese Beschränkung auf ein historisches Punctum mathematicum hebt aber eigentlich das Verbindende zum Judentum auf.

Eine andere Art der Vermeidung einer theologischen Anerkennung des Judeseins Jesu ist die, es gleichsam nur als Schale eines im Übrigen antijüdischen Kerns seiner Botschaft und seines Verhaltens anzusehen. Hier wird erklärt, dass Jesus zwar als Jude geboren wurde, aber in Wahrheit den Auszug aus dem Judentum begonnen, ja, es in allen wesentlichen Punkten seines Selbstver-

---

[12] Vgl. E. Stegemann, Theologische Bibliothek III: Ein Jesus ohne Jesus (Zu Rudolf Bultmanns Jesusbuch von 1926), in: Reformatio, 38. Jahrgang, 1989, Heft 3, 174–178.

ständnisses kritisiert und überwunden hat. Dabei spielt in diesem Modell zwar vor allem der Apostel Paulus die Rolle des Befreiers des christlichen Wesens von seiner jüdischen Schale. Doch hat Jesus alles schon vorbereitet und implizit zumindest vollzogen. Diese Position ist theologiegeschichtlich auch mit der Aufklärungstheologie, insbesondere mit dem Namen des Tübingers *F. Chr. Baur* verbunden. In unseren Tagen hat sie zumal *Ernst Käsemann* wiederholt und zwar ironischerweise im Zusammenhang eines gegen Bultmann gerichteten leidenschaftlichen Plädoyers für die theologische Relevanz der historischen Jesusfrage. Er berichtet von „einem dramatischen Gespräch [...], in welchem Bultmann seinen alten Schülern gegenüber den irdischen Jesus als Träger des Gesetzes bezeichnet, wie es seiner radikalen Betonung des Entscheidungsrufes entspricht. Ein Abgrund riss auf, als ich antwortete, dann habe der Auferstandene die Aufgabe, uns vom Irdischen zu erlösen."[13]

Bezeichnend ist dabei, dass für Käsemann all das, was klassisch für den angeblichen Antijudaismus des Paulus angeführt wird, schon bei Jesus da ist, und zwar nicht zuletzt der Bruch mit der Tora.

Gewiss, es sind dies Zeugnisse aus einer Zeit, da der christlich-jüdische Dialog noch nicht oder noch kaum begonnen hatte und seine Früchte jedenfalls noch nicht reif waren. Doch warne ich davor zu glauben, dass wir heute dieses Denken relevant überwunden hätten. Im Grunde führen christliche Theologen noch heute dieselbe Debatte. Dabei stehen auf der einen Seite Neutestamentler, für die Jesus, also der historische Jesus, mit dem Judentum im Prinzip gebrochen hat. So lesen wir bei einem, nämlich Ferdinand Hahn, noch 1974 den Satz:

„Jesus war nicht bereit, als Jude jüdisch zu leben im Sinne des damaligen jüdischen Selbstverständnisses, gleich welcher Schattierung."[14]

Aber auf der anderen Seite nehmen die Stimmen zu, die dies für eine Projektion christlicher Vorurteile, aber nicht für die historische Wahrheit halten. Das sind bemerkenswerterweise eben nicht mehr nur jüdische Autoren, sondern zunehmend auch christliche.[15]

Gestritten wird dabei nicht zuletzt über die Auslegung und Bewertung der Evangelien. Die entscheidenden Punkte dieses Streites sind:

Erstens: Jesu Stellung zur Tora.
Zweitens: Jesu Verhalten zu den Juden, insbesondere zu den Pharisäern.
Drittens: Die Ursachen des Todes Jesu.

---

13 E. Käsemann, Die neue Jesus-Frage, in: J. Dupont u. a., Jésus aux origines de la christologie, Gembloux 1975, 47–57: 52.

14 F. Hahn, Methodische Überlegungen zur Rückfrage nach Jesus, in: K. Kertelge (Hg.), Rückfrage nach Jesus, Freiburg 1974, 11–77: 43.

15 Vgl. etwa E. P. Sanders, Jesus and Judaism, London 1985.

Dabei entscheidet zumeist das Urteil im ersten Punkt auch über die beiden anderen. Denn wer der Meinung ist, dass Jesus im Verhältnis zur Tora die Grenzen des damaligen Judentums überschritten, ja, womöglich provokativ bestimmte Toragebote wie das Sabbatgebot oder die Speisevorschriften gebrochen hat, für den liegt es nahe auch damit zu rechnen, dass er die Pharisäer zumal gegen sich hatte und schließlich von ihnen an die Römer ausgeliefert wurde, was freilich dann noch einmal ein bedeutender Schritt ist. Wer Jesus aber in den Grenzen der jüdischen Diskussion um die Toraauslegung sieht, wird mit einer Feindschaft, zumal mit einer Todfeindschaft, seitens der Pharisäer nicht rechnen. Freilich wird man, wenn man diese Erklärung für historisch plausibler hält – und für mich ist sie es – in jedem Fall einräumen müssen, dass manche Darstellung in den Evangelien eher der ersten Meinung Recht zu geben scheint. Aber das ist in der Tat kein letztlich ausschlaggebendes Argument. Denn es gibt zahlreiche Hinweise dafür, dass die Evangelien Konflikte auf die Ebene des Lebens Jesu projizieren, die aus einer späteren Zeit, nämlich aus Auseinandersetzungen frühchristlicher Gemeinden mit Juden stammen. Und diese literaturgeschichtliche Tatsache wird durchaus auf beiden Seiten anerkannt.

III Jesus im Glauben der Christen

Von einer Versöhnung der christlichen Theologie mit dem Judesein Jesu kann im Ernst also noch nicht gesprochen werden. Aber es gibt Ansätze dazu, Anfänge dafür, Wege dorthin. Dass das, wenn es einmal breiter rezipiert worden sein wird, erhebliche Folgen für die Theologie und die Kirchen, nicht zuletzt auch im Verhältnis zu den Juden haben wird, liegt auf der Hand. Denn was würde es bedeuten, wenn uns allen ganz klar und immer bewusst wäre, dass jedes Wort über die Juden ein Wort über Jesus wäre – jedes gute, aber auch jedes feindliche?

Freilich drängt sich dann die Frage auf, ob diese Heimkehr Jesu ins Judentum nicht auch eine Infragestellung der christlichen Identität bedeutet. Was wird denn aus dem Glauben an Jesus? Wäre es dann nicht konsequenter, wenn die Christen Juden würden?

Nun, ich glaube, wenn diese Frage überhaupt ernsthaft gestellt wird und nicht aus einem latenten Antijudaismus stammt, weil nämlich unterstellt wird, dass man natürlich nicht Jude wird – wenn die Frage also seriös ist, dann sind wir in der Tat an einem entscheidenden Punkt. Denn es ist, wie der Galaterbrief zeigt, eine urchristliche Frage. Diese Frage, so meine ich, macht auch offenbar, wie nahe der christliche dem jüdischen Glauben, wie sehr das Urchristliche eigentlich – wie *Buber* gesagt hat – etwas Urjüdisches ist, wie notwendig es ist, dass – nach einer glücklichen Formulierung von *Ernst Lohmeyer* – der Glaube an

Jesus den Glauben Jesu und seines Volkes im Herzen tragen muss.[16] Ja, ich meine, dass dann, wenn der Glaube an Jesus nicht eine Art des Glaubens Jesu, des jüdischen Bekenntnisses zu dem einen Gott und zu seinem Willen ist, dann ist er nicht mehr der Glaube an Jesus. Insofern gebe ich Käsemanns Kritik an Bultmann recht: der historische Jesus muss ein Kriterium des christlichen Glaubens sein. Der historische Jesus geht uns auch theologisch unbedingt an, aber eben auch und gerade: der Jude Jesus von Nazareth.

Nun kommt aber Jesus von Nazareth im Glauben der Christen als Messias, Heiland und Herr vor, und der Einwand von Juden dagegen ist deutlich genug. Wogegen ist er gerichtet? Nun, im Kern, so scheint mir, geht es um den Anspruch des Gekommenseins des Messias bzw. der Erlösung mit Jesus von Nazareth, der im Widerspruch zur Unerlöstheit der Welt steht. Verbunden damit ist die Vermutung, dass die Christen so einem anderen Messias- und Erlösungsbegriff sich verschrieben haben als dem, der in der jüdischen Tradition vorherrscht. Bekannt ist ja, was *Gershom Scholem* geäußert hat:

> Es ist ein völlig anderer Begriff von Erlösung, der die Haltung zum Messianismus im Judentum und Christentum bestimmt. [...] Das Judentum hat, in allen seinen Formen und Gestaltungen stets an einem Begriff von Erlösung festgehalten, den sie als einen Vorgang auffasste, welcher sich in der Öffentlichkeit vollzieht, auf dem Schauplatz der Geschichte und im Medium der Gemeinschaft, kurz, der sich entscheidend in der Welt des Sichtbaren vollzieht und ohne solche Erscheinung im Sichtbaren nicht gedacht werden kann. Demgegenüber steht im Christentum eine Auffassung, welche die Erlösung als einen Vorgang im geistigen Bereich und im Unsichtbaren ergreift, der sich in der Seele, in der Welt jedes einzelnen, abspielt, und der eine geheimnisvolle Verwandlung bewirkt, der nichts Äußeres in der Welt entsprechen muß. [...] Die Umdeutung der prophetischen Verheißungen der Bibel auf einen Bereich der Innerlichkeit [...] erschien den religiösen Denkern des Judentums stets als illegitime Vorwegnahme von etwas, das im besten Falle als die Innenseite eines sich entscheidend im Äußeren vollziehenden Vorgangs in Erscheinung treten konnte, nie aber ohne diesen Vorgang selbst.[17]

Man kann die Pauschalität dieser Kritik kritisieren. Aber in der Tat ist die Spiritualisierung, die Flucht in die Innerlichkeit, eine Antwort auf das Ausbleiben der konkreten empirischen Erlösung, der Werke des Messias, im Christentum gewesen. Nicht zufällig wird davon insbesondere der Messiasbegriff[18] betroffen. Von Hirsch über Althaus bis Hesse und Hübner hält sich in der Theologie in Deutschland die Meinung, dass das Christentum, beginnend mit dem Neuen

---

16 Vgl. E. Stegemann, Ernst Lohmeyer an Martin Buber, in: KuI 1 (1986), 5–8: 7.

17 G. Scholem, Zum Verständnis der messianischen Idee im Judentum, in: ders., Judaica I, Frankfurt 1963, 7–74: 7f.

18 Vgl. dazu näherhin meine Untersuchung: Welchen Sinn hat es, von Jesus als Messias zu reden?, in: E. Stegemann (Hg.), Messias-Vorstellungen bei Juden und Christen, Stuttgart 1993, 81–102.

Testament, einen anderen als den jüdischen Messiasbegriff habe. Christus ist nicht nur das Ende des Gesetzes, sondern auch das Ende des Messias, wie Althaus gesagt hat, also das Ende der Hoffnung auf ein diesseitiges Reich. Franz Hesse schließlich erklärt zum Bekenntnis der Rheinischen Synode zu Jesus als „Messias Israels": „Die Behauptung, Jesus Christus sei der Messias Israels, ist schlicht falsch." Denn nach alttestamentlich-jüdischer Auffassung sollte der Messias ein diesseitiges Reich errichten und alle Feinde niederwerfen. Dem habe Jesus aufs schärfste widerstanden, weshalb ja auch die Juden sich geweigert hätten, ihn anzuerkennen, und so bis heute ihr Heil verfehlten.[19]

Es ist mir nicht möglich, dieser Rezeption des Neuen Testaments zuzustimmen. M. E. ist der jüdische Messiasbegriff im Neuen Testament im Kern festgehalten und der jüdische Erlösungsbegriff nicht spiritualisierend umgedeutet. Das gilt für den historischen Jesus, wie dessen Verkündigung vom Gottesreich als eines konkreten, im Raum der Geschichte sich vollziehenden Eingreifens Gottes zugunsten der Armen und Schwachen, der Kranken und Unterdrückten zeigt. Das gilt aber auch für den frühen Glauben an Jesus als Messias unter seinen jüdischen Anhängern und Anhängerinnen.

Deutlich reflektiert sich dies zumal in der lukanischen „Vorgeschichte": Zum Beispiel kündigt der Engel Maria an, dass ihr Sohn „groß sein und Sohn des Höchsten genannt werden wird" und dass Gott ihm „den Thron seines Vaters David geben und er über das Haus Jakob ewig König sein und seine Königsherrschaft kein Ende haben wird" (Lk 1,32f.). Und im Lobgesang des Zacharias heißt es:

> Gelobt sei der Herr, der Gott Israels. Denn er hat sein Volk besucht und Befreiung ihm geschaffen und uns aufgerichtet ein Horn des Heils im Hause Davids seines Knechtes, wie er geredet hat durch den Mund der Propheten von jeher: Erlösung aus der Hand unserer Feinde und aller, die uns hassen, und Erbarmen zu üben mit unseren Vätern und sich seines heiligen Bundes zu erinnern – den Schwur, den er Abraham, unserem Vater, schwor – und uns zu verleihen, errettet aus Feindeshand ohne Furcht ihm zu dienen in Frömmigkeit und Gerechtigkeit vor ihm alle unsere Tagen (Lk 1,68–75).

Wichtig für unseren Zusammenhang ist, dass der Messiasglaube im Neuen Testament überall ein bestimmtes apokalyptisches Gepräge hat. Das heißt: Die Erwartung eines idealen Königs für Israel und seines universalen Friedensreiches für alle Völker wird hier in Gestalt einer metahistorischen, ja, himmlischen Erlösung ausgedrückt, die die Befreiung vom Tod und die Verwandlung zum ewigen Leben im Himmel einschließt. Lukas reflektiert sogar diesen Vor-

---

[19] F. Hesse, Einige Anmerkungen zum Wort der rheinischen Synode über das Verhältnis von Christen und Juden, in: B. Klappert / H. Starck (Hg.), Umkehr und Erneuerung, Neukirchen 1980, 283–286.

gang „messianologisch" in der Emmausperikope (Lk 24). Zugleich zeigt sich hier, dass Leiden und Tod des Messias und seine Auferstehung positiv messianologisch als ein „Umweg" zur Aufrichtung der messianischen Hoffnung auch unter den Nichtjuden gedeutet wird. Es ist eine göttliche „Logik", wenn Jesus sich mit dem Leiden und Sterben auseinandersetzen muss und erst nach der Erhöhung zum Himmel als Messias sein Amt antreten wird. Ihr Sinn ist, dass Jesu Anhänger bis an die Enden der Welt Zeugen der „Hoffnung Israels" sein und die Völker für sie gewinnen sollen.

Dreierlei sei dazu noch kurz angemerkt:

Erstens: Hier geht es nicht um weniger, sondern um mehr Befreiung, nicht um eine nur innerliche, sondern um die größtmögliche und umfassendste Veränderung überhaupt. Und das schlägt sich auch in der Vorstellung vom Messias, in der Christologie, nieder. Freilich ist nicht zu übersehen, dass es hier und dort deutliche Abgrenzungen gegenüber bestimmten politisch-messianischen Tendenzen gibt (zum Beispiel im Johannesevangelium). Allein es wird damit der Anspruch auf Befreiung nicht einfach aufgegeben.

Zweitens: Es wird nicht von Erlösung geredet, wo Unerlöstheit herrscht, mithin die Wirklichkeit enthusiastisch übersprungen. Wo von der Gegenwart des Heils geredet wird, ist entweder auf charismatische Heilungserfahrungen oder andere pneumatisch-charismatische Phänomene Bezug genommen oder es ist als kontrafaktisches Bekenntnis gemeint, d. h. als „Dennoch" der Hoffnung in der Erfahrung von Negativität. Freilich waren sich die Jesusanhänger der ersten wie der zweiten und dritten Generation sowohl der Nähe der Erlösung wie dessen sicher, dass deren Kräfte schon vom Himmel her ausgegossen sind und in den Gläubigen auf der Erde wirken.

Drittens: Der Glaube an Jesus als Messias ist zuerst und eigentlich immer ein Bekenntnis von Juden gewesen. Nichtjuden, die zum Glauben an den „Herrn und Heiland Jesus Christus" gekommen sind, haben in ihrem Glauben an „Jesus Christus" diesen Glauben der Juden bewahrt, aber nicht einfach wiederholt.

Natürlich haben auch die Anhänger Jesu nicht übersehen können, dass die politische Erlösung Israels mit ihm nicht begonnen hat, er vielmehr als politischer Aufrührer von den Römern hingerichtet worden ist. Ja, sie mussten sich später sogar damit auseinandersetzen, dass das jüdische Volk seinen Kampf um die Befreiung vom römischen Joch in Palästina katastrophal verloren hat. Im Jahre 70 n. Chr. wurden Jerusalem und der Tempel zerstört und die überlebenden Juden aus ihrem Kernland Judäa verbannt, ohne dass Jesus, der nach dem Glauben seiner Anhänger ja von Gott erweckt und in den Himmel entrückt als bevollmächtigter messianischer Erlöser bereit stand, von dorther eingegriffen hätte und seinem Volk zu Hilfe gekommen wäre.

Strukturell finden wir überall im Neuen Testament folgende Antwort darauf: Der Tod Jesu und die Katastrophe von 70 n. Chr. sind ebenso wie die Tatsache, dass nur eine kleine Anzahl Juden an Jesus als den von Gott bevollmächtigten Messias zum Glauben kam, selbst Bestandteil des durch Jesus in Bewegung gebrachten Prozesses der messianischen Erlösung. Das heißt: die erfahrene geschichtliche Wirklichkeit wird in die messianische Konzeption aufgenommen, und zwar unter Anwendung bestimmter Deutekategorien, die in der jüdischen Tradition vorhanden sind. So wird zum Beispiel – freilich nicht überall – der Tod Jesu als stellvertretender Sühnetod, hingegen die Katastrophe von 70 n. Chr. – freilich auch nicht überall – als Strafgericht Gottes interpretiert.

So ist also deutlich, dass der Glaube an Jesus als Messias der Glaube an Jesus als dem designierten Messias ist.

Ist aber dieser Glaube unabdingbar für den christlichen Glauben? Nun, der urchristliche Glaube an Jesus als Messias designatus hält die Hoffnung auf eine konkrete, empirisch fassbare Erlösung und Befreiung trotz des gegenwärtig erfahrenen Unheils und Unrechts fest. Er ist also kontrafaktisch gemeint, er ist das „Dennoch" der messianischen Hoffnung, der Glaube daran, dass das Unrecht und die Gewalt nicht das letzte Wort haben dürfen.

Wenn wir heute diesen Glauben wiederholen wollen, dann müssen wir dessen eingedenk sein, dass die Artikulation dieses Glaubens in der Vergangenheit oft, viel zu oft, dazu diente, Unrecht zu legitimieren und Gewalt gegen andere, insbesondere gegen die Juden auszuüben. Der Glaube an Jesus als Messias Israels ist pervertiert worden zu einem Angriff auf Israels Hoffnung auf Erlösung. Juden können selbst dort, wo dieser messianische Glaube im christlichen Glauben als Jesus, wo also gleichsam sein Ursinn wieder rehabilitiert werden soll, nicht mehr davon abstrahieren, dass dieser Glaube mit der Geschichte der Verfemung und Entrechtung, der Verfolgung und Ermordung zutiefst verknüpft ist. Und können wir davon absehen – die Christen? Ich jedenfalls kann auch nicht davon absehen – und will es auch nicht. Darum scheint mir die Aufrichtung der berechtigten messianischen Hoffnung, wie sie im Glauben an Jesus als designierten messianischen Retter Israels einmal aufbewahrt werden sollte, heute nicht einfach in der Wiederholung des messianischen Bekenntnisses zu Jesus zu liegen. Ist dies doch auch eine Sache der Juden, ihren messianischen Befreier zu identifizieren und seiner Würde als Träger der Hoffnung, dass das Grauen nicht das letzte Wort haben darf.

Damit aber kommt es auch darauf an, dass wir Christen unsere Rede über Heil und Erlösung, die Gott in Jesus zur Welt gebracht hat, daraufhin überprüfen, ob sie nicht zur Ideologie, d. h. zu einer Blindheit gegenüber der Wirklichkeit der Welt verkommen ist, in der wir mit Israel zusammenleben. Ich jedenfalls möchte nicht davon absehen, den Glauben an Jesus Christus in ein wahrhaftiges Verhältnis zur Wirklichkeit einer unerlösten Welt zu setzen. Ich möchte nicht davon absehen, dass unser Jahrhundert eine bestürzende Überfülle an Leiden gesehen hat, dass es nicht zuletzt ein Passionsjahrhundert für jüdische Menschen war. Ich möchte aber auch mit Jesu Glauben an das Kommen des Gottesreichs und Gottes Gerechtigkeit der Hoffnung Ausdruck geben, dass das Grauen, dass das Leiden und die Ungerechtigkeit nicht das letzte Wort haben. Diese Hoffnung aber, meine ich, trennt die Christen nicht von den jüdischen Menschen, sondern eint sie mit ihnen, aber auch mit anderen.

Theologie zwischen Antisemitismuskritik und alten Vorurteilen

Ekkehard W. Stegemann

I Einleitung

Wie jede Religion bewegt sich auch das Christentum in einem Spannungsfeld von normativen Überlieferungen und deren Rezeptions- und Wirkungsgeschichten sowie dem Zwang zur Reformulierung seiner Identität unter den Bedingungen der jeweiligen Gegenwart. Gelebte Religiosität, so vielgestaltig und individuell sie ist, ist nur kommunizierbar, wenn sie sich im Medium überlieferter Religion reflektiert und glaubwürdig neu bestimmt. Dies impliziert jedoch die Einsicht, dass Religion ein „diskursiver Tatbestand"[1] ist, d. h., dass sie nicht nur immer im Wechselspiel zwischen verfasster Religion und gelebter Religiosität, sondern auch mit Kultur und Gesellschaft stattfindet. Sowenig man gerade die christliche Religion auf Kirchlichkeit oder Privatheit reduzieren kann, sowenig sind Kultur und Gesellschaft in christlich geprägten Zivilisationen einfach säkular.[2]

Dieses Zusammenspiel von Religion und Kultur ist auch in der Auseinandersetzung mit der Judenfeindschaft und deren Folgen nach der Schoah zu beachten. Der „Zivilisationsbruch", den der monströse deutsche Massenmord bedeutet, betrifft nämlich sowohl Kultur und Gesellschaft wie auch das Christentum. Die Kritik der Judenfeindschaft ist darum nicht nur einer der wichtigsten kirchlichen und theologischen Diskurse, sondern zugleich Teil einer umfassenden Zivilisationskritik nach Auschwitz. Judenfeindschaft ist als religiöser Antijudaismus und sozialer – kultureller und politischer – Antisemitismus nicht nur jeweils Teil von Religion, Kultur und Gesellschaft, sondern beide sind seit dem Entstehen des modernen Antisemitismus immer auch miteinander vermittelt, beeinflussen und stützen sich wechselseitig.

Die folgenden Überlegungen stellen die These auf, dass Antijudaismus und Antisemitismus nicht nur das Verhältnis des Christentums nach Außen, also

---

1 Jochen Matthes, Auf der Suche nach dem „Religiösen". Reflexionen zu Theorie und Empirie religionssoziologischer Forschung, in: Sociologia Internationalis 30 (1992), 129–142: 129.

2 Vgl. Rolf Schieder, Über Zivilreligion, politische Religionskompetenz und die Zivilisierung der Religion, in: Hans-Joachim Höhn (Hg.), Krise der Immanenz. Religion an der Grenze der Moderne, Frankfurt 1996, 72–90.

gegenüber dem jeweils gleichzeitigen Judentum, prägen, sondern – zunehmend seit der Aufklärung – auch nach Innen gerichtete Tendenzen aufweisen. Diese betreffen die biblische Symbolwelt des Christentums, die aufgrund seiner spezifischen Entstehungsgeschichte und insbesondere durch die Kanonisierung jüdischer heiliger Schriften auch zu dessen innerer Verfassung gehört. Dieser inverse christliche Antijudaismus ist oft weniger sichtbar als der extrovertierte. Gerade das Binnenverhältnis zum Judentum nährt aber den Antagonismus nach Außen aufgrund mythischer Konstruktionen in der christlichen Selbstwahrnehmung, die der religionsgeschichtlichen Aufklärung bedürfen. Die Reformulierung einer christlichen Identität ohne Judenfeindschaft setzt darum eine glaubwürdige Neubestimmung hinsichtlich der biblischen Matrix voraus, die einerseits deren Unverzichtbarkeit für die christliche Religion festhält, andererseits die authentisch-legitime Bezugnahme des Judentums auf seine heiligen Schriften anerkennt.

II Antisemitismuskritik im Christentum

Will man die Einsichten der neueren Antisemitismusforschung und die der kritischen Selbstüberprüfung in Kirche und Theologie, die in den letzten Jahrzehnten nicht zuletzt auch im historischen und theologischen Diskurs zwischen Christen und Juden erreicht wurden, zusammenfassen, so kann man als gesichert feststellen: Judenfeindschaft ist der überlieferten Religion des Christentums inhärent, und zwar von allem Anfang an. Sie ist kontinuierlich, wenn auch in sich wandelnden Formgebungen, durch die Jahrtausende tradiert worden; und sie ist zugleich, wenn auch nicht ebenso bruchlos und kontinuierlich, in sozialen Interaktionen des Christentums mit dem Judentum negativ wirksam gewesen, und zwar in Entrechtungen, Verfemungen und Verfolgungen von Juden. Die religiöse Judenfeindschaft war immer auch kulturell und sozial vermittelt. Auf diesem Boden ist der politische, rassistische und eliminatorische Antisemitismus der Moderne gewachsen. Er hat seine Wirkung auch mit Unterstützung der fortgehenden christlich-religiösen Judenfeindschaft in der Kultur entfalten können. Christliche Judenfeindschaft hat dabei auch umgekehrt sozialen Antisemitismus amalgamiert. Die christliche Schuld und Mitverantwortung am Holocaust ist für Deutschland historisch unabweisbar. Ohne dass hier eine nähere Spezifizierung versucht werden soll, steht doch fest, dass das Spektrum von aktiver christlicher, kirchlicher und theologischer Komplizenschaft mit den Verbrechern bis zum Versagen angesichts der Verfolgung der Juden auch in den christlichen Widerstands hinein reicht – von rühmlichen Ausnahmen abgesehen. Christliche Judenfeindschaft hat, vermittelt mit sozialem Antisemitismus, aber auch Kollaborationen mit der Verfolgung der Juden durch Nazideutschland in anderen Ländern Europas zu verantworten. Doch auch hier ist trotz rühmlichen Widerstands Versagen noch auf der Seite von Nazi-Gegnern feststellbar.[3] Dies ist freilich eine sich erst nach der Schoah bildende Erkenntnis.

Nach 1945 und in Reaktion auf die Schoah gestehen insbesondere in den letzten drei Jahrzehnten eine Reihe von kirchlichen Erklärungen, und zwar international, einerseits die Schuld und Mitverantwortung des Christentums an der Judenfeindschaft ein und sagen andererseits dem Antisemitismus, in welcher Form auch immer, als Sünde wider Gott und die Menschen ab. Das ist nicht selbstverständlich, da es auch kirchliche Erklärungen nach 1945 gibt, die in ungebrochener Tradition der Judenfeindschaft etwa die Schoah als Gericht Gottes über die Juden und ihren Ungehorsam gegenüber Gottes Willen deuteten. Dennoch gilt, dass für viele Kirchen heute Antijudaismus auf Dauer als theologisch und ethisch illegitim gilt. Judenfeindschaft, in welcher Form auch immer, soll kein Bestandteil christlich gelebter Religiosität und theologisch reflektierter Rationalität heute sein. Das ist ein äonenschwerer Bruch des Christentums mit sich selbst. Klar ist jedoch, dass dieser Imperativ, denn eine gültige Beschreibung kirchlicher oder theologischer Wirklichkeit kann dies kaum schon sein, nur einholbar ist durch tiefgreifende Revisionen. Dementsprechend gibt es seit Jahrzehnten auch einen vielfältigen innerkirchlichen Prozess der Kritik, der sich auch auf theologische Diskurse zwischen Christen und Juden stützt. Diese Revisionen betreffen sowohl die selbstkritische Auseinandersetzung mit dem tiefverwurzelten und zugleich weit verbreiteten Syndrom christlicher Judenfeindschaft auf allen Feldern der überlieferten und gelebten Religion als auch die Reformulierung einer christlichen Identität, die ohne Herabsetzung des Judentums und ohne Judenfeindschaft auskommt.

Freilich gibt es auch Stimmen, die sagen, dass das Christentum seinem Wesen nach immer antijüdisch sein wird und sein muss, wenn es denn seine Identität in Konformität mit der Überlieferung bewahren möchte. Dies impliziert, dass Antijudaismus christlich essenziell wäre. Und zudem verlangt der Vorgang der Revision einen Prozess der Überprüfung und Klärung der Überlieferung, der prinzipiell unabschließbar ist und durchaus tiefgreifende Umstrukturierungen und Rekonstruktionen in der christlichen Symbolisierung der Welt einschließt. Die überlieferte Religion nur allein etwa des reformatorischen Christentums welcher Schattierung auch immer, von Luther und Calvin bis heute, ist ebenso wie deren theologisch reflektierte Rationalität in der Neuzeit von Schleiermacher bis Bultmann und Karl Barth und durchaus weiter von mehr oder weniger Antijudaismus geprägt. Insofern lauert Antijudaismus immer auf dem Weg der Reformulierung christlicher Identität heute, da diese sich ja auf die überlieferte Religion und Theologie beziehen muss, welche davon nicht frei ist. Anders gesagt: Insofern bewegt sich christliche Theologie prinzi-

---

3 Vgl. Raul Hilberg, Perpetrators, Victims, Bystanders. The Jewish Catastrophe 1933–1945, New York 1992.

piell zwischen Kritik am Antisemitismus und alten Vorurteilen, wie der Titel meines Beitrages formuliert.

Dies schließt jedoch nicht aus, dass sich christliche Religiosität und Theologie durchaus des Antijudaismus durch historisierende Distanzierung begeben können, ohne sich selbst aufgeben zu müssen. Religion ist immer auch eine Sache der Bildung, eine Bildungsaufgabe, und das heißt auch kritisch reflektierter Gestaltung und Umstrukturierung der religiösen Symbolisierung, und dies gilt zumal für den Protestantismus. Dessen theologische Reflexion kann nicht umhin, die Gewaltgeschichte der abendländischen Kultur und des Christentums kritisch auf sich selbst zu beziehen. Entscheidend für diese Selbstkritik ist, die historischen Ursachen und systematischen Strategien der religiösen und theologischen antijüdischen Selbstdefinition im Christentum zu benennen. Denn dass allgemeine soziale Motive wie Habgier und Mordlust, Neid und xenophobische Ausgrenzung usw. auch im gelebten christlichen Antijudaismus immer eine Rolle spielen, liegt auf der Hand. Ausschlaggebend ist jedoch, daß Judenfeindschaft die religiöse Symbolisierung im Christentum und deren theologische Reflexionsform bestimmt. Es gibt also in der christlichen Selbstwahrnehmung und der Wahrnehmung des Judentums Elemente eines negativen Mythos, der sich mit dem christlich-jüdischen Antagonismus in der religiösen Selbst- und Weltdeutung vermengt. Darum erörtere ich im Folgenden die Frage, wie es zum Antagonismus kam und wie sich dieser hinsichtlich der religiösen Selbst- und Weltdeutung im Christentum beschreiben lässt. Doch zuvor möchte ich noch kurz auf das Problem der Begrifflichkeit eingehen.

III Judenfeindschaft als Antijudaismus und Antisemitismus

In der neueren Antisemitismusforschung hat sich die Unterscheidung von Antijudaismus und Antisemitismus eingebürgert. „Antijudaismus“ wird zumeist gewählt, um vormoderne Formen der Judenfeindschaft vom rassistischen und eliminatorischen Antisemitismus zu unterscheiden, wie er im 19. Jahrhundert ausgebildet wurde und im nazistischen Antisemitismus kulminierte. Diese Unterscheidung ist für die historische Analyse nützlich, sollte aber nicht die Interdependenz verwischen. Religiöser Antijudaismus war und ist immer auch politisch, sozial und kulturell vermittelt und politischer und sozialer Antisemitismus auch religiös. Tatsächlich gibt es Brücken weltanschaulicher und sozialer Art zwischen traditionellem religiösem Antijudaismus und modernem Antisemitismus, um nicht zu vergessen, dass der religiöse Antijudaismus die Kulturen und Gesellschaften des Abendlandes bestimmt und so dem modernen Antisemitismus den Boden bereitet und immer auch den politischen und rassistischen Antisemitismus gestützt hat, gewollt oder ungewollt. Und umgekehrt hat sich auch die religiöse Judenfeindschaft antisemitisiert, und zwar einerseits so, dass antisemitische Stereotypen im religiösen und theologischen Antijudaismus rezipiert wurden. Andererseits aber auch so – und das ist wesentlich –, dass der religiöse und theologische Antijudaismus zumal im Gefolge der Aufklärung und insbesondere im 19. Jahrhundert eine Art der Prinzipialisierung erfuhr, die so nur dem sogenannten säkularen Antisemitismus eignet, ja, recht eigentlich von ihm entfaltet wurde. Schließlich ist auch der moderne Antisemitismus und auch dessen nazistische Form durchaus nicht einfach „säkular", sondern auch religiös, und zwar auch in dem Sinn, dass er in der prinzipiellen Negation des Judentums und seiner Eliminierung einer, wenn auch absolut wahnhaften, Idee der Erlösung durch Vernichtung anhängt. Urs Aeschbacher hat dies treffend „chiliastischen Antisemitismus" genannt.[4]

Dies weist darauf hin, dass die Unterscheidung von Antijudaismus und Antisemitismus für heutige Phänomene auch den Charakter der Verharmlosung annehmen kann, sofern man sich eben mit dem Stichwort „Antijudaismus" vom gesellschaftlich absolut kompromittierten Begriff „Antisemitismus" entlasten zu können meint, um einer gleichwohl prinzipiellen Gegnerschaft gegen das Judentum oder seiner perfiden Herabsetzung das Wort reden zu können. Überhaupt stellt sich die Frage, ob der Begriff „Antisemitismus", da er gesellschaftlich eindeutig perhorresziert ist, nicht für alle Formen der kulturellen und sozialen Judenfeindschaft heute der angemessenere umgangssprachliche Begriff ist, selbst wenn diese nicht die rassistischen oder eliminatorischen Elemente des Nazismus enthält. Ich gebrauche deshalb die Ausdrücke „Antijudaismus", „Antisemitismus" und „Judenfeindschaft" für heutige Phänomene synonym; im Blick auf historische, insbesondere vormoderne, bediene ich mich auch des Begriffs „Antijudaismus" bzw. spreche von „Judenfeindschaft", welcher Ausdruck für mich so etwas wie ein Oberbegriff ist.

IV Die Entstehung des christlich-jüdischen Antagonismus

Als einander gegenüberstehende distinkte religiöse und soziale Größen sind Judentum und Christentum Produkte der Sozial-, Religions- und Kulturgeschichte der Antike und näherhin des inneren Pluralismus des Judentums und seiner Interaktionen mit der römisch-hellenistischen Kultur am Ende des Zwei-

4 Urs Aeschbacher, Die gefährliche Sehnsucht nach kollektiver Selbstverwirklichung, in: Christina Kurth / Peter Schmid (Hg.), Das christlich-jüdische Gespräch. Standortbestimmungen, Stuttgart 2000, 102–109.

ten Tempels. Ihr geschichtswirksames jeweiliges Identitätskonzept bilden beide zumal nach der Zerstörung des Zweiten Tempels aus, jedoch aufgrund unterschiedlicher Entfaltungen der biblischen symbolischen Welt, der sie entstammen, und verschieden auch jeweils hinsichtlich der Anknüpfung an die Richtungsvielfalt des Judentums am Ende des Zweiten Tempels. Das alte religionsgeschichtliche Paradigma, wonach das Christentum eine Tochterreligion des Judentums sei, wird heute wegen der etwa gleichzeitigen Entstehung des rabbinischen oder klassischen Judentums und des frühen Christentums und wegen ihrer jeweiligen Bezugnahme auf die biblische Matrix modifiziert, doch bleibt man bei der Familien-Metaphorik. A. F. Segal und J. D. Crossan sprechen von einer „Zwillingsgeburt" von Judentum und Christentum.[5] Dass es sich dabei freilich um sehr unterschiedliche Zwillinge handelt, wird hervorgehoben.

Doch stellt sich überhaupt die Frage, ob diese Metaphorik nicht arg den religionsgeschichtlichen Tatbestand strapaziert. Schon im Blick auf die angeblich gemeinsame Mutter ist festzustellen, dass sie nur virtuell existiert, d. h. ein religionsgeschichtliches Konstrukt ist, denn das Judentum am Ende des Zweiten Tempels zerfiel in die unterschiedlichsten Richtungen und Strömungen. Auch wenn es aufgrund der Überzeugungen und Praktiken, vor allem aber der sozialen Institutionen Tempel, Synagoge und Haus durchaus so etwas wie ein übergreifend Gemeinsames („common Judaism"[6]) gab, wurde dies doch immer nur besonders entfaltet. Dies gilt analog vom frühen Christentum im Verhältnis zum rabbinischen Judentum. So sehr die biblische Matrix als Bezugsgröße beiden gemeinsam ist, so sehr ist sie ihnen nur in jeweils besonderer Gestalt – auch sprachlich – und Hermeneutik eigen. Die Asymmetrie, die schon hier waltet, ist zu beachten. Die Kontinuität mit der biblischen Religion und Gesellschaft des Zweiten Tempels ist im rabbinischen Judentum vermittelt zumal durch die Pharisäer und ihre Toraauslegung ungleich größer als im frühen Christentum. Hinzu kommt, dass im rabbinischen Judentum die biblisch fundierten Grundannahmen, dass der Gott Israels sein Volk erwählt und ihm die Tora als Grundlage dieses Bundes gegeben hat, also die – modern gesprochen – spezifische Bipolarität des Judentums, die wechselseitige Beziehung von Religion und Nation, gerade im frühen Christentum programmatisch aufgehoben werden.

Auch die Rede von der „Trennung von Kirche und Synagoge" ist ungenau. Denn trennen kann sich nur, was zuvor zusammengehörte. Das gilt jedoch allein für die frühe „Jesusbewegung" im Land Israel, nicht etwa für die paulinischen Gemeinden in den urbanen Zentren des Mittelmeerraumes. Sie waren schon von Anfang an Gemeinschaften außerhalb des Sozialbereiches der Syna-

---

5 Alan F. Segal, Rebeccas Children. Judaism and Christianity in the Roman World, Cambridge (Mass.), 1986, 1; John D. Crossan, The Birth of Christianity, San Francisco 1998, XXXIIII.

6 Ed P. Sanders, Judaism: Practice and Belief – 63 BCE – 66 CE, London 1992.

gogen bzw. an deren Rändern und rekrutierten ihre Mitgliedschaft vor allem aus den „Gottesfürchtigen“, den Akkulturationsleistungen des griechischsprechenden Judentums unter den „Völkern“. Dabei gab es freilich am Anfang jüdische Grenzgänger zwischen den Kirchen und Synagogen. Das „Auseinandergehen der Wege von Juden und Christen“ hebt nicht einfach diese Kontakte schlagartig auf, es führt jedoch durch konfliktreiche Selbstabgrenzung und Ausgrenzung allererst zur jeweiligen Selbstdefinition von Judentum und Christentum.[7] Dass dies, religionsgeschichtlich gesehen, auf dem Boden derselben Matrix, also in biblischer Tradition und deren Symbolwelt geschah, wie unterschiedlich vermittelt auch immer, ist jedoch eines. Ein anderes und folgenschweres ist, dass dies aus der Selbstwahrnehmung des frühen Christentums auch die Konstruktion einer Bezugnahme auf Versionen der heiligen Schriften implizierte, die im Judentum als TaNaCh kanonisiert wurden. Anders gesagt: Die heiligen Überlieferungen von Geschichte und Grundverfassung des jüdischen Volkes und seiner Religion, das „Epos Israels“[8], wurde christlich reklamiert als eigenes Erbe. Nicht zuletzt hierin ist der christlich-jüdische Antagonismus begründet. So integriert das Christentum in seiner Entstehung zugleich einen Teil – wenn auch in spezieller Version – normativer überlieferter Religion des Judentums und bestimmt sie in transformativer Weise neu, während es dem gleichzeitigen Judentum die Legitimität seiner Existenz als Fortsetzung biblischer Religion bestreitet.

V Die Ausbildung einer transethnischen (universalen) Identität im Christentum

Das frühe Christentum entsteht bekanntlich aus messianisch-apokalyptischen Traditionen, die die charismatische Jesusbewegung im Judentum am Ende des Zweiten Tempels auf besondere Weise akzentuierte.[9] Indem sie in Auftreten und Schicksal Jesu den Anbruch der idealen endzeitlichen Gottesherrschaft sah, deutete sie die Gegenwart als Endzeit. Doch erst durch das Übergreifen des Charismatismus auf nichtjüdische Gottesfürchtige in der Diaspora, und zwar

7 Vgl. dazu Ekkehard W. Stegemann / Wolfgang Stegemann, Urchristliche Sozialgeschichte. Die Anfänge im Judentum und die Christusgemeinden in der mediterranen Welt, Stuttgart [2]1997, bes. 205ff.289ff.

8 Vgl. dazu Burton L. Mack, Wer schrieb das Neue Testament? – Die Erfindung des christlichen Mythos, München 2000, 26ff.

9 Anders sieht dies etwa Burton L. Mack, der schon beim historischen Jesus einen „Zusammenprall“ hellenistischer und jüdischer Kultur wirksam werden sieht und überhaupt dem apokalyptischen und charismatischen Element wenig Bedeutung zuerkennt (vgl. a. a. O., bes. 39ff.).

vermittelt durch Diasporajuden wie Paulus, entfaltet das frühe Christentum ein universales Konzept messianischer Erlösung, in das auch Christusgläubige aus den Völkern einbezogen wurden. In diesem – in der Apokalyptik ebenso wie im Hellenismus angelegten – Konzept eines unterschiedslosen, universalen Gerichts- und Erlösungshorizontes, liegt die geschichtswirksam gewordene Programmatik der Nivellierung und Aufhebung von Differenz mit der Tendenz der Beseitigung von Partikularität und entgegenstehender Identität.[10] Darum zeichnet sich das frühe Christentum gerade nicht durch ethnische Kohärenz, sondern durch transethnische Inklusivität aus. Dabei löst es die Verbindlichkeit der Identitätsmerkmale der Tora, die für das rabbinische Judentum bestimmend bleiben, durch einen interpretativen Transformationsprozess auf. Christliche Identität stiftet sich durch die Zugehörigkeit zum christlichen Glauben und dessen „Kultus", nicht zu einem Volk. Indem es sich dafür auf die heiligen Schriften des jüdischen Volkes zumal in griechischer Version (Septuaginta) beruft, bezieht es die heilige Überlieferung Israels bis Christus in diesen Transformationsvorgang ein, um sich zugleich als legitimen Erben nach der Zerstörung des Zweiten Tempels, als „wahres Israel" und zugleich „neues Gottesvolk" oder „drittes Geschlecht" gegenüber Juden und Heiden zu etablieren. Dies impliziert den Anspruch der Christen, Träger der Erfüllung und Vollendung biblisch-jüdischer messianischer Hoffnung zu sein; von der Mitte des zweiten Jahrhunderts, aber auch den der Beerbung der besten Traditionen der griechisch-römischen Kultur.[11] Das Christentum betrachtet sich selbst als Zäsur in der Geschichte der Menschheit zwischen Schöpfung und Erlösung. Zugleich verbindet sich dies mit einer ausdrücklichen Distanzierung von jüdischer Lebenspraxis, aber auch von heidnischer Religiosität. An die Stelle der Beschneidung tritt die Taufe, an die der Schabbat- und Festtagsheiligung der Sonntag und christliche Feiertage. Jüdische Speisevorschriften werden ausdrücklich nicht eingehalten usw. usw.[12] Aber gegenüber Griechen und Römern hält man im Kern an einer jüdischen Symbolwelt fest, in der der Monotheismus grundlegend ist. Insofern steht das Christentum nicht in Äquidistanz zum Judentum und Heidentum. Tatsache ist jedoch, dass in der Bindung an den Christusglau-

---

[10] Vgl. Wolfgang Stegemann, Am Anfang war die Unterscheidung. Sozialgeschichtliche Beobachtungen zum Auseinandergehen der Wege von Christentum und Judentum, in: Kurth/Schmid, Das christlich-jüdische Gespräch, 76–90.

[11] Vgl. Ekkehard W. Stegemann, Paulus und Sokrates, in: Karl Pestalozzi (Hg.), Der fragende Sokrates (Colloquium Rauricum Band 6), Stuttgart/Leipzig 1999, 115–131; ders., Paulus, Sokrates und Seneca. Zu den Anfängen christlicher Literatur- und Philosophiegeschichte, in: Richard Faber / Barbara Naumann (Hg.), Literarische Philosophie – Philosophische Literatur, Würzburg 1999, 77–93; Burton L. Mack, Wer schrieb das Neue Testament?, bes. 355ff.

[12] Vgl. dazu Klaus Wengst, Christliche Identitätsbildung im Gegenüber und im Gegensatz zum Judentum zwischen 70–135 d. Zt., in: Kurth/Schmid, Das christlich-jüdische Gespräch, 91–99.

ben und die Kirche dieser universale Anspruch selbst immer nur partikular vermittelt ist.

Das apokalyptische Weltbild wird im Christentum nach dem Ausbleiben des Endes der Geschichte uminterpretiert zur Heilsgeschichte. In ihr beansprucht es, die in Israel und die Völker unterschiedene Menschheit einen und durch die erlösende Kraft des Todes Jesu Christi dem Gottesreich am Ende zuführen zu können. Es transformiert so seine apokalyptische Symbolwelt in den Dualismus von „alt" versus „neu" sowie „partikular" versus „universal". Dabei wirft es dem Judentum vor, seine in der Erwählung Abrahams verheißene endzeitliche Rolle als Volk der messianischen Einigung der Menschheit im Gottesreich verspielt zu haben durch Ablehnung und – angebliche – Tötung des „Herrn Jesus". In der Nichtanerkennung wird göttliche „Verstockung" gesehen. Die Zerstörung des Tempels gilt als Strafgericht Gottes bzw. Ausdruck der „Verwerfung" und als Ende der jüdischen Heilsgeschichte. Dispositionen zu diesen negativen Mythen vom Judentum finden sich schon in den ältesten Schriften des Neuen Testaments.

VI Sicherstellung des christlichen Anspruchs durch Kanonisierung und Hermeneutik

Die Seite des christlichen Antijudaismus, die auf das dem frühen Christentum gegenüberstehende Judentum bezogen ist, zielt auf die religiöse und theologische Herabsetzung und Delegitimierung jüdischer Existenz. Schon früh entfaltet sich jedoch auch ein nach Innen gewendeter „Antijudaismus", das heißt die Tendenz zur Herabsetzung oder gar Befreiung von der Erbschaft der biblischen Religion des Judentums, die ihren sichtbarsten Ausdruck in den heiligen Schriften der Juden fand. Die gewaltsamste Art dieses inversen „Antijudaismus" ist die Verwerfung der heiligen Schriften der Juden und damit überhaupt zentraler Elemente der biblischen Symbolwelt durch Marcion im zweiten Jahrhundert. Sie konnte jedoch in der Großkirche durch die Schaffung eines christlichen Doppelkanons aufgefangen werden, freilich nur so, dass eben einerseits das „Alte" Testament geschaffen und als „Altes" durch Vorordnung des Neuen verchristlicht wurde, und andererseits typologische und allegorische Auslegungsmethoden entwickelt wurden, die den grammatisch-historischen Sinn zu transzendieren und den eigenen christlichen Sinn zu erheben erlaubten, eine Strategie, die die christliche Auslegung prinzipiell immer ins Recht setzen musste.

Schon Paulus entfaltet eine Hermeneutik, in der die heiligen Schriften immer auf die als Endzeit mythisch dramatisierte eigene Gegenwart zielen bzw. ein Mysterion enthalten, das deren Sinn erschließt. Doch erschließt er sich nur dem, der den neuen Geist vom Himmel her und nicht eine „Decke" auf den Sinnen oder dem Herzen hat. Dies wird in der paulinischen Deutung des Herzstücks der jüdischen Überlieferung, der Tora, mit der Unterscheidung von „Altem" und „Neuem Bund" sowie von „Buchstabe" und „Geist" deutlich. Hier waltet eine Umkehrung der Tora-Funktion, die nachhaltig wirksam geworden ist: Eigentlich zum Leben gegeben, also als geistliche Größe, muss die Tora als „Buchstabe" nach ihm unter den Bedingungen der Herrschaft der Sünde das göttliche Todesurteil über die Sünder offenbar machen.[13] Die Unterscheidung von Geist und Buchstabe erlaubte es Paulus, die heiligen Schriften, obwohl sie den „alten Bund" und dessen Vergänglichkeit repräsentieren, zugleich als Zeugnisse des „neuen Bundes" zu interpretieren. In der paulinischen Schule wird dann die Unterscheidung von „alt" und „neu" zur Kritik der Tora selbst, die zu der „Scheidewand" erklärt wird, die Juden und Völker feindlich trennte und deren Vernichtung durch Christus die Wiedervereinigung der neuen Menschheit in der Erlösung ermöglichte (Eph 2,14ff.). Der Hebräerbrief schließlich, um noch dieses Beispiel zu erwähnen, führt diese Linie allegorischer Auslegung im Blick auf die Gesamtverfassung des „alten Bundes" durch, welcher nur „Schatten" des Zukünftigen war. Und später entwickelt etwa Origenes, die wirkmächtigste Gestalt frühchristlicher Hermeneutik, eine Lehre vom dreifachen (im Mittelalter differenziert zum vierfachen) Schriftsinn. „Für Origenes konstituiert die Ankunft Christi selbst ein hermeneutisches Ereignis [...]. (Sie) enthüllt die geistliche Natur der Texte, die alle auf ihn hindeuten."[14] So ist der spirituelle Inhalt der biblischen Offenbarung immer Christus, weswegen mit allegorischer Schriftauslegung auch dunkle Stellen erhellt werden können, aber eben als Zeugnis dieses Inhalts.

Insbesondere gehen die Rezeption prägenden Impulse von der Schöpfung des christlichen Doppelkanons selbst aus.[15] Ihm liegt eine Kanonstheologie zugrunde, durch die die gesamte Weltgeschichte zwischen der Schöpfung der Welt und der Menschheit (Genesis) sowie der Erlösung als der Schöpfung eines neuen Himmels und einer neuen Erde mit einer neuen Menschheit (Johannesoffenbarung) eingespannt wird. In ihr erhalten im ersten Kanonsteil, dem „Alten" Testament, auch die Geschichte des Volkes Israel bis zur Zeit der Mak-

---

13 Vgl. Ekkehard W. Stegemann, Die umgekehrte Tora. Zum Gesetzesverständnis des Paulus, in: Judaica 43 (1987), 4–20.

14 Carleton Paget, The Christian Exegesis of the Old Testament in the Alexandrian Tradition, in: Magnes Sabø u. a. (Hg.), Hebrew Bible / Old Testament. The History of its Interpretation. Bd. 1: From the Beginnings to the Middle Ages Until 1300, Teil I: Antiquity, Göttingen 1996, 509.

15 Vgl. dazu Ekkehard W. Stegemann, Vom christlichen Umgang mit jüdischen heiligen Schriften, in: Ekkehard W. Stegemann / Marcel Marcus (Hg.), „Das Leben leise wieder lernen". Jüdisches und christliches Selbstverständnis nach der Schoah (FS Albert H. Friedlander), Stuttgart 1997, 217–227; Burton L. Mack, Wer schrieb das Neue Testament?, bes. 338ff.

kabäer und die Weisheits- und Frömmigkeitsüberlieferungen Israels ihren Platz, um dann aber in dem ans Ende gestellten Prophetenteil in den Blick auf eine verheißene Zukunft zu münden, von deren Anbruch das Neue Testament von seinem ersten Buch an kündet. Nicht zufällig endet der christliche Septuagintakanon mit der Ansage des Kommens des Elia redivivus in Maleachi 3,24, die dann im ersten Buch des Neuen Testaments in der Gestalt des Vorläufers des Erlösers Jesus Christus, des Täufers Johannes, als eingelöst gilt (Mt 3,1ff.). Überhaupt stellt die Eröffnung des Neuen Testaments mit dem Matthäusevangelium eine programmatische theologische Lektürelenkung dar. So verbindet der Eingang des Matthäusevangeliums, eröffnet mit dem an die Genesis anklingenden Syntagma (Gen 2,4; 5,1 LXX) „Buch der Genesis Jesu Christi, des Sohnes Davids, des Sohnes Abrahams“ (Mt 1,1), die Geschichte von der Geburt Jesu mit der Geschichte Israels in einer Genealogie, also der Abbreviatur einer Geschichtserzählung. Sie reicht von Abraham, dem Stammvater Israels, über David, den Stammvater des messianischen Königs, bis zum Davididen Josef, dem „Mann Marias“, der Mutter des messianischen Erlösers. Offenbar soll man dabei die Periodisierung nach jeweils vierzehn Gliedern – von Abraham bis zu David, von David bis zur Babylonischen Gefangenschaft, von der Babylonischen Gefangenschaft bis zu Christus (Mt 1,17) – als die Erfüllung eines planmäßigen göttlichen Handelns in der Zeit verstehen, in der nach dem Anfang (Abraham), dem Höhepunkt (David) und dem Niedergang (Babylonische Gefangenschaft) der Geschichte Israels[16] ein neuer Anfang (Abrahamssohn) und Höhepunkt (Davidssohn) mit der Geburt Christi gesetzt wird. Dass dieser Neuanfang zugleich eine über die Geschichte Israels hinausweisende neue Perspektive hat, deutet die Unregelmäßigkeit im Stammbaum bei Josef an, der eben nicht der Vater Jesu, sondern der „Mann der Maria“ ist, deren Kind vom Heiligen Geist gezeugt wird.[17] Als Abrahams- und Davidssohn ist Jesus Christus auch der Gottessohn, dem denn auch nach seiner Geburt aufgrund eines kosmischen Zeichens die Weisen aus dem Morgenland huldigen und dessen Jünger von dem Auferstandenen am Ende den Auftrag erhalten, *„alle Völker“* zu Jüngern zu machen, zu belehren und zu taufen (Mt 28,19). Und ebendiese universale, die Völker einschließende missionarische Perspektive wird dann nach der Erzählung über die Geschichte Jesu Christi in den Evangelien im fünften Geschichtsbuch des neutestamentlichen Kanons, der Apostelgeschichte, narrativ eingelöst. Durch die Verkündigung der Apostel und insbesondere des „bekehrten“ Zeugen Paulus gewinnt das Evangelium eine Anhängerschaft aus Juden und Heiden und breitet sich aus von Jerusalem bis Rom, dem Ort also, an dem während der

16 Vgl. dazu Moisés Mayordomo-Marín, Den Anfang hören. Leserorientierte Evangelienexegese am Beispiel von Matthäus 1–2, Göttingen 1998, 238ff.

17 Vorbereitet wird dieser Bruch in der Genealogie durch die Erwähnung von vier anderen Frauen (Tamar, Rahab, Ruth, „die des Uria“ = Batseba), denen allen vier eigentlich nur die Herkunft aus den Völkern (bzw. die Ehe mit einem Nichtjuden) gemeinsam ist.

Zeit des Kanonisierungsprozesses das Christentum allmählich zur Reichsreligion aufstieg.

Burton L. Mack hat darauf hingewiesen, dass sich mit dieser literarischen Endgestalt der christlichen Bibel die Kanonisierung eines Mythos verbindet, der dem Christentum sowohl das Mandat zur universalen Expansion, der missionierenden „Bekehrung" aller Völker, als auch eine anamnetische Rückbeziehung auf das „Heilige Land", dem historisch-partikularen Ort der Ereignisse seines Ursprungs, einschrieb.[18] Im Doppelkanon des „Alten" und „Neuen" Testaments entfaltet es so eine noch unbeendete Geschichte der Menschheit zwischen Schöpfung und Erlösung. Und innerhalb dieser kosmischen Geschichte schreibt sich das Christentum zu, „Angelpunkt" und alleiniger Träger der Transformation zur Erlösung zu sein. Die Aneignung der jüdischen heiligen Schriften verliehen ihm Altehrwürdigkeit. Zugleich konnten die Christen aber, da die epische Tradition Israels, die auf den Tempelstaat zielte, durch dessen Verwüstung im Jahr 70 delegitimiert schien, als dessen Erben in globaler Zielrichtung auftreten. Demgemäß hat die Bibel das postkonstantinische Reichschristentum bestärkt, sich als Zielpunkt der Geschichte Israels wie als Träger einer neuen Menschheit zu verstehen. Alles vor Christus – auch und gerade die Geschichte Israels – war praeparatio evangelica, alles nach ihm musste der allein durch ihn vermittelten Erlösung der Welt unterstellt werden, wenn nötig mit Gewalt. Das Christentum als Reichsreligion und die christliche Bibel sind gleichursprünglich.

VII Die Inversion des Antijudaismus

Die kanonische Integration und hermeneutische Transformation der heiligen Überlieferungen Israels stellt zwar eine Zeitlang die christliche Selbstwahrnehmung als einzig legitimer Erbe biblischer Religion sicher. Doch genau an dieser Stelle hat das Christentum allerdings auch eine Achillesferse. Denn so deutlich es mit der Erlangung einer Herrschaftsposition im Abendland seine ausgrenzenden Strategien gegenüber dem gleichzeitigen Judentum weithin unbehelligt durchsetzen konnte, so deutlich bleibt es aufgrund der Tatsache, dass das Judentum in Gestalt der biblischen Religion zu seinem Inneren gehört, auf identitätssichernde Auslegung nach Innen angewiesen. Die Gewalt, mit der zumal seit den Kreuzzügen dieser christliche Antijudaismus sich nach Außen auslebt, trifft dabei durchaus auf theologischen Widerspruch. Und auch die kirchliche Herrschaft ist geteilter Meinung. Allein die Tradition der christlichen Herabsetzung des Judentums hat bereits im Mittelalter eine volkstümli-

18 Vgl. Burton L. Mack, Wer schrieb das Neue Testament?, bes. 338ff.

che Gestalt angenommen, deren Dynamik immer stärker zur gewaltsamen Lösung des Antagonismus tendiert. Auch wenn die Reformation zunächst insofern eine Unterbrechung darstellt, als sie durch die Rückkehr zur Hebraica Veritas zu einer neuen Würdigung des Judentums als Nachfahre der biblischen Patriarchen und Jesu und seiner Apostel vordringt, bleibt sie doch der traditionellen Beurteilung des Antagonismus verhaftet: Juden müssen zum Christentum übertreten, um den Zustand der Illegitimität ihrer Existenz zu beenden. Dies wird, wie an Luther, aber nicht nur an ihm, zu studieren ist, alsbald mit neuer Gewaltrhetorik verbunden. Und zwar nicht zuletzt deswegen, weil die Reformation der allegorischen Auslegung des Alten Testaments den Abschied gab und nun mit ihrer Bevorzugung des Literalsinns – und das noch an der Auslegung der Biblia Hebraica – auf eine andere, unchristologische jüdische Auslegung traf. Wenn sie ihre heiligen Schriften anders auslegen als die Christen, müssen die Juden aber lügen, auch wenn sie gute grammatisch-historische bzw. philologische Gründe haben.[19] Die biblizistisch-humanistische Annäherung der Reformation an die biblische Religion des Judentums macht noch einmal deutlich, dass dem Christentum offenbar in der Geschichte ein Identitätsproblem inhärent ist, das durch die Reklamation der biblischen Religion des Judentums konstituiert wird, aber erst durch die weitergehende, gleichzeitige Existenz des Judentums begründet ist. Die Privilegierung des Literalsinns konnte allerdings durch das Materialprinzip der reformatorischen Schriftlehre domestiziert werden. Da nicht alles mehr in der Schrift „Christum treibet", ist sie für Luther etwa auch „der Juden Sachsenspiegel". Aber sofern sie „Christum treibet", ist das „Alte" Testament das Christusbuch der Kirche. Hier deutet sich eine Binnenunterscheidung im „Alten" Testament an, die nach dem Bruch mit der hermeneutica sacra in der Aufklärungstheologie zur extensiven Inversion des Antijudaismus führt.

Die Aufklärung als der groß angelegte Prozess der Modernisierung Europas hatte ihren eigentümlichen Charakter für das Christentum darin ausgebildet, dass sie die Religion, d. h. die „vernünftige Religion", der christlichen Dogmatik und damit den kirchlichen Wahrheits- und Machtansprüchen vorgeordnet hat. Mit dem Oberbegriff „Religion" hat sie zugleich eine überkonfessionelle wie „natürliche" und damit der Bildung zugängliche Anlage des Menschen verbunden, die eben auch allgemein einsichtig zu machen und vernünftig beschreibbar ist.[20] In diesem christentumskritischen Ansatz wird deutlich, dass – wie

---

19 Vgl. dazu Ekkehard W. Stegemann, Luthers Bibelübersetzung und das christlich-jüdische Gespräch, in: EvTh 44 (1984), 386–405; vgl. jetzt auch die noch ungedruckte Dissertation von Achim Detmers, Calvin, Reformation und Judentum. Ursprung und Entwicklung der frühen Israel-Lehre Jean Calvins und seiner Haltung gegenüber dem Judentum (1535–1544) im Kontext des reformatorischen Denkens, Gießen 2000.

20 Friedrich Wilhelm Graf, Protestantische Theologie und die Formierung der bürgerlichen Gesellschaft, in: ders. (Hg.), Profile des neuzeitlichen Protestantismus, Bd. 1, Gütersloh 1990, 11–54.

F. W. Graf es ausgedrückt hat – Religion für die Aufklärung ein Medium der Emanzipation war, durch das „die dogmatische Heteronomie“ kritisiert und der Anspruch auf Freiheit gegen die Bindungen an die überkommene Kirchenlehre und deren Autoritäten behauptet werden konnte.[21] Gerade dieser emanzipatorische Anspruch musste jedoch auch die Vereinbarkeit der christlichen Religion und ihrer Überlieferungen mit der allein vernünftigen Maßstäben standhaltenden Religion und Ethik prüfen und alle damit nicht übereinstimmenden Elemente kritisieren. Diese fand man weithin und vor allem im Alten Testament, wie überhaupt alles, was für die meisten Aufklärer überholt und im Interesse der vernünftigen Religion auszuscheiden war und als zu überwindendes Relikt des Judentums galt. (Die Folgerung aus dieser Position für die politische und rechtliche Emanzipation der Juden war zumeist die, dass sie, sofern sie sich ihres Judentums entledigten und dem Christentum beitraten, als freie und gleichberechtigte Bürger gelten durften.) Dieser Ansatz hatte zumal in der Beziehung zur Bibel bei den Aufklärungstheologen, den sogenannten Neologen, eine deutliche Distanznahme zum Alten Testament zur Folge. Insbesondere erschien der „mosaische Gesetzesgehorsam“ als Ausdruck einer bloß äußerlichen Moral. Die Ursprünge der historisch-kritischen Methode verbinden sich so mit einer kritischen Ausscheidung dessen, was als jüdische Schale eines christlichen Kerns angesehen wurde. Charakteristisch ist dafür Johann Salomo Semlers „Abhandlung von freier Untersuchung des Canon“ (1771). In ihr wird der erste Teil des christlichen Doppelkanons ziemlich pauschal zur „Sammlung grober jüdischer Vorurteile“ erklärt, „welche dem Christentum gerade entgegen sind“. „Nur ein kleiner Teil“ von ihm, nämlich die Psalmen und prophetische Texte, enthalten auch für Christen noch brauchbare Wahrheiten. Im Übrigen vertritt das Alte Testament aber eine Religion, eben die des Judentums, für die „Nationalordnung und patriotische Gebräuche“ den Inbegriff abgeben und die ethisch in die neue Zeit nun überhaupt nicht mehr passen würden.[22] Demgegenüber enthielten die neutestamentlichen Schriften die Grundsätze einer universalen vernünftigen Religion, die zwar dort auch noch, weil der weise Stifter sich seinem jüdischen Publikum akkomodieren musste, mit jüdischen Formen vermittelt sind, doch deren Kern, von dieser Schale freigelegt, mit der Idee einer universalen und vernünftigen Religion übereinstimmt. Schon Jesus habe eigentlich die partikular-nationale Religion der Hebräer überwunden. Doch mit Paulus und Johannes kommt es zum Bruch mit dem Gesetz bzw. dem Judentum und zur klaren Darstellung der vernünftigen Religion.[23] Dieses Mo-

---

21 Vgl. F. W. Graf, Protestantische Theologie, 16f.

22 Vgl. Johann Salomo Semler, Abhandlung von freier Untersuchung des Canon (Halle 1771–75, ^{2}1776), III. Teil 1773, 28.

23 Vgl. H. Liebeschütz, Das Judentum im deutschen Geschichtsbild von Hegel bis Max Weber, Tübingen 1967, 16; ferner Ekkehard W. Stegemann, Der Jude Paulus und seine antijüdische Auslegung, in: Rolf Rendtorff / Ekkehard Stegemann (Hg.), Auschwitz – Krise der christlichen Theologie, München 1981, 117–139.

dell wird in verschiedenen Variationen in der Folge durchdekliniert, wobei freilich in Rechnung gestellt wird, dass die einmal mit Paulus und Johannes klar ins Bewusstsein getretene wahre Religion immer wieder verfälscht – und das heißt im Prinzip „judaisiert" – worden sei und darum immer wieder von entstellenden Veräußerlichungen befreit werden musste. In diesem Geschichtskonzept figuriert dann Luther als der entscheidende Befreier des Christentums von judaisierender Verfälschung im Katholizismus. Und das Selbstverständnis der Aufklärungstheologie war es, selbst nun an einer entscheidenden Stelle der Reform, der Befreiung des Christentums zu sich selbst als einer vernünftigen, sittlichen und universalen Religion zu stehen, die sich – um mit Kant zu sprechen – ihres „Sektencharakters"[24] zu entledigen und die von religiösen Antagonismen bestimmte Menschheit durch die grundlegenden Postulate, Gott, Freiheit und Unsterblichkeit, die einer vernünftigen Religion zu eigen sein sollten, ethisch zu einen habe.[25] Auch Kant hat dabei durchaus die Juden einer Teilnahme an solch einer Einigung für würdig gehalten, und zwar nicht – wie das landläufig und üblich war – durch massenweise Taufe. Freilich müssten die Juden sich ihres mosaischen „Kleides", der nur äußerlichen Gehorsamsethik, der Toraobservanz, begeben und ohne Bekenntnis zum Messias Jesus doch die universalen Grundsätze des Evangeliums annehmen. Doch mit der Übernahme der „rein moralischen Religion" verbindet sich dann für Kant auch „die Euthanasie des Judentums"[26]. Das ist natürlich nicht im physischen Sinn gemeint. Doch wird hier eine prinzipielle Ausgrenzung des Judentums sichtbar: die „mosaische Religion" ist nicht zu modernisieren und die religiöse Existenz des Judentums nicht zu reformieren, da sie einen Partikularismus darstelle, der dem modernen aufgeklärten Geist widerspreche. Das gilt nicht für das Christentum. Doch es muss sich auch vom Judentum in seinem Innern befreien, wenn es denn vernünftig sein möchte. Dementsprechend sieht die von der Aufklärung bestimmte Theologie eine prinzipielle Differenz zwischen dem Judentum und dem Christentum walten. Da das Christentum nämlich durch „Universalismus und Weltbürgersinn" (De Wette), das Judentum jedoch durch Partikularismus und Nationalstolz ausgezeichnet sei, trennt sie Welten. Und die geschichtlich vermittelte Entstehung des Christentums aus dem Judentum, ja, die – wie die historische Auslegung immer deutlicher erkannte – jüdi-

---

24 Vgl. Immanuel Kant, Der Streit der Fakultäten, in: Werke Bd. VII (hg. v. E. Cassirer u. a.), Berlin 1916, bes. 359ff.

25 Vgl. H. Liebeschütz, Das Judentum im deutschen Geschichtsbild, bes. 17ff.; Ekkehard W. Stegemann, Zwischen religionsgeschichtlicher Rekonstruktion und theologischer Interpretation. Rudolf Bultmanns „Theologie des Neuen Testaments" in ihrem forschungsgeschichtlichen Kontext, ThZ 55 (1999), 137–155.

26 I. Kant, Der Streit der Fakultäten, Werke VII, 364. – Mendelssohns Zurückweisung des Taufansinnens interpretiert er denn auch so: Die Christen sollten erst das Judentum aus ihrem eigenen Glauben wegschaffen, dann würden ihnen auch die Juden folgen und das ihre verlassen (ebd., Anm. 1).

sche Kontur und Substanz der Religion seines Stifters, werden als geschichtlich notwendige Akkomodation an den Geist der Zeit interpretiert, die jedoch schon bei Paulus und mehr dann noch bei Johannes einem durch grundsätzlichen Antijudaismus bestimmtem Lehrgehalt des Christentums gewichen sein sollen, so dass das Christentum in antijüdischer Gestalt bei der Reinheit seines Universalismus angelangt ist oder wieder ankommen kann, sofern es sich zwischendurch wieder – wie das beim Katholizismus sein soll – judaistisch verunreinigt. Die christlich-protestantische Identitätsstrategie – von Ferdinand Christian Baur bis heute wirksam formuliert – stabilisiert sich nun durch ihr System immer wieder selbst, indem es die durch den jeweiligen Zeitgeist verworfenen Elemente seiner Überlieferung alsbald als jüdisches Relikt entdeckt und verwirft. So wird das Christentum auf die negative Differenz zum Judentum theologisch festgelegt. Was immer falsch ist, auch im Christentum, ist jüdisch, auch wenn Juden dabei gar nicht beteiligt waren. Diese Selbstdefinition richtet sich vor allem gegen alles, was als bloß sinnlich, äußerlich oder partikular geschichtlich gilt, vor allem gegen die messianische Idee im Judentum und die Tora bzw. die Halacha. Dadurch ist eine theologische Linie vorgezeichnet, die Ende des 19. und anfangs des 20. Jahrhunderts etwa durch Harnack wieder zu einer marcionitischen Verwerfung des „Alten Testaments" herangezogen wurde.

Es ist, glaube ich, deutlich geworden, dass der nach Außen gerichtete, für das Judentum katastrophale christliche Antisemitismus zunehmend seit der Aufklärung auch im Inneren der christlichen Religion ruinöse Wirkungen hat. Die gewachsene antijüdische Selbstauslegung des Christentums kann geradezu als der permanente Versuch angesehen werden, vor der eigenen, mit seinen Ursprüngen gegebenen Identität zu fliehen und der bleibenden Angewiesenheit auf die biblische Religion durch Negation des Judentums zu entgehen, das in der geschichtlichen Realität die Kontinuität mit ihr repräsentiert. Diese Linie setzt sich auch im 20. Jahrhundert fort. Doch sie wird nun auch durch eine andere Linie konterkariert, die mit der Absage an den Antijudaismus nach Außen auch die „Wiedergewinnung der jüdischen ‚Schrift'", und zwar ohne Enteignung, zu verbinden sucht.[27]

VIII Christliche Theologie ohne Antisemitismus: Prolegomena

Die eigentliche Aufgabe einer Theologie, die sich der antijüdischen Selbstauslegung des Christentums bewusst wird, besteht in der Identifikation des Christentums mit sich selbst als einer Religion, die zum Ganzen der Welt und der

---

[27] Rolf Rendtorff, Christen und Juden heute. Neue Einsichten und neue Aufgaben, Neukirchen 1998, 58ff.

Kultur in einer Deutung Stellung bezieht, die ihre Symbole und Normen im Wesentlichen der biblischen Religion und deren Entfaltung im 1. und 2. Jahrhundert verdankt. Dies hat jedoch zugleich mit der Erkenntnis einherzugehen, dass die christliche Entfaltung nur die eine, die jüdische, die andere Seite der Medaille ist. Anders formuliert heißt das, dass Christentum und Judentum nicht etwa durch einen breiten Strom gemeinsamer Überlieferungen und Anschauungen geeint und durch spezielle eigene Entwicklungen dann getrennt sind. Vielmehr ist das dem frühen Christentum gleichzeitige rabbinische Judentum immer auch als eine alternative Entfaltung der biblischen Religion zu würdigen, die konstitutiv in ihr angelegt ist. Das Gemeinsame ist in ihnen je auch nur besonders vorhanden, weswegen ich im Blick auf die gemeinsame Matrix, die biblische Religion, der beide sich verdanken und aus der beide leben, als dem jeweils besonderen Gemeinsamen rede. Anerkennt man, dass das Christentum nur aufgrund eines komplexen Transformationsprozesses, der zugleich reduktiv im Blick auf die geschichtliche Matrix war, entstanden ist, so ist der negativen Mechanik von Vereinnahmung und Abwehr der Boden entzogen. Das Alte Testament ist eben nicht einfach der TaNaCh, sondern die wie auch immer näher bestimmte christliche Version der jüdischen Schriften; der messianische Glaube der Christen ist nicht einfach identisch mit der messianischen Idee im Judentum, die bekanntlich auch sehr vielgestaltig ist, sondern die wie auch immer näher bestimmte christliche Version der messianischen Idee. Und die christliche Ethik ist nicht eine christliche Halacha, sondern eine christliche Version biblisch materialer ethischer Überlieferung, usw., usw. Insofern ist das Christentum auch nicht eine spezielle Form des Judentums, wie viele heute in bester Absicht meinen, es ist vielmehr eine entwickelte Form der biblischen Religion, wie es das Judentum auch ist, aber eben anders, um davon zu schweigen, dass ja sowohl das Christentum wie das Judentum einen ganzen Kosmos unterschiedlicher Akzentuierungen ihrer jeweiligen Form im Laufe der Geschichte entfalten. Zu dieser Entfaltung gehört im Christentum auch, dass es programmatisch transethnisch ist, aber, weil konstitutiv auch geschichtlich, immer selbst auch nur partikular.

Sieht man die Entfaltung christlicher Identität darin, dass sie ihre Differenz zum Judentum paradoxerweise in der Entdifferenzierung, der Aufhebung der Unterschiede, beschreibt, so ist in dieser Identitätsstrategie das eigentliche Problem antijüdischer Selbstauslegung zu orten. Differenz ist jedoch nicht aufhebbar in Zeit und Geschichte, es sei denn durch Gewalt und Illusion. Deswegen kann der christliche Glaube an die universale Erlösung allenfalls eine regulative Idee sein, und zwar auch nur so, dass sie das Miteinander der Verschiedenen und nicht die Aufhebung des Verschiedenen denkt. Leugnung des Verschiedenen leugnet das Menschliche, das jeweils nur besonders ist und auch besonders sein müssen darf, d. h. – um einen bekannten Satz von Adorno zu zitieren –, dass man ohne Angst verschieden sein darf. Der Zwang zur Aufhebung von Differenz nährt sich also aus einer illusionären Wahrnehmung von

Selbst und Welt, die letztlich die Geschichte des Leidens und der Negativität verdrängt zugunsten einer Illusion der Versöhnung. Das bedeutet zugleich, dass Versöhnung und Erlösung, also der Grundansatz christlicher Religion, nicht verdinglicht werden dürfen, wenn nicht die Unerlöstheit der Welt vergessen werden soll. Anders gesagt: Die Behauptung einer schon stattgefundenen Erlösung ist eine Wunscherfüllung, aber als solche eine Illusion. Die biblische Kultur der Erinnerung – dies hat insbesondere Johann Baptist Metz ausgearbeitet – ist nicht nur, aber nicht zuletzt auch ein Eingedenken der „Landschaft der Schreie". Und in begrifflicher Form ist sie Kritik, die die Möglichkeit eines neuen Umgangs eröffnet.

Kurz gesagt und bezogen auf den christlich-jüdischen Antagonismus formuliert: Es gibt nur den Plural, und es gibt ihn nur, weil es das Eine, das Ursprüngliche und Originale nicht gibt, weswegen verstandener Pluralismus damit beginnt, die jeweils eigene Handschrift nicht für die einzige oder gar einzig richtige zu halten oder die Deutung mit der Schrift selbst zu verwechseln. Der theologische Diskurs zwischen Juden und Christen hat darum sicher auch die Funktion, die jeweils andere Entfaltung, und zwar nicht zuletzt in der Auslegung und Rezeption der biblischen Texte, als geschichtliche und partikulare Vielfalt von Deutungen anzuerkennen, in denen immer zugleich auch Verdeckungen von anderen möglichen Deutungen stattfinden. Zu beachten ist dabei aber nicht zuletzt, dass Asymmetrie das Verhältnis von Christentum und Judentum von Anfang an und auf Dauer bestimmt. Auch wenn etwa das Christentum biblische Selbstbezeichnungen Israels adaptiert hat, hat es sie doch immer zugleich transformiert, und zwar tendenziell mit der Absicht, das ihm je gleichzeitige Judentum zu delegitimieren. Ist dieser Mechanismus dann vermeidbar, wenn die christliche Identifizierung mit biblischen symbolischen Konzepten und Selbstprädikationen Israels in der guten Absicht geschieht, gerade das Gemeinsame und die unverbrüchliche Zusammengehörigkeit von Judentum und Christentum zu betonen? Ich jedenfalls meine, dass darüber neu nachgedacht werden muss, und zwar eben in dem Sinn, dass das Gemeinsame jeweils nur besonders vorkommt.

Scholem hat das Problem der Geschichtlichkeit und Partikularität auch religiöser Deutungssysteme, die sich auf Offenbarung und heilige Schriften berufen, an der kabbalistischen Diskussion über die Frage exemplifiziert, ob denn alle zehn Worte des Dekalogs von Mose unverfälscht überliefert worden seien. Einige meinten, dass alle, andere, dass nur die ersten beiden, also die die Einzigkeit Gottes und das Bilderverbot betreffenden, ganz authentische Vermittlungen der Offenbarung seien. Doch Rabbi Mendel von Rymanow meinte, es sei allein das Aleph, also der erste Buchstabe des hebräischen Wortes „Anochi", mit dem der Dekalog beginnt, unmittelbare Offenbarung. Scholem kommentiert dies so: Der Konsonant Aleph ist allein der laryngale Stimmansatz vor einem Vokal, also eigentlich so gut wie nichts, gerade der Übergang zur Vernehmbarkeit. „Mit seinem kühnen Satz reduzierte also Rabbi Mendel die

Offenbarung zu einer mystischen, d. h. zu einer Offenbarung, die in sich selbst zwar unendlich sinnerfüllt, aber doch ohne spezifischen Sinn war. Sie stellte etwas dar, das, um religiöse Autorität zu begründen, in menschliche Sprachen übersetzt werden musste; und das ist es, was [...] Moses tat. Jede Aussage, die Autorität begründet, wäre eine, wenn auch noch so gültige und hochrangige, aber immer noch menschliche Deutung von etwas, das sie transzendiert."[28] Das ist, meine ich, ein grundlegender Gedanke für eine Theologie der Religionen, aber eben auch für eine christliche Theologie, die sich, ihrer ruinösen antijüdischen Deutungs- und der realen Gewaltgeschichte des Christentums eingedenk, erneuern und das heißt: revidieren möchte.

Es ist mir klar, dass ich hiermit allenfalls Prolegomena oder richtiger: Prolegomena zu Prolegomena einer christlichen Theologie ohne Antijudaismus formulieren konnte. Die materielle Auseinandersetzung, wie sie seit einiger Zeit etwa im Blick auf die Christologie, auf die Erwählungslehre, die Ekklesiologie usw., aber auch etwa hinsichtlich der Mission geführt werden, sind dabei noch gar nicht in den Blick gekommen. Doch hoffe ich wenigstens dies deutlich gemacht zu haben, dass sich diese Auseinandersetzung nicht nur lohnt, sondern auch notwendig ist, wenn anders das Christentum als eine Religion in der Moderne sich von negativen Mythen seiner Überlieferung befreien will.

---

[28] Gershom Scholem, Zur Kabbala und ihrer Symbolik, Frankfurt a. M., 47f.

Am Anfang war die Unterscheidung

Sozialgeschichtliche Beobachtungen zum Auseinandergehen der Wege von Christentum und Judentum

Wolfgang Stegemann

Einleitung

Das Christentum ist aus dem biblischen Judentum entstanden, zugleich aber offenkundig einen eigenen Weg gegangen, wie auch das rabbinische Judentum in seiner Weise. Doch wie ist das frühe Christentum mit Traditionen des Judentums umgegangen? Wie hat es seinen besonderen Weg in Aneignung und Neuformulierung gefunden? Ich möchte diesen Weg als einen Transformationsprozess bezeichnen, in dem – um einen zentralen Aspekt zu nennen – die ursprüngliche Beziehung der jüdischen Traditionen auf Israel aufgehoben und einer universalen Perspektive unterstellt wurde. Man könnte also sagen, dass der christliche Weg in inhaltlicher Hinsicht durch eine Universalisierung seiner jüdischen Traditionen gekennzeichnet ist. Doch muss sofort eingeräumt werden, dass auch der christliche Universalismus nicht grenzenlos ist, sondern partikular. In diesem Zusammenhang stellt sich dann aber die Frage, ob der Universalismus nur um den Preis einer Entdifferenzierung gelingen kann und unter Beseitigung der sinnvollen Unterschiede zwischen den Menschen.

I Auseinandergehen der Wege

Traditionell sprechen wir von der „Trennung" von Kirche und Synagoge. Gemeint ist, dass sich schon in einem relativ frühen Zeitraum nach der Kreuzigung Jesu Gruppen von Christusgläubigen in Gemeinschaften zusammenfanden (für die das Neue Testament u. a. die Bezeichnung *ekklesia* verwendet) und von den Synagogen trennten. Allerdings vermisst man gerade bei Paulus Aussagen, die der Begriff der „Trennung" nahelegen würde. Also etwa: dass diese Gemeinschaften zunächst innerhalb der Synagogen existierten, sich dann aber – warum und aufgrund welcher Anlässe auch immer – von den Synagogen abspalteten. Tatsächlich vermitteln uns die Paulusbriefe den umgekehrten Eindruck, dass die christusgläubigen Gemeinschaften aus den Völkern *immer schon außerhalb der Synagogen* der Diaspora existierten. Und dieser Eindruck hat einige Evidenz für sich. Schon Paulus hat ein bemerkenswert klares Bewusstsein von der Selbstständigkeit dieser Gemeinschaften im Unterschied zum Judentum (und der paganen Welt). Er spricht von ihnen als von den Gemeinden aus den Völkern (Röm 16,4) und unterscheidet diese noch einmal von den Gemeinden Gottes bzw. in Christus in Judäa (Gal 1,22; 1Thess 2,14). Die Gemeinden aus den Völkern sind für ihn zugleich auch eine dritte empirische Größe neben Juden und Griechen (explizit: 1Kor 10,32). Wenn wir also nur an dieses Selbstbewusstsein der paulinischen Gemeinden denken, legt sich der Begriff Trennung kaum nahe. Gegen ihn spricht auch die Tatsache, dass die Versammlungen der christusgläubigen Gemeinden in den Häusern ihrer Mitglieder stattfanden und durch spezifische, von jüdischen unterschiedene Rituale (etwa Taufe und Herrenmahl) geprägt waren.

Der geläufige Begriff „Trennung“ von Kirche und Synagoge ist also offensichtlich recht unpräzise und wohl auch unzutreffend. Denn trennen kann sich ja nur, was vorher zusammengehörte.[1] Sinnvoller ist die immer häufiger verwendete Kennzeichnung dieses Vorgangs als „*Auseinandergehen der Wege*“ von Juden und Christen (*parting of the ways*). Sofern sie zunächst keine soziologischen Implikationen enthält, lässt sie sich auf das Verhältnis zum Judentum sowohl der messianischen Gruppen im jüdischen Land wie auch auf das der christusgläubigen Gemeinschaften unter den Völkern anwenden. Wann genau das Auseinandergehen der Wege begonnen hat, lässt sich schwer sagen. In jedem Fall gilt dies nach meiner Überzeugung schon für die vorpaulinische Gemeinde in Antiochien, dann vor allem für die neu entstehenden paulinischen Gemeinden. Eine besondere Bedeutung in diesem Prozess des Auseinandergehens der Wege von Christen und Juden hat dann wohl die im Gefolge der Katastrophe von 70 notwendig gewordene Neugestaltung des Judentums gewonnen, d. h., das Auseinandergehen der Wege hängt auch eng mit den wechselseitigen Selbstdefinitionen von Christentum und Judentum zusammen.[2]

Man kann also, wie z. B. A. F. Segal, die Entstehung von Christentum und rabbinischem Judentum als parallele Entwicklung deuten.[3] Sprechend ist seine biblische Metapher. Er bezeichnet Christentum und Judentum als „Rebecca’s children“:

---

1 Auch der Begriff „Trennungsprozesse“ heilt diese Wunde nicht: B. Wander, Trennungsprozesse zwischen Frühem Christentum und Judentum im 1. Jh. n. Chr., Tübingen / Basel 1994.

2 Literaturhinweise: E. P. Sanders u. a. (Hg.), Jewish and Christian Self-Definition, 2 Bände, 1981; J. D. G. Dunn (Hg.), Jews and Christians. The Parting of the Ways A. D. 70 to 155, 1992; L. H. Schiffman, Who was a Jew? Rabbinic and Halachic Perspectives on the Jewish-Christian Schism, 1985.

3 A. F. Segal, Rebecca’s Children. Judaism and Christianity in the Roman World, Cambridge (Mass.) 1986.

> [...] Judaism and Christianity can essentially claim a twin birth. It is a startling truth that the religions we know today as Judaism and Christianity were born at the same time and nurtured in the same environment. Like Jacob and Esau, the twin sons of Isaac and Rebecca, the two religions fought in the womb. Throughout their youth they followed very different paths, quarreling freguently about their father's blessing. As was the case with Rebecca's children, the conflict between Judaism and Christianity molded their characters and determined their destinies.[4]

J. D. Crossan sieht die Dinge ähnlich, verweist aber auf ein anderes biblisches Brüderpaar:

> It is not even accurate to say that Christianity eventually broke away from Judaism. It is more accurate to say that, out of the matrix of biblical Judaism and the maelstrom of late Second-Temple Judaism, two great traditions eventually emerged: early Christianity and rabbinic Judaism. Each claimed exclusive continuity with the past, but in truth each was as great a leap and as valid a development from that common ancestry as was the other. They are not child and parent; they are two children of the same mother. So, of course, were Cain and Abel.[5]

Für das Christentum sind die biblischen Vergleichsfiguren nicht gerade schmeichelnd, aber es hat sie sich wohl verdient. Allerdings sollte man die biblische Metaphorik auch nicht pressen. Eine Bemerkung zur sachlichen Aussage Crossans: M. E. lässt sich begründet in Zweifel ziehen, dass das rabbinische Judentum ein ebenso großer „Sprung" (leap) in der gemeinsamen jüdischen Abstammungslinie war wie das Christentum. Wichtiger ist mir hier jedoch die Frage, wie der christliche „Sprung" grundsätzlich zu verstehen bzw. zu erklären ist. Meine These lautet, dass das Besondere der christlichen Aneignung und Neuformulierung der Matrix des ihm zugrundeliegenden Judentums als Transformation bezeichnet werden kann. Christliche Aneignung jüdischer Traditionen war immer schon deren Verwandlung. Dabei geht es nach meiner Deutung nicht nur um die Verwandlung geistig-religiöser Traditionen, sondern auch um eine damit unmittelbar zusammenhängende Transformation der Lebenspraxis. Ich will die „christliche" Änderung der geistigen Traditionen am Beispiel der Neuakzentuierung der jüdischen Erwartung der Königsherrschaft Gottes durch Paulus und Lukas kurz erläutern.

---

4 Segal, a. a. O., 1.

5 J. D. Crossan, The Birth of Christianity, San Francisco 1998, XXXIII.

II Transformation jüdischer Traditionen

Jüdische Konzepte von der Aufrichtung der Königsherrschaft Gottes sind konstitutiv auf Israel bezogen, d. h., sie erwarten die irdische Aufrichtung der Herrschaft Gottes für Israel (zumeist) von Zion her. Die Heidenvölker kommen eher marginal, unter dem Gerichtsgedanken bzw. der Vorstellung von der Umkehr eines Restes vor.[6] Das konnte und musste so sein, da die Erwartung der irdischen Durchsetzung von Gottes Königtum auf der Erde auf Krisenerfahrungen Israels reagierte, auf das Exil, auf partielle Fremdherrschaft in der Perserzeit und – in hellenistisch-römischer Zeit – auf die universale Fremdherrschaft von Heidenvölkern.[7] Die Erwartungen von Gottes Königsherrschaft für Israel haben also ihren Sitz im Leben in den Bedrohungen Israels durch fremde Völker. Gott soll als Retter und Helfer seinem Volk Israel endzeitlich Recht und Frieden verschaffen und seine Herrschaft auf der ganzen Erde etablieren.[8]

Diese Dimensionen, einschließlich der ursprünglichen Konzentration der basileia-Erwartung auf Israel, haben sich noch in der Verkündigung Jesu bewahrt. Das hängt natürlich damit zusammen, dass die Jesusbewegung eine *innerjüdische* Erneuerungsbewegung war. Das auf Israel konzentrierte Heils-Konzept musste freilich zwangsläufig transformiert werden in einer Zeit und Problemlage, in der sich christusgläubige Gemeinschaften außerhalb Israels etabliert hatten und mehrheitlich aus den Völkern rekrutierten. Es ist darum kein Zufall, dass bei Paulus die Hoffnung auf das Reich Gottes (*basileia tou theou*) einerseits eine eher marginale Rolle spielt, andererseits damit die neue pneumatisch-himmlische Existenz der Glaubenden nach der Auferstehung von den Toten gemeint ist. Sprechend ist 1Kor 15,50:

> Fleisch und Blut können die Königsherrschaft Gottes nicht erben.

Das heißt im Kontext von 1Kor 15: Paulus ändert das jüdische Konzept von der Aufrichtung der Königsherrschaft Gottes für Israel in die Hoffnung auf eine unverwesliche, himmlische Existenz der Getauften. Die an dieser Zukunft teilhabende Gruppe – Paulus nennt sie u. a. „die Glaubenden" – ist durch ihre Teilhabe (Partizipation) am himmlischen Christus – also nicht mehr durch ihre

---

6 Einen Überblick über die biblischen Texte gibt H. D. Preuß, Theologie des Alten Testaments, Bd. 2, Stuttgart 1992, 305ff.

7 S. dazu M. Wolter, „Reich Gottes" bei Lukas, NTS 41 (1995), 541–563: 545–547.

8 „The common denominator of all eschatological formulations of the Kingdom [...] was rejection of foreign rule": J. J. Collins, The Kingdom of God in the Apocrypha and Pseudepigrapha, in: W. Willis (Hg.), The Kingdom of God in the 20th-Century Interpretation, Peabody 1987, 81–95: 95.

Zugehörigkeit zum Bund Gottes mit Israel! – definiert.[9] Mehr noch: Die Zugehörigkeit zu Christus – auch als „Sein in Christus" beschrieben – hebt schon *jetzt* – in der Taufe – bisherige anthropologische Differenzen auf (Gal 3,26–29). Ich werde darauf zurückkommen müssen.

Hier nur noch ein kurzer Hinweis zur Interpretation des messianischen Konzeptes von der Königsherrschaft Gottes durch Lukas. Der Verfasser des lukanischen Doppelwerks (Lukasevangelium und Apostelgeschichte) gibt sich erdenkliche Mühe, einerseits die Bindung der *basileia tou theou* an Israel zu bewahren, öffnet dieses Konzept aber andererseits auf die Heidenvölker und erklärt diesen Wandel geschichtstheologisch. Da Israel in seiner Mehrheit den *Kairos* seiner gnädigen Heimsuchung nicht erkannt hat, nicht erkannt hat, was ihm zum Frieden dient, erlebt es seine Katastrophe im jüdisch-römischen Krieg (vgl. Lk 19,41ff.).[10] Und da es dann auch in der Diaspora mehrheitlich die frohe Botschaft von der *basileia* ablehnt, macht der lukanische Paulus programmatisch und feierlich am Ende der Apostelgeschichte den Repräsentanten der jüdischen Gemeinden Roms klar, dass die Verkündigung der *basileia tou theou* und das damit implizierte Heil (*soterion*) den Völkern gilt. Sie werden auch hören (Apg 28,28ff.). Auch Lukas löst wie Paulus die Erwartung der Königsherrschaft Gottes von ihrer partikularen Beziehung auf Israel. Und auch bei ihm wird die *basileia*-Erwartung dann als „Hoffnung Israels" (s. nur Apg 28,20) – wie er sie auch bezeichnen kann – schließlich mit der Auferstehung identifiziert (vgl. nur Apg 26,6).[11]

Ich ziehe ein Fazit:

Paulus wie Lukas greifen auf jüdische Erwartungen (womit auch die Erwartung Jesu selbst gemeint ist) der Königsherrschaft Gottes zurück. Sie lösen (1.) diese freilich von ihrer ursprünglichen Beziehung auf Israel. Aus einer Hoffnung Israels, die dann und darauf auch den Völkern zugutekommen soll, wird eine solche für die Völker. Anteil an der erwarteten Zukunft hat nun (nur) die Gruppe der Christusglaubenden. (2.) Eine ursprünglich politisch-restaurative Hoffnung (Königsherrschaft Gottes als Durchsetzung des göttlichen Willens für das irdische Israel) wird zur eschatologischen Hoffnung auf die Auferstehung. Diese Veränderung geht (3.) einher mit einer Aufhebung der sarkischen (fleischlichen) Konstitution der Körper. „Fleisch und Blut" können die *basileia* nicht erben. Auferstehung ist *Verwandlung* der bisherigen irdischen Existenzform. Der sarkische (fleischliche, damit der Sünde unterworfene) Körper wird zu einem himmlisch-pneumatischen Körper. Schließlich (4.): Aus den Krisenerfahrungen Israels, die die unterschiedlichen Erwartungen von der Königs-

9 S. dazu etwa E. P. Sanders, Paulus. Eine Einführung, Stuttgart 1995, 90ff.

10 Zur lukanischen Christologie und Reich-Gottes-Vorstellung s. auch W. Stegemann, Jesus als Messias in der Theologie des Lukas, in: E. W. Stegemann (Hg.), Messiasvorstellungen bei Juden und Christen, Stuttgart 1993, 21–40.

11 Ausführlich dazu K. Haacker, Das Bekenntnis des Paulus zur Hoffnung Israels nach der Apostelgeschichte des Lukas, NTS 32 (1985), 437ff.

herrschaft Gottes hervorgebracht haben, wird nun die Krise der adamitischen Menschheit insgesamt (in ihrer Verfallenheit an Sünde und Tod: Röm 5). Deren Differenzierung in Juden und Griechen, Sklaven und Freie, Männer und Frauen wird obsolet.

III Der partikulare Universalismus des Paulus

Die auf Paulus zurückgehende Motivation des Christentums scheint auf ein grundlegendes Interesse an Einheit und Gleichheit aller Menschen zu zielen. Dies hat zuletzt eindrucksvoll D. Boyarin gezeigt, der zugleich behauptet, diese Sehnsucht des Paulus habe ein Ideal universaler menschlicher Essenz jenseits von Differenz und Hierarchie hervorgebracht.[12] Es liegt nahe, dass Boyarin von hierher Gal 3,28f. geradezu für einen Schlüsseltext („starting point") paulinischen Denkens hält.[13] Mit dieser universalen Sehnsucht steht Paulus durchaus in der Tradition des Judentums, das zumal in seinem Monotheismus universal ausgerichtet war. Doch von seinem universalen Konzept her musste Paulus zugleich am Judentum seiner Zeit als kritisch empfinden, wie J. Dunn meint, dass es in seiner Betonung der Differenz – der jüdischen Identität, wie sie sich etwa in den „identity" und „boundary marker" Beschneidung und Tora-Gehorsam, Speisegeboten und Sabbatobservanz manifestiert – partikular orientiert bleibt. So hat es wohl auch auf die nichtjüdische Umwelt gewirkt.[14] Demgegenüber findet Paulus in Christus und im Glauben (*pistis*) neue „identity marker" der christusgläubigen Gruppen, die die Möglichkeit der universalen Ausrichtung des Glaubens an den einen Gott eröffnen – ohne jene an das Volk Israel gebundenen Besonderheiten, die für den Bund Gottes mit Israel charakteristisch sind. Aus dieser universalen Perspektive werden ethnische Unterschiede irrelevant, aber auch die Differenzen zwischen den sozialen Schichten und den Geschlechtern sollen in Christus, wie wir schon gesehen haben, nicht mehr gelten. Zum Schluss erwartet Paulus gar die Metamorphose des menschlichen Körpers, der in der Auferstehung seine irdisch-fleischliche Gestalt verliert und eine pneumatisch-himmlische Gestalt bekommt.

Das *Christusereignis* diente Paulus also gewissermaßen als Vehikel für die Transformation der ethnischen, geschlechtlichen und sozialen Differenzen der Menschen hin zu der einen und einheitlichen Menschheit. In der Taufe bekommen die „Glaubenden" schon jetzt Anteil an dieser universalen und glei-

---

12 D. Boyarin, A Radical Jew. Paul and the Politics of Identity, Berkeley / Los Angeles / London 1994.

13 Ebd., 4.181 u. ö.

14 Vgl. ausführlich nur J. D. G. Dunn, Die neue Paulusperspektive. Paulus und das Gesetz, KuI 11 (1996), 34ff.

chen Gemeinschaft, die in der Auferstehung als endgültiger Verwandlung ihr Ziel finden wird. Gerade das spezifische Tauf-Ritual der christusgläubigen Gemeinden schaffte offenbar diese neue Identität. Und in dem Begriff Glauben (*pistis*) – im Sinne des absoluten Vertrauens auf den einen, rettenden Gott, der der Gott der Juden *und* der Völker ist (Röm 3,29) – sieht Paulus offenkundig einen „identity marker", der nach seiner Deutung auch dem Toragehorsam Israels zugrunde liegt, ihm sachlich und zeitlich vorgeordnet ist. Das biblische Beispiel ist für Paulus Abraham, der Stammvater der Juden, der bei ihm zum Typus der Glaubenden wird (Röm 4).

Die Bindung des Universalismus an Christus bzw. das durch die Taufe vermittelte Einswerden mit Christus zeigt freilich zugleich, dass der paulinische Universalismus partikular ist.[15] Partikular eben darum, weil es keine bedingungslose Aufhebung der anthropologischen, sozialen und ethnischen Grenzen gibt, sondern diese nur „in Christus" stattfindet, also die Taufe qua Vereinigung mit (dem himmlischen) Christus voraussetzt. Das paulinisch geprägte Christentum sagt der Menschheit nur Heil „in Christus" zu. Wichtig genug aber auch: Paulus strebt offenbar keine Einheit in der Unterschiedenheit an, sondern eben eine Aufhebung der Unterschiede. In aller Kürze dazu ein Zitat, das eine unterschiedliche Position des Judentums prägnant kennzeichnet:

> Das Judentum hat den „Universalismus" zum letzten Ziel gemacht, auf dessen Erreichung die Menschheit ihre Anstrengungen richten soll. [...] Wie im Anfang, d. h. in prähistorischen Zeiten, so wird in den letzten Stadien der menschlichen Geschichte der Universalismus zur Wirklichkeit werden, nicht durch die Beseitigung des Partikularen – sei es nun anthropologisch, glaubensmäßig oder soziopolitisch –, sondern im Gleichklang der Arten und Besonderheiten. [...] Das Judentum sagt den Völkern *salus extra synagogam* zu.[16]

Wenn wir S. Talmon folgen, so unterscheidet sich das Judentum von diesem paulinischen Universalismuskonzept in dreifacher Hinsicht. Einerseits darin, (1.) dass es den Zustand der Einheit der Menschheit für das Ende der Geschichte reserviert, andererseits, (2.) dass der Universalismus keine Aufhebung der Unterschiede bedeutet, schließlich, (3.) dass Teilhabe an diesem Endzustand nicht die Zugehörigkeit zum Judentum voraussetzt.

---

15 Dazu Boyarin, A Radical Jew, 201ff.: 208.

16 S. Talmon, Partikularismus und Universalismus aus jüdischer Sicht, in: ders., Juden und Christen im Gespräch, Gesammelte Aufsätze, Bd. 2, Neukirchen-Vluyn 1992, 159ff.: 164; bibl. Verweis auf Micha 4,4.

IV Deklaration oder Wirklichkeit?

Die andere Seite der Universalisierung jüdischer Traditionen im Zuge ihrer christlichen Transformation scheint die Aufhebung von Differenz zu sein. Der wichtigste Text ist zweifellos Gal 3,26–29:

> 26 Denn ihr alle seid Söhne Gottes durch den Glauben in Christus Jesus. 27 Denn ihr alle, die ihr in Christus hinein getauft worden seid, ihr habt Christus angezogen. 28 Da ist nicht Jude noch Grieche, da ist nicht Sklave noch Freier, da ist nicht männlich und weiblich; denn ihr alle seid einer in Christus Jesus. 29 Wenn ihr aber des Christus seid, so seid ihr damit Abrahams Nachkommenschaft und nach Verheißung Erben.

Die Differenzen zwischen den Menschen, sei es in ethnischer, sei es in sozialer, ja sogar in geschlechtlicher Hinsicht, sollen also in Christus bzw. für die Getauften aufgehoben sein, nicht mehr gelten. In der Auferstehung erwartet Paulus schließlich die endgültige Verwandlung des ehemals fleischlich-irdischen in einen pneumatisch-himmlischen Körper.

Dies kann man natürlich behaupten, und einige Christen haben dies auch behauptet, wie D. Boyarin sagt:

> Some Christians (whether Jewish or Gentile) could declare that there is no Greek or Jew, nor male or female. No rabbinic Jew could do so, because people are bodies, not spirits, and precisely bodies are marked as male or female, and are also marked, through bodily practices and techniques such as circumcision and food taboos, as Jew or Greek as well.[17]

Demgegenüber – und das deutet auch das Zitat von Talmon an – hat das (rabbinische) Judentum an der Differenz festgehalten; denn der Mensch ist Körper, kein Geist, damit als weiblich und männlich unterschieden, aber auch aufgrund körperlicher Praktiken – wie Beschneidung und Speisetabus – in seiner ethnischen Identität geprägt. Boyarin versteht überhaupt die Beziehung auf den Körper als ein *zentrales Unterscheidungsmerkmal* von Christentum und Judentum:

> The crucial issue dividing Judaism from Christianity is the relation to the body, in general as a signifier of corporeal existence in all of its manifestations and, in particular, as a signifier of belonging to a particular kin-group.[18]

---

17 D. Boyarin, Carnal Israel. Reading Sex in Talmudic Culture, Berkeley 1993, 10. Boyarin, A Radical Jew, 207.

18 Boyarin, A Radical Jew, 207.

Man fühlt sich auch an G. Scholems berühmtes Diktum erinnert:

> Das Judentum hat stets an einem Begriff von Erlösung festgehalten, der sie als einen Vorgang auffaßte, welcher sich in der Öffentlichkeit vollzieht, auf dem Schauplatz der Geschichte und im Medium der Gemeinschaft, kurz, der sich entscheidend in der Welt des Sichtbaren vollzieht. [...] Demgegenüber steht im Christentum eine Auffassung, welche die Erlösung als einen Vorgang im geistigen Bereich und im Unsichtbaren ergreift, der sich in der Seele, in der Welt jedes einzelnen, abspielt, und der eine geheime Verwandlung bewirkt, der nichts Äußeres in der Welt entsprechen muß.[19]

Es sind, so könnte man sagen, drei gewichtige Unterschiede zwischen Christentum und Judentum, die hier von den drei herangezogenen jüdischen Forschern benannt werden. Einerseits und grundsätzlich, so etwa Talmon, besteht dieser Unterschied darin, dass der christliche Universalismus zu einer „Beseitigung des Partikularen" führt. Das Judentum hält demgegenüber an der Differenz fest. Für Scholem, andererseits, liegt der Unterschied eher auf der Ebene von Äußerlichkeit und Innerlichkeit, von Geschichte und Unsichtbarkeit. Erlösung wird christlicherseits nicht mehr in der Arena der Geschichte, sondern gleichsam in einer unsichtbaren, geistlichen Sphäre lokalisiert. Boyarin schließlich spitzt den Gegensatz auf das Verhältnis zum Körper zu, sieht bei Paulus ein Überspringen der körperlichen Differenz.

Die grundsätzliche Geltung dieser Aussagen kann ich hier nicht diskutieren. Ich beschränke mich auf die Frage, ob dieses Urteil schon für Paulus gilt. Hat er seine Sehnsucht nach Einheit der Menschheit nur um den Preis der „Beseitigung des Partikularen" (Talmon) und ein Überspringen der körperlichen Differenz (Boyarin) durch die Lokalisierung der Erlösung in einer geistigen Sphäre (Scholem) stillen können? Wie verhalten sich seine programmatischen Aussagen über das neue Sein der Glaubenden zu ihrer Wirklichkeit, zu ihren Körpern? Bevor ich darauf eingehe, muss ich allerdings noch eine Vorbemerkung zum Verständnis der körperlichen Wirklichkeit machen.

„Der Körper ist partikular, durch seine Praxis als Jude oder Grieche gekennzeichnet, und durch seine Anatomie als weiblich oder männlich", sagt Boyarin zu Recht.[20] Es lässt sich also schwerlich behaupten, dass der Körper eines Christenmenschen durch die Taufe in seiner biologischen Konkretion bzw. physisch verändert wird. Allerdings ist der Körper nicht nur seine Physis oder Anatomie, sondern mit ihm kommunizieren Menschen und scheinen, wie auch Boyarin sagt, als Juden oder Griechen durch körperliche Praktiken und Techniken sich auch zu unterscheiden. Schließen wir nicht zum Beispiel aus

---

19 G. Scholem, Zum Verständnis der messianischen Idee im Judentum, in: ders., Judaica I, Frankfurt a. M. 1963, 7ff.: 7f.

20 Boyarin, A Radical Jew, 7 (meine Übersetzung).

der Bekleidung eines Körpers, ob z. B. ein Kleinkind ein Mädchen oder ein Junge ist? Und ob jemand Jude oder Grieche ist, woran haben die antiken Menschen dies erkannt? Vermutlich (unter anderem) an den Speisegewohnheiten oder an der Sabbatpraxis. Sprechen wir also vom Körper nicht, als ob wir Anatomieprofessoren wären, sondern von seiner Praxis, durch die er uns allererst die Möglichkeit gibt, in Raum und Zeit zu kommunizieren. Wenn ich von der Transformation der Körper spreche, so meine ich also nicht Physis oder Anatomie, ich meine damit umfassender die Lebenspraxis, etwa auch durch die Interaktion von Körpern.

V Transformation der Körper

So verstanden ist nach meiner Meinung die paulinische Transformation jüdischer Traditionen nicht zu trennen von seiner Überzeugung und Erfahrung der Transformation des Körpers, und zwar des individuellen wie auch des sozialen Körpers (d. h. der christusgläubigen Gemeinschaften als Körper Christi – *soma Christou*, meistens freilich mit Leib Christi übersetzt). Es ist allerdings für die paulinische Position in der Tat kennzeichnend, dass sie die eschatologische Hoffnung künftiger Rettung nicht als reine Zukunft von der gegenwärtigen Erfahrung trennt. Vielmehr: Schon jetzt und hier findet für Paulus mit den Glaubenden eine Verwandlung statt, haben sie Anteil am himmlischen Christus, in dessen Bild sie dann endgültig bei der Auferstehung von den Toten transformiert werden: „Ist jemand in Christus, so ist er neue Schöpfung" (2Kor 5,17). Man könnte also geradezu davon sprechen, dass für Paulus die Aufhebung der anthropologischen Differenz „in Christus" die Wurzel der Aufhebung anderer Differenzen ist, seien es ethnische, soziale oder geschlechtliche. Aus dem individuellen Wandel folgt die Aufhebung bisheriger Demarkationen, als Jude oder Grieche, Freier oder Sklave, Mann oder Frau.

Ich gehe zunächst kurz auf das Problem des Geschlechterverhältnisses ein. Danach werde ich mich mit der Frage des Zusammenlebens von Juden und Nichtjuden in den paulinischen Gemeinden befassen.

1 *„nicht männlich und weiblich" (Gal 3,28c)*

Versteht man die Formulierung „nicht männlich und weiblich" anatomisch, so versperrt man sich den Blick auf diese paulinische Aussage. Deutlich ist zunächst, dass die Wendung an Gen 1,27 erinnert: Gott schuf den Menschen nach seinem Bilde, er schuf sie männlich und weiblich. Aus dieser Schaffung zweier Geschlechter wird – vgl. nur Mk 10,6; Mt 19,4 – auf die eheliche Verbindung von Mann und Frau geschlossen. Es kommt aber wohl nicht von ungefähr, dass wir bei Paulus keine Begründung der ehelichen Verbindung von Mann und Frau aus der Schöpfungsordnung (Gen 1,27) finden. Auch in dieser Hinsicht hat der Apostel es mit seiner Spitzenformulierung in 2Kor 5,17 wohl ernst gemeint: Ist jemand in Christus, so ist er *neue* Schöpfung (*kaine ktisis*), gleichgestaltet nun aber der Imago des Gottessohnes (!) (Röm 8,29), dem himmlischen Christus, mit dem die Getauften jetzt schon vereint und dessen Bild sie bei der Auferstehung dann entsprechen werden. Die neue Schöpfung ist geschlechtslos. Die Formulierung „hier ist nicht männlich und weiblich" in Gal 3,28c vertritt nach meiner Meinung also eine Position der *Asexualität.*[21] Paulus setzt die in der Auferstehung erwartete himmlische Zukunft der Glaubenden als nicht mehr nach Geschlechtern differenzierte Wesen voraus, behauptet hier aber zugleich, dass diese zukünftige Realität sich schon in der Gegenwart, in der Praxis der Getauften, manifestiert.

Doch wo und wie? Ich meine, etwa in der von Paulus bevorzugten und von ihm selbst praktizierten sexuell abstinenten und ehelosen Lebensform (1Kor 7,7f. u. ö.).[22] Oder auch in Bezug auf die Ehe. Sie ist offenkundig für ihn die zweite Wahl, und zwar zunächst als einzig legitime Institution zur Realisierung sexuellen Begehrens (1Kor 7,2.9). Sie soll, wo sie besteht, auch nicht getrennt werden. Vor allem aber formuliert der Apostel eine gravierende Änderung hinsichtlich der Interaktion des weiblichen und männlichen Körpers in der Ehe. Wird traditionell den Männern die Verfügungsgewalt über ihren und den Körper der Frau zugestanden, so sollen die Ehepartner (nach 1Kor 7,3–5) wechselseitig über den Körper (*soma*) des anderen verfügen können und bei sexuellem Entzug in Übereinstimmung handeln. Selbst in 1Kor 11,11f., in einem Kontext, der traditionelle Demarkationen des männlichen und weiblichen Körpers reflektiert, bringt Paulus die Reziprozität der Beziehung der Geschlechter in der Ehe zur Geltung.

Summa summarum: Die Aufhebung der Geschlechtertrennung der gegenwärtigen Schöpfung durch die Neuschöpfung in Christus wird von Paulus keineswegs nur in die Zukunft projiziert oder nur als eine geistige Größe verstanden. Sie ist für ihn schon jetzt in der Interaktion der Körper in der Ehe wie auch im individuellen Körper (in seinem Verzicht auf Ehe und sexuelles Begehren) Wirklichkeit.

---

21 Dazu zuletzt mit ausführlicher Begründung: Christian Strecker, Die liminale Theologie des Paulus. Zugänge zur paulinischen Theologie aus kulturanthropologischer Perspektive, Göttingen 1999, 383ff.

22 Paulus kann sogar so weit gehen, dass die, „die zu Christus gehören, das Fleisch mitsamt seinen Leidenschaften und Begierden gekreuzigt haben" (Gal 5,24).

2 „nicht Jude noch Grieche“ (Gal 3,28a)

Von grundlegender Bedeutung für die neuen Erfahrungen der christusgläubigen Gruppen unter den Völkern war zweifellos jenes soziologische Faktum, dass in diesen Gemeinden Juden und Nicht-Juden zusammenlebten. Revolutionär war – so meine These – also gerade die Lebenspraxis. Dagegen scheint mir die „christliche“ Hoffnung einer eschatologischen Rettung für die Völker gegenüber den Synagogen nichts eigentlich Neues gewesen zu sein. Nicht nur wegen der jüdischen Bibel, die sowieso damit rechnet, dass Juden und die Gerechten aus den Völkern eine gemeinsame eschatologische Zukunft haben, sondern wohl auch in der spezifischen Konkretion, dass diese Hoffnung zumal den heidnischen Sympathisanten des Judentums – den sog. „Gottesfürchtigen“ – nicht vorenthalten wurde. Probleme ergaben sich in den Diasporasynagogen eher auf der Ebene sozialer Kommunikation zwischen Juden und Nicht-Juden. Und diese Probleme kennzeichneten zunächst auch die christusgläubigen Gruppen. Doch eben auf dieser Ebene entwickelte sich in den christusgläubigen Gemeinden offensichtlich eine fundamental neue Praxis und Mentalität – wie der sog. Antiochenische Konflikt zeigt (Gal 2,11ff.). Danach hat Petrus zunächst zusammen mit den Christusgläubigen aus den Völkern in Antiochien gegessen. Vielleicht geschah dies im Zusammenhang des „Herrenmahles“, das ursprünglich mit einem Sättigungsmahl verbunden war. Doch Petrus sonderte sich dann mit anderen christusgläubigen Juden ab und scheint als Voraussetzung für gemeinsames Essen der (christusgläubigen) Nicht-Juden mit den (christusgläubigen) Juden die Akzeptation jüdischer Speisevorschriften durch die Christusgläubigen aus den Völkern zu fordern.[23]

Aus Gal 2,15ff. geht nun m. E. klar hervor, daß auch Petrus nicht die eschatologische Rettung der nicht-jüdischen Christusgläubigen infrage gestellt hat. Denn Paulus begründet seine Gegenposition zu Petrus mit der – beiden gemeinsamen! – Überzeugung eschatologischer Rettung aufgrund des Glaubens bzw. der Treue Jesu Christi. Doch anders als Petrus zieht Paulus aus dieser Überzeugung gemeinsamer endzeitlicher Rettung von christusgläubigen Juden und Heiden (durch oder in Christus) auch Konsequenzen für deren gemeinsame Lebenspraxis in der Gemeinschaft der Getauften. Die Logik des Paulus ist also: Aus der Juden wie Heiden gemeinsamen eschatologischen Hoffnung der Rettung in Christus ergibt sich auch die Tischgemeinschaft; die Unterschiede in der Nahrungsaufnahme und -zubereitung zwischen Juden und Nicht-Juden werden durch die Zugehörigkeit zu Christus aufgehoben bzw. relativiert.

Wir neigen dazu, die Auseinandersetzung um die Frage der Tischgemeinschaft von christusgläubigen Juden und Nicht-Juden gering zu bewerten. Doch

---

[23] So verstehe ich den Ausdruck ioudaizein in Gal 2,14; er könnte allerdings auch die Forderung der Konversion zum Judentum meinen.

verbirgt sich dahinter ein grundsätzlicher Mentalitätsbruch bzw. eine fundamentale Änderung jüdischer Praxis. Vor allem geht es auch um eine Änderung in der Definition von Gruppengrenzen.[24] Denn gemeinsame Mahlzeiten sind symbolisch kodiert, so etwas wie ein soziales Ereignis. Dies hat in besonderer Weise die britische Anthropologin Mary Douglas gezeigt, die sich intensiv mit der kulturellen Bedeutung von Essen auseinandergesetzt hat. Essen ist nicht nur Nahrungsaufnahme, es ist gleichsam ein kulturell geprägter Vorgang, in dem sich soziale Beziehungen ausdrücken: Hierarchie, Inklusion und Exklusion, Grenzen und Transaktionen über Grenzen hinaus:

> If food is treated as a code, the messages it encodes will be found in the pattern of social relations being expressed. The message is about different degrees of hierarchy, inclusion and exclusion, boundaries and transactions across boundaries. Like sex, the taking of food has a social component, as well as a biological one. Food categories therefore encode social events.[25]

Gerade das jüdische Volk war im eigenen Bewusstsein wie auch im Bewusstsein der Nicht-Juden dadurch gekennzeichnet, dass es besondere Vorschriften für die Mahlzeiten besaß und sich damit von Nicht-Juden abgrenzte. Dies schränkte natürlich den Sozialverkehr mit Nicht-Juden ein, ermöglichte gemeinsame Mahlzeiten im Prinzip nur zu jüdischen Bedingungen. Beim Sozialverkehr von Juden und heidnischen Sympathisanten in den Diasporasynagogen wurden vermutlich die Grenzen jüdischer Exklusivität gewahrt, Nicht-Juden aßen mit Juden unter jüdischen Bedingungen zusammen. Dies ist aber offenkundig nicht der Fall gewesen bei den gemeinsamen Mahlzeiten von Juden und Nicht-Juden in den christusgläubigen Gemeinschaften. Deren gemeinsame Mahlzeiten symbolisieren also eine umfassende Aufhebung von Grenzen des Sozialverkehrs und auch eine Aufhebung ethnischer Grenzen. Ich vermute also: Die Attraktivität der christusgläubigen Gemeinschaften für „Gottesfürchtige" der Synagogen – die sich etwa aus der Darstellung der Apostelgeschichte nahelegt – ergab sich kaum nur aus dem Versprechen endzeitlicher Rettung, sondern gerade auch aus einer neuen Praxis dieser multi-ethnischen Gruppen.

Ein kurzes Fazit: Es wäre nach meiner Meinung ein Mißverständnis des Paulus, wenn man dessen Aussagen über das neue Sein der Glaubenden – die Aufhebung von sozialen, ethnischen und geschlechtlichen Differenzen – als reine Deklaration oder nur als eine Aussage über ein übergeschichtliches bzw. geistiges Phänomen verstehen würde. Im Grundsätzlichen unterscheidet sich

---

24 Weitere Ausführungen dazu bei: E. W. Stegemann / W. Stegemann, Urchristliche Sozialgeschichte. Die Anfänge im Judentum und die Christusgemeinden in der mediterranen Welt, Stuttgart ²1997, 231ff.

25 Mary Douglas, Deciphering a Meal, in: dies., Implicit Meanings. Essays in Anthropology, London / New York 1993, 249ff.: 249.

Paulus' Verhältnis zum Körper nicht von dem des (rabbinischen) Judentums. Allerdings gilt dies im Besonderen: Denn Paulus sieht in der Gemeinschaft der Christusglaubenden bisher geltende Differenzen – zum Beispiel – zwischen Juden und Nicht-Juden nivelliert. D. h., Paulus rechnet innerhalb der christusgläubigen Gemeinschaft mit einer konkreten Änderung körperlicher Praktiken und Techniken, durch die das Judentum sich von den übrigen Völkern unterscheidet. Dies bedeutet natürlich Aufhebung von Differenz und läuft letztlich auf die Beseitigung von Partikularität hinaus.

Schluss

Das Christentum ist aus dem biblischen Judentum entstanden, doch es ist von Anfang an seinen eigenen Weg gegangen, wie das rabbinische Judentum auf seine Weise. So ließe sich also sagen: Am Anfang war die Unterscheidung. Und ich habe versucht anzudeuten, dass das wohl wichtigste Unterscheidungsmerkmal in der universalen Transformation jüdischer Traditionen zu sehen ist. Deren ursprüngliche Beziehung auf Israel wird gleichsam über ihre Bindung an Christus zu einem universalen Gut, das Differenz und Partikularität zugleich kritisiert und relativiert. Damit verbunden ist die Überzeugung, dass die Endereignisse schon begonnen haben, durch die Teilhabe am himmlischen Christus also schon Qualitäten vermittelt werden, deren völlige Realisierung bei der Auferstehung geschieht. Die Nivellierung von Differenz ist also im gewissen Sinne eine partielle Vorwegnahme ihrer endgültigen Aufhebung. Und dies ist nicht nur als Programm oder Wirklichkeit im Modus der Deklaration gemeint. Der Transformation von geistigen Traditionen entspricht – jedenfalls bei Paulus – auch die von Körpern, grundsätzlich: eine geänderte Lebenspraxis.

Wir finden also einerseits die Transformation jüdischer Traditionen, andererseits eine Änderung der (jüdischen) Lebenspraxis, schließlich, auch wenn hier nur am Rande angedeutet, neue Rituale (Taufe, Herrenmahl). Es scheint mir von hierher schon für die Zeit des Paulus von der Entstehung einer neuen Religion gesprochen werden zu können. Deren Grundelemente jedenfalls sind vorhanden.

Israel in Barths Erwählungslehre

Zur Auslegung von Röm 9–11 in KD II, 2, § 34

Ekkehard W. Stegemann

Heiko Haumann, dem Basler Freund und Kollegen,
zum sechzigsten Geburtstag in Dankbarkeit

1 Einleitung

Die folgenden Ausführungen werden sich vor allem mit Karl Barths Auslegung von Röm 9–11 im Kontext der Erwählungslehre in KD II, 2, näherhin also mit dem Petitdruck im § 34, und gelegentlich der zeitgleich entstandenen „Kurzen Erklärung des Römerbriefes" beschäftigen. Das, was Marquardt und Klappert die „Israellehre" Barths und was Busch genauer als die „Israel-Kirche-Lehre" bezeichnet hat, soll nur am Rande betrachtet werden. Mich interessiert der *Exeget* Barth, näherhin der Schriftausleger des Schriftauslegers Paulus in Röm 9–11. Denn das ist ja die eigentümliche, nirgendwo sonst bei Paulus in dieser Dichte anzutreffende Signatur dieser Kapitel, dass sie ihrerseits Schriftdeutung sind oder, besser gesagt: Deutung der als Endzeit begriffenen eigenen Gegenwart mit und aus der Schrift. Die Schrift nämlich ist für Paulus (auch) das, was aufgeschrieben wurde für die Endzeit, zur Ermahnung wie zur Belehrung der endzeitlichen Gemeinde dienend. Sie ist ein Evangelium vom Evangelium (vgl. Röm 1,2) und sie stellt *týpoi*, Vorbilder, aus der Geschichte Israels zur Verfügung, mit denen ins Chaos der Ereignisse der endzeitlichen Gegenwart die göttliche Ordnung und der göttliche Sinn gebracht wird. Sie orientiert über die Weisheit der Wege Gottes im Blick auf deren Ende mit dem Ziel der Erlösung, der *sôtêría*. Barth notiert deshalb mit Recht, dass in Röm 9–11 „der Schriftbeweis sozusagen Alles ist" (KD II, 2, 284).

In der „Kurzen Erklärung" sagt er jedoch, es geht Paulus um die „Frage der rechten Auslegung des Alten Testamentes" (KE, 11). Doch Paulus streitet nicht um die richtige Auslegung im Unterschied zur falschen, sondern er legt Gegenwartserfahrungen mit der Schrift als der *mórphôsis tês gnôseôs kai tês alêtheías* (Röm 2,20 bezogen auf die Tora) aus, also mittels des formulierten Inbegriffs des Wissens und der Wahrheit. Dieser Sinn kann für Paulus nicht zuletzt ein in der Schrift verborgenes „Mysterium" sein, das er dann, wie noch an Röm 11,25ff. zu zeigen sein wird, enthüllt.

Barths Auslegung des Paulustextes nimmt ihn, um in einer ernsten Zeit ein „Geländer" zur theologischen Orientierung in den Wirren der Verfolgung und des Krieges und den Debatten darüber zu haben, und zwar für ihn vor allem im Blick auf das Verhältnis von Kirche und Israel. Eberhard Busch hat darauf hingewiesen und an Vorträgen Barths aus jener Zeit belegt, dass für Barth nämlich unverhältnismäßig viel wichtiger noch als die „Kriegsfrage" die „Judenfrage" war. Sie ist „das eigentliche, das brennende Zeichen", sagt Barth, der „Schlüssel", kommentiert Busch. Es ist gleichwohl seine Auslegung von Röm 9–11 darum keine Deutung der Zeitgeschichte in geschichtsphilosophischer oder theologischer Manier. Es ist eine mächtige, biblisch begründete theologische Artikulation des Verhältnisses der Kirche zu Israel und zugleich eine Ermahnung zur Solidarität mit dem jüdischen Volk, mit den Christen jüdischer Herkunft und dem Judentum. Deshalb muss ich hier zunächst über alles, was ich auch kritisch oder anders zu sagen vorhabe, dies stellen, dass Barth in einer Zeit monströser Verfolgung und auch christlich-theologisch gehässigster Herabsetzung der Juden als Dogmatiker und Exeget herausragt. Er ist es, der mit seiner Exegese die Kapitel Röm 9–11 gewissermaßen wiederentdeckt und nicht nur als integralen, sondern theologisch unverzichtbaren Bestandteil des Römerbriefes rehabilitiert hat. Sein gelegentlicher exegetischer Gesprächspartner Hans Lietzmann fällt dagegen deutlich ab, nicht zuletzt dadurch, dass er die theologische Dignität der drei Römerbriefkapitel in Zweifel zieht. Aber auch andere, sehr viel einfühlsamere Exegesen, wie etwa die wenig später erschienene Auslegung von Barths neutestamentlichem Kollegen in Basel, Karl-Ludwig Schmidt, haben nicht die theologische und exegetisch-extensive Bedeutung. Erst später und schon im Gespräch mit Barth erscheint der Römerbriefkommentar des Berner Christkatholiken Ernst Gaugler in „Prophezei", ein wenig beachtetes, aber wichtiges Werk.

Barths exegetisch-theologische Orientierung im christlich-jüdischen Verhältnis auf biblischem Grund hat nicht nur schändlicher theologischer und kirchlicher Komplizenschaft mit den Mördern, nicht nur dem Mitläufertum und dem Indifferentismus in Deutschland etwas Entscheidendes entgegengestellt, sondern sie hebt sich auch in der heftigen Schweizer Theologen-Debatte, zumal im „Hilfswerk", deutlich ab, und zwar einerseits von den judenmissionarischen Obsessionen etwa eines Wilhelm Vischer und andererseits von denen, die eine krude Verwerfungslehre im Blick auf Israel bzw. das Judentum vertraten. Unter letzteren konnte etwa Walter Zimmerli zeitgleich mit KD II, 2 den grausigen Satz schreiben, dass „das tausendfache Sterben des jüdischen Volkes [...] wohl die eindrücklichste Predigt der Tatsache (ist)", dass sich „Leben und Tod" am Christusglauben entscheide. Ein grausiger, aber auch ein törichter Satz. Denn bekanntlich hat auch die Taufe Menschen jüdischer Abstammung nicht letztlich vor der Ermordung retten können.

Barths Auslegung wendet sich hingegen zentral gegen „das Argument des christlichen Antisemitismus bis auf diesen Tag", das er so beschreibt:

> Die Juden haben Jesus Christus gekreuzigt. Damit hat dieses Volk aufgehört, das heilige Volk Gottes zu sein. An seine Stelle ist nun das Volk der Christen aus Juden und Heiden getreten. Die Kirche ist die geschichtliche Ablösung Israels. Israel als solches ist mit der Begründung und Existenz der Kirche zur vergangenen Größe geworden. Und von jenen Widerspenstigen, die in Vergangenheit und Gegenwart Israels Mehrheit bilden, ist nur noch dies zu sagen, dass sie draußen, dass sie von Gott verlassen sind (KD II, 2, 319f.).

Grundlegend für die Kritik an dieser Position ist darum Barths Entscheidung, die Erwählungslehre hinsichtlich der „Erwählung der Gemeinde" so zu formulieren, dass es diese „Gemeinde Gottes" nur in einer Doppelgestalt, eben unterschieden und getrennt als Israel und als Kirche, gibt, aber über beiden sich der „Bogen des einen Bundes wölbt" (KD II, 2, 220). Freilich ist für ihn die Kirche die vollkommene Gestalt der Gemeinde Gottes. Doch will er den Juden eine Zukunft offen halten, und zwar in der Kirche, weil sie Ziel und Krönung der bleibenden Erwählung Israels darstellt. Es geht ihm also in der Tat um „Israel und die Kirche". Die Unterscheidung von Judentum und Christentum ist für Barth hingegen „obskur", denn es wären damit „zwei aufeinander folgende getrennte Religionen und Welten" (KD II, 2, 323) – wie wenn sie nicht beide auch gleichzeitig existierten – bezeichnet, welche Unterscheidung den Glauben an den erwählenden Gott und damit die Treue zur Erwählung, die Kirche und Israel umfasst, verraten müsste. Barth will als Theologe und Exeget, wie er es versteht, und nicht als distanzierter Religionswissenschaftler oder Christentumshistoriker o. ä. reden.

Barth hat uns trotz aller noch auszuführenden Kritik ermöglicht, an etwas anzuknüpfen, das Kirche und Theologie den Weg aus der Judenfeindschaft weist. Und er hat dabei eben auch als Ausleger der Heiligen Schrift, der an ihr gelernt und mit ihr gelehrt hat, ernst genommen zu werden. Doch gibt es, wie auch Marquardt und Klappert auf ihre Weise notiert haben, in diesem Aufbruch selbst gravierend retardierende Momente, zumal, wie ich meine und noch darlegen werde, ein dann doch gewisses Verhaftetsein in grundlegenden antijüdischen Stereotypen und auch in Elementen eines negativen Mythos des Christentums vom Judentum, mithin ein Verhaftetsein in einer christlichen Religions- und Kulturgeschichte, die eben in sich eine Feindschaft gegen alles Jüdische ausgebildet und aus sich herausgesetzt hat. Gerade in der Differenz, die seine Auslegung, und zwar evidentermaßen, zum Interpretandum darstellt, sind bei Barth Transpositionen semantischer Koordinaten des paulinischen Textes festzustellen, die dessen Argumentationsgefälle merklich verschieben. Insgesamt wird meine Kritik ausführen, dass Barth den apokalyptischen Horizont der Argumentation des Paulus im Römerbrief, aber speziell auch in Röm 9–11 unterschätzt und damit die paulinische soteriologische Perspektive auf das Handeln Gottes an der Menschheit gewissermaßen ekklesiologisch verengt. Es geht aber in Röm 9–11 nicht um die „Judenfrage" und nur, wenn auch marginal, paränetisch um das Verhältnis der „Kirche", d. h. der römischen Gemeinden aus den Völkern, zu den jüdischen Christusgemeinden und Israel. Als integraler Bestandteil des Corpus' des Römerbriefes setzen diese Kapitel vielmehr hauptsächlich den Schlusspunkt der Darstellung des Evangeliums, das in der Gegenwart als Gottesmacht zur endzeitlichen Rettung der dem Untergang geweihten Menschheit erklingt (Röm 1,16–18).

In der Bilanzsituation, in der sich Paulus zur Zeit der Abfassung befindet, nämlich beim Abschied von den missionarischen Aktivitäten im Osten und auf dem Weg über Jerusalem nach Rom und von dort zu missionarischen Aktivitäten in Spanien, wird das Evangelium als machtvolle endzeitliche Rettung für jeden Glaubenden ohne Unterschied, aber besonders angemessen für den Juden/Judäer (Röm 1,16) dargelegt und zugleich als Inkraftsetzung des erwählenden Handelns Gottes in der Geschichte seines Volkes entfaltet. Der zugrundeliegende Gedanke ist, dass die endzeitliche Vereinigung der beiden Teile der Menschheit, Juden und Hellenen bzw. Israel und Völker, sowohl in der Enthüllung ihrer Konvergenz in der Sünde und damit ihres verdienten Untergangs als auch in der ihrer gnadenweisen Rettung vor dem drohenden Endgericht durch die sühnende Intervention des Gottessohnes im Evangelium in Erscheinung getreten ist. Dies ist in der Tora und in den Propheten bezeugt und in der Dynamik des geschichtlichen Handelns des Gotteswortes in Berufung und Nichtberufung (Paulus gebraucht den Gegenbegriff „Verwerfung" nur in Röm 11,1ff., weist ihn hier aber gerade als nicht zutreffend ab) vorbereitet und setzt sich in der Gegenwart fort, nun freilich in einer Berufung aus den Juden/Judäern und aus den Völkern (Röm 9,24). Dementsprechend wird die aus der Perspektive des Inerscheinungtretens der rettenden Macht Gottes mit dem Evangelium festzustellende Situation der missionspraktischen Asymmetrie hinsichtlich der Israeliten, denen das Evangelium durch ihre Erwählung und charismatische Begabung, durch ihre besondere Gottesnähe in der ihnen gehörenden Sohnschaft zumal, speziell angemessen ist, in Röm 9–11 transzendiert in eine grundlegende Lehre über das Handeln Gottes an der Menschheit in der Vergangenheit und in der Gegenwart mit dem Zweck ihrer Vereinigung in der Erlösung am Ende. Kern dieser Logik ist für Paulus das für die Endzeit in der Schrift bezeugte Berufen aus den Juden/Judäern und den Völkern und das doppelte Handeln Gottes an den Israeliten, und zwar beides zugunsten der Ankunft der Vollzahl der Völker und ganz Israels in dieser Erlösung.

Was meine Kritik anlangt, so stimme ich methodologisch Eberhard Busch zu, der zu Barth-Kritikern gesagt hat, dass eine Kritik seiner Israel-Kirche-Lehre eine Kritik auch seiner Exegese sein müsste. Nur meine ich auch einführen zu müssen, dass wir letztlich wie Barth selbst in KD II, 2 es im Verhältnis von seinen dogmatisch-lehrhaften zu seinen exegetischen Ausführungen gesagt hat, unser heutiges Lehren über das Verhältnis von Kirche und Israel nicht so ordnen sollten, dass alles, was wir zu sagen haben, so zu verstehen ist, dass wir nur der Schrift als „Beleg aller unserer eigenen Sätze" folgen, und dass nicht alles, was wir sagen, aus deren Texten kommen kann (KD II, 2, 222). Da ist denn auch Barth als Nicht-Biblizist ein Vorbild. Denn alles, was wir *sagen*, sagen *wir*, müssen *wir* verantworten. Wir können es auf keine Instanz abschieben, auch nicht auf das Neue Testament, auf das „aber es steht geschrieben". Wie weit man dabei gehen kann, darf oder muss, ist sicher im Einzelnen zu verhandeln und wird vom Einzelnen wohl unterschiedlich beurteilt werden. Ich werde zum Schluss meine Meinung dazu sagen.

2 Barth verschiebt das Ziel der Argumentation von Israels Teilhabe an der endzeitlichen Erlösung zur Teilhabe an der geschichtlichen Kirche

Barth hat in Röm 9–11 nicht nur eine theologisch-biblische Orientierung in der eigenen Zeit gefunden, er hat vielmehr auch die textpragmatische Ausrichtung des Römerbriefes und insbesondere dieser Kapitel in ihrer Kommunikationssituation insofern getroffen, als sie vom theologisch Grundsätzlichen zur Ermahnung der römischen Christusgläubigen aus den Völkern übergeht. Dementsprechend betont Barth immer wieder die Verbundenheit der Kirche mit Israel, mit ihm als ihrem „Grund", ihrem „Anfang" (KD II, 2, 224); er betont (mit Paulus) vor allem Israels bleibende Erwählung, er betont die Einheit von Kirche und Israel trotz aller Getrenntheit und Unterschiedenheit. Doch indem Barth die Begrifflichkeit „Kirche und Israel" wählt und einen Oberbegriff „Gemeinde Gottes" (ein Ausdruck, der ja bei Paulus nur der Ehrenname der Gemeinden ist, die Barth unter dem Begriff „Kirche" fasst: *ekklêsía tou theoú*) für beide prägt, gibt er einerseits dieser höheren Einheit einen Begriff, verschiebt aber andererseits die argumentative Stoßrichtung des Textes dahin, dass das Ziel Israels anstelle der im Evangelium wirkenden Macht zur *Rettung* oder *Erlösung* unter der Hand die *Kirche* wird als die vollkommene und vollendete Gestalt der Gemeinde Gottes. Deshalb stellt er etwas gegenüber, was sich bei Paulus nicht gegenübersteht, nämlich Kirche und Israel bzw. Synagoge und Kirche. Für Barth hat nur in der Kirche „die erwählte Gemeinde Gottes [...] ihre Vollendung" (KD II, 2, 223) gefunden, weswegen Israels Ziel, die Vollendung seiner Erwählung, das Eingehen in die Kirche und das Aufgehen in ihr, aber dies auch das Ziel der Kirche ist. So ist die Kirche diejenige vollkommene Gestalt der Gemeinde Gottes, die er auch als „wahres Israel" gegen den paulinischen Sprachgebrauch bezeichnen kann, während das Israel, das getrennt von der Kirche ist, „zu wenig Israel" (KD II, 2, 225), „totes Israel" (KD II, 2, 226) ist.

Aber auch die Kirche bedarf des Eingehens Israels in sie, um vom provisorischen Status des Glaubens ihrer eigenen Erwählung zum wirklichen Schauen übergehen zu dürfen (vgl. KD II, 2, 310). Denn die Kirche ist zwar „selbst wohl vollkommen, aber doch erst in vorläufiger Gestalt konstituiert, solange die

Synagoge in ihrem Widerstand verharrt, solange es noch ein Israel außerhalb der Kirche gibt“ (KD II, 2, 310). Darum gilt für Israel: „Es will seine eigene Erwählung nicht damit bestätigen, dass es mit der Kirche zusammen und also unter Preisgabe seiner Selbstbehauptung ihr gegenüber in das Bekenntnis zu Jesus als seinem eigenen und verheißenen Messias aufbricht” (KD II, 2, 225). Darum gilt aber auch für die Kirche, dass sie der dem Christusbekenntnis gegenüber „renitenten Synagoge“ die Aufgabe hat, „Israel zum Glauben an Jesus Christus“ zu rufen, es aufzufordern, „seiner eigenen Erwählung gehorsam“ zu werden, „Buße“ zu tun und so zur Kirche zu werden (KD II, 2, 225). Israel muss sich bekehren, um seiner Erwählung willen und um der vollkommenen Gestalt der Kirche ihren vorläufigen Charakter zu nehmen. Und die Kirche muss darum erkennen, dass sie nur mit Israel zusammen und in ihm ihre Hoffnung erreicht. Sie muss darum „in ihrer Existenz ein einziger Akt von Judenmission [...] sein“ (KE, 172).

So judenmissions-theologisch Barth argumentiert, so deutlich geht Barth jedoch gerade in KD II, 2 zugleich auf Distanz zu besonderen judenmissionarischen Aktivitäten und deren gelegentlichem „Fanatismus“. Und er erwähnt, dass von einer speziellen Judenmission bei Paulus „nicht ausdrücklich die Rede ist“. Schließlich fügt er auch hinzu, dass nach Paulus die Kirche zwar auf eine missionarische Gewinnung von Juden durch ihre Existenz hinzuwirken habe, aber dass das nur „ein allerdings unentbehrlicher Nebeneffekt sein kann“. Denn „nur Christus in der Herrlichkeit seiner Wiederkunft wird die Synagoge bekehren“ (KD II, 2, 312). Das widerspricht deutlich dem, was etwa in seinem Umfeld Wilhelm Vischer gelehrt hat, der umgekehrt alles, auch das Erscheinen des Parusiechristus, von der Bekehrung der Juden abhängig gemacht hat: „Wenn sie die Gnade ergreifen, dann wird der Christus Jesus wiederkommen in Herrlichkeit.“ Und deshalb hält Vischer die Synagoge für den großen Aufhalter des sichtbaren Kommens des Gottesreichs:

> Was ist eigentlich mit diesen sechzehn Millionen Menschen, diesem seltsamen Fremdkörper, der immer noch da ist, der alle anderen Völker und Reiche überlebt? Was ist mit denen? Sie hindern offenbar den letzten Frieden, die letzte ruhige, selige Ordnung aller Dinge. Ja, ja, wenn sie glauben, an den Jesus Christus glauben, dann wird er kommen. Vorher nicht.

Barth weicht hier also mit Paulus ohne Zweifel von einer klassischen judenmissionarischen Theologie ab, die das Weitergehen des alten Welttheaters zur Schuld der „ungläubigen“ Juden erklärt. Doch zugleich bleibt die Kirche bei Paulus nach Barth der Ort, in dem die Vollendung allein erreicht wird, und sei es durch den von Außen eingreifenden Christus als dem großen und endgültigen Judenmissionar. Er bleibt deshalb beim Terminus „Bekehrung“. Und er bleibt bei der Erklärung der Juden zu Schuldigen und Sündern, und zwar wegen ihrer Verweigerung des Christusbekenntnisses. Beides ist jedoch, wie ich noch zeigen möchte, kaum der Sinn des paulinischen Textes. Beides bleibt gewissermaßen Bestandteil einer Judenmissionstheologie höherer Ordnung.

Es geht Paulus jedoch um die Teilhabe ganz Israels an der *Erlösung*, also letztlich am Gottesreich (obwohl dieser Begriff bekanntlich selten bei Paulus ist und im Römerbrief nur in 14,17 begegnet, soll er doch hier, die Differenz zu Barth klärend, eingeführt werden), welches gerade nicht, durch welchen Missionar auch immer, nur mittels Bekehrung und Eingliederung in die Kirche erreichbar ist. Ja, bemerkenswert ist an Röm 9–11 die Einführung des Mysteriums, dass „ganz Israel", also auch der Teil, den gegenwärtig Gottes Verhärtung trifft, von Gott erlöst wird, und zwar jener Teil auch ohne zum christusgläubigen „Rest" Israels, ohne zur „Gemeinde Gottes", zur *ekklêsía,* nach Barth also zur „Kirche" vorher zu gehören. Und fern liegt Paulus eine Behaftung Israels mit einer Schuld wegen der, wie Barth es sieht, Verwerfung und Tötung seines Messias und der sündigen Selbstbehauptung gegenüber dem Christusbekenntnis und der Kirche. Ich komme darauf noch ausführlicher zurück.

Barth hat nun auch verkannt, dass Paulus nirgendwo mit dem Ehrennamen „Israel" einen übertragenen Sinn verbindet, der Glaubende aus den Völkern, also ethnische Nichtjuden, einschließt. Besonders frappant, wenn auch damals durchaus üblich, ist das in der Auslegung Barths von „ganz Israel" in Röm 11,26, worauf ich noch eingehen werde. Und er unterstellt darum auch immer fälschlich als Gegenüber zu Israel „die Kirche", und zwar näherhin auch „die Kirche aus Juden und Heiden". Doch für Paulus existiert nicht „die Kirche aus Juden und Heiden", sondern allein die Ekklesia Gottes oder „in Christus", die in Versammlungen der Glaubenden in Orts- und Hausgemeinden, aber auch etwa als „Gemeinden Gottes, die in Judäa in Christus sind" (1Thess 2,14) oder als „Gemeinden der Völker" (Röm 16,4) konkret subsistiert. Die ethnische Bestimmung des auf dem Apostelkonvent anerkannten Apostolats (vgl. Gal 2,1–10), das Petrus für die Beschneidung und Paulus für die Völker hat, wiederholt sich in den Gemeinden, auch wenn unter den Völkern auch jüdische Hausgemeinden existieren und auch wenn sie mit Glaubenden aus den Völkern kommunizieren. Es fehlt denn auch in Röm 9–11 das Stichwort *ekklêsía* fast gänzlich (nur in der Grußliste; vgl. Röm 16,1.4f.), natürlich auch das Stichwort „Synagoge". Paulus vertritt vielmehr die klassische ethnische Bipolarität von Israel und den Völkern oder von „Judäern" (ich übersetze *Ioudaíos* einmal so, um den weithin dominanten ethnischen Aspekt, der freilich auch im Unterschied zum Begriff „Israel" transzendiert werden kann, zu betonen) und den „Völkern" (9,24) bzw. von „Judäern" und „Griechen" (10,12), mit welch letzterer Bestimmung er die Spitze der griechisch-römischen ethnischen Bipolarität von Hellenen und Barbaren aufnimmt. Denn es geht, wie gesagt, um die menschheitliche Perspektive. Dass die ethnischen Bestimmungen zugleich in der Gegenwart auch transzendiert werden, indem Gott jetzt berufen hat aus den Judäern und den Völkern (9,24) und eine Indifferenz zwischen Judäer und Hellene hinsichtlich der Anrufung des Kyrios (10,12f.) besteht, ist sicher entscheidend für das apokalyptische Konzept des Paulus. Aber dieser neuen Assoziation beider in der endzeitlichen Berufung entspricht noch bis zum Schluss ein dissoziierendes Handeln Gottes an Israel, welches den anscheinend paradoxen Umstand einschließt, dass, wie es in 9,6b heißt, nicht alle, die von Israel/Jakob abstammen, Israel sind, sofern die Abkömmlinge nun in der Gegenwart der Endzeit in einen „Rest" und die „Übrigen" unterschieden werden. Freilich müssen sie nicht nur von Israel/Jakob abstammen, um Israel zu sein, sondern auch um „Rest" zu heißen. Es ist darum fraglich, ob Paulus mit dem Stichwort „Israel" nicht vielmehr den Namen des Volkes nennt, das Gottes Volk zwar ist und dessen Berufung und Begabung unkündbar ist, das aber zugleich in der Gegenwart aufgrund göttlichen Handelns teilweise und befristet verhärtet wurde und deshalb im Status der „Untreue" und des „Ungehorsams" verharrt, während nur der „Rest gemäß Gnadenwahl" schon an der Erlösung im Glauben und Gehorsam partizipiert.

3 Barth verschiebt die kontextuelle Stellung des Argumentationsgefälles in Röm 9–11

Die merkliche Verschiebung der textlich-semantischen Koordinaten in Barths Auslegung zeigt sich auch daran, wie sie Thema und Funktion der Kapitel bestimmt. Welche Funktion die Kapitel 9–11 im Römerbrief haben, sagt Barth in KD II, 2 zwar nicht explizit. Seine Eröffnungssätze lassen jedoch darauf schließen, dass er Paulus als denjenigen Missionar sprechen hört, der „sein ihm von Jesus Christus übertragenes Apostelamt [...] nur im Namen und zu Gunsten der Kirche und Israel auszuüben in der Lage ist" (KD II, 2, 222), weswegen auch dann, wenn er als Judenmissionar mehr oder weniger erfolglos blieb, seine Wendung zu den Heiden nicht bedeutet, dass er die Juden „aus den Augen verliert", sondern dass er sie nun „von der Kirche her umso nachdrücklicher zum Gehorsam gegen ihre eigene Erwählung aufrufen wird" (KD II, 2, 223).

Die „Kurze Erklärung" verortet Röm 9–11 jedoch ausdrücklich im Ganzen des Briefes, und zwar so, dass Paulus in diesen Kapiteln „das Problem des Ungehorsams dem Evangelium gegenüber [...] zur Darstellung bringt" (KE, 135), und zwar „nicht etwa in Form einer entsprechenden Reihe von Anklagen und Beschuldigungen, nicht in Form einer Bußpredigt, sondern nun gerade – im besten Sinn des Wortes – in Form einer Theorie, d. h. in Form einer anbetenden und lobpreisenden Betrachtung des auch dem Ungehorsam gegenüber sich bewährenden und letztlich triumphierenden Werkes und Weges Gottes". Dementsprechend sieht er denn auch Röm 11,32 („Gott hat Alle verschlossen unter den Ungehorsam, auf dass er sich Aller erbarme") als das an, worauf Paulus schließlich mit Röm 9–11 zielt. Die Frage, warum nun aber dieses Problem des

Ungehorsams an Israel behandelt wird, beantwortet er lediglich so: „Dieses Problem ist für Paulus ohne weiteres identisch mit dem Problem des Ungehorsams Israels“ (KE, 136).

Beide Ansätze werden m. E. der Stellung der Kapitel im Römerbrief nicht gerecht. Ist die erste Bestimmung zu spezifisch missionstheologisch, so die zweite zu allgemein. Denn sicher ist für Paulus der Aufweis, dass Gott als Erbarmer über allem Ungehorsam schließlich sich erweisen wird, ein wichtiges Ziel von Röm 9–11. Aber *Israels* „Ungehorsam“ ist für Paulus nicht irgendein Ungehorsam, auch kein exemplarischer, sondern einer, der angesichts des Themasatzes in Röm 1,16 in Spannung steht zu der den Juden besonderen Angemessenheit des Evangeliums als der rettenden Macht Gottes für jeden Glaubenden. Bemerkenswerterweise erwägt Barth zwar in der „Kurzen Erklärung“ den Gedanken, dass es sich in den Kapiteln Röm 9–11 „um eine weitere Erklärung des Satzes 1,16 vom Evangelium als dem allmächtigen Rettungswerk Gottes für jeden Glaubenden und also um eine einfache Fortsetzung des Gedankenganges von 1,18–8,39“ (KE, 134) handeln könnte, freilich nur, indem er ihn zugleich ablehnt. Damit verschließt er sich jedoch, meine ich, den entscheidenden inhaltlichen Zusammenhang mit dem Vorhergehenden und insbesondere mit dem Thema des Briefes von 1,16, wo ja das Evangelium als Dynamis Gottes zur Rettung/Erlösung nicht nur „für jeden Glaubenden“ bestimmt wird, sondern eben hinzugefügt wird *dem Juden/Judäer sowohl zuerst als auch dem Hellenen*. Er verschließt sich diesen Zusammenhang, weil er das *prôton*, das die enge Koordination von „Judäer“ und „Grieche“ auffällig stört, einfach missions-chronologisch gemäß der Darstellung der Apostelgeschichte deutet, wonach Paulus zuerst den Juden und dann nach deren Abweisung den Heiden gepredigt hat (vgl. vor allem KE, 23). Doch dass eben das machtvolle Rettungswort Gottes im Evangelium zuerst, vornehmlich, zuvorderst, besonders den Juden/Judäern gilt, da allein sie die Adressaten des „Evangeliums vom Evangelium“ (vgl. Röm 1,2) sind, da allein durch Gottes dissoziatives Erwählungshandeln an und in Israel das endzeitliche Handeln Gottes an der übrigen Menschheit zur Erlösung vorbereitet und angesagt wird, stellt das Problem des Ungehorsams in Israel zum Evangelium in eine Spannung, die die missionspraktische ebenso wie die ekklesiologische Dimension transzendiert. Mit anderen Worten: Wenn Paulus das Evangelium als den Juden besonders angemessen im Themasatz seines Briefes erklärt, dann baut er die Spannung schon auf, die er noch auflösen muss, weil ja die Mehrheit Israels der Rettung im Evangelium nicht folgt. Einen Ansatz dazu stellt in Abbreviatur Röm 3,1–8 dar. Aber erst in Röm 9–11 wird entfaltet, dass Gott sein vollendendes Wort, das heilsgeschichtlich als „Evangelium vom Evangelium“ (Röm 1,2) und endzeitlich als Evangelium von Gott (Röm 1,1) und über seinen Sohn, Jesus Christus (Röm 1,3f.) erklingt, im Handeln an der Menschheit mit Dissoziationen in ihr und in Israel durchführt. Das Ziel ist die Erlösung und ein wichtiger Aspekt der Erlösung ist sicher die Vereinigung der Menschheit, indem die „Fülle der Völker“ wie „ganz

Israel" an ihr teilnehmen, aber eben eine Vereinigung in der *Erlösung*, nicht in der Kirche. Aber das ist nur ein Aspekt. Der andere ist die Verwandlung der Menschheit zur „neuen Schöpfung", wie es im Galaterbrief heißt, oder zur Gottessohnschaft und zum ewigen Leben, wie es im Römerbrief und andernorts erklingt. Es geht um Transformation, es geht letztlich um die Totenauferweckung und Verwandlung, die in Christus begonnen hat. Die Avantgarde dieser neuen Schöpfung sind sicher für Paulus die Glaubenden aus den Juden und den Völkern, die Gemeinden Gottes in Christus in Judäa, in Rom, in Korinth usw. Aber sie bleiben eben vor der und bis zur Parusie dem sterblichen Leib unterworfen. Schließlich müssen ja auch noch die, die in Christus entschlafen sind, auferweckt werden. Es geht Paulus um die grundlegende Frage, ob die endzeitliche Erlösung, die das Evangelium als Macht Gottes darstellt, trotz der Teilnahme nur eines kleinen „Restes" von Christusgläubigen aus den Juden in Kraft ist, und zwar an Israel. Und dies ist denn auch die Themaformulierung für Röm 9–11 in 9,6: „Der Logos Gottes hat nicht Schiffbruch erlitten." Man beachte den Singular, der wohl gewählt ist, um das Verheißungswort und das Evangelium zu umfassen: Gottes Sache, sein Wort, das seinen Anfang in Israel genommen hat und nun in der Endzeit mit dem Evangelium zum Ziel der Erlösung strebt, ist nicht gescheitert, eben auch nicht an den „Israeliten".

Wenn, wie ich behaupte und an der Rhetorik von Röm 1,16–18 wohl plausibel machen könnte, das Thema des Römerbriefs in 1,16 erklingt (und nicht, wie weithin und auch von Barth angenommen, in 1,16 *und* 17), dann entfalten die Kapitel 1–11 insgesamt diese Verknüpfung der Geschichte der Menschheit mit der Geschichte Israels, die unauflösbare Verbindung des Evangeliums *vor* dem und *vom* Evangelium mit dem jetzt erklingenden, es in Kraft setzenden endzeitlichen Evangelium. Paulus stellt darum nicht etwa in Röm 1–8 die universale Bedeutung des Evangeliums dar, um sich dann in Röm 9–11 dem Spezialfall des „Ungehorsams" in Israel, des Scheiterns der Mission an Israel, der „Judenfrage", zu widmen. Vielmehr entwirft er im menschheitlichen, ja kosmischen Horizont, der nun in der Tat in Röm 1–8 im Vordergrund steht, zugleich dessen Vermitteltheit durch Gottes unterscheidendes Handeln in der partikularen Geschichte mit Israel, mit den Worten Gottes an sein Volk seit Abraham. Und mit der Konzentration auf Gottes Geschichte mit Israel in Röm 9–11 vermittelt er zugleich die universalgeschichtliche und endzeitliche Bedeutung, die Rolle, die Israel für die Menschheit hat und in der Gegenwart spielt. Dementsprechend erklingt am Ende von Röm 9–11 und nachdem in 11,32 schon die Summe so gezogen wurde, dass Gott *alle*, die Völker und Israel, *in den Ungehorsam eingeschlossen hat, damit er sich aller erbarme,* der hymnische Lobpreis auf den Schöpfer und Erlöser aller und die Unerforschlichkeit seiner Wege und auf seine Allmacht. Nicht nur im Blick auf Röm 9–11, welche Kapitel musikalisch gesprochen so etwas wie die Engführung des Themas sind, sondern im Blick auf die Entfaltung des Themasatzes in Röm 1–11 insgesamt wird 11,32 und der doxologische Schluss gesetzt. Er kann aber nur gesetzt werden, weil Paulus das Ende antizipiert, indem er die „Logik“ der verschlungenen Wege Gottes zu ihm hin entziffert, und zwar aus der Schrift.

4 Barth erklärt zum Rätsel, was für Paulus die Enthüllung der „Taktik“ des Erlösungshandelns Gottes ist

Es ist der apokalyptische Mythos des Paulus, den ich hier gegen Barths Auslegung immer wieder stark mache. Das soll jetzt noch am Einzeltext illustriert werden, nämlich an Röm 11,25ff. Hier fällt denn auch das apokalyptische Stichwort schlechthin: *Mysterion*. Barths Auslegung ist hier in vieler Hinsicht brilliant. Bemerkenswert ist etwa, dass er in der Umkehrung der Reihenfolge, nämlich, dass erst die Fülle der Völker eingehen muss, bevor die Verhärtung von Israel weicht, eine Umkehrung der sachlichen Reihenfolge sieht, die die Formulierung im Themasatz Röm 1,16 nennt (vgl. KD II, 2, 330). Freilich bleibt auch hier die Bekehrungsvorstellung, die Vorstellung, dass „die Zukunft der Synagoge in der Kirche“ (KD II, 2, 331) ist, leitend. Barth interpretiert denn auch das Stichwort „Mysterium“ so, dass es das „Rätsel“ bezeichnet, dass dieses Eingehen in die Kirche und Aufgehen in ihr noch nicht geschehen ist. Zwar ist das, weil „göttlicher Ratschluss“, „von einem bloß zufälligen [...] weltgeschichtlichen Skandal“ zu unterscheiden, „wenn Paulus diese Verborgenheit, dieses in jeder Hinsicht störende ‚Noch nicht‘ oder ‚Immer noch‘ ein Geheimnis nennt“ (KD II, 2, 329). Aber es ist Israels Existenz als Synagoge außerhalb der Kirche das Rätsel, das Geheimnis, dass eben die Ersten die Letzten und die Letzten die Ersten sind.

Hier verschiebt Barth die paulinische Enthüllung der „Taktik“ der göttlichen Soteriologie auf die Kennzeichnung der Tatsache, die sich in der gegenwärtigen und bis zum Ende der Zeit dauernden Asymmetrie zwischen den Gemeinden Gottes aus den Völkern und Israel manifestiert, nämlich als Rätsel. Für Paulus bedeutet „Mysterion“ jedoch den geheimen, aber aus der Schrift zumal zu deutenden Sinn in den gegenwärtig verschlungenen, nicht plausibel erscheinenden Wegen des Handelns Gottes zur Rettung der Menschheit. Es ist die göttliche „Logik“, dass Israel, wenn das Evangelium erklingt, teilweise Verhärtung widerfährt, Gott ihm also gewissermaßen die Augen zuhält für den offenbaren Anbruch der ihm besonders angemessenen endzeitlichen Erlösung, und zwar bis zu dem Zeitpunkt der Ankunft der „Fülle der Völker“ und zu deren Gunsten. Das „hinzugekommen ist“ oder „eingetreten ist“ oder „Anteil bekommen hat“, also das *eisélthê* ohne Angabe des Ziels, ist viel umrätselt worden. Ist der Ort die Ekklesia oder das Gottesreich oder das Heil bzw. die Erlösung? Steht die Vorstellung von der Völkerwallfahrt zum Zion dahinter? Ich meine, man sollte hier nicht zu viel spekulieren. In jedem Fall geht es um die Ankunft der Völkerfülle in dem durch das Zum-Glauben-Kommen und die endgültige Erlösung schon qualifizierten Zeit-Raum, in der als Endzeit dramatisierten Gegenwart mit dem Anbruch der Erlösung. Dementsprechend kann Paulus in Röm 13,11 zu den Adressaten des Briefes sagen, dass sie „um den Kairos wissen, (nämlich) dass nunmehr die Stunde ist, vom Schlaf aufzustehen; denn wesentlich näher ist nun unsere Erlösung als damals, als wir zum Glauben gekommen sind". Die Ankunft der Völkerfülle geht aber offenbar der Rettung ganz Israels voraus. Denn das „bis" gibt dem mit dem „so" eingeleiteten folgenden Satz einen temporalen Nebensinn: „Und so wird dann ganz Israel (von Gott) gerettet werden [...]." Die Art und Weise, wie das geschieht, erläutert das folgende Mischzitat aus Jes 59,20 und 27,9. Gegenüber Barths Auslegung ist festzuhalten: „Ganz Israel" meint nicht „Israel" *und* die „Kirche aus Juden und Heiden", sondern ist der emphatische Name für das nun aus dem Rest und den Übrigen in der Erlösung wiedervereinte Volk Israel, Jakobs ganzer Stamm. Die an einem Teil Israels geschehene Verhärtung, die nach der Ankunft der Fülle der Völker weichen wird, ermöglicht die Aufhebung der Dissoziation unter den Abkömmlingen Jakobs („wird die Frevel von Jakob entfernen"). Bemerkenswert ist nun auch, wie Paulus die Rettung ganz Israels mit dem Mischzitat beschreibt: Es wird kommen *aus* Zion der *Erlöser*. Der „Erlöser" oder „Retter" (*ryómenos*) ist nun doch trotz mancher neueren Einwände der Parusie-Christus, der Kyrios (vgl. 1Thess 1,10). Und wenn Paulus hier anstelle von „um Zions willen" der Septuaginta oder „für Zion" der Hebräischen Bibel „aus Zion" sagt, dann dürfte damit darauf hingewiesen sein, dass der Retter aus dem himmlischen Zion oder Jerusalem kommt, aus dem *politeuma* im Himmel, das nach Phil 3,20 die Heimat der Glaubenden ist. Was tut der Retter? Er rettet oder bewahrt, wie 1Thess 1,10 mit demselben Verb ausdrücklich bezogen auf Jesus als den himmlisch erhöhten Gottessohn sagt, vor dem kommenden Zorngericht. Er bekehrt nicht, er predigt nicht das Evangelium, sondern er vollzieht an „Jakob", was das Evangelium verkündet und dem Glaubenden zusagt, nämlich die Sündenvergebung, die Entfernung der Frevel, ohne die ja niemand im Gericht einen Status der Gerechtigkeit erlangen und aus ihm gerettet werden kann. Das ist die Realisierung des Israel zugesagten „Bundes", nämlich des „neuen Bundes", der in Jer 31 verheißen wird (Röm 11,27). Vom Glauben oder Gehorsam oder vom Bekennen auf der Seite des von seiner Verhärtung befreiten Teil-Israels ist hier nicht die Rede, und es braucht auch nicht die Rede zu sein. Denn, wenn der Retter kommt, kommt die Rettung oder die Erlösung, die die Totenauferstehung einschließt. Diesen Auftakt der letzten apokalyptischen Ereignisse hat Paulus in der Tat schon in Röm 11,15 mit der „Annahme" der Verhärteten aus Israel verbunden: „Denn wenn ihre Verwerfung die Versöhnung der Welt ist, was wird die Annahme anderes sein als Leben aus den Toten?" Markiert mithin das Kommen des Parusiechristus mit der Gerechtmachung Jakobs den Auftakt zum Schlussakt, so dürfte mit der Rolle der Verhärteten Israels als denen, die die Letzten nach der Ankunft der Fülle der Völker sind, zugleich ihr Erstgeburtsrecht in der endgültigen Erlösung verbunden werden.

5 Barth trägt Anschuldigungsstereotypen gegen Juden aus antijüdischer Tradition in die Auslegung ein

Wenn ich hier Barths Auslegung von Röm 9–11 bisher in dem Sinn kritisiert habe, dass sie den eigentümlichen apokalyptischen Entwurf oder Mythos des Paulus sozusagen „entmythisiert" und positiv „ekklesialisiert", also gewissermaßen remythisiert mit der „Kirche", dann meine ich damit auch, dass Barth damit teilnimmt an einer Historisierung der paulinischen Konzeption, die ihr gerade fern liegt. Denn der historisierte Zustand zweier Größen Christentum und Judentum oder Kirche und Synagoge ist theologisch zwar nicht revidierbar, liegt aber jenseits dessen, was in der Dramatisierung der eigenen Gegenwart als Endzeit bei Paulus denkbar ist. Die Selbstverständlichkeit einer Größe Kirche mit weitergehender Geschichte im Gegenüber zu einer Größe Synagoge verträgt sich nicht mit der Proklamation des nahen Endes des empörenden Zustands der Menschheit und ihrer Rettung in der Verwandlung zu einer neuen Schöpfung. Es ist aber die Nichtbeachtung dieser grundlegenden Differenz zu Paulus, welche sich zugleich bei Barth in aktualisierenden Qualifikationen des Judentums in der Auslegung äußert, womit gleichsam umstandslos entweder Textaussagen vergegenwärtigt oder Aktualisierungen im Text vorgenommen werden. Natürlich ist jede Schriftauslegung diesem Rezeptionsmechanismus ausgesetzt. Gleichwohl ist sie eben notwendig reflektierender Kritik zu unterstellen, nicht zuletzt im Blick auf Aussagen über das Judentum und die verhängnisvolle Geschichte der Gewalt und der Verzerrung in der Lehre der Verachtung, die sich im Christentum damit verbinden. Barth erwähnt darum den „christlichen Antisemitismus" sehr wohl und versucht, ihm zu begegnen, nicht zuletzt an entscheidender Stelle, nämlich dort, wo er vor dem „Abschieben der Judenfrage in die Eschatologie" (KD II, 2, 335) warnt. Er sucht ein Ethos zu begründen, das am Erbarmergott orientiert nicht an den Juden „irre wird", das den „Synagogenjuden", trotz allen Unglaubens und allen Ungehorsams, ja aller Sünde und Schuld, die er ihnen vorhält, eine Zukunft – freilich in der Kirche – zuzusprechen in der Lage ist und sie nicht ewiger Verdammnis ausliefert (vgl. KD II, 2, 333). So deutlich darum Barth immer wieder die Unwiderruflichkeit der Erwählung betont, so sehr zeichnet er doch ein Bild, das ihre „Erniedrigung" für notwendig hält und das an ihnen „die Erbarmungswürdigkeit der Kreatur als solcher bestätigen und bezeugen" (KD II, 2, 333) muss; Israel eben als „Darstellung des göttlichen Gerichtes" (KD II, 2, 215). Und dabei rutscht er gelegentlich in einen polemischen Ton und in eine herabsetzende Begrifflichkeit, die peinlich sind und Anschuldigungsstereotypen repetieren, die, natürlich auch als zeitbedingte Klischees zu verstehen, aber doch nur mit Scham heute zu lesen sind. Ich werde ein paar Beispiele dafür nun vorstellen, wiederum um aufzuzeigen, wie der Exeget Barth in seiner Auslegung den Text kulturgeschichtlich befrachtet.

5.1 *Die „renitente Synagoge"*

Erwähnenswert ist hier zunächst die Aktualisierung des paulinischen, Jes 65,2 aufnehmenden Wortes vom Gott „widersprechenden Volk" (11,21), das Barth in die Reden vom „widerspenstigen" oder „widersetzlichen Israel", schließlich von der „renitenten Synagoge" übersetzt. Dabei ist ihm insbesondere ein Dorn im Auge, dass Juden eine nationale und messianische Hoffnung haben. „Indem die Kirche im Blick auf den von den Juden verworfenen Jesus bekennt, deckt sie freilich die Widersetzlichkeit Israels seiner eigenen Erwählung gegenüber auf, bestreitet sie (im Einklang mit den alttestamentlichen Propheten!) die hochmütige Lüge, den nationalistisch-gesetzlichen Messiastraum der Synagoge, um den alle heidnische Überheblichkeit die Juden von jeher hassvoll beneidet, den mitzuträumen sie von jeher dilettantisch genug sich bemüht hat" (KD II, 2, 225). Und noch einmal wendet er sich direkt gegen den Zionismus, wenn er die „direkte oder indirekte Erneuerung des jüdischen Nationalismus" anspricht und diesen als „Urtyp aller üblen Nationalismen" (KD II, 2, 309) bezeichnet, eine auf dem Hintergrund seiner Kritik am Nationalsozialismus zu hörende Polemik. Ich versage mir hier, die Verkehrtheit dieses Angriffs breiter zu kommentieren. Doch dass die jüdische Nationalbewegung, so sehr sie an die europäischen Nationalbewegungen und eigene nationale Traditionen anknüpfte, ja auch die Antwort auf den 1914 und dann im Zweiten Weltkrieg explodierenden Hexenkessel Europas war, einen „Weg ins Freie" (Arthur Schnitzler) und einen Ort für einen Judenstaat suchte, „wo es keine Schande ist, ein Jud zu sein" (Theodor Herzl), muss doch erwähnt werden. Es ist doch auch – ich sage „auch" und nicht zuerst – die gehässige Ausstoßung der Juden in und aus Europa, die zum Fundament der jüdischen Nationalbewegung gehört. Und warum gerade sie der „Urtyp aller üblen Nationalismen" sein soll und eine „hochmütige Lüge", sagt uns Barth nicht. Das Vorurteil hält sich für selbsterklärend.

5.2 *Das an Christus schuldig gewordene und sündige Volk der Juden*

Geradezu drohend wird der Ton Barths, wenn er sich vorstellt, dass der „Synagogenjude" das kirchliche Bekenntnis (Kyrios Jesus) zurückweist als „fremdartig", als „hellenisch", ja womöglich als „Gotteslästerung": „Und der Synagogenjude glaubt nicht. [...] Er streitet sogar gegen diesen Glauben und dieses Bekenntnis. Das ist seine evidente Sünde und Schuld" (KD II, 2, 275). Um die Begriffe „Sünde und Schuld" geht es mir jetzt vor allem. Mit welchem Recht bezichtigt Barth Israel hier und immer wieder der besonderen „Sünde und Schuld"? Ich meine mit welchem Anhalt am Text des Paulus? Das Stichwort „Sünde" begegnet nur in Röm 11,26f. Und dort geht es ja um die Sünde, die Paulus in Röm 1,18–3,20 an Juden und Nichtjuden aufgezeigt hat, mit der und in der sie konstitutiv verhaftet durch das Fleisch und seine Begierde vor Gottes offenbarem Zorngericht stehen. „Hier ist keiner gerecht, auch nicht einer" (Röm 3,10). Sonst fehlt das Wort gänzlich in Röm 9–11. Paulus spricht vom „Fehltritt", vom „Ungehorsam", von „Untreue", ja, aber nicht von Sünde. Und irgendein griechisches Wort, das „Schuld" meinen könnte, also etwa *aitía* oder *opheílêma*, findet sich auch nicht (wiederum nur in Röm 3,9 beim Erweis der Schuldigkeit aller vor Gottes Gericht: „Ich habe zuvor alle, Juden und Hellenen, angeklagt, von der Sünde abhängig zu sein."). Barth spricht hingegen als Paulusausleger ständig von Israels besonderer Schuld, das heißt seiner Schuld, nicht am christlichen Glauben und Bekenntnis in der Kirche teilzunehmen; aber diesen Begriff führt er aus dem negativen christlichen Mythos über die Juden ein. Und er nährt ihn auch mit der Anschuldigung Israels schlechthin. Barth nämlich stellt des Öfteren heraus, dass Israel seinen Messias ausgeliefert hat, ja, dass es „diesen seinen Herrn gekreuzigt hat" (KD II, 2, 298 zum Beispiel). Denn die Heiden „führten nur aus, was als Entscheidung die Sünde des erwählten Volkes war"; der Heiden Anteil an der Kreuzigung war ein „unselbständiger" (KD II, 2, 311). Besonders krass heißt es in KD II, 2, 335:

> Und es ist der Ungehorsam der Juden darum viel schauderhafter als der der Heiden, weil er ja inmitten der Offenbarung ihrer Erwählung, inmitten des Vollzuges des Bundes zwischen Gott und ihnen vollbracht wurde und noch wird, weil er ja in der Verwerfung ihres ihnen erschienenen und für sie gekreuzigten Messias besteht und also wohl als die unvergebbare Sünde gegen den Heiligen Geist sich darzustellen scheint.

Davon steht nun überhaupt nichts im paulinischen Text, hier aber ist es eben das Vorurteil vom schuldigen Juden, das es herausliest. Gewiss, Barth will gerade damit, dass er es erwähnt, herausstellen, dass die bleibende Erwählung die Klammer ist, die auch die „Verstockten", die auch Gottes „Judas" (wie er mit absichtsvoller Zuspitzung in KD II, 2, 311 sagt) noch umgreift. Aber um was für einen Preis der Negation!

5.3 *Die Juden übertreten ihr Gesetz, weil sie nicht an Jesus Christus glauben*

Es ist auch dieser negative Mythos von der besonderen Sünde und Schuld Israels als des nicht am christlichen Bekenntnis teilnehmenden Volkes, der Barth bei der Auslegung von Röm 9,30–10,21 dazu verleitet, den Christusglauben zum „Werk aller Werke" (KD II, 2, 265), die die Tora fordert, zu erheben und damit eben den „Unglauben" zur „Gesetzesübertretung" schlechthin (KD II, 2, 266). Aber das Gesetz wird nach Paulus nicht, wie Barth meint, „im Glauben gehalten und erfüllt" (KD II, 2, 265), sondern in Werken und zumal in der Liebe. Röm 13,10: Die Erfüllung der Tora ist die Liebe. Die Liebe fasst die Gebote zusammen (*anakephalaíoun*), nicht der Glaube. Zu glauben ist kein Gebot, kein Hauptgebot, keine Rechtsforderung des Nomos. Glaube ist deshalb kein Werk, er kann freilich in der Liebe *wirken*, aber eben in der Liebe. Barth unterschiebt darum zu Unrecht dem viel umstrittenen *télos gar nómou Christós* Röm 10,4 den Sinn: Christus sei die „Summe aller [...] Forderungen" des Gesetzes, indem er *télos nómou* als „Analogie" oder gar als „Übersetzung" des „rabbinischen Begriffs" des „k^{e}lal (hatora)" oder von *anakephalaíosis* (KD II, 2, 269) versteht. Sicher mit Recht weist Barth die Bedeutung „Ende (im Sinn von Schluss) des Gesetzes" ab, und zwar mit guten exegetischen Gründen. Doch wie wir schon darauf hingewiesen haben, dass Paulus die aus den hellenistischen Systematisierungen der Tora stammende Begrifflichkeit des *anakephalaíoun*/Zusammenfassens an die Liebe knüpft, so ist auch das rabbinische *k^{e}lal*/Regel, das damit übrigens nicht einfach identisch ist, keineswegs mit *télos* zu übersetzen, weder wörtlich noch dem Sinn nach. „*Ziel* der Tora ist Christus zur Gerechtigkeit für jeden Glaubenden" heißt nicht, dass der *Glaube* an Christus die Summe der Gebote oder das Hauptgebot des Gesetzes ist, sondern dass die Tora mit dem „Christusereignis" ihr Ziel der Gerechtigkeit erreicht, nämlich insofern Christus durch seinen Tod sühnt und denen, die „in ihm" sind, den Status der Gerechtigkeit verschafft, der im Endgericht Gottes Bestand hat. Ist aber das Ziel der Tora Christus, so ist er es nur, weil er die Gerechtigkeit, die sie fordert, (gnadenweise) vermittelt. Ja, Paulus sagt in Röm 9,31, dass Israel das (Gerechtigkeits-)Gesetz trotz laufender Bemühungen um es nicht erreichte, nicht beim Gesetz und seinem Ziel der Gerechtigkeit anlangte, weil es eben nicht „aus Glauben, sondern aus Werken" nach dem Ziel trachtet. Darum kann Paulus auch in Röm 3,31 sagen: Wir abrogieren nicht die Tora durch den Glauben, also dadurch, dass wir den Glauben als Grund der Erlangung des Status' der Gerechtigkeit vertreten; vielmehr bringen wir sie zur Geltung, und zwar auch unter den Völkern. Denn das bezeugt sie. So sehr also in der Endzeit mit der Offenbarung der Gerechtigkeit Gottes, und zwar abgesehen von der Tora, jedem Glaubenden durch die Partizipation an Christi Werk das vermittelt wird, was die Tora dem Täter ihrer Forderungen verspricht, aber ihm wegen der Sünde nicht vermitteln kann, also

Gerechtigkeit und daraus folgend ewiges Leben, so deutlich bezeugt sie dies aber. Insofern vertritt sie es auch selbst und durchaus mit ihrer gebietenden Art, aber nicht als Gebot, das man übertreten kann, sondern gewissermaßen als die in der und für die Endzeit von ihr bezeugte „Hauptsache". Andernfalls würde man auch den Glauben zu einer Bedingung der Gerechtigkeit Gottes machen, wo er doch die Wirkung ihrer Offenbarung durch das Evangelium ist. Tora und Propheten bezeugen also die Gerechtigkeit Gottes als Glaubensgerechtigkeit, wie Paulus in Röm 9,5ff. darlegt und in Röm 3,21 bereits ausdrücklich gesagt hat. Sie stellen Abraham als das Paradigma der Glaubensgerechtigkeit und damit als Vater aller Glaubensgerechten vor (Röm 4). Deswegen ist der Eifer Israels um die Tora nicht falsch, wie auch Barth mit Recht sagt. Aber angesichts der Offenbarung der Gerechtigkeit Gottes in der endzeitlichen Gegenwart ist er, sofern sich auf ihn die Hoffnung der Gerechtigkeit stützt, die zum Leben führt, uneinsichtig (was ja in 10,2 das vertritt, was danach als „Verhärtung" durch Gott erklärt wird) und Ungehorsam angesichts der Offenbarung. Ist aber erst im Evangelium Gottes Gerechtigkeit in Erscheinung getreten, so ist dies zwar dem Inhalt nach in der Schrift bezeugt, aber erst Realität in der eschatologisch qualifizierten Gegenwart. Deshalb stimmt es nicht, wenn Barth sagt: Israel „versagt nicht gegenüber irgend einer *neuen* Offenbarung, sondern gegenüber dem ihm von jeher gesagten [...] Worte dieses einen Gottes" (KD II, 2, 269; vgl. 272). Gesagt war es nach Paulus in der Schrift schon, aber mit Blick auf die Endzeit. Doch geoffenbart worden, Ereignis geworden ist es erst in der Gegenwart und für Paulus darum auch erst jetzt in der Schrift zu finden. Mit dem Evangelium, mit Christus, mit der Sendung des Gottessohnes ist für ihn der rettende Glaube gekommen (vgl. die Offenbarungsterminologie in Gal 3,23.25), nicht mit der Gabe der Tora. Barth unterschätzt darum auch insofern wieder die apokalyptische Zäsur, die nach Paulus mit Christus vollzogen ist.

6 Die Kritik der elenden antijüdischen Geschichte des Christentums ist theologisch zu reflektieren

Es ist bisher meine Kritik im Wesentlichen eine exegetische gewesen. Aber indem ich Barths Exegese auch als merkliche Koordinatenverschiebungen gegenüber dem Text darzustellen versucht habe (versucht habe, sage ich, denn auch meine Exegese ist ja nicht das reine Wort Pauli), habe ich eine Differenz beschrieben, die den Exegeten Barth historisch, kulturell und religiös vom Apokalyptiker Paulus scheidet. Wir tragen immer etwas aus und immer etwas ein, wenn wir auslegen, wir legen immer auch unter, wenn wir auslegen, um Goethe zu zitieren. Auch deshalb gibt es keine Theologie als nackte Alternative zur Religionsgeschichte oder -wissenschaft, kein reines Reden aus der Sache statt über die Sache. Was als Religion zählt, sagt eben nicht die Theologie, wie die Theorie nicht sagt, was als Erfahrung zählt. Es gibt ein zirkuläres Verhältnis zwischen ihnen. Man gewinnt den Eindruck, dass Barth mit seiner Auslegung von Röm 9–11 dem Gewalt- und Verblendungszusammenhang, dem Unwesen der katastrophalen, mörderischen Judenfeindschaft, dem Hexenkessel des Unwahren und des Grauens mit Paulus entgegentreten möchte. Er meint, mit ihm den *index falsi* der Wirklichkeit entgegenhalten zu können, aber eben auch dann den *index veri* zu haben. Das Ergebnis ist jedoch ebenso ambivalent wie die Annahme naiv. Denn Paulus, selbst wenn wir ihn wirklich verstehen könnten, ist vor dem Unwahren nicht gefeit. Auch er repetiert in seinen Texten antijüdische Stereotypen seiner paganen Umwelt. Und Barth tut desgleichen hinsichtlich des christentums- und kulturgeschichtlichen „Erdenrestes zu tragen peinlich“. Die Klammer, die die bleibende Erwählung Israels bei ihm bildet, schließt für ihn dann doch ein schauriges Judentumsbild ein, das Bild eines verstockten, widerspenstigen, widersetzlichen, hochmütigen, erbarmungswürdigen, erniedrigten, schuldigen, sündigen, ungehorsamen, ungläubigen, von Gott verhassten, sich selbst behauptenden, seinen Messias verwerfenden und ausliefernden jüdischen Volkes, das vergehen, untergehen und in der Kirche aufgehen muss, um sich seiner göttlichen Bestimmung nicht mehr zu widersetzen und seiner äußerst negativen Erscheinung zu entgehen. Ist aber dies so Eingeklammerte wirklich die Wahrheit? Gewiss, die Heiligkeit Israels an sich darf nach Barth nicht angetastet werden. Das Wesen Israels ist seine Erwählung durch Gott, aber das verfehlt es. Seine Erscheinung, seine Wirklichkeit ist dann doch nach Barth katastrophal. Ist das aber die Wahrheit? Einen ähnlichen Vorbehalt gegenüber der Kirche gibt es ja auch. Aber Barths Bestimmung von ihr ist merkwürdig unkritisch, jedenfalls an dieser Stelle. Er tadelt den christlichen Antisemitismus. Aber die Kirche wird geradezu mythisch zur Platzhalterin Israels, das abgefallen und ins „Ghetto gegangen“ ist (KD II, 2, 225), und die Kirche sitzt in seinen Häusern und geht mit seinen Geräten um, darauf wartend, dass es wieder einzieht in die von der Kirche für wahr gehaltenen Bestimmungen Israels. Wissen wir wirklich, was Israels Bestimmung und was seine Erscheinung ist? Das, was wir historisch und empirisch wirklich wissen können von der Kirche, ist, dass die Klammer nicht hält, nicht gehalten hat, wohl auch immer prekär bleiben wird. Sie ist bei Barth der Beurteilung oder Verurteilung der Erscheinung Israels, der „Synagogenjuden“, vorangestellt wie das Plus den negativen Zahlen in der Klammer. Was wir aber wissen, ist, dass sie geschändet, herabgesetzt, verfolgt, umgebracht, entrechtet, herabgewürdigt, beleidigt, gequält, drangsaliert wurden, und zwar ohne die Klammer und trotz der Klammer, in die Theologen wie Barth (und dafür gebührt ihm Ehre bei aller Kritik) alle Negativbestimmungen gesetzt haben. Von dieser Erfahrung, das ist meine Gewissheit, kann man die Theologie nicht hermetisch abschließen, besser: darf sie sich nicht abschließen. Die Kritik der elenden Historie ist nicht auf dem Altar der Theologie zu opfern. Gerade der religions- oder kulturwissenschaftliche, der historische Blick auf das Gegenüber zweier Größen Judentum und Christentum, die sich dann doch ent- und auseinanderentwickelt haben, die nicht Welten, aber doch Weltentwürfe trennt, kann auch einen Prozess des theologischen *disentanglement*, wie Krister Stendahl es genannt hat, in Bewegung setzen, eine Entflechtung von der Nähe, die Barth mit der Kirche Israel zumutet. Dass die „Synagogenjuden", um mit diesem hässlichen Begriff Barths zu sprechen, also dass der „ugly Jew" unser Konstrukt, unsere Projektion ebenso ist wie der schöne Jude, der „Kirchenjude", der „christliche Jude", von dem Barth in seiner Zeit und mit deutlicher Kritik am rassistischen und christlichen Antisemitismus sagt, dass er „höchster und unverwischbarer Ehre" (KD II, 2, 251) würdig ist. Gewiss, er ist dessen würdig, aber die anderen eben auch, und zwar eben als Juden.

7 Finitum incapax infiniti

Was ich zeigen wollte, ist, dass nach meiner Meinung eine Lektüre von Röm 9–11 heute sich des apokalyptischen Mythos bewusst sein muss, dessen Teil die Kapitel sind. Paulus deutet die Gegenwart als endzeitliche Krise der Menschheit. Ihr empörender Zustand ist ubiquitär, ihr Untergang sicher, ihre Konstitution selbst verhängnishaft, aber ihre Rettung und Verwandlung zur Gotteskindschaft, zur „neuen Schöpfung" (wie er andernorts sagt), ihre Befreiung im Anbruch. Und ebendieser, durch Gottes endzeitliche Intervention in Gang gesetzt, bedeutet zugleich die Inkraftsetzung dessen, was in der geschichtlichen Intervention, in Gottes Erwählung Israels aus den Völkern, begonnen hat und nun so dramatisch auch mit ihm in doppelter Rolle zum Ende geführt wird. Man kann nicht übersehen, dass Paulus dabei die Schrift, die biblische Symbolwelt, neu interpretiert. Man kann auch nicht übersehen, dass er sie eben apokalyptisch transformiert. Aber seine Frage ist nicht eine „Judenfrage", sondern eine Menschheitsfrage, ein radikales „Unbehagen in der Kultur". Ich würde gern noch darüber weiter nachdenken, wie hier gerade ein hellenistisch sozialisierter Diasporajude eine so radikale Perspektive auf die Menschheitssituation entwirft. Aber wichtiger ist jetzt, dass ebendieses mythische Vorzeichen vor allem Einzelnen beachtet bleibt und eben entsprechend in Rechnung gestellt wird. Ich halte darum durchaus dafür, durch exegetische Anstrengung Röm 9–11 von der Rezeptionsgeschichte von Verzerrung, Irrtum und Gewalt zu unterscheiden. Insbesondere ist zu beachten, was Paulus so nur im Römerbrief leistet, nämlich eine Spiegelbewegung zur Apologie der Glaubenden aus den Völkern und deren Teilhabe am endzeitlich in Kraft gesetzten messianischen Heil des Gottesvolkes. Verteidigt er mit seinem Apostolat für die Völker deren Teilhabe an der Rettung allein im Christusglauben und ohne Mitglieder des Gottesvolkes zu werden gegenüber christusgläubigen Juden, so vollzieht er im

Römerbrief die umgekehrte Bewegung gegenüber den Glaubenden aus den Völkern im Blick auf Juden, die nicht am Christusglauben partizipieren. Keiner ist besser dran, keiner schlechter.

Es ist jedoch auch zu beachten, dass dies einer performativen Gesamtdeutung der Welt integriert ist, die sich ja unter den Bedingungen des Weitergehens von Zeit und Geschichte ihres Vorzeichens *ipso facto* entledigt, damit aber das Einzelne in der Klammer nicht mehr zusammenhält, sondern zu dessen Verselbstständigung führt. Die elende Verselbstständigung der Negativaussagen in der Rezeptionsgeschichte von Röm 9–11 ist ja erstellt, und unsere Versuche, sie zu überwinden, werden die Ambivalenzen nicht los. Der historisierte Zustand zweier Größen, Kirche und Synagoge, Kirche und Israel, Christentum und Judentum, liegt jedoch jenseits dessen, was Paulus als Konzeption entworfen hat, auch und gerade der Zustand, dass es ein Christentum gibt und dieses eine Geschichte hat. Die „Judenfrage" ist eine Christenfrage, eine Frage an die Selbstverständlichkeit einer historischen Größe Kirche, deren weitergehende Existenz sich jedenfalls mit der Proklamation des Endes der Menschheit nicht verträgt. In der Nichtaufklärung darüber, meine ich, liegt die Wurzel der Verschiebung auf die Juden. Die weitergehende Existenz der Juden machte sie aus christlicher Perspektive zu Störenfrieden, zu Indikatoren eines ausgebliebenen Endes, das, wenn nicht in der Erlösung, so doch wenigstens in der Kirche erreicht werden sollte. Dass dies nicht einfach identisch ist mit der wahnhaften, verbrecherischen Variante davon, der „Endlösung", vielmehr Welten trotz auch massiver christlicher Gewaltgeschichte entfernt, ist natürlich klar. Nur kann man auch deren Zusammenspiel nicht ignorieren, es ist geschichtlich erstellt.

Der von Barth betonten Verantwortung sind, wie wir wissen, die Kirchen während der „Endlösung der Judenfrage", der Schoah, weithin nicht nachgekommen; die vorurteilsgeleitete Gleichgültigkeit, um von der Komplizenschaft zu schweigen, war ubiquitär, einzelne Bekenner und Märtyrer zumal ausgenommen, die um so mehr unserer ehrenden Erinnerung würdig sind. Aber es fragt sich, ob die Christen nicht überhaupt an einem „christlichen Antisemitismus" leiden mussten, der die Existenz der Juden als Juden zur Frage, zum Problem erklärt, und zwar zu dem der Juden. Nur zu leicht waren ja auch noch nach Auschwitz Kirchen bereit, Gottes Gericht in den Vergasungskammern walten zu sehen. Dass die „Judenfrage" jedoch in Wahrheit eine Christenfrage ist, wie schon Buber in der Auseinandersetzung mit Gerhard Kittel in den dreißiger Jahren gesagt hat, ist die Einsicht, die wir nicht mehr ignorieren dürfen. Auch nicht in der Lektüre von Röm 9–11 und der Beurteilung der Leistung dieser Kapitel für die Möglichkeiten einer Theologie, die der katastrophalen Geschichte der christlichen Stigmatisierung des Judentums und deren realen Folgen eingedenk ein neues Kapitel in der christlich-jüdischen Beziehung zu schreiben versucht. Die Frage an die Christen ist, wie sie ihr Selbstverständnis so klären, dass die Existenz des Judentums eben keine Frage für die Juden ist, dass die Dignität der Juden als Juden unbezweifelbar feststeht. Wer aber das Judentum auf sein „Nicht-in-der-Kirche-Sein“ festlegt, muss nicht nur dessen Identität als defizitär ansehen, was ja dann alle diese genannten Negativkennzeichnungen nach sich zieht. Vielmehr wird dann das Judentum auch für die eigene, die christliche Identität so irritierend sein, weil sie ihrerseits für defizitär gehalten wird, sofern die Juden ihrer vergesellschafteten Gestalt eben nicht zugehören. Dieses Irritiertsein durch jüdische Existenz statt durch die vertrackte Realität der Nichterlösung der Welt ist, meine ich, das christliche Grundproblem. Und das ist schwer durch positive Bestimmungen Israels bei Paulus überwindbar, auch nicht, wenn die Negativbestimmungen zugleich, wie etwa bei Friedrich Wilhelm Marquardt, so wichtig zu seiner Zeit der Beitrag „Feinde um unsretwillen“ war, darauf zielt, „mit dem jüdischen Nein zu Jesus Christus etwas Positives anzufangen“. Warum so schwer überwindbar? Nun, weil sie im Ja zum Nein gleichwohl ein Nein zum eigenen Selbst hört und nur zu beschwichtigen versuchen könnte. In der Zumutung der eigenen Identität liegt jedoch, dass das „Nein“ zu ihr erklingt, nicht in der anderen Identität an sich. Und im Mythos, dass Entscheidendes auf dem Spiel steht, wenn der andere nicht wird wie ich, steckt das Problem mangelnder Selbstanerkennung. Die Suche nach der Theologie, die die jüdische Dignität nicht nur nicht vernichtet, sondern zur Geltung bringen und mit Respekt bedenken möchte, ist darum zutiefst eine Suche nach dem eigenen christlichen Selbst, eine Aufklärung über den Mythos von uns selbst.

Die das Judentum entwertenden Traditionen, die mit der Entstehung des Christentums, mit seiner Gewaltgeschichte im Mittelalter, mit der Reformation, mit der Aufklärung und schließlich kulminierend im eliminatorischen, rassistischen Antisemitismus der Moderne mit dessen nationalsozialistischer Exekution unsere Kultur bestimmen, sind auch heute nicht verschwunden. Es sieht vielmehr so aus, als ob manche Dämonen wiederkehren. Und diese leben ja vom Wahn, dass alles besser und in Ordnung wäre, die Dinge am rechten Platz stünden, der Friede ausbrechen würde, wenn die Juden nicht wären oder nicht so wären, wie sie sind, obwohl sie ja doch ganz unterschiedlich sind. Dieses antijüdische Ressentiment ist auch ein Ressentiment gegen die vertrackte Wirklichkeit, in der wir leben. Das Schuldbewusstsein ist aber schon wieder in Hass umgeschlagen, die Idealisierung der Juden als Opfer hat schon wieder den Juden als Täter im Blick, um ihn der Schuld zu überführen. In dieser Art von Gleichstellung kann die Negation wiederholt werden, denn der Hass auf alles Jüdische gründet auch immer im Selbsthass.

Es geht darum wohl nicht anders als so, dass sich die Kirche, das Christentum mit sich selbst als einer geschichtlichen Größe identifiziert, die sich ihrer durch nichts zu ersetzenden, bleibenden Herkunft aus dem Judentum bewusst ist, aber auch dessen eigenständiger, durch nichts zu ersetzenden Bedeutung ihm gegenüber und so partikular zu bleiben als geschichtliches Schicksal begreift, damit aber auch die Partikularität und Endlichkeit, die Irrtumsfähigkeit aller menschlichen, zeitlichen Entitäten teilt. *Finitum incapax infiniti.* Das Endliche kann das Unendliche nicht fassen, aber es kann es als das ihm entzogene Geheimnis seiner wie aller Existenz und damit den anderen als dessen gleiches Abbild ehren. Dies gilt für die Juden, unsere Zivilisationsgefährten von Anfang an, zuerst, aber auch für die Hellenen, welch letztere jetzt mal die unaufzählbaren Varianten der anderen repräsentieren mögen.

Eine theologische Bestimmung des christlich-jüdischen Verhältnisses heute, die verletzt und verwundet von dem Gräuel der Verwüstung sich der Verantwortung angesichts der antisemitischen Elendsgeschichte des Christentums erinnert, wird darum die Spuren des Schmerzes nicht verwischen. Es kann nicht die Aufgabe der Theologie sein, dieses Sensorium für das Unglück und damit aber für die Wahrheit unempfindlich zu machen und biblizistisch-dröhnend zu übertönen. „Die Wahrheit ist dem Menschen zumutbar" (Ingeborg Bachmann). Man kann darum theologisch nicht darüber hinwegtäuschen, dass etwas falsch gelaufen ist. Wann auch immer das geschehen ist, es ist geschehen. Nur unterhalb der Aussage, dass das Endliche das Unendliche nicht fassen und die messianische Perspektive auf die Welt ihre vertrackte Wirklichkeit nicht aufheben kann oder auf die Juden als die Schuldigen verschieben darf, dürfte darum ein Verhältnis zum Judentum beschreibbar sein. Wenn der christliche Glaube in seinem biblischen Ursprung ein Setzen auf Gottes Wort als Evangelium in der Krise der Welt ist, dann hat er aber auch der Hoffnungslosigkeit zu widerstehen, dass es keinen Ausweg aus der Dunkelheit trotz allem gibt. Und wenn der jüdische Glaube ein Setzen auf Gottes Tora in den geschichtlichen und alltäglichen Herausforderungen der Endlichkeit ist, dann widersteht er nicht ohne Stolz der Versuchung, nicht trotz allem nach dem Rechten zu schauen. Nicht aufgeben, auf die große rechte Ordnung aller Dinge zu setzen, und nicht aufhören, nach der kleinen rechten Ordnung in der Zeit zu sehen, gehört aber zusammen. Ja, beide Glaubensweisen schließen irgendwie die jeweils andere ein, irgendwie, sage ich, weil es systematisch wohl nicht abschließend zu klären ist, wie genau das geschieht, und weil auch beide jeweils andere Akzente setzen. Das riecht nach Harmonisierung. Aber darum geht es mir wirklich überhaupt nicht oder allenfalls zuletzt. Denn ich plädiere dafür, in der Inbezugsetzung von Judentum und Christentum zueinander gerade eine einfache Denkbewegung zu vermeiden, nämlich das platte Schema von Gemeinsamkeit und Unterschied oder Identität und Differenz anzulegen. Auch das unbestreitbar Gemeinsame ist ihnen nur jeweils besonders. Deshalb ist eine *interpretatio christiana* des Judentums, die traditionelle Versuchung, ebenso wie eine *interpretatio judaica* des Christentums, die heutige Versuchung, problematisch. Das Judentum ist nicht Christentum *in statu nascendi* und das Christentum nicht eine andere Art von Judentum, keine höhere und keine billigere. Jenes ist eben durchgehend oder prinzipiell messianisch gepolt, dieses eben durchgehend oder prinzipiell halachisch, um es schlagwortartig zu kennzeichnen. Ich schließe darum gar nicht Konvergenzen oder gar Annäherungen in bestimmten Richtungsentwicklungen an den jeweils anderen aus. Beide nämlich sind partikulare, aber in sich absolute Variationen der biblischen Symbolwelt, wie vielfältig sie sich auch in sich entfalten. Beide spiegeln sie diese Symbolwelt auf ihre eigene Weise und immer wieder neu im Prozess der Auslegung. Die Grenzen von Identitäten sind ja auch verschiebbar, aber sie sind nicht aufhebbar, allenfalls kann man sie individuell wechseln. Aber beide haben innerhalb ihrer Grenzen den Blick auch auf etwas außerhalb, eben jenes *infinitum*, gerichtet, das sie verbindet und trennt. Das eben macht das Endliche aus, aber auch das Spannungsvolle, an dem beide wachsen können. Es wäre mithin dieses Außerhalb, das jeweils durchaus anders benannt wird, so zu beschreiben, dass die Wahrheitsfähigkeit des jeweils anderen nicht verletzt wird. Denn gesprochen werden muss in einer Offenbarungsreligion. Wittgensteins letzter Satz im Tractatus „Wovon man nicht sprechen kann, darüber muss man schweigen" kommt hier nicht infrage. Und doch gilt gegenüber allem Sprechen von der Offenbarung auch der Vorbehalt negativer Theologie.

Gemeint ist hier nicht einfach, dass man Pluralismus durch Wechsel in die Beobachterperspektive relativieren kann. Irgendwann muss man ja auch Ich oder Wir sagen. Wir müssen irgendwann auch sagen, dass etwas so ist, wie wir es sehen, wie wir es glauben, auch wenn wir uns dem nicht entziehen können, dass nur wir es so sehen und andere uns sagen, dass nur wir es so sehen. Gemeint ist hier vielmehr, dass die „mosaische Unterscheidung", wie Jan Assmann das genannt und gegen die er heftig polemisiert hat, sich radikal gegen jeglichen Versuch verhält, eine Unmittelbarkeit zu Gott im Kosmos zu etablieren, und sei es mit heiligen Schriften. Diese Unmöglichkeit der Unmittelbarkeit zu Gott schließt aber zugleich, meine ich, eine Unmöglichkeit der Unmittelbarkeit von Heil ein. Es ist nicht zu übersehen, dass es im christlichen Glauben eine Tendenz gibt, eine solche Unmittelbarkeit und Vermittelbarkeit zu erreichen, etwa in der Eucharistie oder der Ikonostase oder in der lutherischen Wortmystik. Dem hat die reformierte Tradition weithin widerstanden. Und mit Recht, wie ich es sehe. Endliches kann nicht ein Modus des Absoluten sein.

Gershom Scholem hat in diesem Zusammenhang auf eine Debatte unter Kabbalisten aufmerksam gemacht, die vielleicht auch für uns wichtig ist. Im Streit darüber, welches der Gebote im Dekalog von Mose unverändertes Gotteswort sei, haben die einen gesagt: alle Worte, andere: nur die ersten beiden, die Gottes Einzigkeit und das Bilderverbot betreffen. Rabbi Mendel von Rymanow jedoch meinte, es sei allein das Aleph des hebräischen „Anochi", mit dem der Dekalog beginnt, unmittelbare Offenbarung. Scholem kommentiert:

> Mit seinem kühnen Satz reduzierte also Rabbi Mendel die Offenbarung zu einer mystischen, d. h. zu einer Offenbarung, die in sich selbst zwar unendlich sinnerfüllt, aber doch ohne spezifischen Sinn war. Sie stellte etwas dar, das, um religiöse Autorität zu begründen, in menschliche Sprachen übersetzt werden musste; und das ist es, was [...] Mose tat. Jede Aussage, die Autorität begründet, wäre eine, wenn

> auch noch so gültige und hochrangige, aber immer noch menschliche Deutung von etwas, das sie transzendiert.

Ausgeschlossen wird damit nicht Offenbarung an sich, sondern dass ein Mensch sie letztlich wissen könne, also für deren Wahrnehmung eine Deutungskraft beansprucht, die ihr Geheimnis endgültig und vollständig enthüllt. Auch Offenbarung ist eben nicht materialisierbar, in Endlichem aufhebbar. Sie ist allen Gestalten ihrer Deutung zugleich überlegen und voraus. Das, so meine ich, eröffnet eine Freiheit, nicht die eigene Wahrheitsfähigkeit überheblich zu verabsolutieren und die des Judentums herabzusetzen, aber auch die des Judentums anzuerkennen, aber die eigene nicht trotz der notwendigen und weiter zu führenden kritischen Revision selbst aufzugeben.

Lief am Anfang etwas falsch?

Einige Thesen zur Entstehung des Christentums

Ekkehard W. Stegemann / Wolfgang Stegemann

Rolf Rendtorff hat immer wieder ein Wort von Krister Stendahl zitiert, das ihn – wie wir wissen – bis heute beschäftigt: Am Anfang lief etwas falsch. Der genauere Zusammenhang bei Stendahl ist der Folgende:

> Am Anfang lief etwas falsch. Ich sage „lief falsch", weil ich nicht überzeugt bin, dass das, was mit der Trennung der Beziehungen zwischen Judentum und Christentum geschah, der gute und ausdrückliche Wille Gottes war. Könnte es nicht sein, dass wir zu der Einsicht kommen, dass wir nicht nach dem Willen Gottes, sondern gegen ihn auseinandergegangen sind? Ich weiß, das ist eine befremdliche Weise zu reden. Ich weiß, daß es als historischer Romantizismus abgestempelt werden könnte, als ein Versuch, die Uhr zurückzudrehen. Aber warum soll man es nennen „die Uhr zurückdrehen"? Warum kann man nicht statt dessen sagen, daß die Zeit für uns gekommen ist, die Alternativen zu finden, die damals verlorengegangen sind, Alternativen, die der theologische Ausdruck unserer Reue sind und unserer Einsichten, die sich uns heute aufdrängen.[1]

Wir haben Stendahls Grundthese hier mit einem Fragezeichen versehen und erheben für unsere Ausführungen auch kaum mehr als den Anspruch, das Fragezeichen zu erläutern. Lief am Anfang etwas schief?

1 Gab es am Anfang eine Geburt in Sünden?

Was Rolf Rendtorff bewegte, hat auch uns und viele andere bewegt, spätestens seit den siebziger Jahren des letzten Jahrhunderts: Es war die Frage danach, ob das Elend und die Kontinuität einer antijüdischen Selbstauslegung des Christentums sich aus der *Entstehung* des Christentums erklären lässt. Wir erinnern

---

1 Krister Stendahl, Judaism and Christianity: After a Colloquium and a War, in: Harvard Divinity Bulletin, New Series 1:1 (1967), 2–9; wieder abgedruckt in: K. Stendahl, Meanings: The Bible as Document and as Guide, Philadelphia 1984, 217–232. Deutsche Übersetzung von Rolf Rendtorff: K. Stendahl, Judentum und Christentum: Plädoyer für die Erneuerung ihres gegenwärtigen Verhältnisses, in: Evangelische Kommentare 2 (1969), 73–78.

hier nur an zwei dezidierte Stellungnahmen, die in diesem Diskurs eine zentrale Rolle gespielt haben. Da war einerseits Ulrich Wilckens' These von der *Essenzialität* des christlichen Antijudaismus. Schon im Neuen Testament, so war seine Behauptung, ist der Antijudaismus Bestandteil der entstehenden kollektiven christlichen Identitätsbildung.[2] Doch rief Wilckens insbesondere auch deshalb Widerspruch hervor, weil er die antijüdische Selbstauslegung des Christentums als zur Essenz des Neuen Testaments gehörend auch weiterhin für das Christentum für verbindlich erklärte. Antijudaismus müsse nicht, wurde eingewandt, inhärenter Bestandteil der christlichen Identität sein, auch wenn er historisch gesehen von Anfang an und nahezu ungebrochen zu ihr gehörte.

Rosemary Ruether, das zweite Beispiel für diesen Diskurs, erhob in ihrem Buch „Faith and Fratricide" einen vergleichbaren Vorwurf mit der Behauptung vom Antisemitismus als der „linken Hand der Christologie".[3] Ruether's Buch war allerdings offener, weil sie mehr historisch als essenzialistisch argumentierte. Sie erklärte etwas Historisches zu etwas Historischem, das zwar eine hartnäckige Kontinuität zeigte, aber historisch auch revidierbar ist. Ruether bot zwar so etwas wie eine Antwort auf die Frage an: Lief am Anfang etwas schief? Sie erklärte den Antijudaismus zu einer Art von „Geburtsfehler" des Christentums, freilich damit nicht zu einem ewigen Auftrag.

Wie mit diesem Handicap umgehen? Eine Strategie war gleichsam die urprotestantische, nämlich Schrift und Tradition zu unterscheiden, was – bezogen auf das Neue Testament – bedeutete, es auch von antijüdischer Auslegung zu befreien. Aber so treffliche Ergebnisse das zeitigte, so ist dieser Unterscheidungs-Prozess ja ebenso wie die Auslegung selbst prinzipiell unabgeschlossen. So bleibt einerseits die unabgeschlossene Auslegung des Neuen Testaments potenziell anfällig für ihre antijüdischen Versionen, andererseits werden wir auf diesem Wege niemals zu einer Bilanz kommen, in der am Ende feststeht, ob Textbestände im Neuen Testament übrig bleiben, die partout nicht aus dem Antijudaismus zu retten sind, oder eben auch nicht.

Rolf Rendtorff hat angesichts dieser Lage damals eine andere Forderung erhoben, die für viele wegweisend war. Die Forderung nämlich, „eine neue christliche Theologie zu entwickeln, in der das traditionelle antithetische Verhältnis zum Judentum durch ein neues ersetzt wird, in dem die Unterschiede, die Spannungen und auch die Widersprüche zwischen den beiden Religionen

---

2 Vgl. Ulrich Wilckens, Das Neue Testament und die Juden, in: Evangelische Theologie 34 (1974), 602–611.

3 Rosemary Ruether, Faith and Fratricide: The Theological Roots of Anti-Semitism, New York 1974; aus dem Amerikanischen übersetzt von Ulrike Berger: Nächstenliebe und Brudermord. Die theologischen Wurzeln des Antisemitismus, München 1978.

nicht ignoriert oder verdeckt, sondern herausgearbeitet und in ein neues theologisches Konzept eingearbeitet werden“[4].

Diese Formulierung stellt den Ansatz zu einer Kritik des essenzialistischen Denkens dar, der wir uns nun etwas näher widmen.

2 Kritik des essenzialistischen Denkens

Man beachte: Rendtorff spricht von einem „traditionellen“ antithetischen Verhältnis. Er spricht nicht von einer *essenziellen* Antithese oder gar einem *essenziellen Antijudaismus* des Christentums. Traditionell heißt ja keineswegs *zwangsläufig* wesentlich. Traditionell heißt, dass die antijüdische Selbstauslegung des Christentums empirisch existiert hat und weiterhin existiert, also offenbar zu einem Kontinuum geworden ist. Aber das bedeutet noch nicht, dass Antijudaismus mit dem Christentum *selbst* gegeben ist, ein ihm *inhärentes Element darstellt*, ohne das es nicht sein kann, was es ist. Sogar wenn es stimmt, dass antijüdische Polemik schon im Neuen Testament selbst zu finden ist, was kaum zu leugnen ist, ja, dass sie mit der Entstehung des Christentums verbunden ist und dass das Judentum zur negativen Folie für das entstehende Christentum herhalten muss – selbst unter diesen Voraussetzungen müssen die Anfänge der antijüdischen Selbstauslegung des Christentums nicht schon zu dessen *Wesen* gehören. Denn diese Aussagen im Neuen Testament müssen keineswegs weiterhin notwendig sein, sie könnten sein und sie sind das Ergebnis einer kontingenten Diskursformation. D. h., sie sind unter bestimmten Bedingungen so formuliert worden, aber nicht so, weil es nicht anders gegangen wäre.

Krister Stendahls These, die wir oben zitiert haben, impliziert diesen Gedanken insofern, als sie „das, was mit der Trennung der Beziehungen zwischen Judentum und Christentum geschah“, nicht als den „gute(n) und ausdrückliche(n) Wille(n) Gottes“ ansieht. Doch wäre eine Suche nach einer „verlorenen Alternative“ kaum sinnvoll, der es darum ginge, die Trennung von Judentum und Christentum rückgängig zu machen. Realistischer erscheint uns vielmehr der Versuch, die Unterschiedenheit von Judentum und Christentum nicht antijüdisch zu bestimmen. Deshalb meinen wir: Die These vom essenziellen Antijudaismus des Christentums ist zunächst einmal das Ergebnis eines essenzialistischen Denkens. Zu dessen Eigenarten gehört, dass es auch historische Feststellungen zu Wesensaussagen verwandelt, man könnte auch sagen: zu ewigen Wahrheiten erklärt, was sich kontingenten Bedingungen verdankt. Im Felde

---

4 Rolf Rendtorff, Was ist neu am „Neuen Bund“?, in: ders., Kanon und Theologie. Vorarbeiten zu einer Theologie des Alten Testaments, Neukirchen-Vluyn 1991, 185–195, hier: 194f.

der Geschichtswissenschaft verwechselt ein solches Denken die „Geschichte der Wahrheit“ mit der „Wahrheit der Geschichte“.

3 Plädoyer für ein Diskursmodell

Ohne hier ausführlicher auf epistemologische Hintergründe eingehen zu können, liegt uns an dem Hinweis auf einen anderen, *nicht-essenzialistischen Denk- und Forschungsansatz*, der das, was sich womöglich selbst als essenzialistisch verstanden hat, als kontextuell bedingt versteht und mit dem Stichwort „*Diskursmodell*“ relativiert. In diesem Modell steht „jegliche historische Formation unter *Kontingenzverdacht*“.[5] Das soll heißen, dass auch jene historische Formation, die wir mit dem Begriff „Entstehung des Christentums“ umschreiben, sich „den positiven Bedingungen eines komplexen Bündels von Beziehungen“ verdankt.[6] Beziehungen, die zwischen „Institutionen, ökonomischen und gesellschaftlichen Prozessen, Verhaltensformen, Normsystemen“ usw. hergestellt werden.[7]

Konkreter: Es ist wohl nicht zu bestreiten, dass wir im Neuen Testament teilweise dramatische Verschiebungen jüdischer Diskurse finden, also etwa eine dramatische Verschiebung der Toradiskurse. Diese Verschiebungen hängen unter anderem mit Veränderungen der Adressaten und Teilnehmer an diesem Diskurs zusammen, aber auch mit veränderten Überzeugungen und Weltsichten. So ist es eines, wenn zum Beispiel Jesus mit Pharisäern einen halachischen Diskurs über das Gebot der Schabbatheiligung führt, ein anderes, wenn Paulus einen Toradiskurs mit (überwiegend) Nicht-Juden führt, mit denen er dadurch verbunden ist, dass sie wie er ihre baldige Erlösung oder Rettung erwarten aufgrund ihrer Zugehörigkeit zu Christus, dem Kyrios und Gottessohn.

Es bieten sich von diesen (nur angedeuteten) Veränderungen in der Diskursformation einige Erklärungen dafür an, warum sich der Toradiskurs des Paulus zum Beispiel im Römerbrief von anderen Toradiskursen innerhalb des Judentums unterscheidet. Übrigens auch von den Toradiskursen, an denen der Jude Jesus sich beteiligt hat! So scheint uns Paulus für eine gravierende Verschiebung im Toradiskurs verantwortlich zu sein, die darin besteht, dass die Funktion der offenbarten Tora geradezu umgekehrt zu ihrem Verständnis in der weisheitlichen Tradition Israels bestimmt wird. Denn er kann im Römer-

---

[5] Dieter Mersch, Anderes Denken. Michel Foucaults „performativer Diskurs“, in: Hannelore Bublitz u. a. (Hg.), Das Wuchern der Diskurse. Perspektiven der Diskursanalyse Foucaults, Frankfurt a. M. 1999, 162–176, hier: 168.

[6] Michel Foucault, Archäologie des Wissens, 1981, 68.

[7] Ebd.

brief (3,20) formulieren: „Die Tora führt zur Erkenntnis der Sünde“, *epígnōsis hamartías*, während sie dort, in der Sapientia Salomonis zum Beispiel, als *bebaíōsis aphtharsías*, als Bekräftigung der Unvergänglichkeit, bezeichnet werden kann. Während die Weisheit Salomos also den Menschen von Gott zur Unvergänglichkeit geschaffen sieht und dieses Ziel für sie durch die Tora und das Halten ihrer Gebote „sichergestellt“ wird, ist es die Funktion der Tora nach Paulus zwar, ebendieses ewige Leben als Bestimmung für den Täter der Tora zu verheißen (Röm 2,13; 10,5), doch unter den Bedingungen der Herrschaft der Sünde und des Todes als deren Folge die Verlorenheit aller an die Sünde und das unausweichliche Ziel der Verurteilung im Strafgericht Gottes aufzudecken. Ebendiese Umkehrung der Funktion der Tora verbindet Paulus jedoch zugleich damit, dass in ihr als „Wendepunkt“ (Röm 10,4) die rettende Gerechtigkeit bezeugt wird, die Christus für jeden Glaubenden bedeutet. Die Rolle der Tora verschiebt sich für ihn also unter den Bedingungen allgemeiner Sündenabhängigkeit, wie sie sich mit seinem apokalyptischen Deutungsansatz verbindet.[8]

Worum es uns hier geht: Dieser Unterschied muss nicht zugleich bedeuten, dass der paulinische Toradiskurs in einem *antithetischen* Verhältnis steht zu dem anderen genannten, dem aus der Weisheit, oder überhaupt zu anderen inner-jüdischen Toradiskursen, oder gar zur Tora überhaupt und insgesamt. Denn wenn Paulus mit der Tora zwar ausschließt, dass alle angesichts des offenbaren Endgerichts keinen Bestand haben, so schließt er für die, die an der rettenden Gerechtigkeit Gottes teilnehmen, ein, dass sie ihren neuen Status nur in der Orientierung an der Rechtsforderung der Tora bewahren, auch die Nichtjuden. Wenn man etwa das Modell des *Bundesnomismus* voraussetzt, wie E. P. Sanders[9] es entwickelt hat, dann bekommt die Diskursäußerung der Sapientia Salomonis, die wir eben zitiert haben, einen sinnvollen Ort in diesem Konzept: Die Aufgabe oder Funktion der Tora ist es, zur *Bekräftigung der Unvergänglichkeit* zu dienen, d. h. die Mitglieder des Volkes Israel innerhalb des Bundes Gottes mit Israel zu halten und damit die Bundesverheißung, die Verheißung des Lebens, zu bewahren. Hier ginge es also – mit einem Begriff von Sanders – um das „staying in“, um die Funktion der Tora für das Bleiben im Bundesverhältnis. Auch bei Paulus, der im Blick auf die Funktion der Tora einerseits das Gegenteil zur jüdischen Weisheit vertritt, hat die Funktion der Tora jedoch andererseits auch die eines „staying in“, nun freilich hinsichtlich des Neuen Bundes. Diese diskursive Umpolung der Funktion der Tora schuldet sich einer apokalyptischen Weltsicht. Angesichts der empörenden ethischen Praxis der Menschheit (die Paulus ausführlich in Röm 1,18–3,20 beschreibt)

---

8 Vgl. Ekkehard Stegemann, Die umgekehrte Tora. Zum Gesetzesverständnis des Paulus, in: Judaica 43 (1987), 4–20.

9 Vgl. Ed P. Sanders, Paul and Palestinian Judaism: A Comparison of Patterns of Religion, London 1977; aus dem Amerikanischen übersetzt von Jürgen Wehnert: Paulus und das palästinische Judentum. Ein Vergleich zweier Religionsstrukturen, Göttingen 1985.

führt die Tora sowohl in Bezug auf Israel als auch in Bezug auf die Völker zur Erkenntnis der Sünde. Angesichts der rettenden Intervention Gottes hat sie für eine gerechtgemachte und verwandelte Menschheit jedoch wieder die Funktion, diese Gerechtigkeit im Tun der Rechtsforderungen der Tora zu bewahren.

Das Beispiel kann hier nicht vertieft werden. Es sollte andeuten, dass das Diskursmodell unterschiedliche Positionen – ob von Paulus oder Hillel – als kontingente Praktiken behandelt. Es siedelt also Unterschiede, Differenzen und sogar Gegensätze in Diskursen auf der Ebene der Performativität an, nicht auf der Ebene ewiger (ontologischer) Wahrheiten oder im Inneren religiöser Systeme.

Was kann diese Einsicht für unser Thema bedeuten? Zunächst einmal, um den bisherigen Gedankengang abzuschließen: Neutestamentliche Texte sind Teil von kontingenten Diskursen und ihren Diskursformationen. Jeder Versuch, das Christentum für essenziell antijüdisch zu erklären, kann in einem Diskursmodell keine Plausibilität für sich beanspruchen. Denn es versteht auch neutestamentliche Texte als „Effekte von historischen Praktiken", die Teil eines Diskurses sind und sich mit anderen Diskursen überschneiden. Das Diskursmodell fasst die Aussagen des Neuen Testaments als Gegenstände eines Diskurses auf und macht die Diskurse selbst zum Gegenstand der Analyse.[10]

4 Die Entstehung des Christentums als Entstehung einer neuen kollektiven Identität – neben Juden und Griechen

Diesen Überlegungen fügen wir eine weitere hinzu, die die Auffassung der Konzepte von der Entstehung des Christentums betrifft. Wir halten die Entstehung des Christentums nicht für das Ergebnis einer Trennung oder Spaltung innerhalb eines abgeschlossenen Systems, eben dem des Judentums, sondern für die Folge der Entstehung einer neuen kollektiven Identität, die sich nicht nur im Gegenüber zum Judentum, sondern auch im Gegenüber zur nichtjüdischen Welt, also gegenüber den Völkern (aus der jüdischen Sicht), formierte, aber zugleich auch aus beiden rekrutierte. Auch wenn das Christentum sicher keine Äquidistanz zu diesen kollektiven Identitäten hielt, sondern in wesentlichen Teilen seines Welt- und Selbstverständnisses aus dem Geist des Judentums und aus dessen Traditionen, nicht zuletzt ja auch aus den heiligen jüdischen Schriften schöpfte, schuf es doch eine kollektive Identität, in die nicht nur schon Leistungen jüdischer kultureller Akkulturation an den Hellenismus

---

[10] Eine gelungene Einführung in das Diskursmodell bietet Hannelore Bublitz, Diskurs, Bielefeld 2003.

eingeflossen sind. Vielmehr vollzog sich in der Entstehung des Christentums ein programmatisch-transethnisches Konzept, das sich auch aus römischer Ideologie speiste.

Wir sind deshalb skeptisch gegenüber Erklärungsmodellen, die mit der Familienmetaphorik arbeiten. Beliebt ist bekanntlich die Mutter-Tochter-Metapher, die das Christentum als Tochterreligion des Judentums versteht.[11] Oder auch die vor allem von Alan Segal vertretene Metapher von Judentum und Christentum als *Rebecca's Children*, also den Zwillingen Jakob und Esau.[12] Sie postulieren zwar das Gemeinsame, das die Mutter repräsentiert, was psychoanalytisch nicht unbedeutend ist, blenden aber zugleich den „Vater" aus, auch wenn sie (nach Segal) um dessen Segen beide schon im Leib der Mutter stritten.

Das Problem ist jedoch, dass es gute Quellen dafür gibt, dass „Esau" eine Legitimationsstrategie gegenüber „Jakob" verfolgte, und zwar zunehmend auch in Abgrenzung und nicht zuletzt in Kritik an jüdischen Praktiken in den eigenen Reihen. Doch ist die des jüdischen „Jakob" gegenüber dem christlichen „Esau" allenfalls marginal, auch und vor allem, als sie noch im Leib der Rebecca waren oder gewesen sein sollten. Es stimmt schon, dass jüdische Propagandisten des neuen Glaubens unter Juden auf Zurückweisung stießen, dass jüdische Anhänger unter Juden zumal wohl nach 70 u. Z. Ausgrenzungen und Repressalien erfuhren. Das wissen wir aus dem Neuen Testament, das von Konflikten dieser Art in der Tat voll ist. Es stimmt auch, dass Justin einen Dialog mit einem Juden Tryphon schrieb, dass noch Chrysostomus seine Reden über die Juden hielt, weil sich manche Christen in Antiochien gern in Synagogen aufhielten und dort etwas suchten, was sie in den Kirchen anscheinend nicht fanden. Allein es spiegeln vor allem die christlichen Quellen einen zentralen Identitäts- und Legitimitätsdiskurs wider. Hier wollte man Jakob und nicht Esau sein, denn der letztere waren für sie die Juden. In jüdischen Quellen ist der Abgrenzungsprozess jedoch nur spärlich bezeugt, etwa in der *Birkat HaMinim*, welche jedoch überinterpretiert wird, wenn man sie als eine flächendeckende Exkommunikation jüdischer Christusbekenner deutet. Auch geht es eben um Juden, nicht etwa um Nichtjuden, von denen man sich dabei trennte. Von Nichtjuden war man sowieso getrennt, auch wenn sie ein gewisses jüdisch-messianisches Konzept vertraten.

Es ist sicher richtig, dass die Matrix des Christentums wie des sich zur gleichen Zeit neu formierenden rabbinischen Judentums die biblische Gestalt des Judentums und dessen Pluralismus am Ende des Zweiten Tempels war. Doch

---

[11] Vgl. Adolf von Harnack, Die Mission und Ausbreitung des Christentums in den ersten drei Jahrhunderten, Leipzig [4]1924, 76; auch Gerd Theißen, Die Religion der ersten Christen. Eine Theorie des Urchristentums, Gütersloh 2000.

[12] Vgl. Alan F. Segal, Rebecca's Children. Judaism and Christianity in the Roman World, Cambridge (Mass.) 1986; vgl. auch John D. Crossan, The Birth of Christianity, San Francisco 1998 (er vergleicht Judentum und Christentum mit Abel und Kain!).

ausgelassen wird die entscheidende Frage: Haben sie auch denselben „Vater“? Ist also, wiederum psychoanalytisch gesprochen, das die Differenz zur Mutter Setzende ihnen gemeinsam? Das bezweifeln wir. Die Väter des Glaubens der Christen sind Juden, aber sie sind eben nicht zugleich auch die Väter des rabbinischen Judentums. Ausschlaggebend für diese Vorfahren der Christen ist aber, dass sie ein messianisch-apokalyptisches Konzept in einer charismatischen Bewegung vertreten haben, die einerseits Juden und Nichtjuden trans-ethnisch in der Erlösung zu vereinen suchte, andererseits aber zugleich mit einer aus römischer Kaiser- und Imperiumstheologie herrührenden Konzeption amalgamiert wurde.[13] Zugespitzt gesagt: Das Christentum ist eher ein hybrider Abkömmling von Jakob und Esau, was aber nun zugleich die Familienmetaphorik sprengt.

Wir schlagen deshalb vor, sich in diesem Zusammenhang besser keiner Familienmetapher zu bedienen, so verlockend dies auch sein mag. Vielmehr empfehlen wir, die Entstehung des Christentums in den Kategorien der Entstehung einer kollektiven Identität zu denken. Dazu noch einige Bemerkungen.

Die kollektive Identität einer Gruppe ist zu verstehen als Bewusstsein der Zugehörigkeit zu einer bestimmten Gruppe, deren Selbstverständnis sich in den dieser Gruppe eigenen Überzeugungen, ihren Vorstellungen, Bildern, dem ihr eigenen Denken und Handeln äußern kann. Darunter fallen zum Beispiel die Zugehörigkeit zu Ethnien oder Nationen, zu Religionen oder Konfessionen, zu politischen Parteien oder auch zu Firmen mit einer corporate identity. Kollektive Identitäten sind jedoch keine naturwüchsigen oder metaphysischen oder auf alle Zeiten unveränderlichen Entitäten. Die Identität von Kollektiven ist vielmehr imaginierte Identität; so spricht Benedict Anderson in Bezug auf Nationen von „imagined communities“.[14] D. h. sie können nicht anhand objektiver Merkmale wie Sprache oder Lebensweise oder Kultur usw. erfasst werden, sondern nur über das Bewusstsein der handelnden Personen. Besonders wichtig ist nun aber auch, dass kollektive Identitäten durch Abgrenzungen entstehen. Von fundamentaler Bedeutung für die Ethnologieforschung sind in diesem Zusammenhang die Arbeiten des norwegischen Ethnologen Frederik Barth geworden.[15] Sie können insgesamt auf kollektive Identitätsgruppen übertragen werden. Barth hat darauf aufmerksam gemacht, dass ethnische Identität sich insbesondere über Abgrenzungen von anderen Gruppen entwirft. Dabei ergeben sich die jeweiligen Identifizierungen aus der Situation, d. h. insbesondere aus dem aktuellen Gegenüber, von dem sich eine ethnische Gruppe in ihrem

---

13 S. dazu auch den gerade erschienenen Aufsatz von Christian Strecker, Fides – Pistis – Glaube. Kontexte und Konturen einer Theologie der „Annahme“ bei Paulus, in: Michael Bachmann (Hg.), Lutherische und Neue Paulusperspektive. Beiträge zu einem Schlüsselproblem der gegenwärtigen exegetischen Diskussion, Tübingen 2005, 223–250.

14 Benedict Anderson, Die Erfindung der Nation, Berlin 2002 (Ullstein Taschenbuch).

15 Frederick Barth (Hg.), Ethnic Groups and Boundaries. The Social Organization of Culture Difference, Bergen/Oslo 1969.

Wir-Bewusstsein unterscheidet. Verallgemeinert heißt das: Die (sich in ständigem Prozess befindliche) Selbstdefinition einer kollektiven Gruppe geschieht immer nur in Abgrenzung von anderen Gruppen. Zur Herausbildung des Wir-Bewusstseins sind die anderen, die nicht „wir" sind, nötig. In den Interaktionen mit anderen Gruppen wird die Abgrenzung sinnvoll. Einzelne Züge der Selbstdefinition hängen von der jeweiligen Situation bzw. den „Anderen" ab, mit denen man interagiert.[16]

Das heißt in unserem Fall: Zur Entstehung der kollektiven Identität jener Gruppe, deren Mitglieder später dann *Christianoi*, *Christiani*, Christen genannt werden, gehört gerade auch, dass sich ihre Überzeugungen und Praktiken von denen anderer kollektiver Identitäten abgrenzten. Diese Abgrenzungen betrafen grundsätzlich, so ist unsere These, einerseits die Abgrenzung und Unterscheidung von der *kollektiven Identität des Judentums*, andererseits von der *kollektiven Identität nicht-jüdischer Ethnien*, die etwa bei Paulus nicht selten in den *Griechen* (bzw. den *Völkern* insgesamt) symbolisiert werden. Das heißt: Die von Paulus und anderen begründete kollektive Identität der Christusglaubenden versteht sich als etwas Neues, als etwas Drittes, also gewissermaßen als Identität eines *tertium genus*, neben Juden und Griechen/Völkern. Wir können darauf nur kurz eingehen.[17]

So sehr Paulus sich anstrengt, dieses Neue und Dritte durch Selbstinterpretation, aber auch durch praktische Distanzierung vom Judentum zu betonen, so wenig kann und will er dem entgehen, dass er etwas Drittes aus dem *Geist des Judentums* schuf. Die heiligen Schriften, auf die er seine Gemeinden ansprach, waren die der Juden, wenn auch nicht der *TaNaCh* und wenn auch in einer eigentümlichen Hermeneutik. Das Ethos, zu dem er mahnte, war eine Tora für Nicht-Juden, wenn auch nicht die *Halacha*, sondern die Kardinaltugenden Gottesverehrung und Gerechtigkeit, letzteres zumal als Nächstenliebe verstanden und zur Erfüllung der Tora erklärt. Der himmlische Herr und Retter, zu dem sie sich bekannten, war der messianische Gesalbte, der endzeitliche Davidide, wenn eben auch nicht nur Davids Same, sondern Gottessohn und „Herr aller (oder von allem)" (*kýrios pántōn).*

Die paulinischen Beziehungen zur symbolischen Welt des Judentums können dabei nicht einfach nach dem Muster „Gemeinsames-Unterschiedenes" beschrieben werden. Vielmehr zeigt sich hier, dass sie auch im Gemeinsamen schon unterschieden sind, dass auch das Gemeinsame ihnen jeweils besonders ist. Das gilt in gewisser Weise natürlich für das gesamte Judentum am Ende des

16 Dazu ausführlicher Karl-Heinz Kohl, Ethnizität und Tradition aus ethnologischer Sicht, in: Aleida Assmann / Heidrun Friese (Hg.), Identitäten. Erinnerung, Geschichte, Identität 3, Frankfurt a. M. ^{2}1999, 269–287.

17 Vgl. Michael Wolter, Ethos und Identität in paulinischen Gemeinden, in: New Testament Studies 43 (1997), 430–444. S. dazu auch die Dissertation von Heinz Tenhafen, Das neue Gottesvolk. Die Anfänge des Christentums und der antike Ethnizitäts-Diskurs, Diss. Neuendettelsau 2005.

Zweiten Tempels und dessen Richtungsvielfalt, weswegen man von *Judaisms*, „Judentümern", gesprochen hat. Auch E. P. Sanders' Beschreibung eines *common Judaism*,[18] eines Durchschnittsjudentums, auf der Basis von Praktiken und Glaubensüberzeugungen, reicht ja in gewisser Weise nicht hin, um wirklich das Gemeinsame als nicht zugleich Unterscheidendes in dieser Richtungsvielfalt zu beschreiben. Man muss dem schon die Zusammengehörigkeit, die *institutionell* gegeben war, hinzufügen, nicht zuletzt eben auch die *ethnisch* definierte.

Selbst wenn man also eine breite Vielfalt der Diskurse innerhalb des Judentums, innerhalb des *common Judaism*, berücksichtigt, so bleibt doch noch einmal ein Unterschied zu Paulus. Gestritten wurde um den legitimen Tempelkult, um die rechte Reinheit, das rechte Verhalten am Schabat usw. Darum streitet Paulus jedoch nicht. Und er unterscheidet sich darin auch vom Judentum der Diaspora. Für Philo etwa ist natürlich die Schabbatobservanz unbestritten, auch wenn er den Schabbat als Tag der philosophischen Vertiefung deutet. Die Wallfahrtsfeste sind für ihn verpflichtend. Für Paulus ist der Schabbat bestenfalls Hekuba. Er kommt namentlich nicht vor, und dort, wo auf ihn angespielt wird, wird seine Observanz mit anderen (Wallfahrts-)Festtagsobservanzen als Verehrung armseliger und schwacher Weltelemente angesehen (Gal 4,9–10). Opferfleisch kann man nach Paulus essen, Libationswein trinken, mithin Tischgemeinschaft halten zwischen Juden und Nichtjuden, auch wenn man Rücksicht nehmen soll auf die Schwachen. Rein ist aber alles.

Wichtige Identitätsmerkmale jüdischer Tradition, derentwegen Juden von Nichtjuden als unsoziale Misanthropen getadelt wurden, unterstützt Paulus also nicht. Und wenn einer in seinen Gemeinden den normalen Weg gradueller Konversion zum Judentum mit der Beschneidung besiegelte, galt er ihm sogar als Deserteur und als jemand, der im Fleisch beenden wollte, was er im Geist begonnen hatte (Gal 3,3). Gewiss, gerade darüber ist er auch im Konflikt mit den Jerusalemer „Säulen" und mit anderen jüdischen „Missionaren" in seinen Gemeinden. Aber gerade darin verteidigt Paulus das, was er als das dramatisch Neue, das noch nie da war, aber jetzt als im Durchbruch befindlich ansah. Im Brief nach Rom (1,16f.) formuliert er es einprägsam: Das Evangelium ist Gottes endzeitliche Rettungsmacht, und zwar für den Glaubenden, wer immer er ist, für den Juden zuerst als auch für den Hellenen. Das zuerst ist gesetzt als die heilsgeschichtliche Priorität, welche jedoch im Evangelium paradox bestätigt und aufgehoben wird, nämlich in der Gleichstellung von Juden und Hellenen als zur Glaubenstreue – zur *pistis* – von Gott oder Christus Berufenen.

Gleiches ließe sich nun auch für die Abgrenzung von den Völkern zeigen. Einmal im Kleinen, sozusagen, also im Kontext der eigenen Polis. Konkret hieß dies hier, dass sich Christiani in Kleinasien von der Identität der Einwohner

---

18 Vgl. E. P. Sanders, Judaism, Practice and Belief, 63 BCE – 66 CE, London/Philadelphia 1992.

ihrer jeweiligen Stadt, die man „Polisidentität" nennen könnte, abgrenzten.[19] Die Polisidentität war eng mit der jeweiligen Hauptgottheit der Stadt verknüpft und stellte darum für den Monotheismus der Christiani ein Problem dar. Ja, man kann sogar sagen, dass es ein gravierendes Problem war, da die exklusive Christusverehrung die Christiani außerhalb der Identität ihrer Wohngemeinde stellte. Man kann hier vermutlich von einer starken Selbstabgrenzung der Christiani aus den kollektiven Identitäten ihrer Wohngemeinden sprechen. Damit waren zum Teil große Spannungen verbunden, die sich etwa in Pogromen gegen die Christen entladen haben. Ein Beispiel dafür findet sich etwa in Apostelgeschichte 19, dem Aufstand der Silberschmiede in Ephesus gegen die Christen. Auch der bekannte Brief des Plinius an Trajan wegen der Christenprozesse (Plinius, Ep X, 96) lässt etwas davon spüren, berichtet er doch, dass bei ihm viele anonyme Anzeigen gegen Christiani eingegangen seien.

Freilich gilt die Abgrenzung auch im Großen, wie am Beispiel der römischen Ideologie der Einigung der Menschheit durch Rom gezeigt werden kann. Unsere Hypothese ist in diesem Zusammenhang: Indem die Christusglaubenden die römische Ideologie der Einigung der Menschheit in der Befreiung und Befriedung durch Rom und durch den kaiserlichen Gottmenschen als Erlöser bzw. *Soter* an dessen Spitze aufnehmen und gleichwohl die nach-augusteische Enttäuschung an der Gewaltform ihrer Realisierung teilten, haben die jüdischen Missionare Christi eine Inkraftsetzung der messianischen Idee des Judentums verkündet, die unter den Völkern etwas Neues begründet hat, das auch etwas anderes ist als die Summe seiner Teile. Da war im *Imperium Romanum* trotz aller Beschwörung des Goldenen Zeitalters mit Augustus zumindest unter dessen Nachfolgern etwas falsch gelaufen, was die auf die römische post-eschatologische Ernüchterung reagierende urchristliche Apokalyptik korrigieren wollte. Die Idee eines „neuen Geschlechts", das Vergil vom Himmel herabsteigen sah, wie die eines Erlösers und Friedensbringers in Gestalt des *Divi filius*, der im Osten einfach Gott oder Gottessohn (*hyiós theoú*) hieß, werden bei Paulus aufgenommen und zugleich unterlaufen. Diese Gegenbewegung ist die Idee eines Gottessohnes, der vom Himmel herabgestiegen ist und als designierter Messias aus Davids Geschlecht Frieden verkündete, aber selbst als unschuldiges Opfer römischer Gewalt gestorben ist und in den Himmel zurückgekehrt in Machtstellung zum *Kyrios* über Juden und Hellenen unterschiedslos eingesetzt ist. In der Glaubenstreue eint er Juden und Hellenen als „neue Schöpfung", und für die künftige Rettung im Himmel vor dem großen, endzeitlichen Zorngericht auf der Erde hat er sie als neues Geschlecht vorgesehen und verwandelnd

---

[19] Vgl. dazu Eckhard Stephan, Honoratioren, Griechen, Polisbürger. Kollektive Identitäten innerhalb der Oberschicht des kaiserzeitlichen Kleinasien, Hypomnemata 143, Göttingen 2002. Zum Begriff der „Polisidentität" sie auch die Rezension zu dem Buch von Stephan durch Wolfgang Pietsch, erreichbar unter der folgenden URL: http://www.h-net.msu.edu/reviews/showrev.cgi?path=69321063485342.

vorbereitet. Dies ist von der messianischen Idee des Judentums durch und durch geprägt, bis hin zur Identifikation des Gottessohnes mit dem endzeitlichen idealen Herrscher über Israel aus Davids Samen, aber eben auch nicht allein daraus ableitbar, sondern zugleich ein Gegenentwurf gegen das römische Gottkaiserprogramm und seinen Herrschaftsanspruch *urbi et orbi.*

Was wir hier andeuten und ja auch nur andeuten können, ist, dass trotz der biblischen Matrix, auf die das entstehende Christentum sich bezieht, zugleich etwas von der römischen Kaiser- und Imperiumstheologie und von dem römischen Blick auf die im Frieden und in der Erlösung durch Rom geeinte neue Menschheit eingeflossen ist, allerdings aus dem Geist des jüdischen Widerstands gegen Rom genährt.[20] Dass die Evangelien Roms hohl waren, haben gerade die Christen erfahren, schon bald auch in ihrer „Kriminalisierung" als Christen.[21] Gleichwohl ist es auch die römische Herrscherbegrifflichkeit, die zentral den neuen Glauben bestimmt. Dass nun aber gerade dieses Evangelium vom Herrschaftsantritt eines Gottessohnes und Retters der Menschheit, der dem Fleische nach der Davidide ist, Erfolg unter Nichtjuden hatte und gerade unter ihnen, ist nicht zufällig. Es passt zu einem intellektuellen Widerstand gegen Rom im Judentum, von dem wir hier jedoch nicht mehr reden können. Entscheidend jedenfalls ist für unsere Hypothese, dass auch Rom dem entstehenden Christentum nicht nur etwas Äußerliches ist.

5 Ein Fazit

Ist es am Anfang falsch gelaufen? Unsere Antwort ist: Es ist ziemlich normal verlaufen insofern, als dass eine kollektive Identität sich nur ausbildet durch Abgrenzung, nicht zuletzt auch durch polemische Abgrenzung. Das Tragische ist, dass diese Polemik kontinuiert und essenzialisiert wurde, und zwar gerade auch unter den Bedingungen der Kanonisierung und Historisierung der Anfänge. Das führt zu der Frage, warum dies so geschah. Die Antwort darauf könnte sein: Weil sich das (apokalyptische) Bewusstsein, etwas zu sein oder an etwas teilzuhaben, was nicht einfach nur ein Anderes oder Drittes ist, sondern noch nie da war und alles andere übertrifft, gerade mit der Dauer der Zeit, in der es sich behauptete, schwächen musste. Weil also die normale geschichtliche Existenz die Differenz zu ihr untergräbt und die Gleichheit mit anderen geschichtlichen Existenzen, auch wenn deren Identität unterschieden ist, befördert.

---

20 Wir stützen uns hier auf die demnächst erscheinende Basler Dissertation von Eric Noffke: La reazione intelletuale degli ebrei e dei christiani nel I secolo d. C. all' ideologia imperiale romana e la sua influenza sui loro scritti. Un' esplorazione iniziale, Diss. Basel 2002.

21 Dazu Näheres bei Ekkehard W. Stegemann / Wolfgang Stegemann, Urchristliche Sozialgeschichte, Stuttgart ^{2}1997, 272ff.

Ebendiese normale geschichtliche Existenz wird aber überfordert, wenn sie sich nicht nur als etwas Anderes, sondern als etwas Übersteigendes, die Einmaligkeit des geschichtlich Kontingenten Transzendierendes begreift. Und sofern das Judentum als der nicht zu leugnende Ursprung der Zivilisationsgefährte des Christentums und also auch der ständige Begleiter von ihm danach war, nach seiner Entstehung aus ihm blieb, erinnert es daran, dass das als übergreifend Einmaliges gedachte Selbst nur ein Anderes ist, nur so einmalig ist wie alles andere. Das, was falsch gelaufen ist, wäre also das, was eigentlich für kollektive Identitätsprozesse „normal" gelaufen ist, weswegen es aber wohl richtig weiter gelaufen wäre oder liefe, wenn das Normale seine Einmaligkeit nicht fälschlich überfordern wird. Denn das ist die Grundlage dafür, dass sich eine negative Konstruktion des Judentums fortsetzen muss.

Wie „christlich" ist das Judentum?

Zur Kritik an einigen seiner (protestantischen) Konstruktionen

Wolfgang Stegemann

> Jedes „diskursive Feld" hat Teil an einem geschichtlich kontingenten *Machtdispositiv*, das den Rahmen für eine bestimmte Weise zu denken und zu sprechen festlegt. Doch die Kontingenz dieser Festlegung wird im Inneren des Dispositivs nicht als solche wahrgenommen. Selbst wenn man seine autoritären Mechanismen kennt, folgt daraus noch nicht, dass sie mit den konkreten Inhalten der Diskurse in Beziehung gesetzt werden, die durch ihre Autorisierungsfunktion beglaubigt werden [...].[1]

1 Wie „christlich" ist das Judentum?

Vor kurzem fand sich bei einem 1. Theologischen Examen unter den Themen für die Wissenschaftliche Hausarbeit folgende Aufgabenstellung: „Die Ekklesiologie von Qumran." Nun gehe ich nicht davon aus, dass der Aufgabensteller die absurde These vertritt, es habe in der Qumran-Siedlung am Toten Meer eine christliche Gruppe, eine Art „Ur-Kirche" gegeben, deren Vorstellungen und theologischen Reflexionen sich in den Qumran-Texten wiederfinden ließen. Vielmehr war die Aufgabenstellung an dem Selbstverständnis der Gemeinschaft von Qumran interessiert, stellte also keineswegs infrage, dass es hier um eine Gemeinschaft geht, deren Identität im Judentum und nicht im Christentum verankert ist. Die Examenskandidaten sollten wohl unter anderem darlegen, mit welchen Selbstprädikationen sich die Qumran-Leute bezeichnet haben (etwa: „Einung", „Bund", „heilige Pflanzung" usw.) bzw. welche damit verbundenen Konzeptionen – auch in Bezug auf vergangene oder auch parallele kollektive Identitätsentwürfe innerhalb des Volkes Israel – sich in den Qumran-Texten manifestieren. Dem Autor der Aufgabenstellung war – so vermute ich – gar nicht bewusst, dass er mit dem Begriff „Ekklesiologie" ein christlich-theologisches Konzept auf eine nicht-christliche Gemeinschaft überträgt; „Ekklesiologie" ist für ihn offenbar eine Art neutraler Begriff, mit dem eben auch Reflexionen über das Selbstverhältnis und Selbstverständnis nicht-christlicher Gemeinschaften erfragt werden können. Diese Praxis ist im Übrigen im Zu-

---

[1] J. Hoff, Spiritualität und Sprachverlust. Theologie nach Foucault und Derrida, Paderborn 1999, 313.

sammenhang der Gemeinschaft von Qumran nichts Neues. Denn die Siedlung selbst wurde ja auch schon als „Kloster“ bezeichnet, deren Einwohner als „Mönche“, die Gruppe selbst – wie viele andere Gruppen im damaligen Israel, etwa Pharisäer und Sadduzäer – wird auch gern mit dem Begriff „Sekte“ belegt; auch dies ist ja kein „neutraler“ soziologischer Begriff, sondern eine aus den Verhältnissen des Mittelalters stammende Bezeichnung für deviante christliche Gruppen.

Der „christliche Blick“ oder die „christliche Perspektive“, d. h. die Wahrnehmung, Beschreibung und Analyse nicht-christlicher Phänomene mit christlichen Begriffen und in christlichen Konzepten, bleibt meistens undurchschaut. Ja, die durch christliches Vorverständnis geprägte Einordnung und Beurteilung nicht-christlicher Phänomene kann selbst unter dem Anspruch objektiver und kritisch-historischer Analysen verborgen bleiben. Ich nenne hier als Beispiel ein für das Verständnis des antiken Judentums in der christlichen Theologie seit dem Ende des 19. Jahrhunderts einflussreiches Werk, nämlich das zweifellos gelehrte Buch des fränkischen lutherischen Pfarrers Dr. Ferdinand Weber, dessen erste Auflage 1880 unter dem Titel *System der altsynagogalen palästinischen Theologie* erschienen war, dann in zweiter Auflage den Titel trug: *Jüdische Theologie auf Grund des Talmud und verwandter Schriften gemeinfasslich dargestellt* (v. F. Delitzsch und G. Schnedermann posthum herausgegeben, 2. Auflage Leipzig 1897; Nachdruck Hildesheim / New York 1975). Dieses Buch wird von E. P. Sanders als eine Art Diskursbegründer beurteilt, nämlich als Begründer eines Diskurses der christlichen Theologie, in dem die „Religion“ des Judentums erstmals nachhaltig als „Gesetzesreligion“ dargestellt und davon ausgegangen wird, dass man sich im Judentum das Heil durch die Akkumulation von guten Werken „verdienen“ müsse. Diese Position sei dann unter anderem von Wilhelm Bousset und Emil Schürer, Paul Billerbeck und Rudolf Bultmann übernommen worden, um nur einige bekannte Forscher zu nennen, die sie ihrerseits an ihre akademischen Schüler und Schülerinnen weitergegeben haben.[2]

F. Weber freilich, und darauf kommt es mir im Moment an, verstand sein eigenes Werk, dessen Erscheinen er bei Lebzeiten nicht mehr erleben durfte, als eine „historische“ Untersuchung. Er wollte die jüdische Theologie, ihre „Grundanschauungen und Prinzipien“, „in objectiv geschichtlicher Weise zur Darstellung [...] bringen“ (Weber 1975, XL). Diese objektive historische Darstellung der jüdischen Religion aus ihren eigenen Prinzipien orientierte er allerdings an der christlichen Dogmatik! Denn nachdem Weber in der „Principienlehre“ den so genannten „Nomismus“ des Judentums dargestellt hat, entfaltet er die „besonderen Lehren“ der jüdischen Religion in Analogie zu den *loci* der christlichen Dogmatik, mithin unterordnenden Begriffen wie Gotteslehre, Schöpfungslehre, Anthropologie, Soteriologie und Eschatologie. „Hierbei wird

2 E. P. Sanders, Paulus und das palästinische Judentum, Göttingen 1985; englisches Original 1977.

man die *Christologie* vermissen“, so schreibt er, um dann fortzufahren: „Aber wir müssen dem jüdischen Dogmatiker des Mittelalters, Joseph Albo beipflichten, wenn er in seiner Glaubenslehre sagt, die Messiaslehre sei kein jüdisches Dogma; die Lehre vom Messias gehöre der Hoffnungslehre an. [...] Dies ist völlig correct vom jüdischen Standpunkte aus“ (a. a. O., XXXVI).

Ich verkenne nicht, dass Weber sich ehrlich bemüht, eine – nach seinem eigenen Willen – objektive und keineswegs judenfeindliche Analyse der „palästinischen“ bzw. „jüdischen Religion“ gegeben zu haben. Dies gilt umso mehr, als es bei Weitem negativer einzuschätzende Beispiele christlicher Interpretation anderer „Religionen“ gibt, die ihren Gegenstand unmittelbar an den eigenen christlichen Überzeugungen messen (und im Übrigen auch von weniger Kenntnis der anderen „Religion“ getrübt sind) als Webers Deutung der „jüdischen Religion“. So hat etwa Johann Heinrich Callenberg (1694–1760) etwa 100 Jahre früher den Islam in einer heute eher komisch wirkenden Weise gleichsam als Gegenteil oder defizienten Modus des „Christentums“ dargestellt, und zwar auf der Matrix des Apostolischen Glaubensbekenntnisses. Callenbergs zweiter Artikel des „negativen“ Glaubensbekenntnisses des Islam lautet: „Jesum, Dei filium, dominumque nostrum esse, *non* credo.“[3] Dies ist vielleicht ein besonders drastisches Beispiel für eine kognitive Kolonisierung des Anderen und zugleich auch deren Entlarvung. Der Islam wird hier nur noch als *non* repräsentiert, kann „seinen“ Glauben, d. h. genauer: ein christlich konstruiertes Glaubensbekenntnis, nur als Negation des christlichen ausdrücken. In den übrigen Artikeln ergeht es ihm kaum besser. Doch macht die Drastik des Beispiels umso anschaulicher auf die Tendenz aufmerksam, die andere Religion in den Kategorien der eigenen zu fassen.

Callenbergs Art von Fremdverstehen ist zweifellos ausgefallen. Und Weber ist davon relativ weit entfernt. Er will durchaus ein objektiv-historisches Bild des antiken Judentums zeichnen. Doch auch er deutet die „jüdische Religion“ in christlichen Kategorien. Und in der *Rezeption* seines Buches stellt man seiner Darstellung der „jüdischen Religion“ direkt die vermeintlich gegensätzlichen Positionen Jesu oder des Apostel Paulus gegenüber (was sich bei Weber übrigens eher am Rande findet). D. h., die Deutung des Judentums in Kategorien der christlichen Dogmatik durch Weber bereitete nun den Boden für die Ausarbeitung eines Gegensatzes zwischen Christentum und Judentum, der dann wiederum in das Neue Testament eingeschrieben und etwa an Jesus oder Paulus festgemacht wurde. Dabei kommt am Ende heraus, dass „die jüdische Religion“ eine „Gesetzes-“ und „Leistungsreligion“ ist, eine Religion der „Werkgerechtigkeit“ und „Selbstrechtfertigung“, während demgegenüber die „christliche

---

[3] S. dazu Christoph Bochinger, Wahrnehmung von Fremdheit. Zur Verhältnisbestimmung zwischen Religionswissenschaft und Theologie, in: Gebhard Löhr (Hg.), Die Identität der Religionswissenschaft. Beiträge zum Verständnis einer unbekannten Disziplin, Frankfurt a. M. usf. 2000, 57ff.: 72.

Religion“ dazu das krasse Gegenteil darstellt, nämlich allein auf Gnade, Glaube und Christus basiert.

Für beide genannten Beispiele gilt: Sie analysieren die *andere* „Religion“ am Modell der eigenen. Ihr Blick auf das Fremde ist, um in ethnologischen Begriffen zu reden, *etisch* und nicht *emisch*.[4] In der Ethnologie oder Kulturanthropologie bezeichnet „emisch“ (*emic*) die Analyse von Kulturen vom Standpunkt und in den Kategorien der beobachteten Kultur, während eine „etische“ (*etic*) Analyse das Datenmaterial vom Standpunkt und im Kategoriensystem des Beobachters deutet. Letztlich führt eine solche Analyse sich freilich selbst ad absurdum, denn sie kommt nur zu Feststellungen darüber, wie „christlich“ oder wie wenig „christlich“ die jeweils andere „Religion“ist, sei es das Judentum, sei es der Islam. Die Betrachtung und Beschreibung anderer „Religionen“ im Lichte und mithilfe von Begriffen und Konzepten der christlichen ist somit immer auch eine Beurteilung und Bewertung.

Doch müssen wir noch einen Schritt weitergehen. Denn grundsätzlicher als es bisher erscheinen mochte, ist zu prüfen, ob nicht allein schon die Kennzeichnung fremder „Religionen“ als *Religionen* eine *christliche* Kategorisierung voraussetzt.

2 Die Konstruktion des Judentums als Religion

In dem Kompendium *Contemporary Jewish Religious Thought* stammt der Artikel zum Stichwort Judaism von Gershom Scholem. Dabei handelt es sich um den Abdruck eines Transkripts, das ein Gespräch Scholems mit Mitgliedern des *Center for the Study of Democratic Institutions* (Santa Barbara) wiedergibt. Es ist also eine eher gesprächsweise vorgetragene Position, die aber vielleicht darum auch besonders aussagekräftig ist. Scholem sagt gleich zu Beginn: „Judaism cannot be defined according to its essence, since it has no essence.“ Und er erläutert diesen missverständlichen Satz wenig später folgendermaßen:

> If say that Judaism has no essence, this means two things. First, I do not accept as valid the allembracing, Orthodox, or what I prefer to call fundamentalist definition of Judaism as a given law in which there are no differences between essential and unessential points – which, of course, is the point of view of strictly Orthodox halakhic Jews. Neither am I a partisan of the school that defines the „essence“ of Judaism by reducing it to some essential spiritual statements such as those made by Moritz Lazarus, Hermann Cohen, Leo Baeck, Martin Buber, and many others during

[4] Diese Begriffe gehen auf die Differenzierung von phonemisch (Lautbildung und materielle Analyse sprachlicher Laute) und phonetisch (Sprachlaute und ihre Funktion im Sprachsystem) in der Linguistik zurück.

> the last hundred and fifty years. Under a dominant Protestant influence, this tendency of modern Jewish thought has regarded Judaism as a purely spiritual phenomenon. But it is incorrect to consider Judaism in spiritual terms alone. Judaism certainly is a spiritual phenomenon, but [...] bound up to a historical phenomenon, namely to the Jewish people and the Jewish nation. To try to disassociate one from the other has proved impossible, as evidenced by the unsuccessful attempt made by Reform or Liberal Judaism to denationalize Judaism.[5]

In modernen Begriffen würden wir wohl sagen, dass Scholem essenzialistische Identitätskonstruktionen des Judentums kritisiert. Essenzialistische Definitionsversuche verwenden ja gern den Begriff des „Wesens" oder den der „Natur", d. h., sie gehen davon aus, dass etwas – hier „das" Judentum – eine unwandelbare, vorgegebene Idee oder Substanz besitzt, die unabhängig von historischen Kontingenzen gleich bleibt, im Laufe der Zeit allenfalls unterschiedliche Ausformungen oder Gestaltungen erfährt. Bezogen auf die von Scholem kritisierte Sicht der „Orthodoxie" läuft sein anti-essenzialistisches Argument darauf hinaus, dass er die orthodoxe Auffassung nicht teilt, wonach die Tora als eine dem jüdischen Volk vorausgehende, feststehende Größe „das" Judentum definiert. Andererseits stört sich Scholem an der rein „spirituellen" Definition des Judentums, die es als Religion (ich würde den englischen Begriff „spiritual" hier so verdeutlichen) versteht und diesen Aspekt von dem Phänomen der Ethnizität ablöst. Beiden Engführungen stellt er seinerseits die historische Betrachtungsweise und Wahrnehmung des Judentums als einer Größe gegenüber, in der die Bedeutung der Tora bzw. die spirituelle Dimension mit der ethnischen verbunden ist. Ich gehe auf den Aspekt der Essenzialisierung gleich noch ein. Zunächst diskutiere ich die Problematik der Konstruktion des Judentums als Religion.

In der Tat: Spätestens seit dem 19. Jahrhundert findet sich auch innerhalb des Judentums selbst die verbreitete Neigung, sich primär als Religion – und das heißt: in Analogie zum Christentum und im Gegenüber zu ihm – zu definieren. Am deutlichsten hat wohl das sogenannte Reform-Judentum diese Position vertreten und dem ethnischen bzw. nationalen Aspekt jüdischer Selbstdefinition eher ablehnend gegenübergestanden. Umgekehrt vertraten Ende desselben Jahrhunderts Zionisten die Idee einer nationalen Identität des Judentums, manchmal sogar so weitgehend, dass nach ihrem Verständnis Judentum als Nation auch ohne religiöse Überzeugungen auskommen könnte. Mit der Existenz des Staates Israel entstand schließlich die Möglichkeit (erneuter) nationalstaatlicher Verortung des Judentums, doch blieb daneben im Judentum (gerade auch in) der Diaspora die Möglichkeit einer primär religiösen Definition des

---

5 G. Scholem, Art. Judaism, in: A. A. Cohen / P Mendes-Flohr (Hg.), Contemporary Jewish Religious Thought, London 1987, 505–508: 505f.

Judentums erhalten.[6] Auch der gegenwärtige alltägliche Sprachgebrauch zeigt immer noch eine deutliche Neigung, mit dem Begriff Judentum eine Religion bzw. eine Religionsgemeinschaft zu verbinden (in Analogie zu Christentum oder Islam). Doch, wenn wir Scholem (und nicht nur ihn) ernst nehmen, wäre dies eine unangemessene Reduktion.

Laurence J. Silberstein verweist – mit Blick auf die Situation in den USA – darauf, dass die Soziologie in den 50er Jahren des 20. Jahrhunderts gewöhnlich von Judentum im Sinne einer „religiösen Gruppe" gesprochen habe, während sie in den 70ern – zum Teil als Reaktion auf den Wandel in der amerikanischen Gesellschaft, zum Teil als Reaktion auf die große Zahl amerikanischer Jüdinnen und Juden, die sich selbst als säkular identifizierten – zunehmend das Judentum als eine „ethnische Gruppe" bezeichnete.[7] Silberstein selbst geht freilich noch weiter, insofern er jeden Versuch, jüdische Identität durch eine „dominante Kategorie" zu erfassen, für unangemessen hält. Über den gegenwärtigen jüdischen Identitätsdiskurs sagt er:

> [...] no universally agreed-upon criteria to support particular views of Jewish identity exist. All efforts to impose a dominant category such as religious group, race, nation, transnational people, or ethnic group on the heterogeneous world Jewish population ultimately fail. Moreover, such efforts have the effect of excluding some Jews.[8]

Scholems und Silbersteins Ausführungen zeigen, dass moderne und aktuelle Identitätsdiskurse die Kategorisierung des Judentums als Religion infrage stellen. Und zwar nicht zuletzt auch darum, weil das mit dem Begriff der „Religion" verbundene Konzept eine „christlich" geprägte Perspektive impliziert. Doch ich befürchte, dass man noch einen Schritt weitergehen muss. Mir scheint, dass mit dem Verständnis des (antiken und gegenwärtigen) Judentums als Religion gleichsam zwangsläufig dessen Konstruktion als negative Folie des Christentums einhergeht. Anders gesagt: Das Judentum wird im Zuge seiner „christlichen" Konstruktion als Religion zu all dem gemacht, was das Christentum nicht ist, oder worin ihm das Christentum (positiv) gegenübersteht oder (angeblich) überlegen ist. Das muss notwendig so sein, da eben das Judentum qua Religion am Prototyp des Christentums gemessen wird, sich im Zusam-

---

6 Vgl. dazu S. D. J. Cohen, The Beginnings of Jewishness, Berkeley / Los Angeles / London 1999, 344ff.; er verweist aus der umfangreichen Literatur auf M. A. Meyer, Jewish Identity in the Modern World, Seattle 1990.

7 L. J. Silberstein, Mapping, Not Tracing: Opening Reflection, in: ders. (Hg.), Mapping Jewish Identities, New York / London 2000, 1ff.: 31.

8 Silberstein 2000, 13. Dieser "dekonstruktive" Diskurs findet selbstverständlich nicht überall Anklang und kann auch als Schwächung kollektiver Identität gedeutet werden, wie auch Silberstein weiß: „To conceive of boundaries between groups as porous and fluid and the spaces in which identities are configured as multiple, open, and flexible is perceived as weakening a groups integrity as well as struggles in its behalf" (ebd.).

menhang des Religionskonzepts also irgendwie immer die Frage stellt: Wie „christlich“ ist das Judentum?

3 Religion versus Volk – Kritik an der ethnischen Identität des Judentums

Was für G. Scholem von grundlegender Bedeutung für die Selbstdefinition des Judentums ist, ist in christlichen, zumal protestantischen Diskursen über das Judentum dessen entscheidender Nachteil: Ich meine die ethnische bzw. nationale Identität. Die negative Einschätzung jüdischer Ethnizität hat aber vor allem mit dem protestantisch-christlichen Religionsbegriff zu tun, wie sich schon an I. Kant demonstrieren lässt, der in seiner Religionsschrift ein herausragendes Beispiel dafür bietet, wie der protestantisch-christliche Diskurs das Judentum als die andere, defizitäre Religion konstruiert, und zwar gerade wegen dessen ethnischer Identität. Ich stelle Kants Argumentation in aller Kürze vor.

Zunächst: Kant unterscheidet zwischen einer meta-historischen „Religion“ und ihren historisch-kulturellen Manifestationen in verschiedenen Formen des „Glaubens“:

> Es ist nur *eine* (wahre) *Religion*; aber es kann vielerlei Arten des *Glaubens* geben. – Man kann hinzusetzen, daß in den mancherlei sich der Verschiedenheit ihrer Glaubensarten wegen von einander absondernden Kirchen dennoch eine und dieselbe wahre Religion anzutreffen sein kann.
> Es ist daher schicklicher (wie es auch wirklich mehr im Gebrauche ist), zu sagen: dieser Mensch ist von diesem oder jenem (jüdischem, muhammedanischem, christlichem, katholischem, lutherischem) Glauben, als: er ist von dieser oder jener Religion. Der letztere Ausdruck sollte billig nicht einmal in der Anrede an das große Publicum (in Katechismen und Predigten) gebraucht werden; denn er ist diesem zu gelehrt und unverständlich, wie denn auch die neuern Sprachen für ihn kein gleichbedeutendes Wort liefern. Der gemeine Mann versteht darunter jederzeit seinen Kirchenglauben, der ihm in die Sinne fällt, anstatt daß Religion innerlich verborgen ist und auf moralische Gesinnungen ankommt. Man thut den meisten zu viel Ehre an, von ihnen zu sagen: sie bekennen sich zu dieser oder jener Religion; denn sie kennen und verlangen keine; der statutarische Kirchenglaube ist alles, was sie unter diesem Worte verstehen. Auch sind die so genannten Religionsstreitigkeiten, welche die Welt so oft erschüttert und mit Blut besprützt haben, nie etwas anderes als Zänkereien um den Kirchenglauben gewesen, und der Unterdrückte klagte nicht eigentlich darüber, daß man ihn hinderte, seiner Religion anzuhängen (denn das kann keine äußere Gewalt), sondern daß man ihm seinen Kirchenglauben öffentlich zu befolgen nicht erlaubte.[9]

---

9 I. Kant, Die Religion innerhalb der Grenzen der bloßen Vernunft, in: Kants Werke. Akademie Textausgabe, Bd. VI, Berlin 1968 (Nachdruck), 107f.

Die „eine (wahre) Religion“ realisiert sich in den historisch-kulturellen Ausformungen, die Kant „Glaube“ nennt. Sie liegt diesen Realisierungen voraus oder zugrunde und ist „rein“. Diese reine, meta-historische Religion ist im Sinne Kants die Vernunftreligion, die „nichts als Gesetze (enthält), d. i. solche praktische Principien, deren unbedingter Nothwendigkeit wir uns bewusst werden können, die wir also als durch reine Vernunft (nicht empirisch) offenbart anerkennen“[10]. Die „vielerlei Arten des *Glaubens*“ dagegen repräsentieren für Kant in mehr oder weniger angemessener Form die eine (wahre und reine) Religion. Diese Repräsentation fällt im Falle des so genannten „Kirchenglaubens“ oder auch und insbesondere des „Judenthums“ nach Meinung des Königsberger Aufklärers suboptimal aus.

Zweitens: Seine Religions-Kritik wendet Kant insbesondere auch gegen das Judentum, das für ihn der Inbegriff einer „statutarischen“ Pseudo-Religion ist (Kant spricht auch von „Afterdienst“ Gottes), ja, für Kant ist das Judentum letztlich gar keine Religion, sondern ein „weltlicher Staat“:

> *Der jüdische Glaube* ist seiner ursprünglichen Einrichtung nach ein Inbegriff bloß statutarischer Gesetze, auf welchem eine Staatsverfassung gegründet war; denn welche moralische Zusätze entweder damals schon oder auch in der Folge ihm *angehängt* worden sind, sie sind schlechterdings nicht zum Judenthum als einem solchen gehörig. *Das letztere ist eigentlich gar keine Religion, sondern bloß Vereinigung einer Menge Menschen, die, da sie zu einem besonderen Stamm gehörten, sich zu einem gemeinen Wesen unter bloß politischen Gesetzen, mithin nicht zu einer Kirche formten; vielmehr sollte es ein bloß weltlicher Staat sein, so daß, wenn dieser etwa durch widrige Zufälle zerrissen worden, ihm noch immer der (wesentlich zu ihm gehörige) politische Glaube übrig bliebe, ihn (bei Ankunft des Messias) wohl einmal wiederherzustellen* [Hervorhebung von W. S.]. Daß diese Staatsverfassung Theokratie zur Grundlage hat (sichtbarlich eine Aristokratie der Priester, oder Anführer, die sich unmittelbar von Gott ertheilter Instructionen rühmten), mithin der Name von Gott, der doch hier bloß als weltlicher Regent, der über und an das Gewissen gar keinen Anspruch thut, verehrt wird, macht sie nicht zu ciner Religionsverfassung. Der Beweis, daß sie das letztere nicht hat sein sollen, ist klar. *Erstlich* sind alle Gebote von der Art, daß auch eine politische Verfassung darauf halten und sie als Zwangsgesetze auferlegen kann, weil sie bloß äußere Handlungen betreffen, und obzwar die zehn Gebote auch, ohne daß sie öffentlich gegeben sein möchten, schon als ethische vor der Vernunft gelten, so sind sie in jener Gesetzgebung gar nicht mit der Forderung an die *moralische Gesinnung* in der Verfolgung derselben (worin nachher das Christenthum das Hauptwerk setzte) gegeben, sondern schlechterdings nur auf die äußere Beobachtung gerichtet worden; welches auch daraus erhellt, daß: *zweitens* alle Folgen aus der Erfüllung oder Übertretung dieser Gebote, alle Belohnung oder Bestrafung nur auf solche eingeschränkt werden, welche in dieser Welt jedermann zugetheilt werden können, und selbst diese auch nicht einmal nach ethischen Begriffen. [...] Da nun ohne Glauben an ein zukünftiges Leben gar keine Religion gedacht werden kann, so enthält das

[10] Kant, a. a. O., 167f.

> Judenthum als ein solches, in seiner Reinigkeit genommen, gar keinen Religionsglauben.“[11]

Die Argumentation zeigt, dass der Kant'sche Religionsbegriff sich am Christentum als dem (implizit) exemplarischen Fall von Religion orientiert. Dies wird schon daran deutlich, dass Kant dem Christentum den Glauben an ein „zukünftiges Leben“ als ein konstitutives Moment von Religion entnimmt und dieses (übrigens zu Unrecht!) dem „Judenthum“ abspricht. Aber auch seine Kritik daran, dass es dem Judentum angeblich an „moralischer Gesinnung“ mangle, setzt das selbstbewusste, ja, überhebliche Vorbild des Christentums (als einer von „allen Satzungen reinen in aller Menschen Herz geschriebenen Religion“) wie auch eine pejorative (christliche) Wahrnehmung des Judentums voraus. Zwar behauptet Kant nicht, dass das Christentum der Inbegriff der einen wahren Religion ist (eine solche kann nach seiner Meinung auch gar nicht „willkürlichen“, d. h. kontingenten Ursprungs sein!). Doch kommt die von Jesus gestiftete „erste wahre Kirche“ diesem Ideal nahe, insofern sich Jesu Moral-Lehre gerade dadurch auszeichnet, dass sie „nicht die Beobachtung äußerer bürgerlicher oder statutarischer Kirchenpflichten, sondern nur die reine moralische Herzensgesinnung des Menschen“ als Gott wohlgefällig fordert.[12] Schon Kant verweist für diese Idealisierung auf die sogenannten „Antithesen“ der Bergpredigt und offenbart in seiner Argumentation auch gerade darin seine christliche Perspektive. All dies hat offenkundig auf seine Wahrnehmung des Judentums nachhaltig und unvorteilhaft eingewirkt.

Drittens: Umgekehrt bildet auch bei Kant „das“ (!) Judentum in allen Belangen einen Gegensatz zu Jesus, dem Stifter der ersten wahren Kirche. Ja, in einer Anmerkung seiner Religionsschrift kann Kant sich gar zu der These versteigen, dass ein um das Judentum vermindertes Christentum Repräsentant der wahren Religion wäre, nämlich eine „rein-moralische, von Statuten unbemengte Religion“. Kant nimmt in dieser Anmerkung übrigens auf M. Mendelssohn Bezug, und zwar auf dessen Auseinandersetzung mit dem Ansinnen, er (Mendelssohn) möge – im Zuge der Einsichten der Aufklärung – zum Christentum konvertieren:

> Seine [Mendelssohns] wahre Meinung aber scheint ziemlich klar durch. Er will sagen: schafft ihr erst selbst das Judentum aus eurer *Religion* heraus (in der historischen Glaubenslehre mag es als eine Antiquität immer bleiben), so werden wir euren Vorschlag in Überlegung nehmen können. (In der That bliebe alsdann wohl keine andere als rein-moralische, von Statuten unbemengte Religion übrig).[13]

---

11 Kant, a. a. O., 125f.

12 Kant, a. a. O., 159.

13 Kant, a. a. O., 166. Ich gehe hier nicht auf Kants Missverständnisse von Mendelssohns Position ein.

Darin offenbart sich ein Konstruktionsmodell, das sich gerade auch innerhalb protestantischer Diskurse findet, wie gleich noch zu zeigen ist. Ein weiteres Stereotyp protestantisch-christlicher Diskurse über das Judentum zeigt sich in Kants kritischen Feststellungen, wonach das Judentum eigentlich gar keine Religion sei, sondern, um es mit einem modernen Begriff auszudrücken, eine ethnische Gruppe mit einer Verfassung, ein Staatswesen also. Auch auf diesen Aspekt der Kant'schen Interpretation des Judentums gehe ich noch etwas näher ein. Zuvor einige zusammenfassende Bemerkungen:

Die Konstruktion einer „wahren" Religion ist offensichtlich nicht ohne Kritik der realen Religionen möglich, die bei Kant zumal den „Kirchenglauben" wie auch insbesondere das „Judenthum" betrifft. Kant gewinnt seine „wahre" Religion im Zuge einer „kritischen" Interpretation des Christentums und hält für dessen höchste und reinste Repräsentation die Lehre Jesu, aus dessen „Munde" die christliche „als eine nicht statutarische, sondern moralische Religion hervorgegangen" sei.[14] Mit einer Formulierung von Joachim Matthes ließe sich das hier nur angedeutete Verfahren Kants, das aufgeklärt interpretierte Christentum als Vorbild der einen und wahren Religion zu nehmen, an deren Maßstab dann wiederum ihre Konkretisierungen (wie zum Beispiel das Judentum) gemessen werden, als „zentristisches Forschungsparadigma" bezeichnen.[15] Das Beispiel Kants zeigt aber auch, dass es nicht nur darum geht, dass bestimmte Werte oder Wertorientierungen des Christentums in die Anschauung von einer „reinen" und „wahren" Religion eingegangen sind, dass also andere Religionen – hier das Judentum – am exemplarischen Fall der christlichen Religion gemessen oder beurteilt werden. So voreingenommen ein solches Verfahren wäre, und so sehr es tatsächlich nach wie vor auch wissenschaftliche Diskurse bestimmt, es steht offenkundig noch mehr zur Debatte, nämlich: *Dass das Konzept „Religion" selbst zentristisch ist, dass also die mit diesem Begriff verbundenen Vorstellungen und Einstellungen sich der partikularen europäischen Geschichte und Kultur verdanken, das heißt dem Christentum.*

---

14 Kant, a. a. O., 167.

15 Das zentristische Forschungsparadigma „rückt einen historisch-kulturell bestimmten Sachverhalt in den Mittelpunkt der Aufmerksamkeit, übersetzt die ihm innewohnende gesellschaftliche Normativität in eine Art von logischer Geltung und setzt auf solcher Plattform zur Forschung an. Zentrismen dieser Art begegnen uns immer wieder in den Kultur- und Sozialwissenschaften. Ihre Markierung braucht „keineswegs explizit zu erfolgen, im Rahmen ausgearbeiteter Interpretationen oder Modellvorstellungen. Häufig sind Zentrismen vielmehr als unausgesprochene Vorannahmen wirksam; in dieser Gestalt und Wirksamkeit zwingen sie die Forscher zu strategischen Entscheidungen und Akten der Klassifikation, welche die Resultate [der Forschungsarbeit, J. M.] vorprägen, noch ehe das Forschen überhaupt begonnen hat." Joachim Matthes, Was ist anders an anderen Religionen?, in: Jörg Bergmann / Alois Hahn / Thomas Luckmann (Hg.), Religion und Kultur. Sonderheft der Kölner Zeitschrift für Soziologie und Sozialpsychologie, Opladen 1993, 16–30: 17.

Ein Grundproblem protestantischer Diskurse über das Judentum sehe ich also darin, dass sie *das Judentum als Religion konstruieren.* Denn das mit dem Begriff der Religion verbundene Konzept impliziert eine moderne (erst seit dem 18./19. Jahrhundert mögliche) Erfahrung, die im Blick auf das antike Judentum anachronistisch ist, aber überhaupt als eine „westliche“ und „christlich“ geprägte Erfahrung die jüdische Identität am Modell des modernen Christentums entwirft.[16] Denn mit der Konstruktion des Judentums als Religion ist zwangsläufig dessen Konstruktion als *negative* Folie, als Gegenteil des Christentums verbunden. Ich brauche an die stereotypen Antithesen, die in diesem Zusammenhang verwendet wurden (und zum Teil immer noch verwendet werden), hier nur zu erinnern – sei es die Gegenüberstellung von „Gnadenreligion“ und „Leistungs-“ bzw. „Gesetzes-Religion“, von „Liebe“ und „Gesetz“, „Geist“ und „Buchstabe“, vom nahen und fernen Gott usw. Denn da das Judentum unter dem christlichen Konzept der Religion gefasst wird, kann es dem damit gegebenen normativen Paradigma von Religion kontrastiert werden.

4 Eine antijüdische Gleichung: X – Judentum = Christentum

Kant sieht in einem um das „Judenthum“ verminderten Christentum die Realisierung der wahren Religion, eine „rein-moralische, von Statuten unbemengte Religion“. Wie immer man die „Wahrheit“ einer so entstandenen Religion beurteilt, und wie immer man sich den Subtraktionsvorgang vorstellen soll, die Gleichung „Christentum – Judentum = wahre Religion“ ist nur eine Version ähnlicher Rechenkunststücke, die häufig nach dem Muster funktionieren: X – Judentum = Christentum, freilich implizit fortgesetzt werden können: = wahre Religion. Aus aktuellen Beispielen greife ich ein besonders anschauliches Exempel von Klaus Berger heraus.[17] Berger schildert Paulus als einen „Außenseiter“ und sagt in diesem Zusammenhang:

> Paulus ist Außenseiter, weil er auf diesem Wege in seiner Ethik so etwas erstellt wie „*Pharisäismus für Heiden*(christen)“. Pharisäismus deshalb, weil es um radikale Observanz des Liebesgebotes geht und weil es aus der Kraft des Himmels geschieht und insofern ein engelgleiches Leben ist. Auch nach Apg 23,8 glauben die Pharisäer generell an „(Heiligen) Geist“ (*pneuma*). – „Für Heiden“ ist die Ethik des Paulus deshalb bestimmt, weil sie keine Beschneidung und nicht die Erfüllung der jüdischen Ritualgesetze voraussetzt. Paulus bleibt daher Pharisäer, und das Christentum gibt

---

16 Dazu W. Stegemann, Religion als kulturelles Konstrukt, in: ders. (Hg.), Religion und Kultur. Aufbruch in eine neue Beziehung, Stuttgart 2003, 43–69.

17 Klaus Berger, Paulus, München 2002.

> ihm die Möglichkeit, seinen Pharisäismus zur Weltreligion zu machen. Pharisäische Lebensweise und Weltsicht werden für ihn wichtiger als deren spezifisch jüdischer Charakter. Die Beschränkung auf das Judentum (Abstammung, Speisegesetze, rituelle Bindung an den Tempel) wird aufgegeben, das spezifisch Pharisäische wird vom Judentum abgekoppelt und erweist sich bis heute als bedeutsame theologisch-religiöse Sichtweise. *Das Heidenchristentum des Paulus ist Pharisäismus minus Judentum. Und eben deshalb so erfolgreich.*[18]

Man traut seinen Augen kaum: Paulus macht den Pharisäismus zur Weltreligion, indem er die pharisäische Weltsicht und Lebensweise beibehält, aber die jüdischen „Beschränkungen" des Pharisäismus aufgibt? Dieses vom Judentum abgekoppelte „spezifisch" Pharisäische ist (Heiden-)Christentum. Oder, um es in der mathematischen Metapher Bergers noch einmal anders auszudrücken: „Heidenchristentum [...] ist Pharisäismus minus Judentum." Und was ist nach Berger „Judentum"? Die einfache Antwort lauter: „Beschränkung", nämlich Beschränkungen durch „Abstammung, Speisegesetze, rituelle Bindung an den Tempel" bzw. „Beschneidung" und „Ritualgesetze"!

Nun kann man natürlich darüber streiten, wie und was Berger als das „spezifisch Pharisäische" bestimmt und sich auch darüber wundern, dass er dazu ausgerechnet auf Apostelgeschichte 23,8 („Die Sadduzäer behaupten nämlich, es gebe weder eine Auferstehung noch Engel noch Geister, die Pharisäer dagegen bekennen sich zu all dem") zurückgreift, also immerhin auf eine Schrift des christlichen Bibelkanons. Doch ist mir im Moment wichtiger, dass Berger es überhaupt für möglich hält, Pharisäismus und Judentum gegeneinander isolieren zu können. Das gelingt ihm, weil er dem Pharisäismus bestimmte Charakteristika zuweist (Weltsicht, Lebensweise, radikale Observanz, Glaube an den Geist usw.), die nach seiner Deutung mit Judentum offenbar nichts zu tun haben, sondern nur mit ihm verbunden sind. Koppelt man sie ab, oder: zieht man von ihnen das Judentum ab, dann gibt es Christentum. Ich erlaube mir einige Fragen bzw. Kommentierungen zu dieser Argumentation:

- Wie soll ich mir diesen Subtraktionsvorgang bzw. die Abkoppelung des Pharisäismus vom Judentum vorstellen? Was ist „Protestantismus minus Christentum", so habe ich einen Freund gefragt? Seine Antwort: „Kapitalismus"! Wie absurd diese „Gleichungen" sind, lässt sich kaum besser illustrieren als durch eine zweite Frage, die ich ebenfalls meinem Freunde stellte: Was ist „Christentum minus Katholizismus"? Seine Antwort diesmal: „Protestantismus"!
- Warum ist eigentlich die „Weltsicht, Lebensweise, radikale Observanz, der Glaube an den Geist" der Pharisäer *kein* Judentum? Darauf wüsste wohl selbst mein schlagfertiger Freund keine Antwort. Denn es gibt darauf keine sinnvolle Antwort – außer der, dass es zu einer langen christlichen Tradition der (negativen) Konstruktion des Judentums gehört, angebliche, in der christlichen Perspektive

[18] Berger 2002, 40f. (Hervorhebung am Schluss von mir).

„negative" oder „problematische" Aspekte des Judentums auf das Konto Judentum zu rechnen, während in der christlichen Perspektive „positive" Aspekte entweder einer imaginären Größe namens „Israel" gutgeschrieben werden, oder aber „den Propheten"; beide Phänomene gelten im Übrigen als *proto-christlich*. Eben diese Argumentationsfigur finden wir auch im Berger-Zitat. Denn Berger geht – wie selbstverständlich – davon aus, dass die paulinische Abkoppelung des Pharisäismus vom Judentum ein (Heiden-)*Christentum* produziert. Doch warum Christentum? Warum nicht eine Form von Judentum? Paulus kennt den Term „Christentum" bekanntlich noch nicht. Und ob er überhaupt ein Bewusstsein davon gehabt hat, mit seinen Diskursen eine neue „Religion" zu begründen, ist – um das mindeste zu sagen – in der Paulusinterpretation umstritten. Anders gesagt: Die Berger'sche Gleichung, Pharisäismus minus Judentum = Christentum, ist keine Beschreibung, sie ist Erfindung, Konstruktion!

- Es gehört zum traditionellen Arsenal der Paulusinterpretationen, zumal protestantischer Provenienz, paulinische Schriften gleichsam zur gleichen Zeit als Zeugen für „das" Judentum – und das heißt präziser: „gegen" das Judentum – und für „das" Christentum heranzuziehen. Anschaulich formuliert: Man rekonstruiert zum Beispiel aus dem Römerbrief des Paulus einerseits den (aus protestantischer Perspektive: falschen) „Heilsweg" des Judentums, der, wie man meint, davon ausgeht, mit Hilfe der Einhaltung der Gebote der Tora ewiges Heil zu erlangen. Dieser („falsche") Heilsweg des Judentums wird „Werkgerechtigkeit" genannt oder „Selbstrechtfertigung". Daneben – und dieser Position gegenübergestellt – findet diese Auslegungspraxis im Römerbrief als Position des Paulus den (natürlich „richtigen") Heilsweg, der das Heil allein auf Christus, Glaube und Gnade stützt. Dieses ist der „christliche" Heilsweg, genauer, der protestantisch-lutherische.
- Es fällt auf, dass Berger „Judentum" mit „Beschränkung" identifiziert, während die Aufhebung oder Abkoppelung des „Pharisäismus" vom Judentum zu einer „Weltreligion" führt, also offenkundig zu einer „Entschränkung". Auch diese Argumentationsfigur kann auf eine lange christliche Tradition zurückblicken, wie jetzt kurz gezeigt werden soll.

In ähnlicher Weise haben etwa A. von Harnack und W. Bousset vor mehr als 100 Jahren argumentiert. Im Zusammenhang seines bekannten Vergleichs des „Heidenchristentums" mit einer Tochter des Judentums, die die Mutter ausgeplündert hat, stellt sich Harnack die Frage:

> Aber ist diese Betrachtung wirklich zutreffend? Auf einer gewissen Stufe allerdings, und vielleicht kann man niemanden zwingen, sie zu verlassen. Aber auf einer höheren Stufe stellt sich die Sache anders dar: das jüdische Volk hat durch die Verwerfung Jesu seinen Beruf verleugnet und sich selbst den Todesstoß versetzt; an seine Stelle rückt das neue Volk der Christen; es übernimmt die gesamte Überlieferung des Judentums; was unbrauchbar in derselben ist, wird umgedeutet oder fallen gelassen. In Wahrheit ist diese Abrechnung nicht einmal eine plötzliche oder unerwartete; unerwartet ist nur die spezielle Form: Das Heidenchristentum führt doch nur einen Prozess zu Ende, der in einem Teile des Judentums bereits längst

> begonnen hatte – die *Entschränkung der jüdischen Religion und ihre Transformation zur Weltreligion.*[19]

Harnack setzt voraus: Heidenchristentum und Judentum verhalten sich wie Tochter und Mutter; die Tochter übernimmt alles, was sie gebrauchen kann, von der Mutter, doch sie bringt insofern etwas Eigenes und besonders Wertvolles hinzu, da sie die jüdische Religion zur „Weltreligion" = Christentum „entschränkt". Auch hier, so könnte man sagen, gilt die Gleichung: Judentum minus ethnischer Beschränkung = Christentum. Auch W. Bousset vertritt das zur Debatte stehende Modell: X minus Judentum = Christentum. Seine Ausführungen fasse ich knapp zusammen[20]:

> Nach Bousset ist das Christentum „im Schoß" des Judentums entstanden (Bousset 1903, 194). Er rechnet damit, dass fast alles, was die Tochterreligion besitzt, eine von der Mutter mitgebrachte „Anlage" ist („alles, was wir im Evangelium finden, das ist irgendwie auch bereits in der vorhergehenden Religionsgeschichte des jüdischen Volkes vorhanden, oder doch angebahnt": 196). Und das gilt auch bei ihm gerade für die Besonderheit des Urchristentums, den Universalismus. Das Judentum besaß nämlich „trotz aller [...] partikularistischen Abgeschlossenheit" eine „Tendenz zum Universalismus". Wichtig aber, auch Bousset sieht das Problem des Judentums in der Bindung an das Volk (Bousset spricht von „Fesselung": 195). Erst das Urchristentum schafft hier Abhilfe im Wege eines „Befreiungsprozesses". Dieser beginnt für Bousset allerdings schon mit Jesus, der „die Religion [...] vom Nationalen" befreit hat, freilich nur erst „innerlich". Die „äußere Befreiung vom Nationalen" vollendet dann Paulus, der „das befreiende Wort in die Welt [jubelte]: ‚Hier ist nicht Jude noch Grieche [...]'" (197).

Summa summarum: Judentum minus nationale/ethnische Beschränkung = Christentum. Berger bietet in diesem Zusammenhang eine spezifische und – wie ich empfinde – besonders problematische Version, insofern er nicht allein das Judentum um eine bestimmte Komponente (meistens: die ethnische bzw. nationale Identität des Judentums) vermindert, um auf „Christentum" zu kommen. Vielmehr ist für ihn das Judentum insgesamt jene Größe, die eliminiert werden muss, um auf das Ergebnis „Christentum" zu kommen. Ein absurdes Verfahren! Grundlegend für Kants und auch Boussets Kritik des Judentums ist dessen ethnische Konstitution, die mit ihrem Religionsbegriff nicht zusammengeht.

---

19 A. von Harnack, Die Mission und Ausbreitung des Christentums in den ersten drei Jahrhunderten, I. Bd.: Die Mission in Wort und Tat, Leipzig, 4. Aufl. 1924 (1902), 76f.

20 W. Bousset, Das Wesen der Religion, dargestellt an ihrer Geschichte, Halle 1903, 192ff.

5 Zur Kritik essenzieller Konstruktionen des Judentums

Ich komme jetzt auf das Thema der essenziellen Konstruktionen des Judentums zurück, das schon in dem Scholem-Zitat angefangen wurde. An zwei Beispielen will ich Scholems Kritik aufnehmen und unterstützen. Zunächst ein älteres Beispiel.

Bernhard Berliner, ein in die USA emigrierter deutscher Psychoanalytiker, beschrieb 1944 in einem Vortrag, den er auf dem *Psychatrie Symposium on Anti-Semitism* in San Francisco hielt, den Antisemitismus folgendermaßen:

> Es ist bekannt, daß der Antisemitismus in katholischen Ländern weniger ausgeprägt ist als in Ländern mit überwiegend protestantischer Bevölkerung. Während der katholischen Religion im Marienkult und im Kult der weiblichen Heiligen eine großartige Versöhnung von väterlichem und mütterlichem Prinzip gelang, stehen die protestantischen Bekenntnisse dem paternalistischen Prinzip des Alten Testaments näher. Und hier sehen wir, daß nicht nur die Juden ihren Gott hassen, sondern auch nicht wenige Christen, die eben darum dem Nationalsozialismus zuneigen. Die Nazis hassen nicht nur die Juden und den Judaismus und bekämpfen sie, sie bekämpfen auch das Christentum, das für sie nichts anderes ist als ein reformiertes Judentum. Der Nazi-Vorläufer Houston Stewart Chamberlain schrieb: „Die Juden waren es, die permanente Furcht vor der Sünde in unsere fröhliche Welt brachten“, und: „Die Deutschen schleppen sich noch immer hinter der Bundeslade her, als wären sie Leibeigene der Juden.“ Das Neuenheidentum, das in der zweiten Hälfte des 19. Jahrhunderts entstand und von den Nazis weiterentwickelt wurde, ist mütterlich orientiert (Blut und Boden, Heimat, Natur, Rasse), romantisch. Der Nazi akzeptiert väterliche Autorität nur dann, wenn sie ihm unbegrenzte Triebfreiheit gewährt.[21]

So interessant und verlockend diese und andere Erklärungshypothesen zu Ursachen und Verbreitung antijüdischer Vorurteile klingen, allein mir leuchten sie nicht mehr ein. Denn in dem Maße, in dem diese und vergleichbare Erklärungshypothesen einen *essenzialistischen* Diskurs über den Antijudaismus, Antisemitismus führen, im selben Maße deuten sie auch das Judentum in *essenzialistischen* Kategorien. Für B. Berliner heißt dies konkret:

> Die Psychologie des Juden ist meines Erachtens vor allem durch den paternalistischen Geist geprägt, der die sozialen Beziehungen und die Religion charakterisiert. Die Juden schufen die monotheistische Religion, die zur Grundlage der westlichen

---

[21] B. Berliner, Einige religiöse Motive des Antisemitismus, in: E. Simmel (Hg.), Antisemitismus, Frankfurt a. M. 1993, 101ff.: 104f. (englisches Original: Anti-Semitism. A Social Disease, New York / Boston 1946).

> Kultur wurde, die Idee Gottes als des Vaters der Welt, der Gebote und Verbote ausspricht, der belohnt und bestraft. Mit dieser Religion begründeten sie ein strenges priesterliches Patriarchat. [...] Der Gott der Juden ist der Gott des Gewissens, der Triebbeherrschung fordert. Er ist die Vergöttlichung des Über-Ichs. [...] Der Gott des Gewissens stand gegen die Götter der Natur, das väterliche Prinzip gegen das mütterliche. Das Festhalten am paternalistischen Geist in Religion und Kultur scheint mir der Kern der jüdischen Mentalität zu sein.[22]

Ich verkenne nicht, wann und unter welchen Umständen der Psychoanalytiker Bernhard Berliner seine Hypothesen zu den „religiösen Motiven des Antisemitismus" vorgelegt hat. Ich verkenne auch nicht, dass er als Jude über das Judentum spricht, nicht als Außenstehender. Ich verkenne auch nicht, dass diese Hypothesen dazu beitragen sollen, das verstörende Phänomen des Jahrtausende überdauernden, in seiner Gegenwart mörderisch virulenten Antisemitismus aus der Irrationalität herauszuheben und es aus erkennbaren, u. U. auch unbewussten Ursachen zu *erhellen.* Doch scheint mir eine solche Argumentation allenfalls dann noch vertretbar, wenn sie sich als *Deutung* und auf bestimmten Annahmen beruhende *Konstruktion* eines Wissensdiskurses (hier der Psychoanalyse) versteht, nicht aber als Deskription oder Repräsentation eines „Wesens", in diesem Falle des Judentums bzw. des Antisemitismus.

Ein zweites, aktuelles Beispiel, das gleichsam eine Umkehrung des ersten bietet. Denn hier führt ein essenzialistischer Diskurs über das Judentum bzw. dessen Monotheismus zu einer essenzialistischen Form des Antisemitismus. Der Ägyptologe Jan Assmann hat das Konzept von der „mosaischen Unterscheidung" erfunden und dies (in einem gewissen Sinn) für die Entstehung des Antisemitismus verantwortlich gemacht.[23] Seine Argumentation folgt dem bekannten Modell, wonach die Juden durch ihr Verhalten selbst am Antisemitismus schuld sind. Ja, einer der schärfsten Kritiker Assmanns, der Judaist Peter Schäfer, sagt sogar:

> Dies bedeutet aber in letzter Konsequenz, dass die Juden nicht nur für den Antisemitismus verantwortlich sind, sondern auch für dessen Folgen – bis hin zum Holocaust. Denn Assmann geht so weit zu unterstellen, dass aus der bewussten „Annahme" des Antisemitismus um der Torah willen beinahe zwangsläufig die „monotheistische Monopolisierung der Nazi-Verbrechen auf den Holocaust im Sinne ihrer

---

22 Simmel, a. a. O., 101.

23 J. Assmann, Moses der Ägypter. Entzifferung einer Gedächtnisspur, München 2001; ders., Die Mosaische Unterscheidung und der Preis des Monotheismus, München 2003; vgl. auch die Kontroverse zwischen Schäfer und Assmann in der Süddeutschen Zeitung: P. Schäfer, Das jüdische Monopol. Jan Assmann und der Monotheismus, SZ Nr. 184 (2004), 12; J. Assmann, Alle Götter sind eins! Das Unbehagen in der Religion, SZ 214 (2004), 14. Die Zitate von Schäfer und Assmann im Text beziehen sich jeweils auf die entsprechende Seite der SZ; die Kursivierungen stammen in den meisten Fällen von mir. Sie sollen hervorheben, mit welcher Position sich Assmann positiv identifiziert.

> ausschließlichen Fixierung auf die Judenvernichtung“ folgt: diese Konsequenz der essentialistischen Interpretation Assmanns verschlägt einem den Atem [...].

Ich will nicht unerwähnt lassen, dass Assmann sich von dieser Konsequenz deutlich distanziert. Ich gehe auf Assmanns These hier in Kürze ein, da gerade sie ein sprechendes Beispiel für eine essenzialistische Konstruktion des Judentums ist.

Mit der These von der „mosaischen Unterscheidung“ ist eine durch den biblischen Monotheismus eingeführte Unterscheidung zwischen „wahrer“ und „falscher“ Religion gemeint, mit der zusammen Hass und Konflikte und auch der Begriff der Sünde in die Welt gekommen sein sollen. Da sich die jüdische monotheistische Religion gewaltsam durchzusetzen versuchte und gleichsam als Gegenreligion zu anderen (polytheistischen) Religionen auftrat, sei sie auch die Ursache für Antisemitismus. Assmann erläutert seine These gegenüber kritischen Vorhaltungen von Schäfer noch einmal folgendermaßen:

> Sage ich, der Monotheismus habe Gewalt und Intoleranz in die Welt gebracht? Ja: zwar war auch die „polytheistische“ oder „heidnische“ Welt schon voller Gewalt und Intoleranz, und doch kam erst mit der „mosaischen Unterscheidung“ verbotener beziehungsweise falscher Götter eine neuartige, *rein religiöse Motivation* für Gewalt und Intoleranz auf. In der Tat, daran kann wohl im Hinblick auf viele einschlägige Bibelstellen kein Zweifel bestehen, *erzählt und erinnert der biblische Monotheismus die Geschichte seiner Durchsetzung in Szenen der Gewalt und „inszeniert sich als Gegenreligion“.* Dass sie [die monotheistische Religion, W. S.] „als solche gewalttätig ist“, sage ich nicht, stelle aber im Hinblick auf viele historische Situationen (ich schreibe diese Zeilen am 11. September) fest, *dass das im Gedanken der exklusiven Wahrheit angelegte Sinnpotenzial sich immer wieder in Gewalt geäußert hat.* Dass der Antisemitismus die „notwendige Folge des Monotheismus, gewissermaßen seine Kehrseite“ sei, habe ich nie gesagt, sondern nur eine innerjüdische Tradition in Erinnerung bringen wollen, die vom Talmud bis zu Sigmund Freud einen *im Auserwähltheitsgedanken angelegten Antisemitismus* antizipierend reflektiert [...].
> Allen drei Religionen [Judentum, Christentum und Islam, W. S.] ist nun einmal ein *starker Begriff des Anderen* gemeinsam, den sie, auf jeweils verschiedene Weise *verfolgend, umwerbend, missionierend, unterwerfend oder einfach nur ausschließend* als *goyim, gentiles, pagani*, Ungläubige, Häretiker von sich abgrenzen. [...] Worauf es mir ankommt, ist die These, dass *das „Wesen“ der monotheistischen Idee in dieser ausgrenzenden Unterscheidung liegt.*

Ich kann hier nur auf einige Aspekte der ausführlichen Argumentation von Assmann eingehen. Zunächst einige Details, die nur darauf aufmerksam machen sollen, dass man die hier herangezogenen Texte der Hebräischen Bibel auch anders als Assmann lesen kann. So scheint mir nicht wahrgenommen zu sein, dass

(1.) in der Hebräischen Bibel Konzeptionen von *Monotheismus* (etwa Dtn 6,4–6; 32,12; Jes 44,6[24]) und *Monolatrie* (Ex 20,2f.[25]; Hos 13,4 u. a.) nebeneinander stehen und dabei insbesondere die exklusive Beziehung des einen Gottes auf sein Volk Israel im Mittelpunkt steht, die zunächst nicht als aggressiver universaler Anspruch gedeutet werden muss.

Andererseits wird nicht beachtet, dass

(2.) gerade in Jesaja 44–48, d. h. einem Textkomplex, der wie kaum ein anderer die Einzigkeit des Gottes Israels betont und gleichsam als *der* zusammenhängende monotheistische Abschnitt der Hebräischen Bibel gelten kann (vgl. nur 44,6.24; 45,5f.18 usw.), zwar mit dem Verderben der „Götzen" und auch dem Untergang des Israel bedrückenden Babylon gerechnet wird. Doch begegnet hier gerade nicht Assmanns Gedanke von der gewalttätigen Durchsetzung des jüdischen Monotheismus, vielmehr ist umgekehrt auf die herrschaftskritischen und auch gewaltkritischen Tendenzen in diesem Zusammenhang zu achten. Und selbst wenn

(3.) in der Hebräischen Bibel neben der Konzentration der JHWH-Verehrung auf Israel auch vereinzelt ein universaler Anspruch auf Verehrung des Gottes Israels begegnet (s. nur Jes 60,14),[26] so wird man nicht verkennen dürfen, dass es sich dabei um imaginierte Zustände für die Zukunft in einer Gegenwart der Unterdrückung Israels handelt.

Freilich liegt mir hier vor allem daran zu zeigen, dass Assmann eine essenzialistische Konstruktion des Monotheismus und des Judentums vornimmt, die sich bei Lichte betrachtet als *seine* Deutung ausnimmt, für die er allerdings in Anspruch nimmt, sie sei Repräsentation ihres vermeintlichen Referenten. So unterstreicht er mit seinem Verweis auf den „11. September" als Beispiel für seine Behauptung, dass das „im Gedanken der exklusiven Wahrheit angelegte Sinnpotenzial sich immer wieder in Gewalt geäußert hat", den essenzialistischen Charakter seiner Deutung und die Kritik von Schäfer, dass seine Hypothese auf „falschen Prämissen" basiert. Denn: Zwar kann nicht bezweifelt werden, dass mindestens einige der Attentäter vom 11.9.2001 unter Berufung auf den Islam bzw. damit implizit wie explizit auf die Einzigkeit Allahs ihren Anschlag „erklären" bzw. „rechtfertigen". Doch handelt es sich um *ihre (grauenhafte) Interpretation* des monotheistischen Islam, nicht aber um eine *Konsequenz* aus dem „Wesen" dieser Religion qua Monotheismus! Zwischen dem Glauben an Allah, dem Allbarmherzigen, an den Gott Israels, oder auch an den Vater Jesu Christi und den Mordanschlägen von muslimischen, jüdischen oder christ-

[24] So spricht der HERR, der König Israels und sein Erlöser, der HERR der Heerscharen: Ich bin der Erste und bin der Letzte, und außer mir gibt es keinen Gott.

[25] Ich bin der HERR, dein Gott, der ich dich aus dem Land Ägypten, aus dem Sklavenhaus herausgeführt habe. Du sollst keine andern Götter haben neben mir.

[26] Und gebeugt werden zu dir kommen die Söhne deiner Unterdrücker, und alle, die dich geschmäht haben, werden sich niederwerfen zu deinen Fußsohlen. Und sie werden dich nennen: Stadt des HERRN, Zion des Heiligen Israels.

lichen Fanatikern im Namen (ihres) Gottes steht immer eine entsprechende *Interpretation*! Aus dem Monotheismus an sich lässt sich in der Tat kein gewalttätiges Potenzial ableiten, es sei denn, dass es zuvor in ihn hineingelegt worden wäre. Dagegen spricht im Übrigen auch, dass auch die polytheistischen Römer sich z. B. in der devotio Göttern als Opfer in der Schlacht weihten und Kriege zwischen polytheistischen Kombattanten, seien es Römer oder Athener, Spartaner oder Karthager, nicht ohne Anrufung ihrer Gottheiten um Schutz und Sieg und Vernichtung der Feinde geführt wurden.

Vor allem aber: Assmanns These funktioniert überhaupt nur, wenn man das antike Judentum resp. Israel zu einer „Religion“ macht und diesem Konstrukt ganz offenkundig negative Aspekte der beiden anderen monotheistischen Religionen, zumal auch des Christentums, hinzufügt. Assmann verlegt, so ist meine These, die erst in der christlich-abendländischen Tradition (vielleicht seit Augustin, vielleicht aber auch erst sehr viel später) möglichen „religiösen“ Diskurse über „richtige“ und „falsche“ Religion (im Sinne der richtigen oder falschen „Glaubensüberzeugungen“, nicht der richtigen oder falschen Kultpraxis!) in die Antike. Von fundamentaler Bedeutung für den modernen religiösen Diskurs ist allerdings – wie es zum Beispiel Jean-Pierre Vernant formuliert hat – das Moment der persönlichen „Überzeugungen, die das Ergebnis einer langen theoretischen Reflexionsarbeit sind“:[27]

> Nichts davon in Griechenland. Man kann sogar sagen, daß es für die Griechen keine Religion gab, sondern Kulte. Die Begriffe, die man verwendet (*nomizein, therapeuein*), bedeuten entweder „dem Brauch folgen“ oder „den Göttern dienen“, was heißt: ihnen die Kulte, die Ehren darzubringen, die ihnen zustehen. Man kann sogar sagen, ohne paradox zu erscheinen, daß man in Griechenland nicht „glauben“ muss.
>
> Nehmen wir ein Beispiel: Wenn jemand an den öffentlichen Feiern teilnimmt, erweist er den Göttern den geforderten Kult, er ist von den günstigen Wirkungen dieses Kults für sich und die ganze Gemeinschaft überzeugt, denn es ist der Kult, den schon seine Ahnen darbrachten. [...] Doch dieser Jemand kann sich wie der Abergläubische, den Theophrast beschreibt, ständig fragen, ob es nicht einen Gott gibt, der ihm an der nächsten Straßenecke auflauert. Er kann auch wie ein Skeptiker nach dem Vorbild des Protagoras behaupten, daß man über die Existenz der Götter nichts sagen könne. Und schließlich kann er wie [...] Kritias [...] erklären, die Götter seien eine Erfindung, um die Menschen im Zustand der Unterwerfung zu halten. Freilich keiner von ihnen wäre je auf die Idee gekommen, nicht an der Opferpraxis ihrer Polis teilzunehmen.

---

27 J.-P. Vernant, Zwischen Mythos und Politik. Eine intellektuelle Autobiographie, Berlin o. J. (2002?), 276. Ich nenne hier nur noch J. Rüpke, Die Religion der Römer, München 2001, für den angedeuteten Paradigmenwechsel im Verständnis der antiken „Religionen“.

Das *Diskursfeld*, in dem Assmann seine These von der „mosaischen Unterscheidung" und deren violente Folgen formuliert, ist also ein *moderner Religionsdiskurs*, der u. a. Religionen als Überzeugungssysteme voraussetzt, die in einem Wettstreit miteinander stehen, und zu denen man sich reflexiv im „Glauben" verhält. Dieser Religionsdiskurs ist aber eine Besonderheit des neuzeitlichen Christentums. Plakativer: Assmann deutet, ohne dass es ihm bewusst ist, die kultische Verehrung Gottes im antiken Israel am Modell der Religionskonflikte der Neuzeit. Sinnvoller wäre, gerade in Bezug auf das antike Israel, das Assmann ja mit seiner Einführung der „mosaischen Unterscheidung" im Blick hat, die „religiösen" Dimensionen als Teil der *Kultur* einer *Ethnie* zu verstehen, also nicht die ethnische Identität der religiösen zu subsumieren, sondern die „religiöse" der ethnischen. Ich zitiere zur Verdeutlichung einen Deutungsansatz, in dem das antike Judentum gerade nicht mit der modernen, westlichen und christlichen Kategorie „Religion" belegt, sondern zunächst einmal als Ethnie verstanden wird:

> The Jews (Judeans) of antiquity constituted an ethnos, an ethnic group. They were a named group, attached to a specific territory, whose members shared a sense of common origins, claimed a common and distinctive history and destiny, possessed one or more distinctive characteristics, and felt a sense of collective uniqueness and solidarity. The sum total of these distinctive characteristics was designated by the Greek word *Ioudaismos*. As we shall see, the most distinctive of the distinctive characteristics of the Jews was the manner in which they worshiped their God, what we today would call their religion. But *Ioudaismos*, the ancestor of our English word Judaism, means more than just religion. For ancient Greeks and contemporary social scientists, „religion" is only one of many items that make a culture or a group distinctive. Perhaps, then, we should translate *Ioudaismos* not „Judaism" but „Jewishness".[28]

Innerhalb dieser grundsätzlich anderen Konzeption von Judentum nimmt die exklusive Beziehung des Volkes Israel auf „seinen" Gott wie auch der Gedanke, dass Israel das „Eigentumsvolk" des von ihm verehrten Gottes ist, einen völlig anderen Charakter an, als wenn man dieselben Beziehungsverhältnisse unter der Kategorie bzw. im Modell der (monotheistischen) Religion diskutiert. Denn Israel vollzog auf seine Weise, was alle anderen antiken Ethnien auf ihre Weise in der kultischen Verehrung ihrer Götter getan haben. Die Götterverehrung war zugleich Repräsentation der ethnischen Identität. Die Besonderheit Israels war allerdings in der Tat, dass es einen Gott und diesen nur in einem einzigen Tempel kultisch verehrte und ihn auch nicht in Darstellungen repräsentierte. Als durchaus schwierig hat sich wohl auch erwiesen, dass Israeliten, die sich außerhalb ihres Heimatlandes befunden haben, anders als etwa Römer und

---

[28] Cohen 1999, 7f.

Hellenen, ihren Gott nicht in das Götterpantheon der anderen Völker integrieren konnten. Doch haben die Israeliten bekanntlich nicht die Tempel und Götterstatuen anderer Völker zerstört, sondern mussten meistens umgekehrt darum bitten und dankbar dafür sein, wenn man ihnen erlaubte, ihren Tempel nach der Zerstörung durch andere Völker wieder aufbauen zu können bzw. nach ihren väterlichen Gesetzen zu leben. Die These von der „mosaischen Unterscheidung“ und ihren gewalttätigen Folgen nimmt sich im Blick auf die tatsächlich erkennbaren Erfahrungen des Volkes Israel in den Beziehungen zu seinen „polytheistischen“ Nachbarn (wie etwa Ägypten oder Babylonien) nahezu faktenblind aus.

Kurz: Nach meinem Verständnis argumentiert Assmann aus einer neuzeitlichen Perspektive, d. h. er konstruiert das antike Judentum nach dem Modell des (zumal) christlichen Anspruchs auf exklusive religiöse Wahrheit. Dabei lässt er sich von der Illusion leiten, dass seine Interpretation, die nicht nur grundsätzlich, sondern auch in Details problematisch und einseitig ist, das in ihr gedeutete Phänomen korrekt repräsentiert. Doch bei Lichte betrachtet sind die „mosaische Unterscheidung“ und deren angeblich violente Folgen ein diskursives Produkt eines anachronistischen Religionsdiskurses!

6 Diskursmacht und Konstruktion des Anderen

In einem jüngst auch in deutscher Übersetzung publizierten Werk eröffnet Susannah Heschel einen faszinierenden Blick auf den jüdischen Historiker und „Theologen“ Abraham Geiger (1810–1874). Dessen Lebenswerk, zumal Geigers Forschungen zum „historischen“ Jesus und zur Entstehung des Christentums, deutet sie als frühes Beispiel „postkolonialen Schreibens“ im deutschen Judentum:

> Die Wissenschaft des Judentums, so möchte ich behaupten, bietet eines der frühesten Beispiele postkolonialen Schreibens. Deutsch-jüdische Historiker waren die ersten, die die anerkannten „Wahrheiten“ über die Geschichte des Westens und die Rolle, die Christentum und Judentum jeweils darin spielten, in Frage stellten. Klarer als alle anderen jüdischen Historiker seiner Zeit durchschaute Abraham Geiger die institutionelle Macht der Kirche, die Unwahrheiten in anerkannte Wahrheiten verwandelte, ein Machtsystem, das in der neueren Theorie als „ideologisches Regime“ bezeichnet wird. Er erkannte, dass die herrschende Ideologie eine christliche war, die sich selbst als säkulares ethisches und kulturelles Wertsystem darstellte und das Christentum als höchsten Ausdruck der Religion betrachtete, anstatt es als partikulare Religion zu verstehen, deren Ansprüche der Rechtfertigung vor dem Forum der Vernunft und der historischen Forschung bedurften.[29]

---

[29] S. Heschel, Der jüdische Jesus und das Christentum. Abraham Geigers Herausforderung an die christliche Theologie, Berlin 2001, 29.

Geigers Interventionen in den christlichen Religionsdiskurs (über das Judentum) hat man natürlich auf christlicher Seite nicht so gern gehört, sondern als „ernste Bedrohung“ empfunden und dementsprechend reagiert.[30] Die Bedingungen der Diskursformation waren noch zu Geigers Zeiten für seine Argumente wenig günstig. Eine Formulierung von S. Horowitz (über die Aufgabe von Jewish Studies) kann dies grundsätzlich verdeutlichen:

> Jewish studies are the study of Jews in their (or our) own terms. It recognizes that Jewish culture has been subordinate in Western culture, marginalized, translated, and appropriated. While Western thought has been notably occupied with the figure of „the Jew“ and with the Jewish question, the internal perspectives of Jews have been largely invisible. With rare exception the university has systematically effaced the study of Jews and Judaism except under the hyphenated misnomer „Judeo-Christian“, or from the unstated but implied point of view of Christianity.[31]

In jedem Fall gilt: Wissensdiskurse sind nicht neutral oder „unschuldig“, sie sind immer mit Macht – auch mit Deutungsmacht – verbunden. Es liegt darum nahe, dass auch die Analyse der christlichen Diskurse über das Judentum ohne Berücksichtigung der kulturellen Macht über das Judentum unvollständig bleibt. Gerade auch die in der christlichen Theologie stattfindenden wissenschaftlichen Diskurse über das Judentum sind keine neutralen Beschreibungen einer anderen Kultur und Religion, vielmehr *produzieren* sie Wissen über das Judentum, das im Übrigen für Jahrhunderte als „das“ Wissen über das Judentum galt. Im Zuge der christlichen Diskursmacht ist „das“ Judentum in verschiedenster Weise – meistens negativ – konstruiert worden. Dabei mögen bestimmte Äußerungsformen protestantisch, andere katholisch geprägt (gewesen) sein. Doch scheint mir, dass auch hier der Essenzialismus an Überzeugungskraft verliert. Schaut man noch einmal hin, so zeigt sich: Es sind die Diskurse, in denen „das“ Judentum als das jeweils Andere konstruiert wird und nach wie vor die Rolle des Antagonisten zugewiesen bekommt. Erst wenn wir diese Einsicht gewinnen, unsere Diskurse über das Judentum nicht mehr mit dessen Darstellung verwechseln, werden wir auch über unsere Diskurse erschrecken können. Plötzlich sind wir es, die den violenten jüdischen Monotheismus erfinden, die Gleichung X minus Judentum = Christentum produzieren, und nicht mehr Mose, das Judentum oder der Pharisäer Paulus. Je früher wir darüber erschrecken, umso besser.

30 Ch. Wiese, Wissenschaft des Judentums und protestantische Theologie im wilhelminischen Deutschland. Ein Schrei ins Leere?, Tübingen 1999, 70; ausführlicher Heschel 2001, 186–228.

31 S. R. Horowitz, The Paradox of Jewish Studies in the New Academy, in: D. Biale / M. Galchinsky / S. Heschel (Hg.), Insider/Outsider. American Jews and Multiculturalism, Berkeley 1998, 116–130: 120; vgl. auch H. Wassermann, False Start. Jewish Studies at German Universities during the Weimar Republic, New York 2003.

Von Ambivalenz zur Feindschaft

Anmerkungen zum Verhältnis des Ökumenischen Rats der Kirchen zum Staat Israel

Wolfgang Stegemann / Ekkehard W. Stegemann

1 Im Spannungsfeld des Nahostkonflikts von Anfang an parteiisch gegen Israel

Im August 1948 wurde der Ökumenische Rat der Kirchen (ÖRK: engl. World Council of Churches: WCC) gegründet. In dieser außerordentlichen weltgeschichtlichen Situation – nach dem verheerenden Zweiten Weltkrieg und der Ermordung von sechs Millionen europäischer Jüdinnen und Juden – war natürlich auch der Antisemitismus ein zentrales Thema:

> Wenn wir zusammenkommen, um offenen Auges und bußfertig die Unordnung der Menschenwelt zu betrachten [...], dann wird uns unausweichlich die Frage nach dem christlichen Verhalten gegenüber den Juden zu einem großen Anliegen. [...] Kein Volk in dieser Seiner Welt hat bitterer an der Unordnung der Menschheit gelitten als das jüdische [...] auch können wir nicht vergessen, dass wir nur fünf (sic!) Jahre nach der Ausrottung von 6 Millionen Juden zusammenkommen. Gott hat uns mit den Juden in einer Solidarität besonderer Art verbunden.[1]

Der Weltkirchenrat folgert aus dieser Beschreibung der historischen Lage eine dezidierte Absage an den Antisemitismus:

> Wir rufen alle von uns vertretenen Kirchen dazu auf, den Antisemitismus, gleichviel welchen Ursprungs, als schlechterdings mit christlichem Bekenntnis und Leben unvereinbar zu verwerfen. Der Antisemitismus ist eine Sünde gegen Gott und Menschen.[2]

Die Versammlung in Amsterdam hat sich mit diesen Sätzen, eingeschrieben in die Geschichte der christlichen Kirchen und ihrer kritischen Selbstreflexion auf ihr Verhältnis zum Judentum, einen großen Dienst erwiesen. Dafür können wir

---

1 Rolf Rendtorff / Hans Hermann Henrix (Hg.), Die Kirchen und das Judentum. Dokumente von 1945 bis 1985, Paderborn/München 1988, 326.

2 Ebd., 327.

nur dankbar sein. Zugleich hat der Weltkirchenrat sich damit auch selbst an die Absage an *jeglichen* („gleichviel welchen Ursprungs") Antisemitismus gebunden. Damit müssen sich gerade auch die offiziellen Äußerungen und organisatorischen Aktivitäten dieses internationalen Kirchenbunds an der eigenen Grundsatzerklärung messen lassen. Eben dies wollen wir in diesem Beitrag tun. Allerdings kann diese Aufgabe angesichts der Fülle an Verlautbarungen und Aktivitäten von Gremien des ÖRK allein in Bezug auf den palästinensisch-israelischen Konflikt hier nur an wenigen, ausgewählten Beispielen geleistet werden.[3]

Schon die Gründungsversammlung des ÖRK selbst schafft es nicht, sich hinsichtlich des Beitrags der Kirchen zum Antisemitismus ehrlich zu machen.

> Wir müssen in aller Demut erkennen, dass wir es allzuoft unterlassen haben, unseren jüdischen Nächsten christliche Liebe zu beweisen oder auch nur den entschlossenen Willen zur gewöhnlichen sozialen Gerechtigkeit. Wir haben es unterlassen, mit ganzer Kraft gegen die uralte Unordnung in der Menschenwelt zu kämpfen, die sich im Antisemitismus darstellt. Die Kirchen haben in vergangenen Zeiten dazu geholfen, ein Bild des Juden als des alleinigen Feindes Christi entstehen zu lassen, das den Antisemitismus in der säkularen Welt gefördert hat.[4]

Diese Verharmlosung des christlichen bzw. kirchlichen Anteils am Antisemitismus der „vergangenen Zeiten", die verschleiernde Rede von der „uralten Unordnung in der Menschenwelt", die sich im Antisemitismus ausdrücke, nicht zuletzt auch die Typisierung jüdischer Menschen im Begriff „des" Juden deuten an, dass der neu gegründete internationale Kirchenbund zu diesem Zeitpunkt selbst noch ganz am Anfang einer Aufarbeitung des christlichen Antisemitismus steht. Nicht zu vergessen, dass in der Erklärung die Bekehrung der Juden zum Christentum nach wie vor aufrechterhalten wird, wenngleich sie nicht mehr in einer speziellen Form der „Judenmission" stattfinden soll. Man wird leider auch sagen müssen, dass die „Solidarität besonderer Art", in der sich die Vollversammlung der damaligen Kirchen des Weltkirchenrats mit den Juden verbunden fühlte, ziemlich leeres Gerede war. Jedenfalls galt diese Solidarität schon damals nicht für den jüdischen Staat.

Der Staat Israel war kurz vor Gründung des ÖRK seinerseits gegründet worden (14. Mai 1948). Noch in der Gründungsnacht erklärte eine überwältigende Übermacht arabischer Nachbarstaaten (Ägypten, Saudi-Arabien, Jorda-

---

3 Zum Stichwort „Palestine" auf der Homepage des ÖRK haben wir 11 Webseiten mit Hinweisen auf Verlautbarungen oder Aktionen gefunden: http://www.oikoumene.org/@@search?b_start:int=60&Subject:list=Palestine. Zum Thema s. zuletzt auch Dexter van Zile, Broadcasting a Lethal Narrative: The World Council of Churches and Israel, http://jcpa.org/article/broadcasting-a-lethal-narrative-the-world-council-of-churches-and-israel-6.

4 Rendtorff/Henrix, a. a. O., 327.

nien, Libanon, Irak und Syrien) dem jungen Staat den Krieg. In dessen Verlauf (er dauerte 15 Monate) wurden sowohl Araber/Palästinenser aus den israelischen Gebieten vertrieben oder sind geflohen als auch Juden aus arabischen Gebieten (nicht nur in Palästina, sondern aus vielen arabischen Staaten). Die Gründungsversammlung des ÖRK nimmt zur Errichtung des jüdischen Staates wie folgt Stellung:

> Wir sehen, dass die Schaffung des Staates „Israel" dem christlichen Ringen mit dem jüdischen Problem eine neue, politische Dimension verleiht und den Antisemitismus durch politische Befürchtungen und Feindseligkeiten zu komplizieren droht. Wir maßen uns nicht an, ein Urteil über die politischen Seiten des Palästinaproblems und den verwickelten Gegensatz hier berührter „Rechte" abzugeben. Wir erwarten jedoch von den Nationen, dass sie dieses Problem nicht als eine Sache politischer, strategischer oder wirtschaftlicher Zweckmäßigkeit behandeln, sondern als eine sittliche und geistige Frage, die das religiöse Leben der Welt im Innersten berührt.
> Welche Stellung man auch zur Schaffung eines jüdischen Staates und zu dem hier in Frage stehenden „Recht" und „Unrecht" von Juden und Arabern, Judenchristen und arabischen Christen einnehmen mag – die Kirchen haben die strenge Pflicht, für eine Ordnung in Palästina zu beten und zu arbeiten, die so gerecht ist, wie das inmitten unserer menschlichen Unordnung nur sein kann; sie müssen nach Kräften unterschiedslos Hilfe für die Opfer dieses Krieges bereitstellen; sie müssen darum bemüht sein, die Nationen dahin zu beeinflussen, dass sie weit großherziger als bisher eine Zuflucht für „Displaced Persons" bereitstellen.[5]

Dass Israel sich „mitten im Unabhängigkeitskrieg" befindet, „der junge Staat und mit ihm viele Menschen, die dem Holocaust entflohen waren oder ihn überlebt hatten, wiederum um ihre Leben kämpfen mussten",[6] kommt in der Erklärung des ÖRK nicht vor. Die fast gelungene „Endlösung" des „jüdischen Problems" lag nur drei Jahre zurück und diejenigen, die das Glück hatten, diesen Versuch zu überleben, erfuhren gerade als „Displaced Persons", dass sie nach wie vor unerwünscht sind im christlichen Europa. Selbst ihre verständliche Absicht, Europa zu verlassen und etwa mit einem Schiff nach Palästina zu entkommen, wurde von einem europäischen Staat vereitelt. Das wahre „jüdische Problem" (das eigentlich ein *christliches* Problem mit „den Juden" ist), war immer noch, dass ihnen auch nach dem Holocaust und nach ihrem ersehnten oder aus Verzweiflung angestrebten Exodus nach Palästina dort erneut der Exitus drohte.

Was die Frage von „Recht und Unrecht" der „Schaffung eines jüdischen Staates" betrifft, hätte der Weltrat der Kirchen sich durch einen Blick in die Resolution 181 (vom 29.11.1947) der UNO kundig machen können. Sie sieht die

5 Ebd.
6 So Frank Crüsemann, 60 Jahre Kirche und Staat Israel, in: KuI 27 (2012), 167–176: 167.

Teilung Palästinas in zwei Staaten vor, und zwar in einen jüdischen und einen arabischen („a Jewish and an Arab").[7] Dass die arabische Seite dieses Angebot der UNO nicht angenommen hat, ja dass sie den gerade gegründeten Staat Israel überfällt und auszulöschen versucht, kommt in der Stellungnahme des ÖRK nicht vor.

Kurz: Als es erstmals um die Anerkennung des Existenzrechts des jüdischen Staates ging, hat der Weltrat der Kirchen sich – wenn man seine entsprechenden Aussagen *ad bonam partem* interpretiert – zur Errichtung des Staates Israel allenfalls *ambivalent* verhalten. Am deutlichsten hat der Zentralausschuss des ÖRK wenig später (1956) dieses ambivalente Verhältnis in einem dezidierten JEIN formuliert:

> Unsere Unsicherheit über den Ausgang des jüdischen Nationalismus spiegelt unseren Mißerfolg auf der ganzen Welt wider, die Frage des Nationalismus zu lösen. Wir können kein volles Ja zu den Kräften des Nationalismus sagen. [...] Anderseits kann man nicht ein volles Nein sagen, da die Kirche nicht einen vagen Kosmopolitismus bejaht. [...] Die Antwort liegt zwischen einem Ja und Nein, und der jüdische Nationalismus vereinigt in einem Brennpunkt in extremer Form ein Problem, welches alle Völker angeht.[8]

Doch zurück zur Gründungserklärung des ÖRK. Die Absage an den *Antisemitismus jeglichen Ursprungs* scheint beim ÖRK selbst noch nicht angekommen zu sein. Denn der Versammlung fällt zur Gründung des Staates Israel eigentlich nichts anderes ein als die Befürchtung, dass dieses Ereignis den „Antisemitismus durch politische Befürchtungen und Feindseligkeiten zu komplizieren droht". Dies ist schlicht eine Wiederholung antisemitischer Vorurteile, die den Antisemitismus auf die Juden selbst zurückführt. Frank Crüsemann fragt zu Recht: War eigentlich der Antisemitismus bisher unpolitisch?[9] Die Gründungsversammlung des ÖRK hat auch mit keinem Wort die Aggression der Allianz arabischer Staaten gegen den Staat Israel verurteilt. Das ist keine Petitesse, sondern schon damals Ausdruck einer *einseitigen* Wahrnehmung und Behandlung des arabisch-israelischen (später dann: palästinensisch-israelischen) Konflikts, die bis in die Gegenwart anhält. Bis auf wenige Ausnahmen kritisieren und brandmarken die Stellungnahmen des ÖRK *nur* die israelische Seite, während die Wahrnehmung des Leids und die Anerkennung des Unrechts, das den Israelis von arabischer/palästinensischer Seite widerfährt, unerwähnt bleiben. Dieses Defizit lässt sich eigentlich nur mit dem biblischen Begriff der „Herzenshärtigkeit" oder „Verstockung" bezeichnen. Sie gilt jetzt dem jüdischen

---

7 Zum englischen Original-Text s. nur: http://www.yale.edu/lawweb/avalon/un/res181.htm.

8 Rendtorff/Henrix, a. a. O., 335f.

9 Crüsemann, a. a. O., 167.

Staat. Dies hat eine politische Ursache. Denn, wie Rolf Rendtorff feststellt, „eine ausgeprägte Einseitigkeit" des Weltkirchenrats war vorprogrammiert, „denn eine Reihe von christlichen Kirchen der Nahostregion waren mit ihren Repräsentanten in seinen Gremien vertreten, hingegen selbstredend keine Vertreter Israels oder des Judentums"[10].

Wir halten fest: Von Anfang an hat der ÖRK ein *gespaltenes Verhältnis* zum Judentum. Man ist bereit, die religiöse und theologische Ausdrucksform des Antisemitismus, sprich: den christlichen Antijudaismus, zu verurteilen und aufzuarbeiten. Doch mit der Anerkennung des Staates Israel oder gar des Zionismus – als der nationalen jüdischen Befreiungsbewegung – tut man sich äußerst schwer. Daran hat sich bis in die aktuelle Gegenwart nichts geändert – im Gegenteil, die anfängliche Ambivalenz in Bezug auf den jüdischen Staat hat sich zu einer anti-israelischen Politik gewandelt – bis hin zu feindlichen Einstellungen gegen den Staat Israel und den Zionismus. Selbst Christinnen und Christen, die das Existenzrecht Israels bejahen und verteidigen und das Ziel des Zionismus – die Errichtung eines sicheren Heimatlandes für die Juden – befürworten, werden inzwischen in Erklärungen des ÖRK häretisiert.

2 Von theologischen Clowns und politischen Gestaltern im ÖRK

Es lassen sich zwei Ebenen des Diskurses über das Judentum bzw. das jüdische Volk/Israel im *World Council of Churches* unterscheiden. Da gibt es einerseits die theologische bzw. religiöse Ebene, andererseits die politische. Auf der religiös-theologischen Ebene geht es um die Aufarbeitung christlicher Vorurteile über das Judentum qua Religionsgemeinschaft, insbesondere auch um die christlichen Anteile am Antisemitismus. Auf der politischen Ebene geht es um den Staat Israel und insbesondere den palästinensisch-israelischen Konflikt. Beide Aspekte werden innerhalb des ÖRK von unterschiedlichen Gremien behandelt und vor allem: ungleich gewichtet.

Silke-Petra Bergjan, eine Insiderin im ÖRK, schreibt in einem Artikel für diese Zeitschrift: „Seit 1954 wird die Trennung zwischen den Kirchen, die von der theologischen Bedeutung des jüdischen Volkes und denen, die von Juden und Judentum in ausschließlich politischen Kategorien sprechen, zunehmend

10 Rolf Rendtorff, Der Zionismus und der Staat Israel in offiziellen Erklärungen christlicher Kirchen, in: Ekkehard W. Stegemann (Hg.), Hundert Jahre Zionismus. Von der Verwirklichung einer Vision, Stuttgart 2000, 144–151: 145.

deutlicher."[11] Sie führt dies einerseits auf die „Solidarität mit den arabischen Christen" zurück, die dazu führte, „dass die theologische Frage nach der Bedeutung des Judentums nicht mehr gestellt werden konnte". Andererseits auf die Erweiterung des ÖRK durch Mitgliedskirchen aus der südlichen Hemisphäre, in denen der jüdisch-christliche Dialog der westeuropäischen Kirchen theologisch und kulturell nicht vermittelbar war, anders als die einseitige politische Kritik am Staat Israel.[12]

Der Stellenwert des religiösen Diskurses innerhalb des ÖRK ist offenbar schon seit 1961 sehr gering. Dies bestätigt für die spätere Zeit der Erfahrungsbericht eines weiteren Insiders, Rev. Hans Ucko, der von 1989 bis 2008 Programmreferent für die jüdisch-christlichen Beziehungen im ÖRK war. Er erzählt im Rückblick auf seine Arbeit ein Schlüsselerlebnis. Zu Beginn seines Dienstes in Genf traf er einen Mitarbeiter, dem er sich auf der Treppe als neuer Referent für den jüdisch-christlichen Dialog vorstellte. Dieser begrüßte ihn mit den Worten: „Oh, dann sind Sie der Clown des Hauses."[13] Uckos Erfahrungsbericht zeigt dann, dass dieser Mitarbeiter nicht einfach nur unhöflich war, sondern ein für die Einstellung einer Mehrheit der Verantwortlichen im ÖRK repräsentatives Statement abgegeben hatte. Man gewinnt den Eindruck: Der theologische Aspekt des christlich-jüdischen Verhältnisses wird in den Gremien und der Bürokratie des Weltkirchenrats nicht ernst genommen. Im Zentrum stehen vielmehr generell politische Verlautbarungen und Positionierungen, insbesondere Äußerungen und Aktivitäten in Bezug auf den Staat Israel. Es lohnt sich, einen etwas längeren Abschnitt aus dem Erfahrungsbericht von Ucko zu zitieren:

> Da gibt es die einen (gemeint ist: im ÖRK), die sagen, dass dieser Dialog (gemeint ist der christlich-jüdische Dialog) nicht seriös sei und dass diejenigen, die sich daran beteiligen, irregeführt werden. Dieser Dialog – so heißt es – dient in Wirklichkeit nicht so sehr der christlichen Kirche wie dem jüdischen Gesprächspartner. Christen, die sich daran beteiligen – so das Argument – sehen nicht, dass sie benutzt werden, um Israel im israelisch-palästinensischen Konflikt zu stützen. Der jüdische Befreiungstheologe Marc Ellis hat den jüdisch-christlichen Dialog „den ökumenischen Deal" genannt. „Der ökumenische Deal ist simpel, doch er hat tiefgreifende Auswirkungen: Die Juden fordern, dass die Christen im Westen für die Sünde des Anti-Judaismus Buße tun. Die wesentliche Ausdrucksform christlicher Buße ist die unkritische Unterstützung des Staates Israel und seiner Politik." Die Juden vergeben den Christen ihre Geschichte des Antisemitismus unter der Bedingung, dass die gleichen Christen es unterlassen, Israel zu kritisieren. Das führt zu der Schluss-

11 Silke-Petra Bergjan, Keine Ökumene ohne Israel? Die Erneuerung des Verhältnisses zu den Juden und die Verpflichtung zur Solidarität der Christen untereinander, in: KuI 10 (1995), 58–74: 60.

12 Ebd., 61.64.

13 S. dazu Hans Ucko, Achtzehn Jahre mit dem jüdisch-christlichen Dialog im ÖRK, in: Ökumenische Rundschau 57 (2008), 475–493: 475.

> folgerung: Während der Rest der ökumenischen Bewegung weiß, was es im israelisch-palästinensischen Konflikt zu sagen gilt, werden die am jüdisch-christlichen Dialog beteiligten Christen als naive Gesprächspartner Israels angesehen, als Fürsprecher eines Zionismus, der Jerusalem annektiert und fortfährt, jüdische Siedlungen auf palästinensischem Gebiet zu bauen. Sie sind Clowns.[14]

Man traut seinen Augen nicht. Kann das sein, dass in der Bürokratie und in Gremien des WCC, dem ca. 550 Millionen Christinnen und Christen weltweit angehören, der christlich-jüdische Dialog als ein „Deal" geschmäht wird, in dem die christliche Seite als naiver Geschäftspartner dargestellt wird, während die jüdische sie sozusagen übers Ohr haut und ihre Bußfertigkeit kalt instrumentalisiert? Kann es sein, dass der „Zionismus" *dämonisiert* wird und seine christlichen „Fürsprecher" gleich mit? Fällt niemandem im ÖRK auf, nicht einmal Herrn Ucko, bei allem Respekt für seinen ehrlichen Erfahrungsbericht, dass dies purer Antisemitismus ist, der an Verleumdungen von Holocaustleugnern erinnert? Schon 1983 – im sog. Vancouver-Bericht – findet sich Übrigens eine Formulierung, die zeigt, dass im ÖRK die verleumderische Behauptung von Ellis, wenngleich in einer etwas milderen Form, längst Konsens war:

> Um folgenden Prozess zu [...] fördern, sollen die Kirchen folgendes unternehmen: [...] c) Christen in der westlichen Welt daran erinnern, dass ihre Schuld am Schicksal der Juden in ihren Ländern ihre Einstellung zum Nahost-Konflikt beeinflusst und häufig zu einer kritiklosen Unterstützung der Politik des Staates Israel und zur Blindheit gegenüber dem Los und den Rechten des palästinensischen Volkes geführt haben können.[15]

Ucko hat – so legt sein Erfahrungsbericht nahe –verzweifelt versucht, seine theologische Programmarbeit bzw. Erfahrungen aus dem jüdisch-christlichen Dialog einzubringen in die offenkundig so viel „wichtigere" politische Arbeit, zumal in die der *Kommission der Kirchen für Internationale Angelegenheiten und Beziehungen* (CCIA), die sich auch mit dem palästinisch-israelischen Konflikt beschäftigt. Das ist ihm allerdings nicht gelungen. Ucko schreibt:

> Am jüdisch-christlichen Dialog beteiligte Christen würden sagen, dass man den Dialog nicht von den Bemühungen der CCIA im israelisch-palästinensischen Konflikt trennen kann. Wie betrachten wir als Christen den Staat Israel? Und wie hilft uns

---

14 Ebd., 476. Das Zitat von Marc Ellis nach http://www.crosscurrents.org/Ellisspring2003.htm.

15 Erklärung zum Nahen Osten, in: W. Müller-Römheld (Hg.), Bericht aus Vancouver 83. Offizieller Bericht der Sechsten Vollversammlung des Ökumenischen Rats der Kirchen, Frankfurt a. M. 1983, 180f.

> der jüdisch-christliche Dialog den [...] Konflikt zu verstehen? Ist er Teil des Dialogs; oder nimmt hier der ÖRK eine politische Analyse vor, unabhängig vom Dialog [...].[16]

Sie würden es „sagen", aber sie haben es nicht durchsetzen können. Selbst der Versuch, in das „Programm zur Bekämpfung des Rassismus" (PCR) hineingenommen zu werden, ist gescheitert. Dieses Programm, so Ucko, konzentrierte sich nämlich auf Südafrika und das damalige Apartheidsregime, auf Rassismus in den USA, Neuseeland, Australien oder auch auf die Situation der Dalits in Indien. Doch:

> Der Antisemitismus gehörte – aus welchen Gründen auch immer – nicht dazu [...] Die Weltkonferenz über Rassismus in Durban 2001 machte die Schwierigkeit deutlich, als nämlich Teilnehmer, die sich Sorgen machten über die israelische Besetzung des Westjordanlands und des Gazastreifens, nicht anerkennen konnten oder sehen wollten, dass Antisemitismus auch Rassismus ist.[17]

Was verbirgt sich hinter dieser Formulierung? Ucko erinnert hier an die Weltkonferenz über Rassismus in Durban 2001, veranstaltet von der UNO. In einem Artikel auf Wikipedia ist zu den dortigen Beratungen zu lesen:

> Einen erheblichen Streitpunkt stellte die Behandlung der Palästinenser durch Israel dar. In der Schlusserklärung wurden die Palästinenser zwar als Opfer von Rassismus erwähnt, die Forderungen der NGO-Konferenz, dass die Ursache der israelischen Politik gegenüber den Palästinensern eine institutionalisierte Form von Rassismus und Apartheid wäre, wurde von der Staatenkonferenz nicht berücksichtigt. Die NGO-Konferenz verlangt zudem die Wiederinkraftsetzung der UNO-Resolution 3379 von 1975, die den Zionismus als eine Form von Rassismus und Imperialismus bezeichnete.[18]

Die erwähnte UNO-Resolution von 1975 hatte der damalige Generalsekretär des ÖRK, Philipp Potter, deutlich kritisiert.[19] Dies änderte sich mit der Delegation des ÖRK bei der NGO-Konferenz in Durban 2001. ÖRK-Delegierte nahmen an einem *Ecumenical Caucus* teil. In einem Bericht, der über die Homepage des ÖRK einzusehen ist,[20] wird auch über die Antisemitismus-Diskussion im *Ecumenical Caucus* berichtet, auf die sich Ucko bezieht. Es gab im Entwurf für die Abschlusserklärung drei Paragraphen zum Thema Antisemitismus, von denen der dritte dann allerdings nicht angenommen wurde. Er lautet:

---

16 Ucko, a. a. O., 478.

17 Ebd.

18 http://de.wikipedia.org/wiki/Weltkonferenz_gegen_Rassismus.

19 Rendtorff/Henrix, a. a. O., 383f.

20 http://www.oikoumene.org/en/folder/documents-pdf/durbanreport.pdf.

> Wir sind besorgt über die Prävalenz des Antizionismus und Versuche, den Staat Israel zu delegitimieren durch wüste, unrichtige Anklagen wegen Völkermord, Kriegsverbrechen, Verbrechen gegen die Menschheit, ethnische Säuberung und Apartheid; dies ist eine virulente, gegenwärtige Form des Antisemitismus. Sie führt zu Brandanschlägen auf Synagogen, bewaffneten Angriffen gegen Juden, Aufforderungen zum Mord und zur Ermordung von unschuldigen Juden wegen ihrer Unterstützung der Existenz des Staates Israel oder der Bestätigung des Selbstbestimmungsrechts des jüdischen Volkes und der Versuche, durch den Staat Israel ihre kulturelle und religiöse Identität zu bewahren.[21]

Bis auf einen Caucus haben alle anderen 43 (inklusive des *Ecumenical Caucus* und damit auch des ÖRK) diesen Abschnitt unter „Applaus" abgelehnt. Zur Begründung der Ablehnung durch die Delegation des ÖRK führt der erwähnte Bericht u. a. an: die Vermischung des jüdischen Volkes mit dem Staat Israel bzw. dass der Abschnitt implizit jegliche Kritik am Staat Israel als Antisemitismus ansehe.[22] Doch es geht in dem abgelehnten Abschnitt, wenn man lesen kann, nicht um jedwede Kritik am Staat Israel, sondern um „wüste" Vorwüfe – wie Völkermord oder Apartheid! Kritisiert wird die Delegitimierung des Staates Israel und des Selbstbestimmungsrechts des jüdischen Volkes durch *dämonisierende* Anklagen.

Der „jüdische Befreiungstheologe" Marc Ellis, von dem der an den traditionellen Antisemitismus anknüpfende Vergleich des jüdisch-christlichen Dialogs mit einem Kuhhandel stammt, war – so Ucko – „für einige Jahre in den 1990er Jahren die jüdische Quelle für die Arbeit im Mittelöstlichen Kirchenrat." Was heißt eigentlich „Quelle"? Ellis ist ein amerikanischer Professor, der für seine extrem anti-israelischen Äußerungen bekannt ist. Aus dieser „Quelle" konnte man nur anti-israelischen Antisemitismus schöpfen. Hat der Weltkirchenrat oder irgendeines seiner Organe auch mit einem Israeli gesprochen? Das wirft die viel grundsätzlichere Frage auf, *welche Verfahren* zur Zusammensetzung der Organe des WCC führen? Denn da sich dessen Gremien permanent zu politischen Problemen und Sachverhalten äußern, bedürften sie einer demokratischen Autorisierung. Hat sie eigentlich das Kirchenvolk gewählt?

Sowohl die *Vollversammlung* als auch die verschiedenen exekutiven Organe des *World Council of Churches* werden nicht (!) von den Mitgliedern der gegenwärtig 349 Kirchen bzw. Denominationen gewählt, die diesem internationalen Kirchenbund angehören. Ursprung aller Ermächtigung ist vielmehr das *Delegationsprinzip*. Die ca. 550 Millionen Christinnen und Christen, die einer der Mitgliedskirchen angehören und in deren Namen die Organe des ÖRK sich öffentlich äußern, haben keinerlei Einfluss auf die Zusammensetzung der Organe des Weltkirchenrats. In die *Vollversammlung* als oberstes „legislatives" Organ wird man delegiert von einem seinerseits nicht direkt gewählten Gremium der je-

---

21 Siehe S. 39ff. auf dem Download der zuvor genannten Webpage; unsere Übersetzung.

22 Ebd., 40.

weiligen Mitgliedskirche. Diese Versammlung wählt wiederum aus ihrer Mitte die Mitglieder des *Zentralausschusses*, der das höchste Leitungsgremium des ÖRK zwischen den alle acht Jahre stattfindenden Vollversammlungen ist. Die Vollversammlung wählt auch das *Präsidium*, dessen Mitglieder zugleich dem Zentralausschuss angehören. Um das System der gegenseitigen Beauftragung voll zu machen: Der Zentralausschuss wiederum wählt den *Exekutivausschuss* (einschließlich der leitenden Amtsträger/innen).[23]

Gemessen an den Standards westlicher Demokratien ist die Besetzung der Entscheidungsgremien des Weltkirchenrats nur *vordemokratisch* zu nennen. Schon von daher läge eigentlich nahe, dass die Organe des Weltkirchenrats nicht mit einem demokratisch legitimierten *politischen* Mandat ausgestattet sein können. Dieses politische Mandat gibt im Übrigen auch die Zweckbestimmung bzw. das Leitbild des Weltrats der Kirchen nicht her. Er ist nämlich „eine Gemeinschaft von Kirchen auf dem Weg zur sichtbaren Einheit in dem einen Glauben und der einen eucharistischen Gemeinschaft, die ihren Ausdruck im Gottesdienst und im gemeinsamen Leben in Christus findet“[24]. Doch das Fehlen eines im engeren Sinne politischen Mandats und ihrer demokratischen Legitimierung hat die einzelnen Organe des ÖRK bisher nicht gehindert, zu allen möglichen politischen Konflikten und Problemen Stellung zu nehmen, insbesondere und obsessiv zum palästinensisch-israelischen Konflikt. Die politischen Verlautbarungen berufen sich dafür auf einen höheren, moralischen/christlichen Auftrag (z. B. ihr Eintreten für Frieden, Gerechtigkeit und Bewahrung der Schöpfung) oder beschließen eine Dekade gegen Gewalt, in deren Zusammenhang sie dann Israel kritisieren.

Insbesondere die verschiedenen Verlautbarungen (und Aktivitäten) zum palästinensisch-israelischen-Konflikt sind ein gutes Beispiel dafür, dass keines der Organe des Weltkirchenrats im konkreten Fall zu einer fairen oder neutralen Einschätzung des besprochenen politischen Konflikts fähig ist. Tatsächlich mischen sich immer wieder politische Akteure von außen in die Entscheidungsfindung ein, oder die Vertreter(innen) einzelner Kirchen, deren Staaten durch eine zur Entscheidung anstehende Verlautbarung betroffen sind, nehmen entscheidenden Einfluss auf deren Wortlaut oder verhindern deren Verabschiedung. Wir nennen zwei Beispiele:

> Die (2.) Vollversammlung des Ökumenischen Rates der Kirche in Evanston (1954) hatte die Absicht, als Teil ihrer Erklärung zu „Christus unsere Hoffnung“ auch eine Aussage zur „Hoffnung Israels“ abzugeben. Diese Aussage wurde allerdings nicht in die Abschlusserklärung aufgenommen, weil die Delegierten arabischer Kirchen die-

---

23 http://www.oikoumene.org/de/about-us/organizational-structure/central-committee.

24 http://www.oikoumene.org/de/about-us. Bergjan, a. a. O., 58, verweist darauf, dass sich insbesondere unter dem Generalsekretär Konrad Raiser der Schwerpunkt des Weltkirchenrats auf die politische Präsenz verschoben hat; a. a. O., 58.

se als politische (d. h. in diesem Zusammenhang immer: als politisch *positive*) Äußerung zum Staat Israel verstanden und abgelehnt haben.[25] Der Verwerfung des Textes ging die Intervention eines christlichen Staatsmanns aus dem Libanon (Charles Malik) voraus, dessen Telegramm an die Versammlung die Delegierten drängte, nichts zu sagen oder zu tun, was die christlichen Araber verletzen könnte.[26] Rolf Rendtorff kommentiert das mit Recht so: „An diesem Zwischenfall in Evanston zeigt sich sehr deutlich zweierlei. Zum einen, dass die Mehrheit der Delegierten der Vollversammlung eine israelkritische, wenn nicht gar israelfeindliche Position einnahm; zum anderen, dass diese Mehrheit keineswegs das Gesamtspektrum der Meinungen innerhalb des Weltrats der Kirchen repräsentierte."[27] Das zweite Beispiel: Vertreter der russisch-orthodoxen Kirche verhinderten in den 1980er Jahren die Verurteilung der Sowjetunion wegen ihrer Invasion in Afghanistan.

Es liegt nahe, dass in den Verlautbarungen und Aktionen des ÖRK im Zusammenhang des palästinensisch-israelischen-Konflikts die arabischen bzw. palästinensischen Kirchen massiv ihre Sicht einbringen, wie sich zuletzt auch in der sog. Beiruter Erklärung vom Mai 2013 gezeigt hat (wir kommen darauf zurück). Während selbst in vielen Gremien der UNO Israel immerhin die Möglichkeit hat, *seine* Perspektive des Konfliktes darzustellen, hat der jüdische Staat, obwohl er immer wieder vom ÖRK auf die Anklagebank gesetzt wird, im Weltkirchenrat keine Möglichkeit, sich zu verteidigen. *Non* audiatur et altera pars. Mehr noch: Die Ankläger Israels können im Weltkirchenrat zugleich die Rolle der Richter über Israel übernehmen. Das ist an sich schon ein unhaltbarer Zustand. Schlimmer noch ist, dass diese *Verfahrens-Ungerechtigkeit* zugleich als ein besonders glücklicher Umstand verkauft wird, da man in den Vertretern der arabischen/palästinensischen Kirchen den aktuellen Ereignissen unmittelbar nahe „Zeugen" habe. Wie glaubwürdig sind politische Stellungnahmen des Weltkirchenrats, wenn *eine* Partei des in ihnen zur Sprache gebrachten Konflikts diese Stellungnahmen entscheidend beeinflussen kann? Grundsätzlicher noch: Ist eigentlich der ÖRK als Repräsentant der weltweiten Christenheit – jedenfalls des nicht-römisch-katholischen Teils von ihr – aufgrund von deren Jahrhunderte langen anti-jüdischen Geschichte in einer kommoden moralischen Position, wenn es darum geht, den jüdischen Staat an moralischen Maßstäben zu messen, die sie selbst gegenüber den Juden Jahrhunderte lang nicht eingehalten hat? Unsere Antwort lautet: Offenbar sieht man es so. Doch genau darum bedürfte es uneingeschränkt einer Analyse, die die historischen und aktuellen Sachverhalte so objektiv wie möglich, den Zusammenhang von Aktion und Reaktion differenzierend und fair gegenüber beiden Parteien abwägt. Das Gegenteil ist nach unserer Durchsicht vieler Verlautbarungen von Organen

---

25 So Rendtorff/Henrix, a. a. O., 330, die auch den abgelehnten Wortlaut zitieren.

26 Isaac Rottenberg, The Turbulent Triangle. Christian, Jews, Israel, Hawley 1989, 49. Den Hinweis verdanken wir van Zile, a. a. O., S. 6 des pdf-Downloads plus Anm. 29.

27 Rendtorff 2000, 145.

des ÖRK der Fall. Mit einer unangebrachten, aber gleichwohl aus der Geschichte des Antisemitismus wohlbekannten moralischen Arroganz und der Nichtbeachtung der wirklichen Verhältnisse und Ereignisse wird immer wieder der Staat Israel auf die Anklagebank gesetzt. Mehr noch, im Falle des Israel-Palästina-Konflikts belässt es der ÖRK nicht bei Verlautbarungen, er greift selbst *aktiv* ein.[28]

3 Israelfeindliche Verlautbarungen

Wir fahren fort mit einer fast schon harmlos zu nennenden Verlautbarung zum Staat Israel, die freilich in aller ihrer Unbedarftheit zugleich zwei generelle Tendenzen vieler Stellungnahmen des ÖRK zum Staat Israel zeigt. Einmal: Das Selbstbestimmungsrecht bzw. das Existenzrecht des jüdischen Staates wird zwar faktisch hingenommen, aber sofort mit einschränkenden Bemerkungen versehen.[29] Zum anderen: Das tatsächliche Verhalten der arabischen/palästinensischen Konfliktgegner Israels wird ausgeblendet. Diese kommen oft (mehr oder weniger explizit) als „Opfer" der Staatsgründung Israels oder überhaupt der Politik der Israelis in den Blick.

In einem Bericht zum Thema „Die Kirche und das jüdische Volk" der „Kommission Glaube und Kirchenverfassung" des ÖRK vom Juli/August 1967 (unmittelbar nach dem Sechstage-Krieg),[30] der sich hauptsächlich mit theologischen Themen beschäftigt, also in einer Stellungnahme der sog. „Clowns", findet sich eine knappe Bemerkung zur Errichtung des Staates Israel und dem Sechstage-Krieg. Der Bericht benennt „zwei geschichtliche Ereignisse", die in den „letzten dreißig Jahren Kirchen veranlasst (hätten), ihre Gedanken mehr als zuvor ihrer Beziehung zum Judentum zuzuwenden."

> In Europa hat eine Verfolgung stattgefunden, größer und brutaler, als man es in unserer Zeit je für möglich gehalten hätte, in der etwa sechs Millionen Juden in der schrecklichsten Weise vernichtet worden sind, nicht wegen ihrer persönlichen Taten oder Überzeugungen, sondern wegen der bloßen Tatsache, dass sie jüdische Großeltern hatten.[31]

---

[28] Wir meinen hier vor allem das Programm EAPPI: Ecumenical Accompaniment Programme in Palestine and Israel. Wir gehen darauf hier nicht ein.

[29] So wird „die Anerkennung des Rechts des palästinensischen Volkes auf Selbstbestimmung" immer wieder ausdrücklich erwähnt (dazu nur Rendtorff/Henrix, a. a. O., 379).

[30] Rendtorff/Henrix, a. a. O., 350–363.

[31] Ebd., 353f.

Es wäre zu erwarten gewesen, dass die Gründung des Staates Israel, die unmittelbar danach als das zweite relevante geschichtliche Ereignis erwähnt wird, im Zusammenhang mit dem Holocaust und der vielen „Verfolgungen" der Juden, die vorher in Europa stattgefunden haben und implizit vorausgesetzt werden, begrüßt wird. Weit gefehlt. Immerhin wird eingeräumt, dass die Gründung des Staates Israel für „die große Mehrzahl der Juden von ungeheurer Bedeutung" ist, da sie ihnen „ein neues Gefühl von Selbstbewusstheit und Sicherheit gegeben" habe. Kann man so ungeschützt von Sicherheit sprechen, kurz nach einem verheerenden Krieg, dem dritten, den die Juden in Israel seit der Errichtung ihres Staates durchstehen mussten? Es folgt denn auch sofort das Aber:

> Aber dieses gleiche Ereignis (die Gründung des Staates Israel) hat auch über arabische Menschen Leiden und Unrecht gebracht. Wir finden es unmöglich, der Staatsgründung und allem, was damit zusammenhängt, eine einmütige Bewertung zuteil werden zu lassen, und darum erwähnen wir in diesem Bericht diese Frage auch nicht weiter. Wir sind uns aber dessen bewusst, besonders im Blick auf die veränderte Lage im Nahen Osten als Ergebnis des Krieges im Juni 1967, dass auch die Frage des gegenwärtigen Staates Israel und seiner etwa vorhandenen theologischen Bedeutung aufgenommen werden muss.[32]

Was hier auffällt, ist, dass der (palästinensische) Mythos von der *Naqba* ganz und gar unkritisch übernommen wird. Es war nicht die Staatsgründung Israels, sondern die militärische und terroristische Bekämpfung derselben, die „über arabische Menschen Leiden und Unrecht gebracht" haben. Selbst nach fast zwanzigjährigem Bestehen des Staates Israel, nachdem dieser Kleinstaat inzwischen den dritten Krieg gegen seine arabischen Nachbarn durchstehen musste, kann sich der ÖRK nicht dazu durchringen, ein einmütiges und eindeutiges Bekenntnis zur Existenz des jüdischen Staates auszusprechen. Dass der gerade vergangene Krieg und jene zwei vor ihm auch über die *israelischen Menschen* „Leiden und Unrecht" gebracht hat, kommt nicht einmal in den Blick. Wieder ist die arabische Seite für den ÖRK kein politischer oder militärischer Akteur im arabisch-israelischen Konflikt, sie ist nur „Opfer".

Nach dem Sechstage-Krieg bildet sich dann ein drittes Mantra in den Aussagen des ÖRK zum Staat Israel heraus, nämlich die kontinuierlich wiederholte Forderung nach „Rückzug der Israelis aus 1967 besetzten Gebieten". Das vierte Mantra besteht in der Forderung nach einem besonderen Status für Jerusalem.[33] Das fünfte Mantra iteriert scharfe Kritik an jüdischen Siedlungen in den „besetzten" Gebieten und wird vor allem auch unterstützt durch ausdrückliche *Aktionen* (v. a. die Unterstützung von Boykottmaßnahmen).

---

32 Ebd., 354.

33 Nach unserer Recherche erstmals im sog. „Memorandum zur Lage im Nahen Osten" (Oktober 1975); dazu Rendtorff/Henrix, a. a. O., 379–382.

Auf die Forderung nach einem besonderen Status für Jerusalem, die zum Teil sehr wortreich begründet wird,[34] gehen wir nur kurz ein. Die entsprechenden Verlautbarungen des ÖRK erwähnen gern, dass Jerusalem „Juden, Christen und Muslimen heilig" ist. Sie fordern u. a. den freien Zugang für die Angehörigen aller drei monotheistischen Religionen zu ihren dortigen heiligen Stätten. Vergessen wird dabei jedoch, dass genau diese Forderung erstmals überhaupt durch die Israelis in Folge des Sechstage-Kriegs *erfüllt* wurde. Vor Juni 1967, als Ost-Jerusalem noch unter jordanischer Herrschaft stand, war es Juden nicht erlaubt, ihre heiligen Stätten zu besuchen. Dies hat der ÖRK damals allerdings nicht kritisiert. Der ÖRK forderte übrigens auch erst *nach* 1967 einen besonderen Status für diese allen drei monotheistischen Religionen heilige Stadt. Glaubwürdige politische Forderungen sehen anders aus. Der ÖRK, wenn wir es richtig sehen, hat auch das Friedensangebot Israels, das in Khartum von arabischer Seite mit dem dreifachen „Nein" zurückgewiesen wurde, nicht gewürdigt.

Auch die Aufforderung, dass Israel sich aus den im Zuge des Sechstage-Kriegs *besetzten* Gebieten zurückziehen muss, soll hier nur kurz zur Sprache kommen. Im Unterschied etwa zur Besetzung Tibets durch die VR China oder Nordzyperns durch die Türkei, zu denen übrigens der ÖRK unseres Wissens sich bisher noch nicht geäußert hat, geschah diese Besetzung im Zuge kriegerischer Aggressionen Ägyptens und Jordaniens gegen Israel – und nicht im Interesse eines Eroberungskrieges durch Israel. Beide Aggressoren hatten zuvor die Herrschaft über den Gazastreifen (Ägypten) bzw. das Westjordanland (Jordanien) inne. Ist es sinnvoll und moralisch einsichtig, dass man zwar seine Nachbarn überfallen kann, um deren Land in Besitz zu nehmen und sie zu vertreiben, denn das ist das Ziel arabischer Staaten gegenüber Israel gewesen, doch dass im Falle des Scheiterns von Überfall und Inbesitznahme alles so bleibt wie vordem? Vielmehr ist es selbstverständlich, wenn die überfallene Partei sich nach mehreren schlechten Erfahrungen mit den Nachbarn darum bemüht, erst dann die verteidigte Position aufzugeben, wenn es zu einem seriösen Friedensvertrag mit den gefährlichen Nachbarn kommt? Wir sind übrigens durchaus dafür, wenn es eine gesicherte Friedens- und Kompromisslösung gibt. Aber ein Rückzug aus den besetzten Gebieten muss keineswegs zwangsläufig zu einer Befriedung oder Deeskalation beitragen, wie der vollständige Rückzug der Israelis aus dem Gazastreifen und dessen Folgen zeigen.

Wer – wie der ÖRK – permanent einen bedingungslosen Rückzug Israels aus den besetzten Gebieten fordert, hat die Sicherheit und die gerechten Interessen der Bürgerinnen und Bürger des Staates Israel nicht auf seiner Rech-

---

[34] Siehe z. B. Rendtorff/Henrix, a. a. O., 381f.; vgl. auch Hans Hermann Henrix / Wolfgang Kraus (Hg.), Die Kirchen und das Judentum. Dokumente von 1986–2000, Paderborn/München 2000, 459–462; dort mit direkten politischen Aufforderungen an den Staat Israel verbunden.

nung. Man sollte auch erwarten dürfen, dass der ÖRK die Resolution 242 des Weltsicherheitsrats der UNO vom 22.11.1967, die vor allem als Begründung für den Rückzug Israels aus den im Zuge des Sechs-Tage-Krieges besetzten Gebieten angeführt wird, im Zusammenhang liest. Dort wird der Rückzug mit der „Errichtung eines gerechten und dauerhaften Friedens in Nahost" verknüpft.[35] Die einseitige Forderung des ÖRK nach Beendigung der Besetzung ist schlicht unfair und unverantwortlich gegenüber dem jüdischen Staat und seinen Einwohnern.

Der *Zentralausschuss* des ÖRK hat 2005 eine Resolution der Presbyterianischen Kirche der USA (PC USA) unterstützt, in der einseitig die Besetzung als Wurzel aller Gewalt – auf israelischer wie auf palästinensischer Seite, also: an der Gewalt der Palästinenser sind auch die Israelis schuld – behauptet wird.[36] Das ist ein wahnhaft antiisraelischer Blick auf die faktische Geschichte. Die PC USA folgert daraus ökonomische Sanktionen gegen Israel bzw. wirtschaftliche Unternehmen, die mit Israel zusammenarbeiten. Der Zentralausschuss des ÖRK unterstützt explizit diese Entscheidung und ihre Begründung:

> Der Zentralausschuss begrüßt die aktuellen Maßnahmen der Presbyterianischen Kirche (USA), die einen Prozess des abgestuften, selektiven Abzugs von Investitionen aus multinationalen Unternehmen in Gang gesetzt hat, die in die Besetzung verstrickt sind. Diese Aktion ist als Methode und Praxis empfehlenswert, sie geht von Kriterien aus, die im Glauben wurzeln, und ruft die Mitglieder auf, das zu tun, „was zum Frieden dient" (Lk 19,42).[37]

In welchem „Glauben" wurzeln eigentlich „Kriterien", die an Einseitigkeit, Ungerechtigkeit und Bosheit gegenüber der einen Konfliktpartei (Israel) und Blindheit gegenüber der anderen (Palästina) nicht zu übertreffen sind? Die PC USA wie der ÖRK bedienen sich schamlos Stereotypen des traditionellen Antisemitismus („die Juden sind an allem schuld"), indem sie den jüdischen Staat zum „Sündenbock" für alles Vertrackte und Tragische im palästinensisch-israelischen Konflikt erklären. Dass diese Deutung der Existenz und des Verhal-

---

35 Zum Wortlaut der Resolution s. nur den entsprechenden Artikel in Wikipedia: http://de.wikipedia.org/wiki/Resolution_242_des_UN-Sicherheitsrates. Eine Einführung in die Problematik und Hinweise auf weitere Literatur hier: http://www.jewishvirtuallibrary.org/jsource/German/Zwischen%20den%20Kriegen.html#F.

36 Die hier angesprochene Formulierung der Resolution der PC USA lautet: „The occupation must end; it has proven to be at the root of evil acts committed against innocent people on both sides of the conflict." S. Dexter van Zile, The U.S. Presbyterian Church's Renewed Attack on Israel, u. a. hier: http://jcpa.org/article/the-u-s-presbyterian-churchs-renewed-attack-on-israel.

37 http://www.oikoumene.org/de/resources/documents/central-committee/2005/reports-and-documents/genpub-5-second-report-of-the-public-issues-committee. S. auch van Zile, a.a.O., 24f.

tens Israels noch auf alle anderen Konflikte des Nahen Ostens ausgeweitet werden kann, wird gleich zur Sprache kommen. Wie die Entscheidung des ÖRK von jüdischer Seite aufgenommen wurde, soll zuvor kurz dargestellt werden.

4 Reaktionen von jüdischer Seite

Sowohl auf die Entscheidung der Generalversammlung der PC USA wie auf deren Rezeption durch den ÖRK gab es kritische Interventionen von jüdischer Seite. Wir gehen hier auf zwei Beispiele ein. Die Anti-Defamation-League kritisiert, dass der ÖRK eine Entscheidung (der PC USA) übernommen hat, die auf einer einseitigen, vorurteilsvollen Interpretation des israelisch-palästinensischen Konflikts basiert, die in unfairer Weise Israel als Urheber angeblicher Verstöße gegen das Völkerrecht darstellt, während sie unzählige andere Faktoren in dem Konflikt nicht wahrnehmen will, nicht zuletzt die anhaltende Kampagne des palästinensischen Terrors, der die Wurzel von Israels Aktionen in der Westbank und im Gazastreifen ist.[38]

Darüber hinaus hält die ADL die entsprechenden wirtschaftlichen Sanktionen generell für unproduktiv, da diese nicht nur Israelis, sondern auch Palästinenser treffen. Bezeichnend ist nach unserer Meinung schließlich die folgende Feststellung, deren kritischer Inhalt auf viele andere Verlautbarungen des ÖRK zum israelisch-palästinensischen Konflikt übertragen werden kann:

> Es ist besonders bedauerlich, dass der Ökumenische Rat der Kirchen diese Politik ohne Rücksprache mit führenden Repräsentanten des Judentums beschließt und seine politische Erklärung in ein Gewand „religiöser Wahrheit" gehüllt wird und nicht als Interpretation des Völkerrechts. Interpretationen des Völkerrechts sind einfach das, was sie sind, und keine geoffenbarten religiösen Wahrheiten.[39]

Es ist in der Tat ein besonderes Problem, dass sich politische Erklärungen der Gremien des ÖRK – auch in Bezug auf den palästinensisch-israelischen Konflikt – den Anschein geben, das Ergebnis u. a. folgender Faktoren zu sein:

- Von spirituellen Aktivitäten (z. B. Gebet)
- der eigenen (natürlich „richtigen") Interpretation biblischer Texte.
- Sie ergehen auch im Auftrag Gottes oder in der Nachfolge Christi,
- aufgrund einer „objektiven" Beurteilung der politischen und historischen Lage
- und relevanter Entscheidungen der UNO und/oder des internationalen Rechts
- und dessen (letztinstanzlicher) Auslegung durch Gremien des ÖRK.

---

[38] http://archive.adl.org/PresRele/ChJew_31/4652_31.htm.

[39] Ebd., unsere Übersetzung.

Wichtig ist, dass ein entscheidendes Element der weithin gelungenen christlichen kritischen Selbstreflexion auf die eigene antijüdische Vergangenheit in der Beratung anti-israelischer Verlautbarungen des ÖRK zum palästinensisch-israelischen Konflikt (bewusst?) ausgeschlossen wird: nämlich das direkte Gespräch mit Jüdinnen und Juden, in diesem Fall auch mit jüdischen Israelis.

Der schon zitierte ehemalige Verantwortliche des ÖRK für den christlich-jüdischen Dialog, Hans Ucko, stellt fest: „Die jüdische Gemeinschaft, die am jüdisch-christlichen Dialog beteiligt ist, beobachtet mit zunehmender Irritation die Art und Weise, in der der ÖRK den israelisch-arabischen Konflikt beurteilt." Er geht in diesem Zusammenhang auf eine Erfahrung des Generalsekretärs des ÖRK, Rev. Sam Kobia, auf einer Konferenz des *Internationalen Rats von Christen und Juden* (ICCJ) 2005 in Chicago ein. Kobia hatte sich dort in seiner Rede unter anderem gegen den Vorwurf verwahrt, dass sich der ÖRK mit seiner Unterstützung wirtschaftlicher Sanktionen gegen Israel in die Tradition der deutschen Nazis stelle: „Kauft nicht bei Juden!" Ucko zitiert aus der Antwort von Rabbiner David Rosen, einer führenden Persönlichkeit des konservativen Judentums und des internationalen christlich-jüdischen Dialogs, auf Kobias Rede.[40] Wir geben hier einen etwas längeren Ausschnitt (in unserer Übersetzung) wieder. Rosen bezieht sich in diesem Zusammenhang auf eine Erklärung der *Rabbis for Human Rights*, der er selbst angehört, und äußert sich – ohne dies konkret zu sagen – zu der erwähnten Sanktionsentscheidung der PC USA und deren Aufnahme durch den ÖRK:[41]

> Unsere Organisation hat sich kritisch zu einer Reihe von Aspekten der israelischen Politik geäußert. Allerdings haben die *Rabbis for Human Rights* heftig protestiert gegen eine gegenwärtige, nach unserer Meinung unfaire Kritik an Israel von bestimmten christlichen Organisationen, vor allem wenn diese in einer politisch-kulturellen Atmosphäre stattfindet, die Israel zum klassischen Sündenbock für fast jeden erdenklichen Fehler im Nahen Osten und sogar darüber hinaus zu machen sucht. Die doppelten Standards, die alltäglich geworden sind, sind erstaunlich. Zunächst einmal ist da das Phänomen der Unverhältnismäßigkeit. Jedermann würde meinen, dass es keine chinesische Unterdrückung der tibetanischen religiösen Kultur gibt und dass der Dalai Lama frei ist, nach Hause zu gehen. Jeder würde denken, dass es keine Unterdrückung der Bahai im Iran gibt, geschweige denn all die Menschenrechtsverletzungen in Israels Nachbarschaft, die Israel in der Region als eine bemerkenswerte Ausnahme herausheben, als eine Gesellschaft von Recht und Bürgerrechten, trotz der Mängel. Irgendwie scheint es, dass für viele keine der genannten ernsten Angelegenheiten praktische Maßnahmen rechtfertigen, sondern nur der israelisch-palästinensische Konflikt verdient die Anwendung von Sanktionen.

---

40 Ucko, a. a. O., 486.

41 www.rabbidavidrosen.net/articles.htm.

Rabbiner Rosen lehnt wirtschaftliche Sanktionen als Mittel der Durchsetzung von gerechten Verhältnissen nicht prinzipiell ab. Wenn diese allerdings so präsentiert werden, dass allein Israel die Verantwortung für den Konflikt übernehmen muss, dann habe man das Recht, dies unfair zu nennen. Ferner:

> Wenn Terrorismus als beiläufiger Kommentar erwähnt wird, statt als eine fundamentale Dimension der tragischen Situation, gibt es Grund zu einer negativen Reaktion. Die Behauptung, dass die „Ursache" des israelisch-palästinensischen Konflikts tatsächlich die „Besatzung" ist, ist ebenso lächerlich wie eine Beleidigung für das menschliche Gedächtnis. Haben diese Kritiker völlig vergessen, dass es vor 1967 keine „Besatzung" gab und trotzdem einen anhaltenden Konflikt? Darüber hinaus war die Westbank durch das Haschemitische Königreich Jordanien eingenommen worden, was kaum den Ausdruck der nationalen Rechte der Palästinenser gefördert hat! Doch nur sehr wenig Kritik, wenn überhaupt welche, hörte man damals von den Kirchen der Welt oder irgendjemanden sonst. Diese revisionistische Interpretation der Geschichte könnte Menschen glauben machen, dass der ganze Israel-Palästina-Konflikt im Jahr 1967 begonnen habe, und sie verkennt die wahre Ursache, die Feindseligkeit gegenüber irgendeiner Form unabhängiger jüdischer Präsenz im Heiligen Land. Ebenso unberücksichtigt bleiben alle Versuche seitens Israels seit dem Oslo-Abkommen, um sich selbst von der Besatzung zu befreien. Doch genau die anhaltende, kontinuierliche Gewalt hat den Rückzug Israels verhindert und die Möglichkeit einer neuen friedlichen Ära verschoben. All dies wird ignoriert.

Der ÖRK muss sich Einseitigkeit auch nicht nur darum vorhalten lassen, weil er nicht mit der anderen Seite, den Israelis, spricht, sondern auch darum, weil er *nur die Sicht der palästinensischen Konfliktseite bzw. der arabischen Welt übernimmt.* Das ist kein Zufall, denn in den Gremien des ÖRK sind palästinensische und arabische Kirchen vertreten, die ihre Position in den Verlautbarungen durchsetzen können. Das stellt das jetzt zu behandelnde letzte Beispiel für die Einseitigkeit, ja die Israelfeindlichkeit der Stellungnahmen des ÖRK deutlich unter Beweis.

5 Die Erklärung von Beirut 2013 – bisheriger Höhepunkt der feindlichen Politik des ÖRK gegenüber Israel

Der ÖRK hatte im Mai 2013 zusammen mit dem *Rat der Kirchen im Mittleren Osten* zum Abschluss einer Konferenz über „Christliche Präsenz und christliches Zeugnis im Nahen Osten" eine Erklärung abgegeben. Diese macht für *alle* Konflikte in den arabischen Staaten des Nahen Ostens und für die verheerende

Lage der Christinnen und Christen in diesen Ländern, die eigentlich der zentrale Beratungsgegenstand gewesen war, vor allem den Konflikt zwischen Israel und Palästina verantwortlich:

> Palästina ist nach wie vor das zentrale Thema der Region. Eine Lösung des Konflikts zwischen Israel und Palästina gemäß UN-Resolutionen und internationalem Recht wird maßgeblich dazu beitragen, die anderen Konflikte in der Region zu lösen. Auch nach 65 Jahren wird die Enteignung palästinensischer Menschen – Christen wie Muslime – durch die israelische Besetzung immer noch fortgesetzt. Die anhaltende Besiedelung von Gebieten innerhalb der Grenzen von 1967, die durch ein Land, durch seine erdrückende militärische Übermacht, seine Bündnisse mit Dritten und den Einfluss von Außen ermöglicht wird, spielt in den Unruhen der Gegend eine zentrale Rolle und wird durch die heuchlerische Politik der westlichen Mächte, insbesondere der USA, weiter verschärft. Christen wurden aufgerufen, diese andauernden Ungerechtigkeiten zu verurteilen und sich für ein Ende einzusetzen und so die Stimmen und die Forderungen der palästinensischen Christen zu stärken, die zum Beispiel im Dokument „Kairos Palestine“ zu finden sind.[42]

Genau genommen ist auch in dieser Erklärung wiederum nur der Staat *Israel* der Sündenbock, der *dämonisiert* wird. Er wird nicht nur für den Konflikt mit den Palästinensern, sondern für *alle anderen Nahost-Konflikte* verantwortlich gemacht. Allein schon diese These ist innerhalb von Aussagestandards, die den Anspruch erheben, sich im Bereich rationaler politischer Analyse und Argumentation zu bewegen, nicht nachvollziehbar. Selbst der größte Feind des Staates Israel muss einräumen, dass die Aufstände und bürgerkriegsähnlichen Zustände in verschiedenen Staaten des Nahen Ostens, etwa in Libyen, Tunesien oder Ägypten, dass die Massaker in Syrien oder seit langem schon die Bombenanschläge im Irak, die Zigtausende von Toten, Verletzten und Millionen von Vertriebenen verursacht haben, mit dem palästinensisch-israelischen Konflikt nicht das Geringste zu tun haben, geschweige denn mit Israel. Es stammt aus einem wahnhaften antisemitischen Weltbild, was die Beirut-Erklärung behauptet. Es geht in den Nahost-Konflikten (man beachte den Plural) u. a. um den Kampf um demokratisch-freiheitliche Rechte und gegen autoritäre bzw. diktatorische Regime, gegen soziale Deklassierungen, aber auch um inner-islamische („konfessionelle“) Differenzen. Weder in den Rebellionen in Tunesien, Ägypten oder Syrien, im Irak oder in den Aufständen in Saudi-Arabien oder anderen Golfstaaten spielt der Israel-Palästina-Konflikt eine Rolle. Sunniten und Schiiten im Irak oder in Syrien bringen sich nicht wegen des Israel-Palästina-Konflikts gegenseitig um. Islamistische Terrorgruppen verfolgen auch nicht aus diesem Grund christliche Minoritäten in ihren Ländern. Sie

---

42 http://www.oikoumene.org/de/resources/documents/wcc-programmes/public-wit-ness-addressing-power-affirming-peace/middle-east-peace/statement-on-christian-pre-sence-and-witness-in-the-middle-east?set_language=de.

verfolgen sie, weil sie Christen sind und gegebenenfalls sich politisch auf die Seite jener Gruppierungen stellen, von denen sie am ehesten Schutz vor Verfolgung und Vertreibung erwarten.

Noch ganz unabhängig davon, wie man zum jüdischen Staat Israel und dem palästinisch-israelischen Konflikt steht, ist die in der Erklärung des ÖRK ihm und letztlich dem Staat Israel zugeschriebene Sündenbock-Rolle auch ein Schlag ins Gesicht der vielen Millionen Menschen – zumal auch der jungen Leute – in den arabischen Staaten, in denen die sog. „Arabellion" stattgefunden hat. Nicht wenige sehnen sich nach einer freiheitlich-demokratischen Ordnung in ihren Staaten, für die sie teilweise mit großem persönlichen Einsatz eingetreten sind. Das wird in dieser Erklärung mit keinem Wort gewürdigt. Wir fragen uns: Ob Vertreter und Vertreterinnen westlicher Demokratien das während der Beratungen in Beirut moniert haben und überstimmt wurden? Indem die Rebellion und der Traum von mehr Freiheit nicht auf die Rückständigkeit, Ungerechtigkeiten und repressiven Verhältnisse ihrer eigenen Gesellschaften, sondern auf den palästinensisch-israelischen Konflikt, damit letztlich auf Israel abgewälzt werden, werden die Demokratiebewegungen um ihre gerechten Ziele und ihre Protagonisten um ihre persönlichen Opfer gebracht. Ebenso und vor allem tut diese Erklärung den verfolgten Christinnen und Christen in Ägypten, Syrien, dem Irak und wo immer sonst großes Unrecht an. Sie werden in ihren Heimatländern durchaus von einzelnen muslimischen Nachbarn unterstützt, doch zumal von islamistischen Gruppen – wie etwa der Muslim-Bruderschaft – malträtiert und von den staatlichen Organen nicht ausreichend geschützt. Der ÖRK, die Repräsentation der internationalen Christenheit, so haben wir gedacht, sollte sich eigentlich dringend für sie einsetzen. Doch weit gefehlt. Denn dann müsste der ÖRK ja die wirklich Verantwortlichen für unhaltbare Zustände in den arabischen Ländern mit Namen nennen. Dazu fehlt der Mut (vielleicht nicht die Erkenntnis). Ja man glaubt wohl, dass die Politik des Verschweigens und Vernebelns in Bezug auf den Terror von islamistischen Gruppen, der gerade auch Christen trifft, hilfreicher wäre. Im Gegenteil: Dieses beim Namen zu nennen, wäre wichtig. Wir erinnern an die Vorwürfe, die das Schweigen von Papst Pius XII. angesichts der Ermordung der Juden durch Nazi-Deutschland geerntet hat. Diesmal ist es der ÖRK, der zur Verfolgung, Ermordung, Vertreibung von Christinnen und Christen in Ländern des Nahen Ostens schweigt![43]

Es ist u. E. darum besonders verwerflich an dieser Erklärung des ÖRK, dass sie ihr eigentliches Thema – die Gefährdung der Christinnen und Christen im Nahen Osten durch islamistische Gruppen und das Versagen der staatlichen Stellen in den entsprechenden Ländern, ja teilweise deren Beteiligung – nur pauschal und völlig unkonkret anspricht:

---

43 Auf diesen skandalösen Vorgang hat jüngst auch Malcom Lowe aufmerksam gemacht: http://www.gatestoneinstitute.org/4028/world-council-of-churches.

> Die aktuelle Krise ist hier im Nahen Osten zwar besonders intensiv, betrifft aber die ganze Menschheit. Teil der Krise sind die Intensivierung des religiösen Tribalismus, wachsender Fundamentalismus in vielen Religionen der Welt, die Verbreitung des Einflusses radikalisierter islamischer Gruppen, weitverbreitete Gewalt und Unsicherheit, das Fehlen demokratischer Legitimierung und Glaubwürdigkeit, Armut und fehlende Chancen, insbesondere für Frauen und junge Menschen, die Abwanderung von Christen aus der Region und nach Jahrzehnten fruchtloser Interventionen das allgemeine Gefühl, im Stich gelassen worden sein. Christen, Muslime und Juden erleben die zerstörerischen Auswirkungen dieser Entwicklungen alle gleichermaßen.[44]

Die Vergewaltigung, Ermordung, Vertreibung und Beraubung von Christinnen und Christen, zu denen auch deren Ermordung in Kirchen während des Gottesdienstes durch Bombenattentate gehört, wird hier *unsichtbar* gemacht. Man kann nicht so allgemein reden, wenn man sich über die prekäre Lage, die mangelnden Menschenrechte für Christen und Christinnen in Nahost verständigt. Man sollte nicht ablenken dadurch, dass man ein weltweites Problem diagnostiziert. Auch das geschieht hier übrigens, ohne Ross und Reiter zu nennen. Der ÖRK ist immer „mutig", wenn er Israel als den Schurken im Stück des dramatischen Szenarios in Nahost benennt. Aber Solidarität mit verfolgten Christinnen und Christen fehlt. Ein internationaler Kirchenbund, der 550 Millionen Christinnen und Christen weltweit repräsentiert, der permanent Stellungnahmen für mehr Gerechtigkeit und Frieden in der Welt abgibt und sich obsessiv für Palästinenser engagiert, eben dieser Kirchenbund schweigt, wenn es um brennende Probleme von Christinnen und Christen in den Nahostkonflikten geht. Schlimmer noch, er kompensiert sein Schweigen in Bezug auf die arabischen Staaten und den in ihnen Verantwortlichen, indem er Israel anklagt.

Zugleich erzählt die Stellungnahme eine Geschichte über den Staat Israel, die den historischen Fakten und einer objektiven und gerechten Beurteilung von dessen Entstehung nicht den geringsten Raum gibt. Die Erklärung erzählt die Geschichte des Israel-Palästina-Konfliktes *aus der Sicht von Palästinensern*, die ihre Version des Konfliktes in der Erklärung verbreiten dürfen. Es ist eine Erzählung, in der Israel seit 65 Jahren, also seit der Staatsgründung im Mai 1948, Palästina besetzt und die dort lebenden Menschen (Christen wie Muslime) kontinuierlich enteignet hat. Das ist schlicht eine Missachtung nicht nur der historischen, sondern auch der völkerrechtlichen Verhältnisse. Es ist eine massive *Delegitimierung* des Staates Israel.

---

44 Ebd.

In einem weiteren Punkt der Erklärung heißt es:

> Das Jerusalem von heute ist eine besetzte Stadt, deren Regierung eine für Christen wie auch für Muslime diskriminierende Politik betreibt.[45]

Auch diese Aussage steht im offenen Widerspruch zu den historischen und gegenwärtigen Fakten. Der Generalsekretär des ÖRK, Dr. Fykse Tveit, hat zwar später versucht, diese Formulierung unauffällig zu korrigieren, indem er in seiner Stellungnahme zu einem offenen Brief, den die Autoren dieses Artikels verfasst haben, von *Ost*-Jerusalem spricht.[46] Doch aus dem Gesamtduktus des 6. Abschnitts der Erklärung, der mit dem zitierten Satz beginnt, geht deutlich hervor: *ganz* Jerusalem war gemeint. Welche Peinlichkeit in internationaler und rechtlicher Perspektive!

Ein veritabler Skandal ist auch die Behauptung, dass Christen und Muslime von der israelischen Regierung „diskriminiert" werden. Sie ist wahrheitswidrig und redet falsches Zeugnis gegen Israel, aber auch gegen Christen und Muslime im jüdischen Staat. Nirgendwo sonst im Nahen Osten gibt es eine so ausgeprägte religiöse Toleranz wie in Israel. Während Israel wahrheitswidrig der Diskriminierung von Christen beschuldigt wird, bleiben alle jene Länder bzw. die in ihnen Verantwortlichen in Israels Nachbarschaft, die tatsächlich Christen nicht nur diskriminieren, sondern auch mit Gewalt verfolgen und vertreiben, in der Erklärung unerwähnt. Dies nennen wir das Messen mit zweierlei Maß, die Anwendung *doppelter Standards* auf Israel.

Eines weiteren antisemitischen Stereotyps bedient sich der 7. Abschnitt der Erklärung. In diesem Falle wird es allerdings auch auf christliche Geschwister angewendet:

> Christen, die einen „christlichen Zionismus" propagieren, verzerren die Interpretation des göttlichen Wortes und die historische Verbundenheit der Palästinenser – Christen und Muslime gleichermaßen – zum Heiligen Land. Sie machen die Manipulation der öffentlichen Meinung durch zionistische Lobbys möglich und schaden den Beziehungen innerhalb der Christenheit.[47]

Dieser Abschnitt ist in jeder Hinsicht *unerträglich*. Er *dämonisiert* und *häretisiert* alle Christinnen und Christen, die die Anti-Israel-Politik des ÖRK nicht teilen. Wer genau ist mit den Christen gemeint, die einen „christlichen Zionismus propagieren"? Und was ist eigentlich am sog. „christlichen Zionismus" ver-

---

45 Ebd.

46 Der offene Brief ist u. a. hier nachzulesen: http://www.audiatur-online.ch/2013/06/04/offener-brief-an-sek-und-edk/. Die Reaktion von GS Dr. Tveit u. a. hier: http://www.juedische-allgemeine.de/article/view/id/16235.

47 S. Anm. 40.

werflich? Das sind abstoßende Beschuldigungen. Man versteht sie nur, wenn man den zum Teil *absurden* Diskurs über den „christlichen Zionismus" kennt, in dem u. a. behauptet wird, dass zur „biblischen Interpretation der geschichtlichen Endereignisse die Annihilation von zweidritteln der Juden und die Christianisierung des letzten Drittels gehört", wie u. a. der palästinensische „Befreiungstheologe" Naim Ateek behauptet.[48] Seit Jahren werden – mit Unterstützung des ÖRK – alle jene Christinnen und Christen weltweit skandalisiert und dämonisiert, die ein faires, dem christlichen Glauben und seinen Werten entsprechendes Verhältnis zum Staat Israel haben. Man möchte fragen, ob auch der Apostel Paulus zu dieser christlichen Häresie gerechnet würde? Denn es ist zu befürchten, dass seine Formulierungen in Römer 11,25f. vom Weltkirchenrat als von „zionistischen Lobbys" zur „Manipulation der öffentlichen Meinung" stammend angesehen werden. Es kann nicht hingenommen werden, dass der, der sich als Christ für den jüdischen Staat einsetzt, vom ÖRK als Häretiker abgestempelt wird. Der ÖRK hat dazu kein Mandat, er missbraucht seine Rolle und repräsentiert nicht die Kirchen und deren Mitglieder, für die zu sprechen er sich anmaßt.

Die Erklärung von Beirut ist selbst im Kontext der anti-israelischen Politik und Polemik des ÖRK ein Tiefpunkt. Sie wendet *d*oppelte Standards auf Israel an, *d*elegitimiert den jüdischen Staat und *d*ämonisiert ihn (und verleumdet auch christliche Unterstützer Israels). Bei Anwendung des sog. 3-D-Tests[49] erfüllt sie – was selbst in antisemitischen Kreisen selten ist – alle drei Kriterien des anti-israelischen Antisemitismus: die Anwendung *doppelter* Standards, die *Dämonisierung* Israels und die *Delegitimierung* des Existenzrechts des jüdischen Staats. Auch im Sinne der „Arbeitsdefinition" der EU zum Antisemitismus oder der Antisemitismus-Definition des State Department der USA ist die Beirut-Erklärung des ÖRK als antisemitisch zu beurteilen.[50]

---

48 Das von uns übersetzte Zitat: Naim Ateek, An Arab-Israeli's Theological Reflections on the State of Israel After 40 Years, in: Immanuel, Bd. 22/23 (Jerusalem: Ecumenical Theological Research Fraternity in Israel, 1989), 180. S. auch Naim Ateek et al. (Hg.), Challenging Christian Zionism: Theology, Politics and the Israel-Palestine Conflict, London 2005. Mit den Mythen über den christlichen Zionismus räumt u. a. Paul Charles Merkley auf: Christian Zionism, 101. Der Aufsatz ist nachzulesen auf der Internet-Seite Think-Israel: http://www.think-israel.org/merkley.christianzionism.html.

49 Natan Sharansky, 3D Test of Anti-Semitism: Demonization, Double Standards, Delegitimization. S. http://jcpa.org/article/3d-test-of-anti-semitism-demonization-double-standards-delegitimization/#sthash.kxXrTCFw.dpuf. Dazu auch Samuel Salzborn, Israelkritik oder Antisemitismus? Kriterien für eine Unterscheidung, in: KuI 28 (2013), 5–16: 10.

50 EUMC: Working Definition of Antisemitism (2004), in: http://www.fra.europa.eu/fraWebsite/material/pub/AS/AS-WorkingDefinition-draft.pdf (dt. Übersetzung: European Forum on Antisemitism). Auf der Webseite des US State Department findet man dieselben Kriterien des sog. 3-D-Test in der Antwort auf die Frage: „What is Anti-Semitism Relative to Israel": http://www.state.gov/j/drl/rls/fs/2010/122352.htm.

Quo usque tandem ÖRK? Wie lange müssen wir noch darauf warten, dass die Vertretung von 550 Millionen Christinnen und Christen weltweit sich endgültig vom Antisemitismus verabschiedet, den sie bei ihrer Gründung als Sünde wider Gott und Menschen verurteilt hat? Am unglaubwürdigsten ist, wer sich selbst nicht an die eigenen moralischen Normen hält.

Hat der Apostel Paulus eine rabbinische Ausbildung in Jerusalem erhalten?

Wolfgang Stegemann

Einleitung

Die Wahrnehmung und Anerkennung der jüdischen Identität Jesu ist für die dritte Epoche der Jesusforschung, die sog. *third quest*, zu einer Art Markenkern geworden. Diese Forschungsepoche hat in den 70er Jahren des letzten Jahrhunderts begonnen und hält bis in die Gegenwart an. In den zwei Forschungsepochen vorher war Jesu Judesein mehr oder weniger, zum Teil sogar heftig umstritten. Doch selbst dort, wo man die jüdische Identität des historischen Jesus einräumte, diente sie lange Zeit entweder zur Untermauerung der aufgeklärten Kritik an christologischen Dogmen (zum Beispiel der Gottessohnschaft Jesu) oder als Warnung einer anti-jüdisch ausgerichteten Theologie vor negativen theologischen Folgen der historischen Jesusforschung. In der gegenwärtigen Epoche der Jesusforschung geht es auch nicht mehr um die Alternative, ob Jesus Jude war oder nicht, sondern es wird vor allem sein *Ort* innerhalb des Judentums seiner Zeit diskutiert.[1] Sowohl in alltäglichen wie auch in wissenschaftlichen Diskursen ist die Bezeichnung Jesu als *Rabbi* zunehmend verbreitet und soll wohl meistens die jüdische Identität und kulturelle Einbindung Jesu – zumal auch seiner Lehren – betonen. Manchmal scheint das Syntagma „Rabbi Jesus“ auch eine Art Steigerungsform der jüdischen Identität Jesu auszudrücken.

Ich habe hier kurz an die Jesusforschung erinnert, weil es dazu einige auffällige Parallelen, aber auch Unterschiede in der Paulusforschung gibt. Auch in der Paulusforschung gibt es seit den 1970er Jahren einen epochalen Wandel. Wir sprechen von der *new perspective* on Paul, der neuen Paulusperspektive, die die *old perspective* weithin abgelöst hat, die manchmal auch die „lutherische Perspektive“ genannt wird. Denn die neue Paulusperspektive ist insbesondere in Auseinandersetzung mit dem traditionellen Forschungsparadigma der (zumal deutschen) Paulusexegese entstanden und hat sich von ihm abgelöst.[2] Auch im Fall der neuen Paulusforschung ließe sich verallgemeinernd davon

---

1 Dazu ausführlich Wolfgang Stegemann, Jesus und seine Zeit, Stuttgart 2010, 153ff.

2 Den ersten deutschsprachigen Überblick über die neue Paulusperspektive hat diese Zeitschrift veröffentlicht: Christian Strecker, Paulus aus einer „neuen Perspektive“. Der Paradigmenwechsel in der jüngeren Paulusforschung, in: KuI 11 (1996), 3–18.

sprechen, dass die jüdische Identität des Paulus und seiner Theologie, insbesondere seine Haltung bzw. Einstellung zum Judentum, die zentralen Unterscheidungsmerkmale der neuen von der alten Paulusperspektive repräsentieren. Wie in den Jesus-Diskursen wird auch in den neuen Paulusdiskursen das Judesein von Paulus schon in Buchtiteln signalisiert; etwa in der deutschen Übersetzung von Aufsätzen Krister Stendahls, dem Veteranen der neuen Paulusperspektive: „Der Jude Paulus und wir Heiden."[3] Wie in der Jesusforschung wird auch in der Paulusforschung diskutiert, wie man die jüdische Identität des Paulus konkreter im Judentum seiner Zeit verorten kann. Das scheint relativ einfach zu sein, denn Paulus selbst betont ja seine Nähe zu den Pharisäern im Blick auf sein Verständnis der Tora (Phil 3,5), in der Apostelgeschichte bezeichnet er sich sogar ausdrücklich als zugehörig zur Gruppe der Pharisäer (Apg 23,6; 26,5). Darüber hinaus wird in den wissenschaftlichen Diskursen die jüdische Identität des Paulus auch grundsätzlicher und allgemeiner diskutiert und auf den Begriff gebracht. So deutet z. B. Daniel Boyarin Paulus als einen „radikalen Juden" („radical Jew") – was immer das meint.[4]

Es fällt allerdings im Unterschied zu den Jesus-Diskursen auf, dass Paulus nahezu nie als *Rabbi* bezeichnet wird. Eine Ausnahme ist Bruce Chiltons phantasievolles Paulus-Buch, das diese Bezeichnung schon im Titel verwendet: *Rabbi Paul. An Intellectual Biography.*[5] Wahrscheinlich hat diese Zurückhaltung auch etwas mit dem biblischen Befund zu tun: Während sich nämlich für Jesus schon in den Evangelien die Anrede *Rabbi* findet (dazu gleich mehr), fehlt diese Bezeichnung für Paulus, und zwar nicht nur in den Paulusbriefen, sondern auch in der Apostelgeschichte. Das ist im Fall der Apostelgeschichte auch darum auffällig, da diese eine Fülle biographischer Aussagen und Erzählungen über Paulus enthält, auch solche, die in den Paulusbriefen fehlen (etwa, dass Paulus das Bürgerrecht von Tarsus und sogar Rom besessen haben soll[6]). Allerdings gibt es (mindestens) einen Text in der Apostelgeschichte, der nahelegen könnte und auch so verstanden wurde, dass Paulus eine *Ausbildung zum Rabbi* erfahren hat – nämlich Apg 22,3. Doch wie aus dem Konjunktiv „könnte" und aus dem Fragezeichen hinter dem Titel meines Vortrags zu entnehmen ist, ist dieser Rückschluss umstritten, was freilich in der Bibelexegese wie in allen Interpretationswissenschaften bekanntlich nichts Besonderes ist.

Ich beginne mit einem kleinen Überblick über die Verwendung des Wortes *rabbi* im Neuen Testament. Er soll einen vorläufigen Eindruck davon vermit-

---

3 Krister Stendahl, Der Jude Paulus und wir Heiden. Anfragen an das abendländische Christentum, München 1986.

4 Daniel Boyarin, A Radical Jew. Paul and the Politics of Identity, Berkeley 1994. Dazu Wolfgang Stegemann, Paulus – ein Champion jüdischer Selbstkritik? Eine kritische Auseinandersetzung mit Daniel Boyarins Paulusdeutung, in: Christian Strecker / Joachim Valentin (Hg.), Paulus unter den Philosophen, Stuttgart 2013, 132–154.

5 Bruce Chilton, Rabbi Paul. An Intellectual Biography, New York 2004.

6 Apg 21,39; 22,25–28.

teln, welche Vorstellungen Christusglaubende im letzten Drittel des 1. Jahrhunderts (also in der Entstehungszeit der Evangelien, die diesen Titel verwenden) mit diesem Wort verbunden haben. Er wird auch andeuten, dass die Konnotationen, die mit dem Wort *rabbi* im Neuen Testament verbunden werden, bei aller semantischen Ambivalenz durchaus eine erkennbare Aussagetendenz enthalten.

1 Kleiner Überblick über die Verwendung des Wortes rabbi (rabbouni) im Neuen Testament

Das Wort *rabbi* kommt im NT 15-mal vor, zweimal das Wort *rabbouni*. Alle Belege finden sich *ausschließlich* in den *Evangelien* und beziehen sich *überwiegend* auf Jesus. Erstaunlicherweise – oder vielleicht auch gerade nicht: Die meisten Belege bietet das jüngste Evangelium: das Johannesevangelium.[7] Sie beziehen sich auch in diesem Evangelium vor allem auf Jesus, einmal auch auf Johannes den Täufer. Für die Einschätzung der Semantik des Wortes ist die Tatsache hilfreich, dass das Johannesevangelium schon bei dessen erstmaliger Verwendung signalisiert, in welchem Sinne es verstanden werden soll: das hebräische Wort *rabbi* wird nämlich mit dem griechischen Wort *didaskalos* (= Lehrer) wiedergegeben:

> Johannes 1,38
> Jesus aber wandte sich um und sah sie nachfolgen und spricht zu ihnen: Was sucht ihr? Sie aber sagten zu ihm: Rabbi – was übersetzt heißt: Lehrer (*didaskalos*) – wo hältst du dich auf?

Ich entnehme dieser Frage die Absicht der beiden Schüler Johannes des Täufers (um die es hier geht), mit dem Rabbi Jesus zu dessen Aufenthaltsort bzw. Wohnung zu gehen, um von diesem Lehrer etwas zu lernen. Was sie dann auch tun (Joh 1,39). Im Johannesevangelium ist insgesamt die Anrede Rabbi eine typische Bezeichnung Jesu durch seine Schüler (griech. *mathethes*), die wir ja Jünger zu nennen gewohnt sind. Sie erscheinen entsprechend in typischen Rollen von Schülern, die einerseits von ihrem Lehrer etwas lernen wollen (Joh 11,8), aber sich andererseits auch um dessen Wohl sorgen (Joh 4,31; 11,8). Dass Jesus dabei als ein außergewöhnlicher Rabbi und Lehrer *Israels* verstanden wird, demonstriert nicht zuletzt auch seine Begegnung mit Nikodemus (vgl. v. a. Joh 3,2).

---

[7] Dazu ausführlich der Artikel von Adele Reinhartz: Rabbi Jesus im Johannesevangelium, der ebenfalls in diesem Heft erschienen ist: KuI 29 (2014), 108–118.

Im vermutlich ältesten Evangelium, dem Markusevangelium, kommt der Begriff *rabbi* dreimal in Bezug auf Jesus vor, einmal auch das Wort *rabbouni* (Mk 10,51; vgl. Joh 20,16). Beide Begriffe sind – wie auch im Johannesevangelium – grundsätzlich *positiv* konnotiert. Petrus redet Jesus zweimal als Rabbi an, einmal tut dies Judas; der blinde Bartimäus sagt *rabbouni* zu Jesus, als er ihn darum bittet, von seiner Blindheit geheilt zu werden. In seinem Falle möchte man fast annehmen, dass diese Anrede als Analogie zur Anwendung von *rabbouni* in Bezug auf Gott zu lesen ist. Dass Judas Jesus mit der Anrede „Rabbi" und dem offenbar üblichen Begrüßungskuss durch einen Schüler *verrät* (Mk 14,45), tut der positiven Konnotierung der Bezeichnung Jesu als Rabbi im Markusevangelium keinen Abbruch. Die Szene lässt vielmehr gerade durch diesen Missbrauch der üblichen Vertraulichkeit zwischen Lehrer und Schüler dessen Verhalten als besonders schändlich erscheinen.

Das *Matthäusevangelium* bietet vier Belege für *rabbi*, die im Unterschied zu Mk und Joh eher negativ konnotiert sind. Die negative Besetzung des Begriffs geht deutlich aus Mt 23,6–8 hervor:

> Matthäus 23,6–8
> [6] Sie (gemeint sind die Schriftgelehrten und Pharisäer) lieben aber den ersten Platz bei den Gastmählern und die ersten Sitze in den Synagogen [7] und die Begrüßungen auf den Märkten und von den Menschen *Rabbi* genannt zu werden. [8] Ihr aber, lasst ihr euch *nicht Rabbi* nennen! Denn einer ist euer Lehrer, ihr alle aber seid Brüder.

Dazu passt, dass im Matthäusevangelium von den Jüngern Jesu *nur Judas*, der Verräter Jesu, ihn zweimal als Rabbi anspricht, beim Abendmahl (über Mk hinaus) und bei der Verhaftung Jesu. Die beiden Belegstellen im Markusevangelium, in denen *Petrus* Jesus als Rabbi anspricht, ändert Matthäus dagegen ab; auf dem Verklärungsberg ersetzt er die Anrede *rabbi* mit *kyrie*, also: Herr. In der anderen Belegstelle umgeht er diese Anrede. Kurz: Nicht Petrus, sondern zweimal Judas redet Jesus als Rabbi an, jedes Mal im Kontext des Verrats. Das ist nicht gerade eine Empfehlung für die Anrede, Jesu als Rabbi zu nennen. Zumal auch darum nicht, weil die beiden anderen erwähnten Belege in Mt 23,7f. sie den Jüngern Jesu untersagen und die Schriftgelehrten und Pharisäer dafür kritisieren, dass sie ehrsüchtig nach dieser Bezeichnung streben. Auch aus dem Matthäusevangelium geht im Übrigen hervor, dass wir uns unter einem Rabbi einen *Lehrer* vorzustellen haben (*didaskalos;* Mt 23,8).

Besonders interessant ist – natürlich auch im Blick auf unsere spezielle Frage nach der rabbinischen Ausbildung des Paulus – das *Lukasevangelium.* Denn da Lukas mit hoher Wahrscheinlichkeit auch der Verfasser der Apostelgeschichte ist, ist seine Verwendung (bzw. genauer: seine *Nichtverwendung!*) des Wortes „Rabbi" auch für die Apostelgeschichte von Bedeutung. Tatsächlich vermeidet Lukas in beiden Schriften die Begriffe *rabbi* und *rabbouni* vollständig, auch dort, wo er sie im Markusevangelium, das ihm wohl vorgelegen hat, vorfand. Er ersetzt sie – durch andere Begriffe – wie etwa *epistates/Vorsteher* oder *kyrios/Herr* oder *umgeht* sie, obwohl auch bei ihm Jesus häufig *didaskalos/Lehrer* genannt wird.

Warum vermeidet Lukas die Begriffe *rabbi* und *rabbouni*? Eduard Lohse vertritt in seinem einschlägigen Wörterbuchartikel zum Lexem *rabbi* die These, dass diese Unterlassung den sog. „hellenistischen Lesern" des Lukasevangeliums geschuldet sei.[8] Das ist zwar grundsätzlich erwägenswert, leuchtet mir aber nicht ein. Denn die Leser/innen der anderen drei Evangelien sind ja auch „hellenistische Leser", sie lesen jedenfalls die Evangelien auf Griechisch. Ich versuche es mal mit einer anderen Erklärung:

Wenn man die sog. Goulder'sche 2-Dokumenten-Hypothese zugrunde legt[9] – also wenn man glaubt, dass Lukas das Markus- *und* das Matthäusevangelium gekannt hat (und dass die Logienquelle Q gar nicht existierte), dann ließe sich die Vermeidung des Begriffs *rabbi* durch Lukas so erklären: Da aus dem Matthäusevangelium hervorgeht, dass Jesus seinen Schülern die Anrede Rabbi untersagt hat bzw. in diesem Evangelium nur der Verräter Judas sie verwendet, streicht der Evangelist Lukas sie konsequent und ersetzt sie durch andere Begriffe oder umgeht diese Anrede. Lukas verwendet übrigens zweimal das Wort *nomodidaskalos*/Gesetzeslehrer, das vielleicht am ehesten als griechisches Äquivalent zu *rabbi* infrage kommt, und zwar in Lk 5,17 und Apg 5,34. Aber eben auch *nicht* in Bezug auf Jesus. In Apg 5,34 wird das pharisäische Mitglied des Sanhedrin, Gamaliel, der gleich noch eine Rolle spielen wird, als Gesetzeslehrer (*nomodidaskalos*) bezeichnet. Doch auffällig ist auch hier, dass er eben nicht *Rabbi* genannt wird. In Luk 5,17 scheint das Wort *nomodidaskalos* für den traditionellen Begriff *grammateus*, Schriftgelehrter, zu stehen.

Wie auch immer: Es ist ein durchaus interessantes Ergebnis, das man erzielt, wenn man den Gebrauch des Wortes *rabbi* (*rabbouni*) im Neuen Testament überblickt. Das Wort wird selten verwendet und ist sowohl positiv als auch negativ konnotiert. Wer als antiker Christ das Markus- und das Johannesevangelium kannte, bekam eine positive Einstellung zu diesem Wort vermittelt, wer nur Matthäus las, verband mit dem Begriff negative Assoziationen. Aus dem Matthäusevangelium geht hervor, dass die Anrede Rabbi insbesondere für Schriftgelehrte und Pharisäer üblich war und wohl als *Ehrenbezeichnung* und noch nicht im eigentlichen Sinne als *Berufsbezeichnung* zu verstehen ist. Umso bemerkenswerter ist, dass der matthäische Jesus sie *seinen* Schülern verbietet und sie damit von den Schriftgelehrten und Pharisäern abgrenzt. Ebenso ist

8 Eduard Lohse, Art. *rabbi, rabbouni*, in: G. Friedrich (Hg.), Theologisches Wörterbuch zum Neuen Testament, Band VI, Stuttgart 1959, 962–966: 966.

9 M. D. Goulder, Luke. A New Paradigma, Sheffield 1989. Siehe dazu auch den informativen Artikel von Werner Kahl, Vom Ende der Zweiquellentheorie. Zur Klärung des synoptischen Problems, in: Christian Strecker (Hg.), Kontexte der Schrift, Bd. II: Kultur, Politik, Religion, Sprache – Text. Wolfgang Stegemann zum 60. Geburtstag, Stuttgart 2005, 404–442.

bemerkenswert, dass Lukas den Begriff völlig vermeidet. Und: Warum steigert gerade das Johannesevangelium die Anwendung des Begriffs auf Jesus? Nach Matthäus' negativer Besetzung des Begriffs *rabbi* und dessen gänzlicher Vermeidung durch Lukas würde man von Johannes diese Steigerung des Gebrauchs kaum erwarten, zumal dann nicht, wenn Johannes alle drei Synoptiker gekannt hat.[10]

Wichtig für das hier zu verhandelnde Thema sind zwei weitere negative Erkenntnisse: (1) Der Begriff *rabbi* kommt weder in den Paulusbriefen noch in der Apostelgeschichte vor, geschweige denn, dass er mit Paulus verbunden wird. (2) Aus keinem der neutestamentlichen Belege geht hervor, dass das Wort *rabbi* schon im engeren Sinn als *Berufsbezeichnung* verstanden wird. Gerade auch diese Erkenntnis hat Folgen für die Frage nach einer möglichen „rabbinischen Ausbildung" des Paulus. Denn mit dem Begriff Ausbildung verbindet sich ja irgendeine Form von Qualifizierung für einen *Beruf*.

Hat also der Apostel Paulus eine rabbinische Ausbildung erfahren?

In der Forschungsgeschichte gibt es darauf – wer hätte es anders erwartet? – zwei Antworten: Ja und nein. Ein interessantes älteres Beispiel für die Pro-Position bietet A. Deissmann in seinem 1911 erschienen Paulus-Buch:

> Paulus ist ein Pharisäer geworden. Vielleicht schon in Tarsus; wir wissen, daß die pharisäische Propaganda über Meer und Land reichte. Sicher aber gehörte er in Jerusalem, wo er für längere Zeit übergesiedelt war, um sich zu Füßen des berühmten Rabban Gamaliel im Gesetz gründlich auszubilden, nicht bloß zum pharisäischen Pietismus, sondern auch innerhalb dieses ungemein lebendigen und korrekten Kreises wieder zu den fanatischsten Eiferern: verglich er sich mit seinen Altersgenossen, die in der Lehrhalle, den Traditionsstoff memorierend, neben ihm kauerten, so konnte er sich wohl „einen überheftigen Zeloten der väterlichen Traditionen" nennen.[11]

Deissmann geht zwar davon aus, dass Paulus in Jerusalem bei Rabban Gamaliel eine gründliche Ausbildung in der Tora erhalten hat, doch zu diesem Zweck muss er den griechischen Begriff *anatethrammenos* (= „aufgezogen") von Apg 22,3 im Sinne von „ausbilden" interpretieren. Denn er möchte der Apostelgeschichte darin nicht folgen, dass Paulus schon „als kleines Kind nach Jerusalem gekommen sei", obwohl dies, wie er einräumt, am ehesten aus der Formulie-

---

[10] Ich verweise nachdrücklich auf den Aufsatz von A. Reinhartz, der auf diese Frage überzeugend antwortet (s. Endnote 7).

[11] Adolf Deissmann, Paulus. Eine kultur- und religionsgeschichtliche Skizze, Tübingen 1911, 65.

rung „aufgezogen (*anatethrammenos*) in dieser Stadt" (Apg 22,3) hervorgehe.[12] Er verwirft diese naheliegende Deutung „aus dem Gesamteindruck heraus, den der uns bekannte Paulus macht". Eine vergleichbare Position vertritt übrigens 100 Jahre später M. Wolter in seinem Paulus-Buch, das 2011 erschienen ist:

> Unter dem Strich ist es am wahrscheinlichsten, dass Paulus nicht schon als Kleinkind, sondern erst als junger Mann nach Jerusalem kam und dort so etwas wie eine „sekundäre Sozialisation" erfuhr. Dass er bei dem berühmten Rabban Gam(a)liel dem Alten studiert hat, den Lukas auch in Apg 5,34–39 mit einer kleinen Rede im Synhedrium auftreten lässt, ist nicht ausgeschlossen.[13]

Deissmann und Wolter versuchen auf ihre Weise, dadurch, dass sie die Lehrzeit bei Gamaliel in Jerusalem in eine spätere Zeit verlegen, den lukanischen Text mit einer ihnen eher realistisch erscheinenden späteren Anwesenheit des Paulus in Jerusalem auszugleichen.

Christoph Burchard hat demgegenüber die Contra-Position sehr markant formuliert. Er argumentiert zunächst einmal auf der Ebene des lukanischen Textes selbst und zieht noch keine Rückschlüsse für dessen Wert für den historischen Paulus. Der Wert der in Apg 22,3 vermuteten Aussage über eine rabbinische Ausbildung des Paulus bei Rabban Gamaliel I. für eine historische Biographie des Paulus wäre nämlich gar nicht erst zu überprüfen, wenn man mit Burchard davon ausgeht, dass schon auf der literarischen Ebene der Apostelgeschichte der dafür herangezogene Vers eine solche Aussage gar nicht enthält. Auf eben dieser Argumentationsebene werde auch ich mich hier bewegen. Hier ein kurzes Zitat zu Burchards Position:

> Die Erziehung zu Füßen Gamaliels I. wird oft als „schooling for the rabbinate" oder ähnlich erläutert. Das trifft nicht ganz. Das Schema hat primär die Erziehung zum Gentleman, nicht die Berufsausbildung im Blick. Lukas sagt also wohl nicht, dass Paulus bei Gamaliel eine Ausbildung zum Rabbinen begann oder erhielt, sondern dass er bei ihm seine Erziehung bekam. [...] Meines Erachtens lässt sich auch sonst nicht belegen, dass Lukas Paulus für einen angehenden oder fertigen Rabbi hielt.[14]

Diese wenigen Hinweise auf die Forschungsgeschichte müssen hier genügen.

---

12 Deissmann merkt zu dem Begriff „ausbilden" an: „So wird man den Ausdruck ‚auferzogen' AGesch 22,3 wohl am besten deuten: die großen Lehrer sind die *Väter*" (ebd.).

13 Michael Wolter, Paulus. Ein Grundriss seiner Theologie, Neukirchen-Vluyn 2011, 13.

14 Christoph Burchard, Der dreizehnte Zeuge, Göttingen 1970, 32f.

2 Apostelgeschichte 22,1–3

Es gibt in der Tat nur einen Text in der Apostelgeschichte, der nahelegen könnte, dass der Apostel Paulus eine Ausbildung als Rabbi erfahren hat: Apg 22,1–3. Ich gehe im Folgenden auf einige Aspekte dieses Textes ein.

2.1 *Übersetzung*

Apostelgeschichte 22,1–3
[1] Brüder und Väter, hört jetzt meine Verteidigung vor euch! [2] Als sie aber hörten, dass er sie auf Hebräisch ansprach, wurden sie noch stiller. Und er sprach: [3] Ich bin ein judäischer Mann (*aner Ioudaios*), geboren (*gegenemenos*) in Tarsus in Kilikien, aufgezogen (*anatethramennos*) in dieser Stadt zu Füßen (*para tous podas*) Gamaliels unterwiesen/erzogen (*pepaideumenos*) gemäß der Genauigkeit des väterlichen Gesetzes, ein Eiferer (*zelotes*) für Gott wie ihr es alle heute seid.

2.2 *Die kontextuelle Situation*

Aus dem näheren Kontext der zitierten Verse geht hervor, dass Paulus im Tempelbezirk Jerusalems von einer aufgebrachten Menge gefangen genommen wurde. Die „ganze Stadt" war zusammengelaufen und wollte Paulus lynchen. Nachdem der römische Militärtribun, also der Befehlshaber einer römischen Kohorte (ca. 600 Mann), erfuhr, dass ganz Jerusalem in Aufruhr war (Apg 21,30f.), eilte er mit einer Gruppe Soldaten und Zenturionen zum Ort des Geschehens. Als sie angekommen waren, hört die Volksmenge auf, Paulus zu schlagen. Paulus wird von den Römern verhaftet und in Ketten gelegt, muss allerdings immer noch vor der gewalttätigen Volksmenge beschützt werden. Als man Paulus in das Lager der römischen Soldaten bringen will, sagt er zum römischen Offizier: „Darf ich dir etwas sagen?" Der Offizier war überrascht, dass Paulus *griechisch* spricht. Denn er hatte ihn für den sog. *Ägypter* gehalten, der vor kurzem in Jerusalem eine Revolte gegen die Römer angezettelt und 4000 Sikarier (berüchtigte Terroristen) in die Wüste geführt hatte. Der römische Offizier erlaubt Paulus schließlich, auf der Treppe des Tempels zur Volksmenge zu sprechen. Hier setzt dann eine längere Rede des Paulus ein, aus der ich oben den Anfang zitiert habe.

Das Ganze liest sich wie ein Drehbuch für einen Hollywood-Film mit Marlon Brando in der Hauptrolle, diesmal nicht als Mark Anton auf den Stufen zum Kapitol in Rom, wie in der Hollywood-Adaption von Shakespeares Julius Caesar, sondern als Apostel Paulus. Doch was hat die Volksmenge eigentlich *gegen* Paulus? Lesen wir den entscheidenden Vers:

Apostelgeschichte 21,28
Israeliten, kommt zu Hilfe. Dies ist der Mensch, der gegen das Volk und das Gesetz und diese Stätte alle überall lehrt; er hat sogar Griechen in den Tempel geführt und diese heilige Stätte entweiht.

Diese Vorwürfe, die übrigens in vergleichbarer Weise mehrmals gegen Paulus vorgebracht werden, erinnern auch an Stephanus, den ersten „christlichen" Märtyrer. Auch Stephanus wird vorgeworfen, dass er gegen die heilige Stätte, gemeint ist wohl der Jerusalemer Tempel, wie auch gegen das Mosegesetz redet, was übrigens auf eine angebliche entsprechende Lehre Jesu zurückgeführt wird (Apg 6,13f.). Interessant ist allerdings, dass im Fall des Paulus ein *dritter* Vorwurf hinzukommt, nämlich der, dass er alle Menschen auch gegen das jüdische *Volk (laos)*[15] lehrt (vgl. auch Apg 28,17).

So interessant dieser Unterschied zu Stephanus – bzw. auch zu Jesus, auf den ja die Lehre des Stephanus zurückgeführt wird – ist, so ist er zugleich auch leicht erklärbar: Während Stephanus (und Jesus) sich *im Land Israel* selbst gegen das Mosegesetz und den Jerusalemer Tempel gewendet haben sollen, wird Paulus unterstellt, er habe *außerhalb* des jüdischen Landes gegen das jüdische Volk und dessen zentrale Identitätsmerkmale – Tempel und Mosegesetz – agitiert. Ja die Kritik geht so weit, dass man Paulus nicht für einen Juden/Judäer hält. Dieses Missverständnis wird in der Szene mit dem Tribun explizit, der Paulus für den „Ägypter" hält, also für einen ausländischen Terroristen. Aber auch die Volksmenge scheint dies anzunehmen, denn sie ist überrascht, als Paulus auf Hebräisch zu ihr spricht (Apg 22,2). Anders gesagt: Auch die Jerusalemer Volksmenge hält Paulus offenkundig für einen „Heiden" – oder mindestens für einen Juden aus dem Ausland, der gegen das jüdische Volk (*laos*) bei den nicht-jüdischen Völkern überall auf der Welt agitiert. Diese Deutung wird durch die Reaktion auf die Rede des Paulus durch die Volksmenge bestätigt. Denn in dem Moment, in dem Paulus davon spricht, dass der himmlische Jesus ihn dazu beauftragt hat, zu den „Heiden", besser: zu den *nichtjüdischen Völkern* (*ethne*), zu gehen, unterbricht ihn die Volksmenge: „Weg mit solch' einem Typen von der Erde. Es sollte ihm nicht erlaubt sein, länger zu leben" (Apg 22,22f.). Also: Selbst wenn er ein *Judäer* ist, diese Botschaft geht zu weit, sie richtet sich gegen das judäische/jüdische Volk.

Ich lasse jetzt einmal dahingestellt, dass die jüdische Bevölkerung Jerusalems in dieser Geschichte nicht gut wegkommt. Dasselbe gilt in der Darstellung der Apostelgeschichte auch für die Erfahrungen des Paulus mit der Mehrheit

---

15 Der griechische Begriff *laos*/Volk oder Stamm, bezeichnet im lukanischen Doppelwerk (wie in der Septuaginta) das Volk Israel. Nur an einer Stelle, nämlich Apg 15,14, wird dieses Wort auch auf die Christusglaubenden aus den nicht-jüdischen Völkern angewendet. Daraus und aus vielen anderen Belegstellen geht hervor, dass der Begriff *laos* im Unterschied zum „neutralen" Begriff *ethnos* die besondere Beziehung zwischen Israel und seinem Gott ausdrückt.

der Mitglieder von Synagogen-Gemeinden der jüdischen Diaspora. Besser kommen übrigens die Römer bzw. ihre militärischen Repräsentanten und sogar ihre Elite in der Apostelgeschichte weg. Sie gewähren dem Apostel immerhin ein *einigermaßen* faires Verfahren.

Kurzes Fazit: Es ging mir darum herauszuarbeiten, auf welche Vorwürfe der Apostel Paulus in seiner Apologie in Apg 22 antwortet. Sie lassen sich m. E. so auf den Begriff bringen: Er wird beschuldigt, weltweit gegen das jüdische Volk und seine zentralen Identitätsmerkmale – Tempel und Mosegesetz – zu agitieren. Auf diese Vorwürfe reagiert die Apologie des Paulus in Apg 22.

2.3 Was ist der Zweck dieses Abschnitts der Verteidigungsrede?

Was sagt man als Jude/Judäer, wenn einem vorgeworfen wird, gegen das eigene, jüdische Volk und seine zentralen Identitätsmerkmale weltweit zu polemisieren?

Natürlich zunächst und vor allem: Ich bin selbst ein Mitglied dieses Volkes. Ich bin zwar im Ausland geboren – nämlich in Tarsus –, doch ich bin in dieser Stadt, in Jerusalem, aufgewachsen. Und was meine Beziehung zum Mosegesetz, dem zentralen Merkmal unserer jüdischen Identität angeht: Ich bin geprägt durch die Auslegung der Tora in der Weise der pharisäischen Schule, die als die strengste innerhalb des Judentums gilt. Zum Tempel sagt Paulus nichts – doch das heißt gar nichts. Denn er war ja gerade im Tempel und hat sich einem spezifischen Ritual unterzogen, das muss reichen (jedenfalls für uns, die wir die Apostelgeschichte lesen und darum auch darüber Bescheid wissen, dass dieser Vorwurf unberechtigt ist).

Ich bin ein *Judäer* – sagt Paulus (warum ich das griechische Wort *Ioudaios* ethnisch akzentuiere, lege ich gleich etwas näher dar). Auch wenn ich in Tarsus geboren wurde, so bin ich doch ein Judäer. Und ich bin nicht *irgendein* Judäer, sondern ich bin ein Judäer, der zu einer Schule gehört, die das Mosegesetz akribisch auslegt und einhält. Unmittelbar in *diesem* Zusammenhang erwähnt er seine besondere *Beziehung* zu Gamaliel, dem Inbegriff pharisäischer Identität. Von ihm heißt es in der Mischna (Sota 9:15): „Mit dem Tode Rabban Gamaliëls des Alten hörte die Ehrfurcht vor dem Gesetze auf und starben Reinheit und Enthaltsamkeit." Doch noch jenseits davon, denn der Verfasser der Apostelgeschichte wird diese Einschätzung vermutlich noch nicht gekannt haben, wird Gamaliel auch in der Apostelgeschichte als vorbildlich aufrechtes und gerechtes Mitglied des Sanhedrin (Hoherat) geschildert und Gesetzeslehrer (*nomodidaskalos*) genannt (Apg 5,34).

Kurz: Der hier interessierende Vers Apg 22,3, aus dem immer wieder geschlossen wurde, dass Paulus bei Gamaliel d. Ä. in Jerusalem eine Ausbildung zum Rabbi erfahren hat, steht im Kontext einer *Verteidigungsrede* des Apostels vor einer Jerusalemer Volksmenge. Paulus reagiert auf den Vorwurf, gegen das jüdische Volk und seine zentralen Identitätsmerkmale – Tempel und Mosegesetz – zu agitieren. Man hält ihn offenbar für einen Nichtjuden. Paulus betont in den einleitenden Versen seiner Verteidigungsrede darum seine Zugehörigkeit zum jüdischen Volk, auch wenn er in Tarsus geboren ist. Doch aufgewachsen und erzogen wurde er in Jerusalem. Der Hinweis auf die Beziehung zu Gamaliel verrät im Kontext der Charakterisierung seiner jüdischen Erziehung („gemäß der Genauigkeit des väterlichen Gesetzes") deren streng-jüdischen Charakter und lässt die pharisäische Orientierung des Paulus erkennen. Dazu passt auch, dass Paulus sich als einen „Eiferer (*zelotes*) für Gott" bezeichnet.

Doch wie lässt sich nun die Beziehung zu Gamaliel auf den Begriff bringen? Wird hier behauptet, dass Paulus bei Gamaliel d. Ä. eine Ausbildung zum Rabbi erfahren hat? Darauf ist jetzt in einer problematisierenden Analyse der einschlägigen Aussagen von Apg 22,1–3 genauer einzugehen.

3 Was geht aus Apg 22,1–3 über den „vor-christlichen" Paulus hervor?

Ich werde drei Aspekte des Textes problematisieren, die für die Interpretation von dessen Aussagen über die Person des Paulus wichtig sind. Dabei geht es insgesamt darum, dass in diesen Versen die besondere bzw. herausragende jüdische/judäische Identität des Paulus expliziert wird.

3.1 Paulus bezeichnet sich nicht nur als Juden im religiösen Sinne, sondern als Mitglied des jüdischen Volkes

Ich habe das Syntagma *aner Ioudaios* mit „judäischer Mann" wiedergegeben und nicht mit Jude bzw. jüdischer Mann. Damit soll der religiöse oder überhaupt umfassende *kulturelle* Aspekt dieser Kennzeichnung nicht ausgeschlossen werden.[16] Doch im Kontext der Apologie vor der Jerusalemer Volksmenge steht – wie ich meine – die Zugehörigkeit des Paulus zum jüdischen/judäischen *Volk* im Mittelpunkt, wie besonders deutlich später aus einer weiteren Apologie des Paulus (vor König Agrippa) hervorgeht, die ähnlich wie die vor den Jerusalemern beginnt:

---

16 Zur neueren Diskussion dieser Problematik s. nur Wolfgang Stegemann, Religion als Teil von ethnischer Identität, KuI 25 (2010), 47–59; Heinz Tenhafen, Jesus von Nazareth: Weder „Jude" noch „Christ"?, KuI 25 (2010), 60–70; dort weitere Literatur.

> Apostelgeschichte 26,4f.
> [4] Um meine Lebensweise nun von Jugend (an), die ich von Anfang (an) in *meinem Volk* (*ethnos*) und in Jerusalem hatte, wissen alle Judäer/Juden. [5] Sie kennen mich von früher her (und wissen), wenn sie es bezeugen wollen, dass ich nach der strengsten Schulrichtung (*hairesis*) unserer Gottesverehrung (*threskeia*) als Pharisäer gelebt habe.

Der lukanische Paulus differenziert zwischen seinem Volk (*ethnos*) und dessen Gottesverehrung (*threskeia*), die er wiederum in einer spezifischen Schulrichtung (*hairesis*) praktiziert hat – nämlich als Pharisäer. Selbstverständlich gehört beides – Volk und Gottesverehrung – zusammen, wie dies für alle antiken Völker üblich ist. Doch ist mir wichtig, dass wir das sich aus den antiken kulturellen Voraussetzungen ergebende sachlogische Gefälle der Argumentation beachten: Paulus gehört zum Volk (*ethnos*) der Judäer/Juden und hat seit seiner Jugendzeit *in oder unter seinem Volk* gelebt. Betont wird hier, modern gesprochen, dass er von Jugend an durch die *Kultur* seines Volkes geprägt ist. In Bezug auf seine Verehrung des Gottes Israels gehörte er einer Schulrichtung an, die eine besonders genaue Beachtung der göttlichen Gebote für das judäische Volk in ihrem Leben verwirklicht.

Der lukanische Paulus verwendet übrigens den neutralen Begriff *ethnos* zur Bezeichnung seines eigenen, also des judäischen/jüdischen Volkes, im Unterschied zu den Paulusbriefen. Ich entspreche mit der akzentuierten Übersetzung *judäisch* für *Ioudaios* auch der dargelegten Auffassung, dass nach meiner Lektüre des ganzen Textzusammenhangs (Apg 22) die dortige Apologie des Paulus vor der Jerusalemer Volksmenge aus gutem Grund mit der Betonung seiner judäischen/jüdischen Identität beginnt, also mit seiner Zugehörigkeit *zum Volk der Judäer*. Denn sein Verhältnis zum Volk der Judäer/Juden ist in der vorhergehenden Szene im Tempel umstritten bzw. in der Kritik.

3.2 Wohin gehört das Satzfragment „zu Füßen (para tous podas) Gamaliels"?

Bezieht es sich auf „aufgezogen" (*anatethrammenos*), ist also Paulus „zu Füßen" Gamaliels als kleines Kind *aufgewachsen*? Oder bezieht es sich auf „unterwiesen" (*pepaideumenos*)? Dann würde hier eine Beziehung zu Gamaliel hinsichtlich der Bildung bzw. der Erziehung (*paideia*) des Paulus ausgesagt werden. Grundsätzlich ist zu beachten: Lukas folgt hier, darauf hat als erster van Unnik aufmerksam gemacht,[17] einem griechischen Topos, den wir schon bei Platon finden: *geboren, aufgezogen, gebildet*, wie etwa aus folgendem Text hervorgeht:

---

[17] W. C. van Unnik, Tarsus or Jerusalem, in: ders., Sparsa Collecta I, Leiden 1973, 259–320. S. u. a. auch Burchard, a. a. O., 32f.

Platon, Gesetze 783B
Lasst uns denn also annehmen, dass nach Abschließung der Ehen Kinder *geboren* werden, die dann *aufzuziehen* und zu *bilden* sind.

Genau dieses *pattern* kommt auch in der Apostelgeschichte noch einmal vor, nämlich in Bezug auf Mose:

Apostelgeschichte 7,20–22
[20] In dieser Zeit wurde Mose *geboren*, und er war Gott wohlgefällig; und er wurde drei Monate *aufgezogen* im Haus des Vaters. [21] Nachdem er aber ausgesetzt worden war, nahm ihn die Tochter Pharaos zu sich und *zog ihn auf*, sich zum Sohn. [22] Und Mose wurde *unterwiesen/gebildet* in aller Weisheit der Ägypter; er war aber mächtig in seinen Worten und Werken.

Nach seiner Geburt wurde der kleine Mose für kurze Zeit im *Haus des Vaters* und dann von der Tochter des Pharao *aufgezogen*. Davon wird die Bildungsaussage unterschieden. Es wird hier nicht gesagt, durch wen er gebildet bzw. unterwiesen wurde, sondern es interessiert nur der *Inhalt* der *Bildung*: Die Weisheit der Ägypter.

Wie auch immer man die Formulierung „zu Füßen (*para tous podas*) Gamaliels" bezieht, von entscheidender Bedeutung für die Bildungsaussage – also für die inhaltliche Bestimmung des Partizips *pepaideumenos* – ist der Bildungsgegenstand bzw. die Bildungsgrundsätze. Im Falle des Paulus ist es natürlich nicht die Weisheit der Ägypter, sondern sozusagen die Weisheit der Judäer, die ausgedrückt wird in Bezug auf das Zentrum judäischer/jüdischer Identität, also der Mosetora. Paulus sagt von sich, dass er „gemäß der Genauigkeit des väterlichen Gesetzes" (*kata akribeian tou patroou nomou*) aufgezogen bzw. gebildet wurde.

Ich fasse zusammen: Mose ist nach seiner Geburt für kurze Zeit aufgewachsen im Haus seines Vaters, dann aber, nach seiner Aussetzung, wuchs er im Haus der Tochter des Pharao auf. Seine Bildung (*paideia*) war die eines Ägypters: ägyptische Weisheit. Paulus ist in Tarsus *geboren*, doch er ist schon als Kleinkind in Jerusalem *aufgewachsen* und dort auch *gebildet/erzogen* worden. Die retrospektive Aussage in Apg 26,4f. bezieht sich nach meinem Verständnis auf die Jugendzeit des jungen Paulus. In ihr geht es darum, dass alle Juden Jerusalems, die ihn näher gekannt haben und bereit sind, dies zu bezeugen, wissen, dass er seit seiner Jugend (gemeint ist vielleicht: seit seiner Bar Mitzwa) der *pharisäischen* jüdischen Lebensweise gefolgt ist. Auch wenn nicht ganz klar ist, ob er „zu Füßen" Gamaliels aufgewachsen ist oder ob dieses Fragment der Aussage sich auf seine *Bildung* (*pepaideumenos*) bezieht, eindeutig ist aber allemal, dass sie selbst im letzteren Fall ein Erziehungs- oder Bildungskonzept betrifft und sich nicht auf eine spezifische *Ausbildung* bezieht. Im Vergleich zu den entsprechenden Aussagen über Mose: der Inhalt der Bildung betrifft sozusagen die Weisheit der *Judäer*, und zwar in einer spezifischen Version: auf der Grundlage der genauesten Beachtung des väterlichen Gesetzes! Diese Formulierung spielt natürlich auf die akribische Tora-Auffassung der pharisäischen Schule an (vgl. nur Josephus, Vita 191f.).

Schon jetzt zeichnet sich ab: So wenig wie die Bildung des Mose in der Weisheit der Ägypter die *Ausbildung* zu einem *Beruf* meinen kann, so wenig ist wohl auch für die Aussage über die Bildung des Paulus (gemäß der genauen Beachtung der Mosetora) zu vermuten, dass sie seine *Ausbildung* zu einem spezifischen *Beruf* – hier: Rabbi – bezeichnet. Diese Deutung unterstreicht die folgende Analyse des Satzfragments „zu Füßen von" (*para tous podas*).

3.3 *„zu Füßen von" – geht es um eine Schüler-Lehrer-Beziehung?*

Nehmen wir also einmal an, das Satzfragment *zu Füßen von* (*para tous podas*) Gamaliels bezieht sich auf das Partizip *pepaideumenos* und beschreibt mithin die Bildung/Erziehung des jungen Paulus. Auch bei dieser Auffassung der grammatischen Konstruktion des Satzes kann *nicht* die Ausbildung zum Schriftgelehrten oder Rabbi gemeint sein. Ich erinnere dafür an das obige Zitat von Christoph Burchard:

> Die Erziehung zu Füßen Gamaliels I. wird oft als „schooling for the rabbinate" oder ähnlich erläutert. Das trifft nicht ganz. Das Schema hat primär die Erziehung zum Gentleman, nicht die Berufsausbildung im Blick. Lukas sagt also wohl nicht, dass Paulus bei Gamaliel eine Ausbildung zum Rabbinen begann oder erhielt, sondern dass er bei ihm seine Erziehung bekam. [...] M. E. lässt sich auch sonst nicht belegen, dass Lukas Paulus für einen angehenden oder fertigen Rabbi hielt.[18]

Vergleichbar argumentiert auch Klaus Haacker:

> Doch auch wenn die traditionelle Zuordnung von *para tous podas* Gamaliel zu *pepaideumenos* beibehalten wird, ist der Gedanke an eine Ausbildung zum Schriftgelehrten keineswegs naheliegend. Diese Auffassung widerspricht vielmehr der normalen Bedeutung von *paideuein* und *paideia*, womit in der Regel eine höhere Allgemeinbildung und keine spezielle Berufsausbildung gemeint ist. Das ergeben auch die Altersangaben, die gelegentlich mit diesem Vokabular verbunden werden: Josephus rühmt [...] die Fortschritte in der *paideia*, durch die er schon in seiner Jugend Aufsehen erregte, und nennt dabei das Alter von vierzehn Jahren. Ebenfalls mit

---

[18] Burchard, a. a. O., 32f. u. Anm. 36.

> vierzehn Jahren kommt nach Philostrat [...] Apollonius von Tyana zu einem Rhetor in die Schule.[19]

Eben diese Altersstufe ist wohl auch in Apg 26,4f. gemeint, ich habe den Text zitiert. Es ist auch nicht uninteressant, dass der lukanische Paulus dort sagt: Ich *lebte* (*ezesa*) seit meiner Jugend als Pharisäer. Er sagt also offenkundig nichts über eine Ausbildungsphase. Es geht vielmehr um seine *Lebensweise* als Pharisäer: und zwar seit seiner Jugend! Die Formulierung „nach/gemäß (*kata*!) der Genauigkeit des väterlichen Gesetzes" bezeichnet also wohl seine *Erziehung* nach den Grundsätzen des pharisäischen Ideals jüdischer *Lebensweise*, nicht aber die Ausbildung zum Rabbi. Diese Deutung bestätigt nach meiner Meinung auch eine genauere Betrachtung des Syntagmas „zu Füßen" (Gamaliels). Dazu nur wenige Bemerkungen.[20]

Das Syntagma „*para tous podas*" (zu Füßen) kommt im Neuen Testament mehrmals vor, einmal im Matthäusevangelium (15,30) und achtmal (inklusive Apg 22,3) im lukanischen Doppelwerk. Außer im Falle von Apg 22,3 ist in keinem der anderen Belege die Deutung des Syntagmas im Sinne einer Schüler-Lehrer-Beziehung erwägenswert. Entweder fallen oder legen sich (oder ähnlich) Personen zu Füßen Jesu nieder (Mt 15,30; Lk 8,41; 17,16 u. a.) oder legen etwas zu Füßen der Apostel nieder (Apg 4,35; 5,2 u. ä.). Vergleichbares gilt für eine Variation des Syntagmas, in dem die Präposition *para* durch die Präposition *pros* ersetzt wird. Von den sieben neutestamentlichen Belegen für dieses Syntagma legt nur Lk 10,39 eine Analogie zu einem Lehrer-Schüler-Verhältnis nahe:

> 38 Es geschah aber, als sie ihres Weges zogen, dass er in ein Dorf kam; und eine Frau mit Namen Marta nahm ihn auf. 39 Und diese hatte eine Schwester, genannt Maria, die sich auch zu den Füßen (*pros tous podas*) Jesu niedersetzte und seiner Rede zuhörte.

Die Analogie zum Schüler-Lehrer-Verhältnis legt sich allerdings nur aus dem *Kontext* der Verwendung des Syntagmas *pros tous podas* nahe: Maria *setzt sich zu Füßen Jesu nieder und hört seiner Rede zu*. Genauer: Sie setzt sich „auch" (*kai*) zu Füßen Jesu nieder, also neben oder zusammen mit seinen Jüngern/Schülern. Kurz: Die Wendung „zu Füßen einer bestimmten Person" drückt äußerst selten und schon gar nicht *per se* – gerade auch nicht im lukanischen Doppelwerk – eine Lehrer-Schüler-Beziehung aus. Für diese Interpretation der Formulierung bedarf es zusätzlicher Anhaltspunkte im Kontext ihrer Verwendung.

---

19 Klaus Haacker, Zum Werdegang des Apostels Paulus. Biographische Daten und ihre theologische Relevanz, in: H. Temporini / W. Haas (Hg.), Aufstieg und Niedergang der Römischen Welt, Teil II. Principat, 26.2, Berlin 1995, 816–938, hier: 857.

20 S. auch Haacker, a. a. O., 856f.

Was folgt daraus für das Syntagma *zu Füßen Gamaliels* in dem Vers Apg 22,3? Es ist grundsätzlich überlegenswert, da hier im näheren Kontext das Wort „erziehen“/*paideuein* begegnet, dass in dieser Aussage zumindest die Vermittlung von spezifischen Erziehungsgrundsätzen durch einen Erwachsenen/Lehrer an einen Schüler/Kind oder Jugendlichen benannt wird. Freilich sprechen gegen eine Deutung dieser Beziehung als rabbinische Ausbildung (!) auch zwei sprachliche Argumente: (1) Der Begriff *paideuein* (ganz zu schweigen vom Begriff *anatrephein*) deutet nicht auf eine spezifische *Ausbildung*, in diesem Falle zum Rabbi bzw. Gesetzeslehrer. (2) Während eine Schülerin-Lehrer-Beziehung von Maria zu Jesus sich gerade auch darum nahelegt, weil Maria sich zu Füßen Jesu *setzt (parakathisasa)*, fehlt eine entsprechende Bemerkung in Apg 22,3. Folglich: Apg 22,3 sagt m. E. schon auf der Textoberfläche nicht, dass Paulus bei dem berühmten Gesetzeslehrer Gamaliel eine Ausbildung zum Rabbi/Gesetzeslehrer absolviert hat. Angedeutet wird vielmehr, dass Paulus eine jüdische *Erziehung* im Sinne der pharisäischen Grundsätze in einer *Beziehung* zu Rabban Gamaliel erfahren hat. Wie sollen bzw. können wir uns diese Beziehung vorstellen?

Vielleicht geht es nur (aber immerhin!) darum, dass der lukanische Paulus in seiner Verteidigungsrede vor der Jerusalemer Volksmenge darauf anspielt, dass er sozusagen *im Dunstkreis des berühmten pharisäischen Gelehrten Rabban Gamaliel (aufgewachsen bzw.) erzogen worden* ist. Dies kann auch der seltene biblische Gebrauch des Syntagmas *para tous podas* bestätigen: Klaus Haacker verweist auf den zweimaligen Gebrauch von *para tous podas* in der Septuaginta (in Esther 8,12g und 3Makkabäer 4,8), für den sich dem Sinn nach die deutsche Übersetzung „unter den Augen von“ oder „im Angesicht von“ nahe legt.[21] Diese Deutung ist m. E. auch für Apg 22,3 ernsthaft zu erwägen. Lukas spielt also mit einer nicht genau konkretisierten Beziehung des jungen Pharisäers Paulus in Jerusalem zu einem der bedeutendsten Gesetzeslehrer der pharisäischen Schulrichtung dieser Zeit. Der ist – nach seiner Darstellung – nicht nur als Mitglied des Sanhedrin für Petrus und die Apostel vor diesem Gerichtshof eingetreten, zu diesem herausragenden Gelehrten und Gerechten hatte eben auch der junge Pharisäer Paulus eine Beziehung. Er erfüllt gerade dadurch, dass er sich sozusagen neutral oder beobachtend zur Bewegung der Christusglaubenden verhält, eine im Sinne von Lukas positive, d. h. diese Bewegung duldende Funktion (vgl. Apg 5,34–39). Vielleicht war es diese Haltung, die sich der Verfasser der Apostelgeschichte auch von den jüdischen Nachbarn der christlichen Gemeinden in seiner eigenen Zeit erhofft hatte.

---

[21] Haacker, a. a. O., 857.

„Und Jakob zog seine Füße auf das Bett zurück und verschied“

Abschiedskunst in der Bibel

Ekkehard W. Stegemann

Für Aron – in Erinnerung an unser letztes Gespräch

I Abschied nehmen auch die Sterbenden

Der Abschied von den Toten, die Trauerkultur und das Trauerritual haben Traditionen in allen Völkern und zu allen Zeiten ausgebildet. Für Jan Assmann ist die Trauer, das Abschiednehmen von den Toten, sogar der „Generator“ von Kultur. Das ist, wie manche andere These dieses Autors, wohl übertrieben. Aber sicher ist, dass ein Mensch ohne Gestaltung des Abschieds von den Toten, ohne Auseinandersetzung mit dem Verlust, seiner Menschlichkeit oder jedenfalls eines Teils von ihr beraubt ist. Denn „Trauer ist der Preis, den wir dafür zahlen, Liebe zu empfinden“[1]. Ein wohl untrügliches Kennzeichen der Moderne ist, dass die Öffentlichkeit der Trauer, die für traditionale Gesellschaften üblich war, kaum noch besteht, jedenfalls im Normalfall. Die, die Abschied nehmen, werden von manchen begleitet, sicher. Und der Dank und die Anerkennung dafür sind nicht gerade groß. Aber es bedeutet kaum noch eine Unterbrechung des Alltags generell. Das Abschiednehmen wird eine Sache der sogenannten Hinterbliebenen und oft genug des Einzelnen und seines Inneren, seiner psychischen „Trauerarbeit“. Schwarz trägt man kaum noch, allenfalls bei der Beerdigung, aber auch dort nicht mehr allgemein. Der Tod ist aus dem gesellschaftlichen Leben der Moderne nicht verschwunden, aber die Toten und nicht zuletzt die Sterbenden. Das zeigt sich auch daran, dass es – wie schon Walter Benjamin notiert hat – eigentlich in unseren Häusern keine Sterbezimmer mehr gibt: „Heute sind die Bürger in Häusern, welche rein vom Sterben geblieben sind, Trockenbewohner der Ewigkeit.“[2]

---

[1] J. Archer, The Nature of Grief: The Evolution and Psychology of Reactions to Loss, London: Routledge 1999, 14.

[2] W. Benjamin, Der Erzähler. Betrachtungen zum Werk Nikolai Lesskows, in: Orient und Occident, NF, Okt. 1936, 16–33, Nachdruck in: ders., Gesammelte Schriften II/2 (hg. von R. Tiedemann und H. Schweppenhäuser), Frankfurt 1977, 438–465, 449f.

Ich erwähne dies nicht, weil ich ein pessimistischer Moderne- oder Kulturkritiker bin und mich reaktionär nach vergangenen Formen des Abschiednehmens und deren Erneuerung sehne. Ich erwähne dies vielmehr, weil die antiken Texte, die ich hier vorstellen möchte, uns fremd erscheinen mögen, und zwar gerade deswegen, weil sie das Abschiednehmen auch in einer eigentümlichen Umkehrung der Perspektive darstellen, nämlich aus der der Sterbenden. Sie sind die Handelnden, Akteure auch noch als Sterbende, Gestalter ihres Abschieds, nicht zuletzt so, dass sie, wenn eben möglich, mit Würde, also ehrenhaft sterben und zu den Hinterbliebenen auf dem Sterbebett sprechen, also letzte Worte oder gar eine ganze Rede hinterlassen. Die Betonung der Würde bezieht sich nicht nur darauf, dass das Sterben auch ein letztes Sich-Ergeben in die ehernen Gesetze alles Menschlichen ist. Es drückt sich in manchen Sterbeszenen nicht nur griechischer und römischer Kultur auch die Bewahrung der eigenen Ehre und Wahrheit aus, zumal wenn der Tod von politischen Gegnern erzwungen wird. Natürlich: Das ist oft genug literarische Stilisierung und nicht Abbild historischer Vorgänge. Und das unüberwindbare Unbehagen am Tod des Menschen, dem wir heute vielleicht mit der Verdrängung der Sterblichkeit im Verschwinden der meisten Sterbenden aus der Öffentlichkeit (Papst Johannes Paul II. war eigentlich auch keine Ausnahme) und dem Verschwinden der Toten aus unseren Häusern nachgeben, wird hier vielleicht auf andere Weise, eben in der Literarisierung überspielt. Die Sprach- und Ratlosigkeit angesichts des Todes, die elementare Wahrheit, dass wir unfähig sind, mit dem Tod fertig zu werden, hat in der Antike wie in der Moderne ihre eigenen Ausdrucksformen gefunden, eben auch in der Absicht, diese Unfähigkeit irgendwie zu bannen, irgendwie doch noch einen Sieg über die Vergänglichkeit oder aber auch die Gegner zu feiern. Den Abschied gestalten zu können und nicht abschiedslos plötzlich nicht mehr da zu sein, ist vielleicht das Unterscheidende am guten Tod, der *euthanasia* – ein Wort, das so schrecklich missbraucht wurde. In der Antike ist diese Gestaltungskompetenz des Abschieds wichtig. In der Moderne ist der schnelle Tod, der dem Sterbenden eigentlich kein Wort mehr gibt, der gute. Darum bleibt der Abschied das Tun derer, die überleben. Sie müssen die Worte (er)finden, die dem Sterbenden nicht vergönnt waren. Und oft treffen sie nicht zu.

Der Blick in diesem Text fällt auf den Sterbenden, auf den, der mit dem Leben nicht alles verliert, auch wenn er seiner satt war, und erst von ihm her auf die Hinterbliebenen, die Überlebenden. Die Sterbenden nehmen hier Abschied von den Lebenden, haben ihnen etwas zu sagen, sei es durch Worte oder Gesten; es gibt hier nicht nur den Abschied der Lebenden von den Sterbenden. Und wer je mit Sterbenden zu tun hatte, weiß, dass sie immer eine Botschaft an die Überlebenden haben, auch in der Moderne, sei es auch nur die, dass der Abschied von ihnen etwas über sie selbst als Sterbliche zu sagen hat. Dem letzten Abschied ist zuletzt die Botschaft zugehörig, dass mit Einverständnis oder mit Widerspruch das Unvermeidliche geschieht, dass etwas geschieht, womit wir alle nicht fertig werden.

Die Kunst, diesen Abschied der Sterbenden literarisch zu gestalten, soll nun an wenigen Beispielen vorgestellt werden. Ich beginne dabei mit *exempla* aus römischer und griechischer Kultur und wende mich erst danach biblischen Vorbildern zu. Dabei werde ich mich mit Sterbeszenen beschäftigen, die sogenannte *letzte Worte* enthalten oder mit regelrechten *Abschiedsreden* ausgeschmückt sind.

II „Wie standhaft und edel er endete“: Sokrates und seine Nachahmer[3]

Die griechische und römische Literatur ist nicht so reich an regelrechten Abschiedsreden wie die jüdische und christliche. Dort sind es vor allem Sterbeszenen mit kurzen, prägnanten *letzten Worten*, die zusammen mit der Art oder Kunst des Sterbens, der *ars moriendi*, als Vermächtnis des Sterbenden weitergegeben werden. Nicht eine letzte Rede, aber einen letzten Dialog mit seinen Freunden und Schülern, hält jedoch Sokrates in Platons *Phaidon*. Dieses Werk und zumal seine Sterbeszene, in der Sokrates, nachdem er die Frauen fortgeschickt hat, vom Gift des Schierlingsbechers trinkt und die Lähmung schon das Herz erreichte, die letzten Worte sagt, ist wohl vor den Berichten über das Sterben Jesu die eindrucksvollste. Sie hat prägend gewirkt, nicht zuletzt auf die, die wie Sokrates einen politischen, gewissermaßen einen Märtyrertod für die Wahrheit starben oder sich ihn selbst geben mussten.

1 *Sokrates*

Hier zunächst einmal die Sterbeszene des berühmtesten Märtyrers der Wahrheit aus Platons *Phaidon*:

„Als [...] Sokrates den Menschen sah [der ihm den Trank reichen sollte], sprach er [zu ihm]:

Wohl, Bester, denn du verstehst es ja, wie muss man es machen? – Nichts weiter, sagte er, als wenn du getrunken hast, herumgehen, bis dir die Schenkel schwer werden, und dann dich niederlegen, so wird es schon wirken.

---

3 Dazu C. Gnilka, Ultima Verba, in: JbAC 22 (1979), 5–21; G. Sterling, Mors philosophi: The Death of Jesus in Luke, in: HThR 94 (2001), 383–402: 387–390. W. Schmidt, De ultimis morientium verbis, Diss. phil. Marburg 1914; A. Ronconi, Exitus illustrium virorum, in: RAC 6 (1966), 1258–1268; vgl. auch M. Reiser, Sprache und literarische Formen des Neuen Testaments (UTB 2197), Paderborn 2001, 163.

Damit reichte er dem Sokrates den Becher, und dieser nahm ihn, und ganz getrost, o Echekrates, ohne im mindesten zu zittern oder Farbe der Gesichtszüge zu verändern, sondern, wie er pflegte, ganz gerade den Menschen ansehend, fragte er ihn:

Was meinst du von dem Trank wegen einer Spendung? Darf man eine machen oder nicht?

Wir bereiten nur soviel, o Sokrates, antwortete er, als wir glauben, dass es hinreichend sein wird. –

Ich verstehe, sagte Sokrates. *Beten aber darf man doch zu den Göttern und muss es, dass die Wanderung von hier dorthin glücklich sein möge, worum denn auch ich hiermit bete, und so möge es geschehen.*

Und wie er dies gesagt, setzte er an, und ganz frisch und unverdrossen trank er aus.

Als die Anwesenden ihre Tränen nicht mehr zurückhalten konnten – heißt es in der Erzählung des Phaidon weiter – sprach Sokrates:

> Was macht ihr doch, ihr wunderbaren Leute! Ich habe vorzüglich deswegen die Frauen weggeschickt, dass sie dergleichen nicht begehen möchten; denn ich habe immer gehört, man müsse stille sein, wenn einer stirbt. Also haltet euch ruhig und wacker.

Als wir das hörten, schämten wir uns und hielten inne mit Weinen. Er aber ging umher, und als er merkte, dass ihm die Schenkel schwer wurden, legte er sich gerade hin auf den Rücken, denn so hatte es ihm der Mensch geheißen. Darauf berührte ihn eben dieser, der ihm das Gift gegeben hatte, von Zeit zu Zeit und untersuchte seine Füße und Schenkel. Dann drückte er ihm den Fuß stark und fragte, ob er es fühle; er sagte nein. Und darauf die Knie, und so ging er immer höher hinauf und zeigte uns, wie er erkaltete und erstarrte. Darauf berührte er ihn noch einmal und sagte, wenn ihm das bis ans Herz käme, dann würde er hin sein. Als ihm nun schon der Unterleib fast ganz kalt war, da enthüllte er sich, denn er lag verhüllt, und sagte, und das waren seine *letzten Worte*:

> O Kriton, wir sind dem Asklepios einen Hahn schuldig, entrichtet ihm den, und versäumt es ja nicht.

Das soll geschehen, sagte Kriton, sieh aber zu, ob du noch sonst etwas zu sagen hast. Als Kriton dies fragte, antwortete er aber nichts mehr, sondern bald darauf zuckte er, und der Mensch deckte ihn auf; da waren seine Augen gebrochen. Als Kriton das sah, schloss er ihm Mund und Augen."[4]

---

4 Platon, Phaidon 117a-118a. Übersetzung von F. Schleiermacher, in: K. Hülser (Hg.), Platon. Sämtliche Werke, Bd. IV, Frankfurt 1991, 345.347.

Der Phaidon kreist um die Frage der Unsterblichkeit der Seele. Die Seele ist in der „philosophischen Religion“ der klassischen Antike, wie Burkert[5] das nennt, der Teil am Menschen, der dessen Leben von der Geburt bis zum Tod „überragt“ und anders als der Leib nicht zum veränderlichen, durch Werden und Vergehen bestimmten, vergänglichen Seienden gehört, sondern zum unveränderlichen, bleibenden und deshalb auch wahren:

> Der Tod geht nur den Leib an: Die Seele ist unsterblich (Burkert, 480).

„Die Seele ist es, die den Menschen zur Erkenntnis des Gerechten, Schönen und Guten befähigt. Sie ist unverlierbar und kann nicht mehr im Stich gelassen werden von den Göttern“, selbst von ihnen nicht, „im Gegenteil: Sie ist zum Aufstieg berufen“ (Burkert, ebd.). Es ist auf diesem Hintergrund zu verstehen, wenn Platon den sterbenden Sokrates als letztes Wort sagen lässt:

> O Kriton, wir sind dem Asklepios einen Hahn schuldig, entrichtet ihm den und versäumt es ja nicht.

Dem Heilgott Asklepios soll ein Hahn geopfert werden? Das Wort dürfte so rätselhaft nicht sein, wie es zunächst erscheint und oft angesehen wurde. Denn es wird wohl, ob ironisch oder nicht, dem Leser nahelegen, dass Sokrates seinen Tod als *Gesundung* verstanden haben will, als Befreiung der unvergänglichen Seele vom vergänglichen Leib. Darauf deutet auch hin, dass er, bevor er den Giftbecher nahm, den Gefängniswärter fragte, ob er ein wenig davon den Göttern opfern, also eine Libation vornehmen dürfe. Der beschied ihn zwar so, dass er das nicht tun dürfe, aber nur deswegen, weil der Trank genau abgemessen war und deshalb seine Wirkung womöglich nicht hätte, wenn etwas ausgegossen würde.

So hat es übrigens auch Nietzsche in *Die fröhliche Wissenschaft* verstanden; freilich hat er nicht, wie Platon, etwas Heroisches darin gefunden. Platon lässt Phaidon im Rückblick auf Sokrates’ Sterben dem Gesprächspartner sagen: *„Glückselig erscheint mir der Mann, o Echekrates, in seinem Benehmen und seinen Reden, wie standhaft und edel er endete.“* Doch Nietzsche zeigt sich enttäuscht von diesem „lächerlichen und furchtbaren letzten Wort“. Sokrates, den er einst als ersten *Lebensphilosophen* betrachtete, kommt am Ende doch dazu, das Leben als kürzere oder längere Krankheit zu erklären:

„Der sterbende Sokrates. – Ich bewundere die Tapferkeit und Weisheit des Sokrates in allem, was er tat, sagte – und nicht sagte. Dieser spöttische und verliebte Unhold und Rattenfänger Athens, der die übermütigsten Jünglinge

---

5 Walter Burkert, Griechische Religion der archaischen und klassischen Epoche, (2. Aufl.) Stuttgart 2011.

zittern und schluchzen machte, war nicht nur der weiseste Schwätzer, den es gegeben hat: er war ebenso groß im Schweigen. Ich wollte, er wäre auch im letzten Augenblicke des Lebens schweigsam gewesen – vielleicht gehörte er dann in eine noch höhere Ordnung der Geister. War es nun der Tod oder das Gift oder die Frömmigkeit oder die Bosheit – irgend etwas löste ihm in jenem Augenblicke die Zunge und er sagte: ‚O Kriton, ich bin dem Asklepios einen Hahn schuldig.' Dieses lächerliche und furchtbare ‚letzte Wort' heißt für den, der Ohren hat: ‚O Kriton, *das Leben ist eine Krankheit!*' Ist es möglich! Ein Mann wie er, der heiter und vor aller Augen wie ein Soldat gelebt hat – war Pessimist! Er hatte eben nur eine gute Miene zum Leben gemacht und zeitlebens sein letztes Urteil, sein innerstes Gefühl versteckt! Sokrates, Sokrates hat *am Leben gelitten!* Und er hat noch seine Rache dafür genommen – mit jenem verhüllten, schauerlichen, frommen und blasphemischen Worte! Musste ein Sokrates sich auch noch rächen? War ein Gran Großmut zu wenig in seiner überreichen Tugend? – Ach Freunde! Wir müssen auch die Griechen überwinden!"[6]

2 *Seneca und Thrasea – und Cyprian*

Was Nietzsche für unwürdig hält, galt nun aber gerade in der Antike als Vorbild des würdigen Sterbens. Nicht nur berichtet Plutarch (Cato 68) davon, dass Cato der Jüngere, der Gegner Caesars, in der Nacht vor seinem Tod, das heißt, bevor er sich selbst tötete, den Phaidon las. Noch deutlicher stellt Sokrates das Vorbild bei Senecas und Thraseas Tod nach dem Bericht des Tacitus (Ann. 15,64; 16,34f.) dar. Der erzwungene Tod der beiden Stoiker steht bei Tacitus bekanntlich im Zusammenhang der Schilderung von vielen Morden und erzwungenen Selbstmorden. Ja, man kann geradezu die Bücher 15 und 16 der Annalen als eine Aneinanderreihung von Sterbeszenen lesen. Die Stilisierung nach dem *exemplum* des Sokrates (aber auch Catos) wird nicht zuletzt auch im Fall des Seneca gleichsam zur Nachfolge, zur *imitatio* des Sokrates ausgebaut: Seneca, der sich schon römischem Brauch der Selbsttötung in aristokratischen Kreisen gemäß die Adern geöffnet hat, lässt sich noch ein Gift bringen. Und erwähnenswert ist, dass Tacitus beide, Seneca und Thrasea, ein Libationsopfer darbringen lässt, der eine mit Wasser, der andere sogar mit seinem Blut; aber beide opfern die Flüssigkeit dem Jupiter als Befreier, dem *Jovis Liberator*. Manchmal erklärt man das so, dass dies der populären philosophischen Metapher vom Leben als Bankett entspricht, bei dem ja Weinlibationen üblich sind, und sieht das auch als Anspielung auf Sokrates' Ansinnen, vom Schierlingsbecher etwas den Göttern zu opfern. Bei Thraseas Tod notiert Tacitus jedoch ausdrücklich, dass er sich wie Sokrates mit seinen Schülern mit einem Kyniker, dem Philosophen Demetrius, über die Seele und deren Dissoziation vom Körper unterhielt.

[6] Friedrich Nietzsche: Werke in drei Bänden, München 1954, Band 2, 201–202.

In jedem Fall gestaltet Tacitus die Sterbeszenen dieser beiden als Spektakel des Todes eines standhaften Philosophen. Das hat für Senecas Sterbeszene seit dem *Decamerone* Boccacios eine ebenso spektakuläre Rezeption in der Literatur und Kunst gefunden – bis zu Peter Hacks und Heiner Müller. Bekannt ist ja auch Peter Paul Rubens' Gemälde, auf dem Seneca in einer Wanne steht und seinem Schreiber seine letzten Worte diktiert. Das nimmt den Text von Tacitus auf. Nur hat man dieses *Spectaculum* durchaus in der Forschung dem Seneca bzw. Tacitus übel genommen. Der berühmte Ulrich von Wilamowitz-Moellendorf zum Beispiel tadelt die *Pose* und verbindet dies zugleich noch mit einem Tadel für Senecas Schriften: „Auf dem Totenbette posiert er, wie er es in seinen Schriften immer getan hatte.“[7] Offenbar meint er, dass Tacitus selbst den Tod des Seneca so inszeniert hat, um ihn als *ambitiosa mors* (Agr. 42,5) erscheinen zu lassen, also als eine Todesart, deren inszenierende Attitüde er im *Agricola* so kritisierte. Viel freundlicher war da die frühe christliche Rezeption, die ja ohnehin Seneca zu einem Freund des Apostels Paulus machte und einen Briefwechsel zwischen beiden fingierte. Der Tod Senecas wird bei Hieronymus im Zusammenhang mit den Martyrien, durch die Nero Petrus und Paulus in Rom „krönte“, erwähnt, freilich nicht selbst auch Martyrium genannt (Hier. vir.ill. 12).

Erwähnenswert ist hier noch, dass in den Akten über den Märtyrertod des Bischofs Cyprian von Karthago eine merkwürdige Einzelheit sich findet, nämlich, dass er kurz vor der Enthauptung Anweisung gibt, dem Scharfrichter 25 Goldstücke zu geben. Man hat dies so erklärt, dass hier der stolze Römer am Ende über den demütigen Christen triumphierte, indem der nun an seinem Ende noch den Tod eines stoischen Heroen stirbt und eben eine spektakuläre Pose an den Tag legte. Christian Gnilka, dem wir eine Studie „Ultima verba“ (s. Anm. 3) verdanken, hat diese Einzelheit freilich ganz überzeugend anders interpretiert. Hier sei nicht „durch ein fürstliches Trinkgeld“ eine letzte „Überlegenheit“ inszeniert worden. Vielmehr belohne der Heilige Cyprian den Henker, um eine „parainetische Geste“ vor den – nach dem Bericht der Märtyrerakten – zahlreich auf dem Hinrichtungsplatz zusammengekommenen Christen zu machen. Er drückt aus, dass der Märtyrer der Seligkeit teilhaftig wird, weswegen keiner Furcht vor einem Martyrium haben sollte (vgl. Gnilka 13–15). Der Märtyrer ist dem Scharfrichter dankbar, weil der ihn würdigt, durch seinen gewaltsamen Tod zur himmlischen Seligkeit in der Nachfolge seines Meisters einzugehen. Natürlich kann ein Christ wie Cyprian nicht wie Sokrates den Hinterbliebenen sagen, sie mögen dem Asklepios einen Hahn opfern. Aber wie Sokrates stärkt er am Ende seine Anhänger, damit sein Tod sie nicht in Verwirrung bringe. Im Abschiednehmen, im letzten, auch hier etwas rätselhaften Wort, ermahnt und tröstet er die Seinen.

---

[7] Vgl. ders., Glaube der Hellenen, Bd. 2, Berlin 1932, 446.

3 *Eleazar – ein jüdischer Märtyrer in philosophischer Tradition*

Eine Vorbemerkung:

Ich habe bislang von Martyrien oder Märtyrern gesprochen. Aber abgesehen von Cyprian ist das ein Sprachgebrauch, der den engeren christlichen Begriff für ein (Blut-)Zeugnis oder einen (Blut-)Zeugen ausweitet, der zum ersten Mal im 2. Jahrhundert für das Martyrium des Polykarp auftaucht. Ein Märtyrer im engeren Sinn ist der Christ oder eine Märtyrerin ist eine Christin, die zu seinem oder ihrem Bekenntnis zu Christus oder als Christ stehen und nur allein deswegen hingerichtet werden. Freilich ist die Übertragung dieses Begriffs auf andere gewaltsame Tode als die von Christuszeugen bzw. seine Verwendung als Allgemeinbegriff sprachlich ganz selbstverständlich geworden. Ein Märtyrer ist dann jemand, der für etwas stirbt, sei es für das Vaterland, für den Staat oder das Land, für die Gesetze und für die Wahrheit oder die Philosophie. Freilich erfordert der Märtyrerbegriff immer den gewaltsamen oder erzwungenen Tod. Das Sterben treuer Sklaven für ihren Herrn oder die Selbsthingabe für die Landsleute, die Familie, für die Kinder, für den Ehepartner oder die Ehepartnerin, aber auch für den Sieg in der Schlacht, für den Frieden und so weiter werden wir zwar ein Sterben für etwas oder für Personen verstehen, aber nicht unbedingt als Martyrium bezeichnen.

In der Literatur, auch der wissenschaftlichen, wird der Martyriumsbegriff zumal auch auf den gewaltsamen Tod jüdischer Menschen für ihr Volk, für Gott und für die Gesetze angewandt. Im Hebräischen heißt Martyrium *kiddusch haschem*, also Heiligung des göttlichen Namens, und der Märtyrer *kaddosch meunäh*. Für uns ist hier von Interesse, dass Martyrien nicht zuletzt im Zusammenhang der Zwangshellenisierung durch die Seleukiden in der Mitte des zweiten Jahrhunderts vor Christus erzählt werden. Dabei hat auch die Gattung der „letzten Worte“ Eingang in die jüdische Literatur gefunden. Ein Beispiel dafür ist der Schluss der Erzählung vom Martyrium des greisen Eleazar aus dem 4. Makkabäerbuch. Es ist ein wenig ironisch, dass hier ein eigentümlich rhetorisch hellenisiertes Werk aus dem 1. Jahrhundert nach der Zeitrechnung zur Verherrlichung der Märtyrer dient, die der Zwangshellenisierung unter dem Seleukiden Antiochus IV. Epiphanes widerstanden. Das Martyrium ist dabei umso größer einzuschätzen, als die Märtyrer, aber auch eine Märtyrerin, durchaus der Hinrichtung hätten entgehen können, wenn sie dem Gesetz des Königs, Schweinefleisch oder Götzenopferfleisch zu essen, Folge geleistet hätten. Sie sterben also insofern freiwillig, das heißt aber eigentlich: ihre Zwangssituation ist noch dramatischer, da sie bewusst ihren Tod verbunden mit schrecklicher Folter annehmen und den Ausweg ausschlagen. So ähnlich wird es dann auch von den ersten christlichen Märtyrern unter den Römern erzählt.

4Makk 6,26–30

26 Als er (sc. Eleazar) schon bis auf die Knochen verbrannt war
und im Begriff war, das Bewusstsein zu verlieren,
erhob er seine Augen zu Gott und sprach:
27 Du weißt, *Gott*,
obgleich es mir freistand, mich zu retten,
sterbe ich in feurigen Qualen *um des Gesetzes willen.*
28 Sei gnädig deinem Volk,
indem du an unserer Bestrafung *für sie* Genügen findest.
29 Zu einem Reinigungsopfer für sie mache mein Blut,
und als Ersatz *für ihr Leben* nimm mein Leben.
30 Nachdem er dies gesagt hatte,
starb der heilige Mann in edler Haltung unter Martern
und widerstand bis zu den Qualen des Todes
mithilfe der Denkkraft *um des Gesetzes willen.*

Deutlich ist, dass Eleazar wie ein griechischer Philosoph oder ein römischer Stoiker standhaft stirbt, und zwar aristokratisch. Er folgt nicht seinen Gefühlen, sondern widersteht mit dem Mittel der Vernunft, der Denkkraft. Das kommentiert das Buch in 4Makk 7,16ff. ganz in griechischer Terminologie:

> „Wenn also ein greiser Mann Foltern bis zum Tod für nichts erachtete aus Frömmigkeit, ist anerkanntermaßen die fromme Denkkraft Herrscherin über die Leidenschaften. [...] Denn wer immer unter Berücksichtigung des ganzen Kanons der Philosophie philosophisch lebt und auf Gott vertraut und weiß, dass es glückselig ist, um der Tugend willen jeglichen Schmerz auszuhalten, wird der nicht mithilfe der Gottesfurcht die Leidenschaften völlig beherrschen? Denn einzig der Weise und Tapfere ist Herr über die Leidenschaften.“

Die ältere Variante im 2. Makkabäerbuch spricht auch ganz in der philosophischen Tradition davon, dass Eleazar mit seinem Tod ein „Beispiel des Edelmuts und ein Denkmal von Tugend“ (6,31) hinterlassen hat.

Die letzten Worte des frommen Eleazar in der Version des 4. Makkabäerbuches sollen jetzt jedoch noch gewürdigt werden. Sie deuten seinen qualvollen Tod als ein standhaftes Sterben um des Gesetzes willen, wegen der göttlichen Tora, und für das Volk. Es ist Sterben in der Treue zur Tora, die Gott dem Volk Israel gegeben hat. Dieses „um des Gesetzes willen“ eröffnet seine Rede, die an Gott gewendet ist, und wird vom Erzähler noch einmal am Ende aufgegriffen. Das Sterben ist insofern ein Festhalten an dem, was den Bund zwischen Gott und seinem Volk und so die kollektive Identität dieses Volkes im Kern ausmacht: Gottes Gesetz. Bedeutet das Sterben *wegen* des göttlichen Gesetzes bzw. der väterlichen Gesetze aber auch, dass Eleazar eine Art patriotischen Sterbens auf sich nimmt, ein tapferes Sterben vergleichbar dem, was der berühmte Horazvers sagt: „Dulce et decorum est pro patria mori" – „Süß ist's und ruhmvoll für das Vaterland zu sterben" (Carmen 3)? Das wird oft angenommen. Nur sagt Eleazar, dass er *wegen* der Tora stirbt – und er sagt es in einer Ansprache an Gott. *Wofür* er mit diesem Sterben wegen des Gesetzes eintritt, sagen aber die anderen Verse: Eleazar drängt Gott, dass er sein Sterben als seine Bestrafung zugunsten von seinen Landsleuten ansieht, dass Gott seinem Volk gnädig ist und dass er sein Eintreten *wegen* des Gesetzes als Stellvertretung, als „ihr Reinigungsopfer" und als „Ersatz für sie" nimmt. Es ist klar: Er sagt nicht, dass er ein Reinigungsopfer ist. Er sagt, dass er als solches gelten möchte. Gott soll ihn dafür nehmen. Gemeint ist also: Eleazar legt Gott nahe, dass deswegen, weil er, im Unterschied zu anderen Juden, zum Gesetz Gottes sich bekannt hat, *wegen* dieses Gesetzes qualvoll stirbt, nun aber von Gott erwartet, dass der seinerseits seinen Zorn auf die, die das nicht getan haben, vergisst und ihnen vergibt. Sein Martyrium soll angesehen werden von Gott als deren Reinigungsopfer; denn sie haben sich verunreinigt, aber er bringt das Reinigungsopfer, das sie bringen müssten. Und sein Sterben soll „Ersatz zugunsten von ihnen" sein. Er will mit seinem qualvollen Tod die Strafe Gottes, die sie erwarten müssen, tragen und so für sie abwenden. Das Paränetische im Blick auf die Hinterbliebenen, das den letzten Worten, wie wir gesehen haben, offenbar anhaftet, ist hier zwar eigentümlich gewendet: Eleazar ermahnt Gott. Aber natürlich ermahnt er dadurch auch alle Landsleute, nicht (mehr) von Gottes Gesetz abzufallen und sich zu verunreinigen.

4 *Augustus – „das rechte Gegenstück zum sterbenden Sokrates" (Nietzsche)?*

Wir hatten schon Nietzsches Kritik zu den letzten Worten von Sokrates gehört. Im selben Buch äußert er sich auch zur Inszenierung des Sterbens von Augustus nach Suetons Kaiserbiographien:

Letzte Worte. – Man wird sich erinnern, dass der Kaiser Augustus, jener fürchterliche Mensch, der sich ebenso in der Gewalt hatte und der ebenso schweigen konnte wie irgend ein weiser Sokrates, mit seinem letzten Worte indiscret gegen sich selber wurde: er ließ zum ersten Male seine Maske fallen, als er zu verstehen gab, dass er eine Maske getragen und eine Komödie gespielt habe, – er hatte den Vater des Vaterlandes und die Weisheit auf dem Throne gespielt, gut bis zur Illusion! Plaudite amici, comoedia finita est! – Der Gedanke des sterbenden Nero: qualis artifex pereo! war auch der Gedanke des sterbenden Augustus: Histrionen-Eitelkeit! Histrionen-Schwatzhaftigkeit! Und recht das Gegenstück zum sterbenden Sokrates! – Aber Tiberius starb schweigsam, dieser gequälteste aller Selbstquäler, – der war echt und kein Schauspieler! Was mag dem wohl zuletzt durch den Kopf gegangen sein! Vielleicht dies: „Das Leben – das ist ein langer Tod. Ich Narr, der ich so Vielen das Leben verkürzte!

War ich dazu gemacht, ein Wohltäter zu sein? Ich hätte ihnen das ewige Leben geben sollen: so hätte ich sie ewig sterben sehen können. Dafür hatte ich ja so gute Augen: qualis spectator pereo!“ Als er nach einem langen Todeskampfe doch wieder zu Kräften zu kommen schien, hielt man es für ratsam, ihn mit Bettkissen zu ersticken, – er starb eines doppelten Todes.[8]

Nietzsche hat die ironische Selbstinszenierung dem Augustus schlecht ausgelegt. Sueton, so scheint mir, wollte dem Leser jedoch zu verstehen geben, dass dieser große Mann, der ja schon göttliche Verehrung zu Lebzeiten erhalten hat, durchaus versuchte, mit Würde zu sterben. Bedacht darauf, seinen körperlichen Verfall vor den aus Rom nach Nola angereisten Aristokraten zu verbergen, machte er sich noch zurecht und fragte sie, ob er „das Schauspiel des Lebens angemessen zu Ende gebracht habe, und fügte dann die übliche Schlussformel“ eines Schauspielers hinzu, übrigens in griechischer Sprache: „Wenn euch das Ganze wohl gefallen hat, so klatscht Beifall, und gebt mir alle mit Freude das Geleit.“ Ohne auf ihre Antwort zu warten, schickt er sie fort und verschied plötzlich unter den Küssen Livias in deren Armen mit den letzten Worten: „Livia, gedenke stets unseres gemeinsamen Lebens und lebe wohl.“ Der Kontrast ist dramatisch: Der öffentliche Abschied und der private. Der Imperator und Caeasar Augustus, der mächtigste Herrscher des Erdkreises, zieht sich in die Ironie zurück, wo er öffentlich sich als Sterbender verabschiedet. Er war nur ein Schauspieler? Ja, vielleicht. Aber was er wirkte, im Guten und eben auch im Bösen, war nicht fiktiv. Seine Opfer starben keinen Bühnentod. Der Privatmann dagegen versucht – versucht, sage ich – noch etwas Privates zu sagen, aber es gerät ihm zum Imperativ: Er mahnt seine Ehefrau, an ihr gemeinsames Leben zu denken, wie wenn sie dessen nicht eingedenk sein könnte. Auch privatim kein privates Wort!

Offenbar sollen wir verstehen, dass Augustus sich bemühte, mit Würde zu sterben, aber er bemühte sich eben nur. Sueton kommentiert das Sterben übrigens noch so, dass Augustus einen *exitum facilem*, einen leichten Tod sterben durfte, wie er es sich immer gewünscht hat. „Denn fast immer, wenn er gehört hatte, dass jemand schnell ohne Qual verstorben war, bat er für sich und die Seinen um eine ähnliche *euthanasia*“ – dieses griechische Wort verwendete er dafür nämlich, sagt Sueton.

---

8 Friedrich Nietzsche: Werke in drei Bänden, Band 2, München 1954, 63.

III Abschiedsszenen in der Hebräischen Bibel und in jüdischen Schriften

In der Hebräischen Bibel finden wir eine Reihe von Sterbebettszenen und Abschiedsreden. Sie werden von den großen Patriarchen und Gottesmännern erzählt, vor allem von Isaak und Jakob, Mose und Josua, Samuel und David. Eigentliche Sterbebettszenen werden von Isaak und Jakob berichtet. Sie sind auch zugleich verbunden mit Segnungen und Segenssprüchen der Söhne oder auch Enkel. Mit den Segnungen werden Nachfolger eingesetzt und auch Rangfolgen unter ihnen vorgenommen. Bekanntlich wird Jakob durch List dem Esau vorgezogen. Und Jakob zieht unter den Söhnen Josephs Ephraim dem Manasse vor. Eine Nachfolgerinvestitur findet sich auch in der Abschiedsrede des Mose, die nun allerdings gleich ein ganzes Buch, das Deuteronomium, umfasst. Am Ende setzt er Josua ein. Wo nicht ein Nachfolger eingesetzt wird, wie zuerst bei Josua, da kann die Abschiedsrede an die führenden Häupter und das ganze Volk Israel gewendet werden. Und oft ist sie dann verbunden mit einem geschichtlichen Rückblick und Ermahnungen. Man sieht: Es gibt ein regelrechtes Muster von Motiven in diesen Abschiedsreden. Dieses hat sich dann in nachbiblischer jüdischer Literatur geradezu zu einem literarischen Genre entwickelt, wie zumal die Textsammlung der Testamente der 12 Patriarchen, also der Söhne Jakobs, zeigt. Dies schließt in gewisser Weise auch das Neue Testament ein – literatur- wie religionsgeschichtlich. Doch werden wir dies in einem eigenen Kapitel behandeln.

Ich möchte hier zwei Textbeispiele besprechen. Dabei beginne ich mit dem „Jakobssegen“. Danach folgt eines der raren Beispiele von Abschiedsreden von Frauen, nämlich die der Debora, nach dem apokryphen Liber Antiquitatum Biblicarum.

1 *Jakobs Abschied (Gen 47–50)*

Jakobs Abschied zieht sich in der Genesis fast über drei Kapitel. Eröffnet wird er in Gen 47,28–31 mit der Erzählung, dass Jakob siebzehn Jahre im Lande Ägypten lebte und dass er 147 Jahre alt wurde. Und als die Tage seines Sterbens kamen, rief er zunächst Joseph zu sich und verpflichtet ihn, ihn nicht in Ägypten zu begraben, sondern bei seinen Vätern. Joseph schwört das. Darauf folgt eine erste Abschiedsszene mit Segnung. Sie gilt den Söhnen Josephs, Ephraim und Manasse. Die eigentliche Sterbeszene folgt in Kapitel 49:

1 Jakob aber rief seinen Söhnen zu und sprach:
Versammelt euch, dass ich euch ansage,
Was euch begegnen wird in späteren Tagen.
2 Kommet zu Hauf und höret, Söhne Jakobs;
Und höret auf Israel; euren Vater.

Nach dieser Einleitung folgt ein Spruch über jeden der Söhne, beginnend mit dem Erstgeboren, Ruben, und endend mit dem Jüngsten, Benjamin, der jeweils deren Zukunft betrifft. Darauf folgt dann der Bericht von der Segnung aller und noch einmal die Verpflichtung auf die Begräbnisstätte sowie die Schilderung des Sterbens.

28 Alle diese die Stämme Israels, ihrer zwölf. Dies war es, was ihr Vater über sie redete, und er segnete sie, jedem gemäß seinem Segen segnete er sie. Und er beschied sie.
29 Und er beschied sie und sprach zu ihnen: Ich werde versammelt zu meinem Volke, begrabet mich zu meinen Vätern in die Höhle, die im Felde des Hettiters Ephron ist,
30 in der Höhle, die im Felde Machpela ist, die vor Mamre im Lande Kanaan ist, wo Abraham das Feld von dem Hettiter Ephron zum Grabbesitz gekauft hat.
31 Dorthin haben sie Abraham und Sara, sein Weib, begraben, dorthin haben sie Isaak und Rebekka, sein Weib, begraben und dorthin habe ich Lea begraben.
32 Ein Kauf des Feldes und der Höhle darin von den *bene Het*.
33 Und Jakob war zu Ende, seine Söhne zu bescheiden, er zog seine Füße in das Bett, verschied und ward versammelt zu seinem Volk.

Auffällig ist hier, dass das letzte Wort und der letzte Wille eben der Begräbnisstätte gilt, im Erbgrab seiner Familie in Hebron, seiner Eltern und seiner Großeltern, aber auch von Lea. Man hat den Eindruck, dass die genaue Ortslage und der Rechtstitel über den rechtmäßigen Besitz dieses Familiengrabs betont herausgestellt werden sollen. Manche lesen daraus, dass Lea nicht als „meine Frau“ bezeichnet wird wie Sara als Abrahams und Rebekka als Isaaks Frau, dass Jakob distanziert spricht, weil eigentlich nur Rachel „seine Frau“ war. Wie dem auch sei, so stirbt Jakob doch mit einer viel umrätselten Geste: Er zieht seine Füße in das Bett. Wenn Sokrates mit einem rätselhaften Wort gestorben sein soll, so Jakob mit einer solchen Gebärde. Am nächsten liegt jedoch, dass auf den Erzählrahmen in Gen 48,2 zurückgegriffen wird, wo Jakob angesichts des Erscheinens des Joseph sich auf seinem Lager aufrichtet, während er hier dann also sich endgültig wieder hinlegt und stirbt. Er stirbt „in der Schwebe“, wie Aron Bodenheimer im Gespräch mit mir trefflich bemerkt hat.

In der Folge wird uns dann berichtet, dass Joseph den toten Jakob nach der Sitte in Ägypten einbalsamieren, also mumifizieren ließ, sicher im Blick auf den langen Begräbnisweg von Ägypten nach Hebron.

2 *Deborahs Abschiedsrede im Liber Antiquitatum Biblicarum (LAB 33)*

Mein zweites Beispiel entnehme ich einem sogenannten apokryphen Buch, das unter dem Titel „Buch der biblischen Altertümer“ in lateinischer Sprache tradiert wurde. Manchmal heißt es auch Pseudo-Philo, weil es fälschlich den Schriften Philos von Alexandrien zugerechnet wurde. Latein ist kaum die Originalsprache. Aber ob es ursprünglich auf Hebräisch oder auf Griechisch verfasst wurde, ist nicht bekannt. Meistens rechnet man mit einer Abfassungszeit am Ende des 1. und zu Beginn des 2. Jahrhunderts nach Christus. Das Buch ist eine Art *rewritten history*, also eine Nacherzählung der Bibel von Adam bis zum Tode Sauls, wobei noch die Zeit der Richter, also die Zeit der charismatischen Heer- oder Anführer wie Gideon, Barak und Simson, nach der Landnahme und vor dem ersten König Saul, eine Rolle spielt. Zu diesen „Richtern“ gehörte auch die Prophetin Debora. Neben Yael, der Frau des Keniters Heber, und Barak, dem israelitischen Feldherrn, trägt sie entscheidend zum Sieg Israels gegen das kanaanäische Heer Siseras bei. Eingetragen hat sich dabei nicht zuletzt Yaels Tötung des Sisera in die abendländische Rezeptionsgeschichte.

In unserem LAB hat Debora „als Leiterin des Volkes, Tora-Lehrerin, Prophetin, apokalyptische Visionärin, Poetin, als weisheitliche Figur sowie als weibliches Gegenüber zu Mose, der wichtigsten Führungsgestalt von ganz Israel (Liber Antiquitatum Biblicarum 30–33), beeindruckende Konturen (Brown, 39–71; besonders 42.64)“ gewonnen. „So wie Moses sein Volk leitet und ‚erleuchtet‘ (Liber Antiquitatum Biblicarum 11,2), ist dies auch die Mission Deboras. Wie Mose, so ruft auch Debora Israel auf, die Tora zu befolgen, führt die IsraelitInnen aus der Unterdrückung auf wundersame Weise in die Freiheit und leitet sie – einer Hirtin gleich – 40 Jahre lang (Liber Antiquitatum Biblicarum 32,17).“

Am Ende der Erzählung über sie steht ihr Testament bzw. ihre Abschiedsrede und die Totenklage des Volkes:

1 Und es geschah, während sich die Tage ihres Todes nahten, sandte sie aus und versammelte alle Leute und sprach zu ihnen: Hört jetzt, meine Leute. Siehe, ich ermahne euch als eine Frau Gottes, und ich erleuchte euch als eine aus dem weiblichen Geschlecht. Gehorcht mir als eurer Mutter und merkt auf meine Worte als solche, die auch selbst sterben werden.

2 Siehe, ich gehe heute den Weg alles Fleisches, den auch ihr gehen werdet. Nun richtet euer Herz hin zu eurem Gott, in der Zeit eures Lebens.

Denn nach eurem Tod werdet ihr für das, was ihr lebtet, nicht Buße tun können.

3 Bestimmt (oder: versiegelt) ist dann schon der Tod und vollendet, und Maß und Zeit und Jahre haben ihr Anvertrautes zurückerstattet. Denn wenn ihr in der Unterwelt (in inferno) nach eurem Tod böse zu handeln sucht, werdet ihr es nicht können. Denn die Begierde zu sündigen, wird aufhören, und das böse Geschöpf wird seine Macht verlieren, weil auch die Unterwelt, die sich das Anvertraute nimmt, es nicht erstatten wird, wenn nicht der es von ihr zurückfordert, der es ihr anvertraut hat. Jetzt also, meine Söhne ihr, hört auf meine Stimme, solange ihr die Zeit des Lebens und Licht des Gesetzes habt, richtet aus euere Wege.

Hier unterbricht das Volk die Rede und sagt weinend zu Debora:

4 Siehe, jetzt wirst du, o Mutter, sterben, und da du deine Söhne verlässt, wem vertraust du sie an? Bitte darum für uns, und nach deinem Tod soll deine Seele unser eingedenk sein in Ewigkeit.

Deutlich ist, dass Debora, die „Frau Gottes", als Sterbende das Volk darauf anspricht, dass alles Fleisch sterblich ist, weswegen jeder zu Lebzeiten seinen Lebensweg unbedingt an der Tora, an ihrem Licht, ausrichten muss. Denn die Toten werden in der Unterwelt keine Buße tun können. Gemeint damit ist wohl: Sie können nicht mehr mit Gebotserfüllung oder anderen Mitteln Sünden sühnen. Debora drückt das so aus: In der Unterwelt kann man nichts mehr Böses tun, weil die Begierde und das „böse Geschöpf" (ist der *jezer ha ra* gemeint?) entmachtet sind, weswegen deren Überwindung durch das Tun des Guten nicht verdienstlich ist. Man kann eben weder Gutes noch Böses tun, wenn man tot ist. Nicht wirklich klar ist, was das „Anvertraute" (*depositum*) meint. M. E. ist es der Mensch, wohl seine Seele, die der Zeitlichkeit, der Fleischlichkeit, anvertraut wurde, und dieses Anvertraute nimmt sich nun durch den Tod die Unterwelt, genauer, Gott vertraut es ihr an. Er kann sie zurückfordern von der Unterwelt, aber eben: Er muss sie zurückfordern. Und er fordert sie nur dann zurück, wenn einer in der Zeitlichkeit den Weg des Gesetzes gegangen ist.

Diese Deutung legt jedenfalls der Fortgang der Abschiedsrede nahe. Denn nachdem das Volk, das Debora voller Trauer unterbrochen hat, auf ihre Fürsprache im Jenseits hofft, erwidert Debora:

5 Solange der Mensch lebt, kann er beten für sich und seine Söhne; nach seinem Ende wird er nicht beten, vielmehr auch niemandes eingedenk sein können. Darum hofft nicht auf eure Väter. Sie werden euch nämlich nicht nützen, wenn ihr ihnen nicht ähnlich erfunden werdet. Es wird aber eure Gestalt dann sein wie die Gestirne des Himmels, die jetzt bei euch bekannt sind.

Debora belehrt nun das Volk, dass es keine Fürsprache der Toten für die Lebenden gibt. Nur wenn sie ihr Leben dem der toten Väter gleich gestalten, gibt es Hoffnung. Diese Hoffnung richtet sich offenbar auf die Rückrufung der Seelen aus der Unterwelt durch Gott und ihre Versetzung zu Sternen am Himmel. Diese auch andernorts zu findende Vorstellung, dass Gott die Seelen der Gerechten der Gestalt der Sterne am Himmel gleich machen wird, deutet noch einmal darauf hin, dass das LAB eine Eschatologie hat, wonach nach der Zwischenzeit des Aufenthalts in der Unterwelt die Gerechten zu Gott in den Himmel gehoben werden und dort wie Sterne leuchten.

Nach diesen letzten Worten stirbt Debora und das Volk singt ein Klagelied auf „die Mutter aus Israel und die Heilige, die die Führerschaft im Haus Jakob" ausübte.

IV Die Sterbeszene und das letzte Wort Jesu nach dem Markusevangelium

Das Neue Testament enthält eine Reihe von Abschiedsreden, insbesondere eine sehr umfangreiche im Johannesevangelium (Joh 13–17). Es handelt sich hier um die Vermächtnisrede Jesu angesichts seines baldigen Todes. Das bezeugt die Aufnahme literarischer Motive solcher Testamente. Jesus eröffnet die Rede mit einer symbolischen Handlung, einer Fußwaschung während eines Mahls mit seinen Schülern, die als Ausdruck seiner ultimativen Liebe zu ihnen gedeutet und zugleich als Vorbild des Freundschaftstodes bezeichnet wird, den er später in der Rede mit den berühmten Worten so beschreibt: „Niemand hat größere Liebe als der, der sein Leben hingibt für seine Freunde." Es geht offenkundig um die Situation des Martyriums, das er bald antreten wird und auch seinen Schülern für die Zukunft voraussagt. Es geht um die Bezeichnung eines Lieblingsjüngers, aber auch eines Verräters/Denunzianten in den eigenen Reihen und auch um einen Nachfolger: den Parakleten, den Geist, der als Beistand und Trost den Jüngern verheißen wird, auch als Interpret seiner Lehre. Und schließlich geht es auch um die Ermahnung, in seiner Lehre und in ihm zu bleiben, auch wenn dies in Bedrängnis führt. Aber diese Abschiedsrede ist eben keine auf dem Sterbebett. Das hatte er nicht. Allerdings spricht Jesus auch im Johannesevangelium noch letzte Wort am römischen Kreuz, die zu den sieben letzten Worten gehören.

I. Lk 23,34 *Vater*, vergib ihnen, denn sie wissen nicht, was sie tun.
II. Lk 23,43 Amen, ich sage dir, heute noch wirst du mit mir im Paradies sein.
III. Joh 19,26.27 Frau, siehe dein Sohn! Siehe, deine Mutter!
IV. Mk 15,34 *Mein Gott, mein Gott,* warum hast du mich verlassen?

V. Joh 19,28 Mich dürstet!
VI. Joh 19,30 Es ist vollbracht!
VII. Lk 23,46 *Vater,* in deine Hände lege ich meinen Geist!

Insbesondere ist das „Es ist vollbracht" bekannt, ja geradezu zu einem geflügelten Wort geworden – auch in banaleren Zusammenhängen als der düsteren Szene, in der es steht. Es ist, wie gesagt, eins der sogenannten sieben letzten Worte Jesu am Kreuz, die aus allen vier Evangelien zusammengestellt wurden und gleichsam eine eigene Gattung zum Zweck der Kontemplation des Todes Jesu (und der eigenen Sterblichkeit) in der Frömmigkeits- und auch der Musikgeschichte gebildet haben. Auffällig ist, wie diese Evangelienharmonie aus den letzten Worten dramaturgisch gestaltet ist. Die letzten zwei der sieben Worte sind „Es ist vollbracht" aus dem Johannesevangelium und das ergebene Wort „Vater, in deine Hände befehle ich meinen Geist" im Lukasevangelium. Nicht aber das markinische, eher aufbegehrende oder anklagende, jedenfalls anmahnende letzte Wort: „Mein Gott, mein Gott, wozu hast du mich verlassen." Es ist hier also nicht eine Harmonie wie aus anderen letzten Worten Jesu in den Evangelien zu hören. Es ist sozusagen kein harmonisch oder versöhnlich ausklingendes Drama des sterbenden Jesus am Kreuz konstruiert worden. Natürlich weiß jeder, dass es ohnehin ein Happyend in den Erzählungen der Evangelien gibt. Aber was bedeutet es, dass das Markusevangelium offenbar in der Sterbeszene Jesu diese Versöhnung noch nicht im Blick hat?

Hier zunächst die Sterbeszene nach Mk 15,33–39:
33 Als dann aber die sechste Stunde gekommen war, trat eine Finsternis über das ganze Land ein bis zur neunten Stunde;
34 und in der neunten Stunde rief Jesus mit lauter Stimme: „Eloi, Eloi, lema sabachthani?", das heißt übersetzt: „Mein Gott, mein Gott, *wozu* hast du mich verlassen?"
35 Als dies einige von den Dabeistehenden hörten, sagten sie: „Hört, er ruft den Elia!"
36 Da lief einer hin, tränkte einen Schwamm mit Essig, steckte ihn an ein Rohr und wollte ihm zu trinken geben, wobei er sagte: „Lasst mich! Wir wollen doch sehen, ob Elia kommt, um ihn herabzunehmen!"
37 Jesus aber stieß noch einen lauten Schrei aus und verschied dann.

Das Auffällige an den letzten Tagen Jesu ist, dass der Erzähler, den wir Markus nennen, Jesus den Beistand und gar nur die Begleitung seiner Schüler immer deutlicher verlieren lässt. Nicht nur gibt es einen Denunzianten unter ihnen. Selbst der Schüler, Petrus, der schwört, er würde sogar mit ihm sterben, verleugnet ihn. Auch in der Nacht vor seinem Tod, als Jesus auf dem Ölberg ist, im Garten Gethsemani, und die drei engsten Jünger – Petrus, Jakobus und Johannes – mit sich nimmt und in seiner Todesangst betet: „Abba, Vater, alles ist dir möglich. Lass diesen Kelch an mir vorübergehen! Doch nicht, was ich will, sondern was du willst!", schlafen sie ein. Die Szene ist von bitterer Ironie. Denn der Leser hat nicht nur durch ein extratextuelles Wissen, sondern auch aufgrund von Hinweisen im Text des Markusevangeliums, selbst Kenntnis davon, dass es gerade diese drei sind, die später selbst das Martyrium erleiden werden. Die Szene ist – verglichen mit Sokrates' Sterben – deutlich anders. Sokrates hat die Aufmerksamkeit seiner Schüler, deren Beistand. Und er ist selbst höchst standhaft angesichts des Kelchs, der ihn erwartet, während Jesus bemerkenswerterweise Todesangst ausdrückt und um Verschonung bittet, wenn es möglich ist, und seine Schüler – sie schlafen.

Der Verlust an Beistand kulminiert im Verlust an Begleitung. Denn als Jesus gefangengenommen wird, heißt es: „Da verließen ihn alle und flohen" (14,50). Nur einer, ein junger Mann, der anonym bleibt, folgt ihm noch. Der Erzähler kennzeichnet auffälligerweise seine Kleidung: Er war „bekleidet mit einem leinenen Tuch auf dem bloßen Körper" (14,51). Doch als sie nach ihm griffen, ließ er das Tuch fahren und floh nackt. Es ist viel gerätselt worden, was der Erzähler dem Leser zu verstehen geben will. Nahe liegt, dass die Panik unterstrichen wird: Der Jüngling flieht sogar nackt – eine höchst schamvolle Angelegenheit. Nur: Warum hat er sich denn so angelegt mit dem Leinentuch auf bloßer Haut? Nun: Er hat sich angezogen, wie eine Leiche angezogen wird. Das heißt: Er rechnete mit seinem Tod, mit seinem Martyrium, und bereitete sich vor. Umso fester ging er als einziger noch mit dem gefangenen Jesus mit, nachdem alle Jünger geflohen waren. Aber auch er flieht schließlich – panikartig.

Den Höhepunkt nun des Verlustes an Beistand stellt die Sterbeszene dar: die Jünger sind geflohen, einige Frauen stehen allerdings da und sehen noch von Ferne zu. Doch Jesus ist nun in der Hand von römischen Scharfrichtern, man schmäht ihn – und selbst der Himmel verdunkelt sich.

Das Drama der Kreuzigung spielt sich im Markusevangelium in einem chronologischen Schema ab:

V 25: Es war die dritte Stunde, als sie ihn kreuzigten
V 33: Zur sechsten Stunde kam eine Finsternis über das ganze Land
V 33: In der neunten Stunde schreit Jesus
V 42: Als es schon Abend wurde [...] kam Josef von Arimathia [...]

Unsere Szene beginnt also mit einer Sonnenfinsternis am Mittag, die bis 15 Uhr dauerte. Sie stellt Jesu Sterben in einen geradezu kosmischen Zusammenhang. Auch bei Cäsars Tod wird von einer Finsternis erzählt (Vergil, Georg. I 466–468; Josephus, Ant XIV 12.3), aber auch bei anderen großen, übermenschlichen Persönlichkeiten. Ob das als Sympathie mit ihm, als Trauer der Gottheit über den sterbenden Gottessohn zu deuten ist, wie manche meinen? Mag sein. Der Erzähler jedenfalls lässt die drei Stunden bis zum Ruf Jesu leer, als ob alles still steht, aber eben auch alles in Düsternis sich befindet. Erst danach ruft Jesus mit lauter Stimme die berühmten Worte aus Psalm 22, und zwar auf Aramäisch. Der Erzähler scheint Authentizität anzustreben. Aber er übersetzt dann doch ins

Griechische und mit einer bemerkenswerten Akzentuierung: Jesus sagt nicht „warum" hast du mich verlassen, sondern „wozu" (auch wenn meist mit „warum" übersetzt wird). Der Gebetsruf wendet sich also an Gott. Jesus spricht wie Eleazar zu Gott in seinem letzten Wort. Und er deutet die Sonnenfinsternis so als Verlassenwordensein durch Gott. Die langen drei Stunden haben eben auch nicht zu einem Eingreifen Gottes geführt. Gott lässt ihn also eine düstere, eine lebensbedrohliche, eine elende, offenbar aussichtslose Situation am Ende erleben. Das „Wozu" macht allerdings deutlich, dass er dieses Verlassensein hinsichtlich seines Zwecks befragt. Es ist nicht so, dass er das Verlassenwordensein sozusagen als letztes Wort Gottes ansieht. Er fragt nur, was der Sinn ist. Insofern spricht er wie der Beter von Psalm 22 im Vertrauen auf Gott, nicht in Verzweiflung. Er wartet weiter auf Gottes rettendes Handeln, sieht sich also nicht endgültig im Stich gelassen. Das wird mit der merkwürdigen anschließenden Szene unterstrichen,[9] in der einige derer, die unter dem Kreuz stehen, sein Wort so verstehen, als hätte er Elia, den im Himmel befindlichen Propheten, zur Rettung angerufen. Denn der soll nach Maleachi eschatologisch wiederkommen und als Wiederhersteller des Volkes Israel dessen messianisches Heil vorbereiten. Und tatsächlich nimmt einer der Anwesenden das ernst, gibt Jesus ein erquickendes Getränk (nicht, um ihn noch zu quälen), weil er hofft, dass dieser sterbende Gerechte doch noch gerettet wird. Er verhört sich sozusagen intentional, wenn er Jesus nicht zu Gott, sondern zu Elia rufen hört. Er verspottet nicht den Sterbenden, wie oft angenommen. Er hat Sympathie und er hat Hoffnung. Aber er hat einen falschen „point of view" (Pellegrini 365). Jesus, der Gottessohn, muss durch diese Gottesfinsternis, um in das Gottesreich im Himmel zu gelangen. Und das ist gegebenenfalls auch der Weg seiner Nachfolger. Und der Elia redivivus? Der war, wie der Leser weiß, schon da in der Gestalt Johannes des Täufers, aber auch er hat das Martyrium erlitten, bevor er wieder in den Himmel zurückgekehrt ist. So gelesen ist Jesu Sterbeszene auch ein paradigmatischer Tod – der Tod eines Märtyrers, der nicht ohne Angst ist, aber doch standhaft stirbt.

Liest man das Markusevangelium im Horizont des Martyriums – des Vorläufers Jesu, Jesu selbst und dann auch der künftigen Martyrien seiner Anhängerschaft –, dann sollte man jedoch nicht übersehen, dass seine Botschaft zugleich auch das Evangelium vom Nahegekommensein des Gottesreiches ist. Die Erfahrungen von Stigmatisierungen sind bezogen darauf, dass das messianische Reich nahegekommen und Jesus dessen künftiger Herrscher ist. Das Evangelium nimmt die alte Weissagung von Daniel auf, wonach die irdischen Reiche alle untergehen und die Herrschaft Gottes selbst am Ende aufgerichtet wird.

---

9 Vgl. dazu Silvia Pellegrini, Elija – Wegbereiter Gottes. Eine textsemiotische Untersuchung im Markusevangelium, Freiburg 2000, 354ff.

Aber davor steht eben möglicherweise das Martyrium, mit Sicherheit der Tod – und die Aufgabe, der Würde der Sterbenden und ihrem Wort an uns den angemessenen Respekt zu erweisen, nämlich den, dass wir früher oder später ihre Sterblichkeit teilen.

Die Evangelien als jüdische Texte

Wolfgang Stegemann

1 Boyarin: Die jüdischen Evangelien und ihre jüdische Christologie[1]

Bekanntlich wird mittlerweile in wissenschaftlichen Diskursen nahezu einhellig vorausgesetzt, dass der historische Jesus Jude war. Diese Erkenntnis gilt nach langem Vorlauf als grundlegendes Ergebnis der sog. „dritten Suche" nach Jesus (third quest). In der gegenwärtigen Epoche der Jesusforschung geht es dementsprechend um die Verortung des historischen Jesus innerhalb des Judentums seiner Zeit. Zwar hatte u. a. schon R. Bultmann grundsätzlich diese Erkenntnis über den historischen Jesus geteilt, doch lag ihm daran, den irdischen, jüdischen Jesus vom „Kerygma", also von der christlichen Verkündigung Jesu Christi, zu unterscheiden. Denn: „Jesus Christus begegnet dem Menschen nirgends anders als im Kerygma."[2] Mit dem Begriff „Kerygma" verbindet sich kurz gesagt all das, was über seine irdische Identität hinaus hinsichtlich seiner „Hoheit" schon (!) in den Evangelien „verkündigt" wird. Auf diesem Hintergrund wird anschaulich, was es theologisch bedeutet, wenn nicht nur der irdische Jesus, sondern auch die Evangelien jüdisch sind, also, um mit Bultmanns Terminologie zu sprechen: auch das „Kerygma" der ntl. Evangelien von Jesus Christus ist jüdisch.

Damit ist schon angedeutet, vor welche Herausforderung D. Boyarins Buch „Die jüdischen Evangelien. Die Geschichte des jüdischen Christus" sowohl im Titel als auch im Untertitel die christliche Theologie stellt. Mit seinen eigenen Worten:

> Während mittlerweile fast jeder [...] Jesus, den Menschen, als Juden bezeichnet, möchte ich einen Schritt weiter gehen. Ich möchte, dass wir erkennen, dass auch

---

1 Daniel Boyarin, The Jewish Gospels. The Story of the Jewish Christ, The New Press New York (New York) 2012, XXIII + 200 S.; dt.: Die jüdischen Evangelien. Die Geschichte des jüdischen Christus, mit einem Geleitwort für die deutsche Ausgabe von Johann E. Hafner und einem Vorwort von Jack Miles, übers. v. Armin Wolf (Judentum – Christentum – Islam. Interreligiöse Studien 12), Ergon Würzburg 2015, 172 S. – Peter Schäfer, Zum Buch von Daniel Boyarin „The Jewish Gospels. The Story of the Jewish Christ": KuI 27 (2012/2) 100–109. – Klaus Wengst, Christsein mit Tora und Evangelium. Beiträge zum Umbau christlicher Theologie im Angesicht Israels, Kohlhammer Stuttgart 2014, 220 S.

2 R. Bultmann, Glauben und Verstehen I, Tübingen 1933, 208.

> Christus – der göttliche Messias – ein Jude ist. Die Christologie oder die frühen Vorstellungen über Christus sind ebenfalls eine jüdische Erörterung und überhaupt keine [...] antijüdische Abhandlung. Viele Israeliten der Zeit Jesu erwarteten einen Messias, der göttlich wäre und auf die Erde in Gestalt eines Menschen käme. Daher waren die grundlegenden Gedanken, aus denen sowohl die Trinität als auch die Inkarnation erwuchs, in eben jener Welt vorhanden, in die Jesus hinein geboren und in der zuerst über ihn in den Evangelien des Markus und des Johannes geschrieben wurde (29f.).

Nach Boyarin gehen also selbst christologische Kernaussagen der Evangelien auf jüdische Diskurse zurück. Auch die göttliche Verehrung Christi in den Evangelien ist Ausdruck jüdischer Diskurse. Boyarin hatte schon in seinem vorhergehenden Werk „Abgrenzungen. Die Aufspaltung des Judäo-Christentums" (2009) einige traditionelle Modelle der Entstehungsgeschichte des Christentums aus dem Judentum kritisiert (etwa das Mutter-Tochter-Modell, das Zwillingsmodell oder auch das neuere Modell des Auseinandergehens der Wege / *parting of the ways*) und selbst eine „Wellentheorie" bevorzugt. Nach seiner Meinung ist es zu einer markanten Unterscheidung jüdischer und christlicher Gemeinschaften erst im 4. Jh. n. Chr. gekommen. In seinem Buch über die „jüdischen Evangelien" thematisiert er nun, dass auch die Unterschiede in den Diskursen der jüdischen und der judäo-christlichen Gemeinschaften durch ihre gemeinsame Beziehung auf die jüdische Diskurswelt erklärbar sind – und nicht das Ergebnis einer woher auch immer stammenden Vorstellungswelt, die dann später als „christliche" von der „jüdischen" unterschieden wurde. Der Bruch zwischen dem, was wir Judentum und Christentum nennen, wird von ihm ins 4. Jh. n. Chr. datiert, zwischen den Konzilien zu Nizäa (321) und Konstantinopel (381). Der diskursive Weg vom Messias, dem „irdisch-politischen" Befreier und König des jüdischen Volkes, für den nach Boyarin in den Evangelien der Begriff „Gottessohn" steht, zum göttlichen, verehrten „Christus", für den nach Boyarin in den Evangelien der Begriff „Menschensohn" steht, ist für ihn noch kein Weg aus dem jüdischen Diskursfeld heraus.

> Eine kurze Zwischenbemerkung: Zum besseren Verständnis will beachtet sein, dass Boyarin, wie er in seiner Einleitung deutlich macht (27), davon ausgeht, dass die Begriffe „jüdisch" oder „Judentum" zu dieser Zeit nicht Bezeichnungen für eine „Religion" sind, sondern für einen „Komplex von Ritualen und anderen Praktiken, Glaubensüberzeugungen und Werten, Geschichte und politischen Loyalitäten, der das Zugehörigkeitsgefühl zum Volk Israel ausmachte". Für ihn bezeichnet der Begriff „Judentum" darum „den Teil des jüdischen Lebens [...], der mit dem Gehorsam gegen Gott, mit Gottesdienst und Glauben befasst war" (28). Der Glaube an Jesus gehört für Boyarin in diesen Zusammenhang antiker jüdischer Identität! Er war „eine von vielen [...] Formen aus dem Geflecht von Glaubensvollzügen und -überzeugungen, die wir heute [!] Judentum nennen" (40). Boyarin geht so weit, dass

selbst „Vorstellungen, die heute in jeglicher Hinsicht die absolute Differenz zwischen beiden Religionen, Judentum und Christentum, markieren“, in den damaligen jüdischen Gruppen geteilt wurden, egal, ob sie Jesus anerkannten oder nicht (41).

Zurück zur jüdischen Christologie der Evangelien: Boyarin entfaltet und begründet seine Thesen über den jüdischen Christus in den Evangelien des Neuen Testaments an den Begriffen „Gottessohn“ und „Menschensohn“. Bereits im 1. Kapitel („Vom Gottessohn zum Menschensohn“, 43–80) begründet er seine bemerkenswerte Behauptung, dass schon im Markusevangelium die sog. christologischen Hoheitstitel „Gottessohn“ und „Menschensohn“ im Kontext ihrer jüdischen Verwendung in einem gewissen Sinne konträr zu den bisherigen religionsgeschichtlichen Analysen wie auch dem Gemeinverständnis christlicher Theologie verstanden werden müssen. Schon im Markusevangelium sei der Begriff „Gottessohn“ nicht als Aussage über die „göttliche Natur“ Jesu zu verstehen, sondern die Bezeichnung für „den König Israels, den irdischen König des Davidsthrons, während sich ‚Menschensohn‘ auf eine himmlische Figur und mitnichten auf ein menschliches Wesen bezog“ (43). In seiner knappen Deutung von „Sohn Gottes“ (schon in Mk 1,1) verweist er u. a. auf Ps 2,2.6–7 bzw. Ps 110 und eine Anzahl von Texten in den Königs- und Samuel-Büchern. Entscheidend für Boyarin ist, dass der Begriff „Sohn Gottes“ von früh an in der jüdischen Tradition den davidischen König als „Gesalbten“ Gottes bezeichnet und die Verwendung der Metapher des Vater-Sohn-Verhältnisses zwischen Gott und dem König (etwa: 2Sam 7,14: „Ich werde dir ein Vater sein, und du wirst mir ein Sohn sein“) nicht „auf eine Inkarnation der Gottheit im König“ hinweist, sondern auf dessen inniges Verhältnis zu Gott (45). So bedeute die Aussage von Ps 22,7 („Du bist mein Sohn, heute habe ich Dich gezeugt“) die Inthronisation des jüdischen Königs.

Ausführlicher diskutiert und begründet Boyarin in Kapitel 1 und dann in Kapitel 2 seine ungewöhnliche Interpretation des Begriffs „Menschensohn“, der nach seiner Meinung schon in der vor-neutestamentlichen jüdischen Tradition eine göttliche Gestalt meinte. Diese Tradition – insbesondere die Vision von Daniel 7 – habe es ermöglicht, dass Jesus anerkennende Juden und Jüdinnen zu dem Glauben gekommen sind, „dass Jesus Gott wäre“ (62ff.). Denn nach seiner Meinung „erwarteten“ sie bereits, „dass der Messias/Christus ein Gott-Mensch sein würde“, weil eben diese „Erwartung [...] ein wesentlicher Bestandteil der jüdischen Tradition“ war (65). Unter Rückgriff auf Dan 7,14 als Schlüsseltext seiner Deutung des Menschensohn-Begriffs interpretiert er z. B. jene durchaus bemerkenswerte Aussage in Mk 2,10, wonach der Menschensohn die Macht habe, auf Erden Sünden zu vergeben (66). Er weist zu Recht darauf hin, dass der markinische Kontext selbst davon ausgeht, dass die Macht der Sündenvergebung eine Prärogative Gottes ist, was die Deutung des Menschensohns als einer göttlichen Gestalt durch Boyarin unterstützt. Gerade Markus biete auch in Mk 2,28 eine ziemlich „genaue Definition“ des Menschensohn-Begriffs aus Dan 7. Dieser Vers beschließt bekanntlich die Perikope vom Ährenausraufen am Sabbat und fügt der Verteidigung des Ährenraufens der Jünger am Sabbat durch Jesus selbst (Mk 2,25–27), die schon vor Boyarin im Kontext rabbinischer Argumentation verortet wurde, eine zusätzliche Feststellung hinzu, derer es eigentlich danach nicht mehr bedurft hätte: „So ist der Menschensohn Herr auch über den Sabbat“ (Mk 2,28). Boyarin versteht diesen Vers als „apokalyptische Ausdehnung“ der zuvor im Text vorgetragenen Argumente (Mk 2,25–27) durch den Menschensohn auf alle – also auch die nicht-jüdischen Völker – im Sinne des in Dan 7 verheißenen Gerichts des Menschensohns über die Völker (72f.).

Im 2. Kapitel (81–103) weitet er seine Deutung der jüdischen Herkunft schon die sogenannte „hohe“ Christologie in den Evangelien aus, etwa unter Verweis auf einschlägige Texte u. a. im 1Hen und 4Esra. Auch hier geht es ihm darum zu zeigen, dass nicht, wie „eine Gelehrtentradition“ annimmt, „Jesus zuerst kam und die Christologie nach diesen Ereignissen geschaffen wurde, um seine erstaunliche Karriere zu erklären.“ Vielmehr: „Jesus schlüpfte in eine Rolle, die vor seiner Geburt bestand, und dies erklärt, warum so viele Juden bereit waren, ihn als den Christus, als den Messias, den Menschensohn anzuerkennen“ (82). In 1Hen 46 und 48 sieht er die „Doppelsträngigkeit“ der Deutung Jesu vorgebildet: „Ungeachtet späterer theologischer Verfeinerungen enthalten die Evangelien ebenfalls (wie 1Hen 46/48, W. S.) die Geschichte eines Gottes, der Mensch wird (Theophanie), und eine andere Geschichte eines Menschen, der Gott wird (Apotheose)“ (90). Dies helfe uns, „den Sinn der mannigfaltigen Begebenheiten in der Christusgeschichte zu finden: seine Geburt als Gott, seine Gottwerdung bei der Taufe, sein Tod und seine Auferstehung als ein lebendiger Mensch, der wiederum auf Erden lehrt, und danach die Erhöhung zur Rechten Gottes in Ewigkeit“ (90f.). Natürlich stellt sich Boyarin schließlich auch die Frage danach, was nun, wenn „alle Vorstellungen über Christus altvertraut“ sind, das Neue an Jesus sei; „das oder der Neue ist Jesus. Es gibt nichts in der Lehre des Christus, was neu ist, außer der Ausrufung *dieses* Menschen als Menschensohn“ (103; Hervorhebung von mir).

Im 3. Kapitel „Jesus lebte kosher“ (105–123) geht es nicht unmittelbar um Christologie, sondern im gewissen Sinne um die daraus gefolgerte Autorisierung des christlichen Bruchs mit der Tora, also um die Frage, ob schon die Verkündigung des irdischen Jesus die sog. christliche Freiheit vom (jüdischen) Gesetz begründet hat. Diese exemplarisch auf Mk 7 gestützte These stellt Boyarin gründlich und überzeugend infrage. Jenseits vieler interessanter exegetischer Details, auf die hier nicht eingegangen werden kann, ist die Einschätzung der Positionierung Jesu innerhalb des damaligen Judentums beeindruckend: „Das Judentum Jesu war eine konservative Reaktion gegen radikale Innovationen im Gesetz, die von den Pharisäern und Schriftgelehrten Jerusalems stammten“ (106). In deutlichem Kontrast zu der verbreiteten Anschauung, in der Jesus als radikaler und innovativer Reformer gegen das damalige jüdische Establishment gedeutet und auf ihn im Prinzip schon die Aufhebung der Tora zurückgeführt wird, versteht Boyarin ihn also nicht als jüdischen „Außenseiter“, sondern als den „Anführer eines Typs des Judentums, der dabei war, von einer anderen Gruppe, den Pharisäern, an den Rand gedrängt zu werden; und er kämpfte gegen sie als gefährliche Neuerer“ (107). Man lese und staune: Nicht Jesus, sondern die Pharisäer versteht Boyarin als „gefährliche Neuerer“. Eben diese Perspektive vertritt nach Boyarin auch Mk 7: In „seinem historischen Kontext“ sei dieses Kapitel „vollkommen verständlich. Markus war ein Jude, und sein Jesus hielt die Speisevorschriften.“ Das Evangelium stelle „in keiner Weise den allerkleinsten Schritt in Richtung der Erfindung des Christentums als einer neuen Religion dar oder gar als Abweichung vom Judentum“ (121).

Im 4. Kapitel („Der leidende Christus als ein Midrasch zu Daniel“, 125–145) geht es wieder um Christologie, diesmal um die zweifellos prägendste christliche Überzeugung, die bisher zugleich „das greifbarste Kennzeichen eines völligen Bruchs zwischen (damaligen) Juden und ihren neuen Rivalen, den Christen, war“ (125): Kann ein leidender, von den Römern gekreuzigter Jude, der die schändlichste aller Todesarten (*mors turpissima crucis*) erleiden musste, der Messiaskönig Israels sein? Dessen Aufgabe wäre es doch gerade gewesen, Israel im politischen Sinne von der römischen Vormacht zu befreien. Mehr noch, können die theologischen bzw. christologischen Deutungen von Jesu Leiden und Tod als stellvertretendes Leiden des Messias und als Sühnetod noch innerhalb *jüdischer Diskurse* und *jüdischer Glaubenswelt* verortet werden? Boyarin will zeigen, dass einerseits die Evangelien in der Deutung des Schicksals Jesu „ganz traditionelle, midraschische Methoden“ verwenden, und vor allem, „wie verbreitet die Vorstellung eines leidenden und sterbenden Messias unter den vollkommen ‚orthodoxen‘ rabbinischen Juden von der Zeit des Talmuds an war“ (128). Im Zentrum seiner Argumentation stehen natürlich im Markusevangelium die Leidensweissagungen und – wie in der christlichen Exegese – das Gottesknechtslied Jes 53, interessanterweise aber auch Dan 7,25 und 12,7. Darauf weist nach Boyarin Jesus schon in Mk 8,31 und dann auch in 9,12 hin (130). Boyarin kommt nach ausführlichen Exegesen zu dem Ergebnis, dass die „Behauptung vieler Leiden, dazu Verwerfung und Verachtung des Menschensohns in keinerlei Hinsicht einen Bruch mit dem Judentum“ darstellt (145). Mehr noch: „Es gibt keine wesenhaft christliche (vom Kreuz gezeichnete) Auffassung des Messias im Gegenüber zu einer jüdischen [...], sondern nur *eine* vielschichtige und umstrittene messianische Idee, die von Markus und Jesus mit der ganzen Gemeinschaft der Juden geteilt wurde“ (ebd.). Und geradezu als passendes Schlusswort statuiert Boyarin: „Das ‚Evangeliumsjudentum‘ (Gospel Judaism) war geradewegs und gänzlich eine jüdisch-messianische Bewegung. Und das Evangelium ist die Geschichte des jüdischen Christus“ (ebd.). Das Nachwort „Das jüdische Evangelium“ (147–149) bietet schließlich eine knappe Zusammenfassung seiner Thesen.

Nach meiner Meinung bietet Boyarin in diesem Buch eine neue Dimension dessen, was wir „Heimholung Jesu ins Judentum“ nennen. Das wird deutlich, wenn wir uns auf Martin Bubers berühmtes „Bekenntnis“ besinnen:

> Jesus habe ich von Jugend auf als meinen jüdischen Bruder empfunden. Dass die Christenheit ihn als Gott und Erlöser angesehen hat und ansieht, ist mir immer als eine Tatsache von höchstem Ernst erschienen, die ich um seinet- und um meinetwillen zu begreifen suchen muss. [...] Mein eigenes brüderlich aufgeschlossenes Verhältnis zu ihm ist immer stärker und reiner geworden, und ich sehe ihn heute mit stärkerem und reinerem Blick als je. Gewisser als je ist mir, dass ihm ein großer Platz in der Glaubensgeschichte Israels zukommt und dass dieser Platz durch keine der üblichen Kategorien umschrieben werden kann.[3]

Es scheint, wenn man Boyarin folgt, eben auch die Tatsache, dass „die Christenheit ihn als Gott und Erlöser ansieht“, zur jüdischen „Brüderlichkeit“ zu gehören. Nicht nur der irdische, historische Jesus, sondern auch seine frühe und dann verbindlich gewordene Würdigung als Gottessohn und Menschensohn ist Ausdruck von jüdischen Diskursen.

2 Kritische Reaktion von Peter Schäfer

P. Schäfer, damals noch Professor of Jewish Studies and of Religion an der Universität Princeton, reagierte auf Boyarins Buch noch im selben Jahr seines Erscheinens (2012) mit Kritik (deutsche Version in: Kirche und Israel 27, 2012, Heft 2). Er räumt die im Haupttitel (Die jüdischen Evangelien) des Buches reklamierte These ein: „denn niemand bezweifelt, dass die Evangelien jüdisch sind“; die „Gelehrten“ würden sich längst darin übertreffen „nachzuweisen, dass Jesus und das Neue Testament fest auf jüdischem Boden stehen, [...] dass nichts in Jesu Botschaft, wie sie im Neuen Testament ihren Niederschlag gefunden hat, die Grenzen dessen überschreite, was man im Rahmen des Judentums seiner Zeit erwarten kann“ (100). Er hat hier zweifellos nur die wissenschaftliche Diskurswelt im Blick. Äußerst kritisch beurteilt er dagegen die im Untertitel (Die Geschichte des jüdischen Christus) angedeutete und dann im Buch ausgeführte These, wonach „die Entwicklung der Christologie im Neuen Testament und in der Alten Kirche – das heißt die Lehre, dass Jesus wesenhaft göttlich *und* menschlich ist [...] – tief in der *vor*neutestamentlichen jüdischen Tradition verwurzelt sei“ (ebd.). Schäfer weist einerseits darauf hin, dass die „binitarische Vorstellung zweier göttlicher Mächte“ in der Forschung längst als „Bestandteil der vorchristlichen jüdischen Tradition“ erkannt worden ist und kritisiert, dass Boyarin diese offenbar nicht zur Kenntnis genommen hat,

---

3 M. Buber, Zwei Glaubensweisen, Gerlingen 1994, 15.

es jedenfalls nicht erwähnt (101). Andererseits hält Schäfer vor allem Boyarins Hypothese, wonach sich der Begriff „Gottessohn“ auf den Messias als *menschlichen* König bezieht, während mit „‚Menschensohn‘ – entgegen allem, was die meisten Christen glauben – der göttliche Erlöser gemeint sei“, für „atemberaubend“ (ebd.). Diese Bewertung bezeichnet offenkundig keine bewundernde Anerkennung, sondern die Reaktion eines Fachgelehrten auf eine ihn – vorsichtig formuliert – überraschend unorthodoxe andere Interpretation bekannter Sachverhalte.

Was Boyarins Deutung des Begriffs „Gottessohn“ betrifft, bemängelt er, dass Boyarin nur auf jene biblischen Belegstellen verweist, die seine These stützen, und kritisiert, dass er auch „all jene vorchristlichen jüdischen Traditionen“ unbeachtet lässt, in denen der Begriff „Gottessohn“ nicht nur den menschlichen König Israels meint. Vor allem weist er in diesem Zusammenhang auf neutestamentliche Texte wie Phil 2,6f. oder Hebr 1,3f. hin, in denen der Begriff eine göttliche Identität bezeichne (102).

Ausführlich diskutiert und kritisiert er dann Boyarins These von der göttlichen Identität des „Menschensohns“, die dieser vor allem in seiner Auslegung von Dan 7,9ff. begründet (102–104). Schäfer sieht Boyarins Interpretation durch Rabbi Aqivas Interpretation im Babylonischen Talmud inspiriert, die er freilich für „alles andere als selbstverständlich“ hält (103). Kurz gesagt kritisiert er Boyarins Reduktion einer „unbezifferten Mehrzahl von ‚Thronen‘“ im Danielbuch auf nur zwei. Näher liegt nach seiner Deutung, dass diese unbezifferte Anzahl von Thronen für den himmlischen Gerichtshof steht. Vor allem stehe die im Danielbuch selbst gelieferte Deutung der Vision durch einen Engel Boyarins Interpretation entgegen (Dan 7,26f.). Sie liefere zugleich eine Einschätzung des historischen Hintergrunds dieses Textes. Hintergrund von Dan 7 sei die „seleukidische Unterdrückung der Juden und [die] makkabäische Erhebung gegen sie“. Auf dieser historischen Grundlage müsse die Identität des Menschensohns in diesem Text diskutiert werden (103). Seine These, dass der Erzengel Michael der Menschensohn ist, sei unbezweifelbar, doch werde dies von Boyarin als Allegorie des Autors des Danielbuchs abgewiesen (104). Schäfer geht so weit, dass er Boyarins Deutung von Dan 7 als im „klaren Widerspruch zum Bibeltext“ kritisiert (ebd.).

Freilich formuliert Schäfer auch positive, grundsätzliche Übereinstimmungen mit Boyarins These – etwa, dass „christliche Schlüsselkonzepte im vorchristlichen Judentum zur Zeit des Zweiten Tempels zu finden sind“ (106). Und im Grunde stimmt er Boyarin darin zu, dass wir uns in Bezug auf Christentum und Judentum „von der dogmatischen Fixierung auf zwei festgefügte Religionen fernhalten“ (108) müssen. Bemerkenswert übereinstimmend mit Boyarin formuliert er sogar: „dass es in den ersten Jahrhunderten der christlichen Zeitrechnung nicht die eine Linie oder den einen Punkt gibt, die oder der ein für alle Mal zwischen Judentum und Christentum unterschieden hätten. [...] Die binitarische Vorstellung zweier göttlicher Mächte markiert keine endgültige Trennlinie zwischen den beiden Glaubensweisen, aber die trinitarische Vorstellung dreier göttlicher Mächte tut es offenbar." Und nicht der Tod Jesu an sich, sondern die Art und Weise seines Todes, die Kreuzigung, stelle aus jüdischer Sicht einen „Skandal" dar (108).

3 Ein vergleichbarer Ansatz aus christlicher Perspektive

Der Bochumer Neutestamentler *K. Wengst*, bekannt als herausragender Teilnehmer im jüdisch-christlichen Dialog, hat nicht zuletzt mit seinen Beiträgen zur christlichen Theologie in dem Sammelband: „Christsein mit Tora und Evangelium. Beiträge zum Umbau christlicher Theologie im Angesicht Israels" (2014) nicht nur zu einer Neuorientierung in der Beziehung zum Judentum, sondern insbesondere auch zu einer theologischen Re-Lektüre des Neuen Testaments beigetragen. Dies stellen einige Aufsätze von Wengst in dem genannten Buch unter Beweis. Wichtig genug: Ausweislich des Literaturverzeichnisses spielt keines der Bücher Boyarins für die Formulierung der exegetischen und theologischen Positionierung von Wengst eine Rolle. Ich finde dies insofern spannend, weil sich an einigen Beispielen zeigen lässt, dass sich auch jenseits von Boyarins Thesen für Theologen und Theologinnen, die wie Wengst (und auch ich selbst) für eine Exegese und Theologie im „Angesicht Israels" eintreten, gerade auch der Zugang (*approach*) zu neutestamentlichen Texten grundlegend geändert hat. Ein Zitat aus dem Aufsatzband von Wengst zeigt zudem eine große Nähe zu den geschilderten Positionen Boyarins:

> Als die neutestamentlichen Autoren ihre Schriften verfassten, gab es noch kein Neues Testament und sie hatten auch nicht das Bewusstsein, Teile eines Neuen Testamentes zu schreiben, und so gab es für sie auch kein „Altes Testament". Aber sie hatten gleichwohl eine „Bibel", nämlich diejenigen Schriften im Judentum ihrer Zeit, die als „heilige Schriften" im Gebrauch waren. Sie bildeten die selbstverständlichen Voraussetzungen ihres Schreibens [...] nur aufgrund ihrer jüdischen Bibel und mit ihr konnten etwa die Evangelisten die Geschichte Jesu als Geschichte des Mitseins Gottes darstellen. Daher gilt: Die jüdische Bibel, die „heilige Schrift" des Judentums, ist der Raum des Evangeliums (75).

Wengst verweist für die Bezeichnung „Raum des Evangeliums" auf F. Crüsemann (Das Alte Testament als *Wahrheitsraum* des Neuen, 2011), ändert ihn aber bemerkenswert, insofern er den mit dem Begriff *Wahrheit* verbundenen absoluten Geltungsanspruch zu einer Art Interpretationsraum relativiert. Auch wenn er es nicht ausdrücklich hier sagt, so geht aus seinen einschlägigen Publikationen hervor, dass er nicht nur die jüdische Bibel, sondern umfassend die damalige jüdische Textwelt als Diskurswelt der neutestamentlichen Schriften versteht. Vor allem aber: auch er versteht die Schriften des Neuen Testaments als „jüdische Schriften". Im Unterschied zu Boyarin rechnet er allerdings aufgrund dessen, dass diese Texte schon im 2. Jh. „in einem zunehmend nichtjüdischen Kontext rezipiert wurden" und „dem sozialen Aufstieg des Christentums in der griechisch sprechenden Welt" bzw. dem Einfluss „platonischer Ontologie", auch mit einer griechisch geprägten Deutung der Person Jesu: „Unter dieser Voraussetzung musste dann Wesensgleichheit von ‚Vater' und ‚Sohn' ausgesagt werden, sollte zum Ausdruck kommen, dass wirklich Gott in Jesus begegnet" (75). Und weiter: „In diesem Denkhorizont wurden in der Alten Kirche die Trinitätslehre und die Zwei-Naturen-Lehre ausgebildet" (ebd.). Hier ist allerdings, wie oben dargestellt, Boyarin deutlich anderer Meinung.

An dem Aufsatz „Neues Testament und dreieiniger Gott: Trinitarisch von Gott reden im Angesicht Israels" (77–96) soll die praktische Umsetzung des Ansatzes von Wengst gezeigt werden, denn insbesondere an dieser Thematik kann er sein Auslegungskonzept verdeutlichen. Er setzt zu Recht voraus, dass das Neue Testament noch keine Trinitätslehre enthält und spürt darum jenen Texten im Neuen Testament nach, „die Gott und Jesus sowie Jesus und den Geist oder auch Gott, Jesus und den Geist in Relation zueinander darstellen". Dabei will er auf „den Bezug der Texte auf die jüdische Bibel und ihre Einbindung in den jüdischen Kontext achten" (77).

Ausgangspunkt seiner Exegesen ist Joh 14,1 („Glaubt an Gott und glaubt an mich!"), den er mit 2 Mose 14,31 und dessen Midrasch, in denen eine vergleichbare Aussage von Gott und Mose gemacht wird, deutet. Wie der Glaube an Mose, so ist auch der an Jesus der Glaube an den in ihnen handelnden Gott Israels, und das heißt konkret in beiden Fällen: den „rettenden Gott" (79). Vergleichbar interpretiert Wengst Joh 12,44 und zumal auch Joh 10,30, welcher Vers wörtlich übersetzt lautet: „Ich und der Vater sind eins." Doch Wengst deutet mit guten Argumenten diesen Vers sinngemäß so: „Ich und der Vater wirken zusammen." Auch in Joh 1,17 („Das Wort ward Fleisch") geht es nach seiner Deutung nicht darum, Jesus „zu einem präexistenten Himmelswesen zu mythisieren". Vielmehr darum, die „Selbigkeit des Sprechens Gottes in der Schöpfung und in der als Neuschöpfung geglaubten Geschichte Jesu herauszustellen" (82). Kurz: Wengst weist die These von der „Vergottung Jesu" zurück, die er auch nicht in dem berühmten Philipper-Hymnus (2,6–11) findet (82). In Bezug auf Schäfers Kritik an Boyarins Deutung des Begriffs „Gottessohn", in der er u. a. auch mit Phil 2,6–11 argumentiert, könnte man die Interpretation von Wengst als eine Unterstützung von Boyarin deuten. Überhaupt ist die Auslegung von Phil 2,6–11 durch Wengst äußerst anregend (82–87).

Im 4. Abschnitt des hier besprochenen Aufsatzes geht es dem Autor um die „Relation Vater, Sohn und heiliger Geist" (89–94). Auch hier dominiert die

Absicht – und das ist eine anregende und absolut ehrliche Ausgangsbasis eines christlichen Exegeten, der „im Angesicht Israels“ Theologie treibt – der trinitarischen Dogmatik, auf der Ebene des Neuen Testaments und dessen jüdischer Diskurswelt nachzudenken. Bemerkenswert schon die These von Wengst: „[...] dass wir als Nichtjuden gerade deswegen in bestimmter Weise von Gott trinitarisch reden müssen, weil es um den einen und einzigen Gott Israels geht“ (89). Vielleicht kann man im Sinne von Wengst noch etwas ausführlicher sagen: weil wir als Nichtjuden, als Menschen aus den Völkern, durch den Juden Jesus von Nazareth Zugang zu dem einen Gott, dem Gott Israels bekommen haben. Welche Rolle spielt der heilige Geist für dieses Hinzukommen zum Gott Israels durch unseren Glauben an Gottes Wirkungsmacht im Juden Jesus? Wengst beantwortet diese Frage mit Hinweis auf die sog. Pfingstgeschichte in Apg 2,1–42, also das Einwirken des göttlichen Geistes auf Jüdinnen und Juden in Jerusalem (eine Geschichte, die auf der Basis von Joel 3 erzählt wird), und seiner Parallele in Apg 10,44–47, in der dieser heilige Geist Gottes auch Menschen aus den Völkern ergreift (90). Der Bochumer Neutestamentler fasst seine Exegese so zusammen:

> Das Reden der christlichen Völkerkirche von Gott muss deshalb zugleich von Jesus und dem heiligen Geist in bestimmter Zuordnung erfolgen, weil es um Israels Gott geht, der durch den Geist in der auf Jesus bezogenen messianischen Verkündigung auch nach Menschen aus den Völkern gegriffen hat und greift. Als Christinnen und Christen bekennen wir uns zu dem einen und einzigen Gott als dem Gott Israels; wir tun es durch Jesus kraft des heiligen Geistes (90–91).

Boyarin wie auch Wengst machen darauf aufmerksam, dass die Schriften des Neuen Testaments in einer jüdischen Diskurswelt entstanden und in ihr zu verstehen sind. Boyarin argumentiert aus jüdischer Sicht und auf der Grundlage seiner Kenntnis der für das Neue Testament infrage kommenden jüdischen Textwelt. Wengst argumentiert als christlicher Theologe und Neutestamentler mit einer herausragenden Kenntnis der jüdischen Textwelt, in der auch er das Neue Testament verortet. Boyarin holt die Evangelien und die Anfänge der Christologie in die Welt des Judentums zurück, Wengst argumentiert vergleichbar, doch aus der Sicht eines christlichen Theologen, der die neutestamentliche „Christologie“ zwar ebenfalls auf ihre jüdischen Voraussetzungen zurückführt, aber auch erklärt, wie sie in dem Diskursfeld eines zunehmend gräzisierten „Christentums“ aufgenommen werden konnte.

Thematisches Schriftenverzeichnis

Soham Al-Suadi

1. Stegemann, Ekkehard W.: „Der Jude Paulus und seine antijüdische Auslegung", in: Rolf Rendtorff (Hg.): Auschwitz, München 1980, 117–139.
2. –: „Die Krise des christlichen Antijudaismus und das Neue Testament", in: Gerhard Weßler / Martin Stöhr (Hrsg.): Leben und Glauben nach dem Holocaust, Stuttgart 1980, 71–89.
3. –: „Awesome Mankind", in: Lutherans and Jews Vol. 15, no. 2 (1982), 29–40.
4. –: „Hat Gott sein Volk verstoßen? – das sei ferne!", in: Pastoraltheologie. Monatsschrift für Wissenschaft und Praxis in Kirche und Gesellschaft 73 (1984), 299–307.
5. –: „Luthers Bibelübersetzung und das jüdisch-christliche Gespräch", in: Evangelische Theologie , ET 44, 4 (1984), 386–405.
6. Stegemann, Wolfgang: „Aspekte des Antijudaismus im Neuen Testament", in: Gastvorlesung an der Evangelisch-Theologischen Fakultät der Universität Wien (1984), 3–15.
7. Stegemann, Ekkehard W.: „Neutestamentliche Anmerkungen zum Thema der 6. Vollversammlung des Ökumenischen Rates der Kirchen in Vancouver 1983: ‚Jesus Christus – das Leben der Welt'", in: Hans-Georg Link / Ulrike Berger (Hg.): Der Herr des Lebens, Frankfurt a. M. 1985, 56–69.
8. –: „Der Neue Bund im Alten. Zum Schriftverständnis des Paulus in II Kor 3, Rolf Rendtorff zum 60. Geburtstag", in: Theologische Zeitschrift Basel 42, 2 (1986), 97–114.
9. –: „Die umgekehrte Tora: zum Gesetzesverständnis des Paulus", in: Judaica. Beiträge zum Verständnis des jüdischen Schicksals in Vergangenheit und Gegenwart 43, 1 (1987), 4–20.
10. –: „Die Stellung Martin Luthers und der evangelischen Christen zum Judentum, Frank Crüsemann zum fünfzigsten Geburtstag", in: Erika Weinzierl (Hg.): Christen und Juden in Offenbarung und kirchlichen Erklärungen vom Urchristentum bis zur Gegenwart, Wien 1988, 47–65.
11. –: „Auf dem Weg zu einer biblischen Freundschaft. Das Zwiegespräch zwischen Martin Buber und Karl Ludwig Schmidt", in: Heinz Kremers / Julius H. Schoeps (Hg.): Das jüdisch-christliche Religionsgespräch, Stuttgart 1988, 131–149.
12. –: „Christliche Wurzeln der Judenfeindschaft, vom Neuen Testament bis heute, Markus Mattmüller zum sechzigsten Geburtstag", in: Reformatio 37, 5 (1988), 366–379.
13. Stegemann, Wolfgang: Christliche Judenfeindschaft und Neues Testament. Vortrag zum Augustanatag am 26.6.1988, Neuendettelsau 1988.
14. –: „Die evangelischen Kirchen und das Judentum seit 1945", in: Im Lichte der Reformation 32 (1989), 118–147.
15. Stegemann, Ekkehard W.: „Die christlichen Wurzeln des Judenhasses", in: Wege zum Menschen, Zeitschrift für Seelsorge und Beratung, heilendes und soziales Handeln 42 (1990), 483–496.
16. –: „Verbindet uns der Jude Jesus mit den Juden oder trennt er uns von ihnen?", in: Evangelische Akademie Baden (Hg.): Auf dem Weg zu einem geschwisterlichen Dialog zwischen Christen und Juden. Protokoll einer Tagung der Evangelischen Akademie Baden vom 3.–5. November 1989 in Bad Herrenalb, Karlsruhe 1990, 20–38.

17. Stegemann, Wolfgang: „Das Verhältnis Rudolf Bultmanns zum Judentum. Ein Beitrag zur Pathologie des strukturellen theologischen Antijudaismus", in: Kirche und Israel 5 (1990), 26–44.
18. – (Hg.) Kirche und Nationalsozialismus, Stuttgart 1990.
19. Stegemann, Ekkehard W.: „Die Befreiung der Theologie vom Antijudaismus als wissenschaftliche Aufgabe", in: Judaica. Beiträge zum Verständnis des jüdischen Schicksals in Vergangenheit und Gegenwart 48, 4 (1992), 214–225.
20. –: „Die Stellung Martin Luthers und der Evangelischen Christen zum Judentum", in: Wolfgang Stegemann (Hg.): Kirche und Nationalsozialismus, Stuttgart u. a. 1992, 121–138.
21. –: „Auf dem Weg zu einer messianischen Weggemeinschaft. Zu den Konsequenzen einer nichtantijüdischen Christologie für die Praxis", in: Ders. (Hg.): „... tut alles im Namen des Herrn Jesu ...", Mülheim/Ruhr 1992, 1–22.
22. –: „Erinnern, nicht vergessen: Ansprache aus Anlass des fünfzigsten Jahrestags der ‚Wannseekonferenz' am 20. Januar 1992 in Bern", in: Reformatio 41, 1 (1992), 19–25.
23. –: „Fremdheit als Identität. Biblische Aspekte einer Xenologie, Walter Neidhart zum 75. Geburtstag", in: Reformatio 41, 2 (1992), 113–124.
24. –: „Gottes Reich und seine Gerechtigkeit für die Erde. Zur Geschichtstheologie von Leonhard Ragaz", in: Neue Wege. Beiträge zu Religion und Sozialismus 86, 7–8 (1992), 201–212.
25. –: „Welchen Sinn hat es, von Jesus als Messias zu reden?", in: Kirche und Israel 7 (1992), 28–44.
26. Stegemann, Wolfgang: „Christliche Judenfeindschaft und Neues Testament", in: Ders. (Hg.): Kirche und Nationalsozialismus, Stuttgart u. a. 1992, 139–170.
27. – (Hg.): Kirche und Nationalsozialismus. Zweite, überarbeitete und erweiterte Auflage, Stuttgart u. a. 1992.
28. Stegemann, Ekkehard W. (Hg.): Messias-Vorstellungen bei Juden und Christen, Stuttgart u. a. 1993.
29. Stegemann, Ekkehard W. / Stegemann, Wolfgang: „König Israels, nicht König der Juden? Jesus als König im Johannesevangelium", in: Ekkehard W. Stegemann (Hg.): Messias-Vorstellungen bei Juden und Christen, Stuttgart u. a. 1993, 41–56.
30. Stegemann, Wolfgang: „Jesus als Messias in der Theologie des Lukas", in: Ekkehard W. Stegemann (Hg.): Messias-Vorstellungen bei Juden und Christen, Stuttgart u. a. 1993, 21–40.
31. Stegemann, Ekkehard W.: „Der Jude Jesus und der Glaube der Christen", in: Judaica. Beiträge zum Verstehen des Judentums 50, 2–3 (1994), 92–102.
32. –: „Zwischen Juden und Heiden, aber ‚mehr' als Juden und Heiden? Neutestamentliche Anmerkungen zur Identitätsproblematik des frühen Christentums", in: Kirche und Israel 9 (1994), 53–69.
33. –: „Judenfeindschaft – zwischen Xenophobie und Antisemitismus", in: Kirche und Israel 10 (1995), 152–166.
34. Stegemann, Wolfgang: „Antisemitische und rassistische Vorurteile in Titus 1,10–16", in: Kirche und Israel 11 (1996), 46–61.
35. Stegemann, Ekkehard W.: „Gershom Scholem – between exile and redemption", in: European Judaism. A Journal for the 30, 2 (1997), 58–71.
36. –: „Vom christlichen Umgang mit jüdischen heiligen Schriften", in: Ekkehard W. Stegemann / Marcel Marcus (Hg.): „Das Leben leise wieder lernen". Jüdisches und christliches Selbstverständnis nach der Schoah. Festschrift für Albert H. Friedlander zum siebzigsten Geburtstag, Stuttgart u. a. 1997, 217–227.

37. –: „Zionismus und Christentum“, in: Kirche und Israel 12 (1997), 106–112.
38. Stegemann, Ekkehard W. / Brocke, Edna: „Worauf ist der Zionismus eine Antwort?“, in: Kirche und Israel 12 (1997), 10–18.
39. Stegemann, Ekkehard W. / Marcus, Marcel (Hg.): „Das Leben leise wieder lernen“. Jüdisches und christliches Selbstverständnis nach der Schoah. Festschrift für Albert H. Friedlander zum siebzigsten Geburtstag, Stuttgart u. a. 1997.
40. Stegemann, Wolfgang: „Das Verhältnis von Kirche und Israel als christliches Identitätsproblem“, in: Ekkehard W. Stegemann / Marcel Marcus (Hg.): „Das Leben leise wieder lernen“. Jüdisches und christliches Selbstverständnis nach der Schoah. Festschrift für Albert H. Friedlander zum siebzigsten Geburtstag, Stuttgart u. a. 1997, 229–238.
41. Stegemann, Ekkehard W.: „Der Leib des Menschen und die Gestalt der Gottheit. Inkarnation im Christentum versus Exkarnation im Judentum“, in: Ursula Hoffmann / Gaetano Benedetti / Aron Ronald Bodenheimer (Hg.): Reden über die Stummheit, Heidelberg 1998, 141–157.
42. –: „The sudden appearance of the jews in ‚secular‘ history. Zionism and Christianity“, in: Jewish Studies. Journal of the World Union of Jewish Studies 38 (1998), 57–72.
43. –: „Vom Unverständnis eines Wohlmeinenden. Der reformierte Theologe Wilhelm Vischer und sein Verhältnis zum Judentum während der Zeit des Nationalsozialismus“, in: Aram Mattioli (Hg.): Antisemitismus in der Schweiz 1848–1960, Zürich 1998, 501–519.
44. Stegemann, Wolfgang: „Der Prozeß Jesu. Gründe für die Entlastung der Juden vom Tötungsvorwurf“, in: Diakonia. Internationale Zeitschrift für die Praxis der Kirche 29 (1998), 121–126.
45. –: „Gab es eine jüdische Beteiligung an der Kreuzigung Jesu?“, in: Kirche und Israel 13 (1998), 3–24.
46. Stegemann, Ekkehard W.: „Theologie zwischen Antisemitismuskritik und alten Vorurteilen“, in: Kirche und Israel 15 (2000), 154–170.
47. Stegemann, Wolfgang: „Am Anfang war die Unterscheidung. Sozialgeschichtliche Beobachtungen zum Auseinandergehen der Wege von Christentum und Judentum“, in: Christina Kurth (Hg.): Das christlich-jüdische Gespräch. Standortbestimmungen, Stuttgart u. a. 2000, 76–90.
48. Stegemann, Ekkehard W.: „Die Halbierung der ‚hebräischen‘ Religion. de Wettes Konstruktion von ‚Hebraismus‘ und ‚Judentum‘ zum Zwecke christlicher Aneignung des Alten Testaments“, in: Hans-Peter Mathys (Hg.): Wilhelm Martin Leberecht de Wette, Basel 2001, 79–95.
49. Stegemann, Wolfgang: „Christentum als universalisiertes Judentum? Anfragen an G. Theißens ‚Theorie des Urchristentums‘“, in: Kirche und Israel 16 (2001), 130–148.
50. Stegemann, Ekkehard W.: „Das unaufhebbar Befremdliche am Menschlichen. Einige Gedanken über Humanismus und Christentum“, in: Richard Faber (Hg.): Humanismus in Geschichte und Gegenwart, Tübingen 2002, 167–186.
51. –: „Dabru Emet – Redet Wahrheit. Eine Reflexion auf einige konstitutive Bedingungen des christlich-jüdischen Gesprächs“, in: Gabrielle Rosenstein (Hg.): Jüdische Lebenswelt Schweiz, Zürich 2004, 284–296.
52 –: „Die gefälschten Fälschungsvorwürfe. Zur antisemitischen Begleitgeschichte des Tagebuchs der Anne Frank“, in: Katia Guth-Dreyfus (Hg.): Anne Frank und Basel, Basel 2004, 12–15.
53. –: „Eine Predigt aus ‚ernster Zeit‘. Rabbiner Weils Antwort auf den ‚Weihnachtsbrief‘“, in: Katrin Kusmierz (Hg.): Dreissig-, sechzig-, hundertfältig, Zürich 2004, 204–213.

54. –: „Von der Schwierigkeit, sich von sich zu unterscheiden: Zum Umgang mit der Judenfeindschaft in der Theologie", in: Werner Bergmann / Mona Körte (Hg.): Antisemitismusforschung in den Wissenschaften, Berlin 2004, 47–66.
55. –: „Zum hundertsten Todestag Theodor Herzls", in: Kirche und Israel 19, 2 (2004). 161–163.
56. –: „Israel in Barths Erwählungslehre. Zur Auslegung von Römer 9–11 in KD II, 2, § 34 : Heiko Haumann dem Basler Freund und Kollegen zum sechzigsten Geburtstag in Dankbarkeit", in: Kirche und Israel 20, 1 (2005), 19–42.
57. –: „Lief am Anfang etwas falsch? Einige Thesen zur Entstehung des Christentums", in: Kirche und Israel 20, 2 (2005), 144–155.
58. –: „Wie im Angesicht des Judentums historisch vom Tod Jesu sprechen?: Vom Prozess Jesu zu den Passionserzählungen der Evangelien", in: Gerd Häfner (Hg.): Wie heute vom Tod Jesu sprechen?, Freiburg i. Br. 2005, 23–52.
59. Stegemann, Wolfgang: „Wie ‚christlich' ist das Judentum?: Zur Kritik an einigen seiner (protestantischen) Konstruktionen", in: Richard Faber (Hg.): Zwischen Affirmation und Machtkritik, Zürich 2005, 141–163.
60. –: „Schwierigkeiten mit der Erinnerungskultur. Gedenkjahr für Landesbischof Meiser gerät zur kritischen Auseinandersetzung", in: Kirche und Israel 21 (2006), 121–144.
61. Stegemann, Ekkehard W.: „Ein Messias ohne Messianismus", in: Gottfried Schweiger / Clemens Sedmak (Hg.): Der Weg zu größerer Menschlichkeit, Innsbruck 2007, 55–69.
62. –: „Hans-Joachim Schoeps als Interpret frühchristlicher und frühjüdischer Religionsgeschichte", in: Gideon Botsch (Hg.): Wider den Zeitgeist, Hildesheim u. a. 2009, 31–44.
63. –: „Jüdische Lebenswelten im frühkaiserzeitlichen Rom", in: Kirche und Israel 24, 1 (2009), 39–55.
64. Stegemann, Ekkehard W. / Stegemann, Wolfgang: „Shlomo Sands Reduktion des jüdischen Volkes auf Religion. Einige kritische Bemerkungen zu seinen zentralen Thesen", in: Kirche und Israel 25, 2 (2010), 133–153.
65. Stegemann, Wolfgang: „Religion als Teil von ethnischer Identität. Zur aktuellen Debatte um die Kategorisierung des antiken Judentums", in: Kirche und Israel 25 (2010), 47–59.
66. –: „Von der ‚Verwerfung' Israels zur ‚bleibenden Erwählung'. Fortschritte im christlichen Verhältnis zum Judentum", in: Kirche und Israel 26 (2011): 32–46.
67. Stegemann, Ekkehard W. (Hg.): Der Römerbrief. Brennpunkte der Rezeption. Zürich 2012.
68. –: „Wieder einmal Unbehagen am Monotheismus", in: Ekkehard W. Stegemann (Hg.): Der Römerbrief: Brennpunkte der Rezeption, Zürich 2012, 267–281.
69. Stegemann, Ekkehard W. / Stegemann, Wolfgang: „Von Ambivalenz zur Feindschaft. Anmerkungen zum Verhältnis des Ökumenischen Rats der Kirchen zum Staat Israel", in: Kirche und Israel 2 (2013), 99–118.
70. Stegemann, Wolfgang: „Hat der Apostel Paulus eine rabbinische Ausbildung in Jerusalem erhalten?", in: Kirche und Israel 29 (2014), 119–132.
71. Stegemann, Ekkehard W. / Stegemann, Wolfgang: „‚Implizite Hybridität' der Jesusbewegungen und mediterraner ‚Bikulturalismus' des Paulus", in: Richard Faber / Achim Lichtenberger (Hg.): Ein pluriverses Universum, Paderborn; Paderborn 2015, 413–37.
72. Stegemann, Ekkehard W.: „‚Und Jakob zog seine Füße auf das Bett zurück und verschied", in: Kirche und Israel 33, 2 (2018); 124–141.
73. Stegemann, W.: „Die Evangelien als jüdische Texte", in: Verkündigung und Forschung 65, 1 (2020), 49–58.
74. Stegemann, Wolfgang: Einige Aspekte der theologischen Bedeutung Jerusalems im Neuen Testament, ZNT 23, 2020, 101–118.

Nachweis der Erstveröffentlichungen

Stegemann, Wolfgang: „Aspekte des Antijudaismus im Neuen Testament“, in: Gastvorlesung an der Evangelisch-Theologischen Fakultät der Universität Wien (1984), 3–15.

Stegemann, Wolfgang: „Die evangelischen Kirchen und das Judentum seit 1945“, in: Im Lichte der Reformation 32 (1989), 118–147.

Stegemann, Wolfgang: „Das Verhältnis Rudolf Bultmanns zum Judentum. Ein Beitrag zur Pathologie des strukturellen theologischen Antijudaismus“, in: Kirche und Israel 5 (1990), 26–44.

Stegemann, Ekkehard W.: „Die Stellung Martin Luthers und der Evangelischen Christen zum Judentum“, in: Wolfgang Stegemann (Hg.): Kirche und Nationalsozialismus, Stuttgart u. a. 1992, 121–138.

Stegemann, Ekkehard W. / Stegemann, Wolfgang: „König Israels, nicht König der Juden? Jesus als König im Johannesevangelium“, in: Ekkehard W. Stegemann (Hg.): Messias-Vorstellungen bei Juden und Christen, Stuttgart u. a. 1993, 41–56.

Stegemann, Wolfgang: „Jesus als Messias in der Theologie des Lukas“, in: Ekkehard W. Stegemann (Hg.): Messias-Vorstellungen bei Juden und Christen, Stuttgart u. a. 1993, 21–40.

Stegemann, Ekkehard W.: „Der Jude Jesus und der Glaube der Christen“, in: Judaica. Beiträge zum Verstehen des Judentums 50, 2–3 (1994), 92–102.

Stegemann, Ekkehard W.: „Theologie zwischen Antisemitismuskritik und alten Vorurteilen“, in: Kirche und Israel 15 (2000), 154–170.

Stegemann, Wolfgang: „Am Anfang war die Unterscheidung. Sozialgeschichtliche Beobachtungen zum Auseinandergehen der Wege von Christentum und Judentum“, in: Christina Kurth (Hg.): Das christlich-jüdische Gespräch. Standortbestimmungen, Stuttgart u. a. 2000, 76–90.

Stegemann, Ekkehard W.: „Israel in Barths Erwählungslehre. Zur Auslegung von Römer 9–11 in KD II, 2, § 34, Heiko Haumann dem Basler Freund und Kolleger zum sechzigsten Geburtstag in Dankbarkeit“, in: Kirche und Israel 20, 1 (2005), 19–42.

Stegemann, Ekkehard W. / Stegemann, Wolfgang: „Lief am Anfang etwas falsch? Einige Thesen zur Entstehung des Christentums“, in: Kirche und Israel 20, 2 (2005), 144–155.

Stegemann, Wolfgang: „Wie ‚christlich‘ ist das Judentum? Zur Kritik an einigen seiner (protestantischen) Konstruktionen“, in: Richard Faber (Hg.): Zwischen Affirmation und Machtkritik, Zürich 2005, 141–163.

Stegemann, Wolfgang: „Von Ambivalenz zur Feindschaft. Anmerkungen zum Verhältnis des Ökumenischen Rats der Kirchen zum Staat Israel“, in: Kirche und Israel 2 (2013), 99–118.

Stegemann, Wolfgang: „Hat der Apostel Paulus eine rabbinische Ausbildung in Jerusalem erhalten?“, in: Kirche und Israel 29 (2014), 119–132.

Stegemann, Ekkehard W.: „Und Jakob zog seine Füße auf das Bett zurück und verschied“, in: Kirche und Israel 33, 2 (2018), 124–141.

Stegemann, Wolfgang: „Die Evangelien als jüdische Texte“, in: Verkündigung und Forschung 65(1), 2020, 49–58.